Eisteddfod Genedlaethol 1

LLANELLI A'R CYLCH
2000

CYFANSODDIADAU
a
BEIRNIADAETHAU

Golygydd:
W. J. JONES

Cyhoeddir gan Wasg Dinefwr
dros Lys yr Eisteddfod Genedlaethol

ISBN 0 9538554 0 6

Argraffwyd gan Wasg Dinefwr
Heol Rawlings, Llandybïe, Sir Gaerfyrddin

CYNGOR YR EISTEDDFOD GENEDLAETHOL 1999-2000

Cymrodyr
W. Emrys Evans
W. R. P. George
Gwilym E. Humphreys
Norah Isaac
James Nicholas

SWYDDOGION Y LLYS

Llywydd
Aled Lloyd Davies

Is-Lywyddion
Garry Nicholas (Cadeirydd Pwyllgor Gwaith Llanelli a'r Cylch)
Y Parchedig Meirion Evans (Archdderwydd)
Eifion Lloyd Jones (Cadeirydd Pwyllgor Gwaith Sir Ddinbych a'r Cyffiniau)

Cadeirydd y Cyngor
R. Alun Evans

Is-Gadeirydd y Cyngor
D. Hugh Thomas

Cyfreithwyr Mygedol
W. R. P. George
Emyr Lewis

Trysorydd
Eric Davies

Ymgynghorwyr Ariannol
W. Emrys Evans

Cofiadur yr Orsedd
Jâms Nicolas

Ysgrifenyddion
Geraint R. Jones, Gwern Eithin, Glan Beuno, Bontnewydd, Caernarfon, Gwynedd
Huw Davies, 151 Heol Saron, Saron, Rhydaman, Sir Gaerfyrddin, SA18 3LN

Cyfarwyddwr
Elfed Roberts, 40 Parc Tŷ Glas, Llanisien, Caerdydd, CF14 5WU (029 20763777)

Trefnydd yr Eisteddfod
Aled Siôn

RHAGAIR Y GOLYGYDD

Er mai 1 Ionawr 2001 yw gwir gychwyn y milflwyddiant, yn ôl rhai, ac nad oes a wnelo 2000 OC ddim oll ag oed Crist, mae nifer ohonom wedi defnyddio'r flwyddyn hon fel bachyn ar gyfer pob math o ddigwyddiadau. Rydym rywsut wedi edrych ar Eisteddfod Llanelli a'r Cylch fel un sy'n ddathlu dechrau cyfnod newydd, ond parodd derbyn y cyfansoddiadau o dipyn i beth i'm traed chwilio am ddaear solet unwaith eto. Byddwch yn gweld mai rhywbeth yn debyg i'r arfer yw'r cynnwys (fel treigl amser ei hun) a phurion yw sylwi ar gynnyrch ambell adran yn ystod cwrs y byd at 3001.

Hyd yn ddiweddar, os na fu cystadlu, 'doedd dim cyfeiriad at y gystadleuaeth honno yn y gyfrol. Pe bai hynny wedi digwydd eleni, ni fyddai sôn am Adran Alawon Gwerin ac Adran Cerdd Dant. 1996 oedd y flwyddyn olaf i neb gystadlu yn Adran Alawon Gwerin. 'Dydy hanes Adran Cerdd Dant fawr gwell; o 1996 hyd 2000, ataliwyd y wobr deirgwaith ac ni fu cystadlu ddwywaith. Mae baich traddodiad yn drwm ar yr adrannau hesb hyn.

Trown at Adran Llenyddiaeth. Hwyrach fod balchder yng Nghymru pan ddaeth y cywydd y boblogaidd yn nyddiau Dafydd ap Gwilym, a bu bri arno am ganrifoedd. Dim ond dwsin pobydd o gywyddwyr a fentrodd i'r maes o 1996 hyd 1999. Ataliwyd y wobr unwaith ac ni fu cystadlu yn 1998. Y gobaith eleni oedd anadlu anadl einioes iddo a chyhoeddi llyfr o'r cywyddau buddugol, ond breuddwyd gwrach fu hynny. Mae'n bosibl hefyd y bydd pwyllgorau llên eisteddfodau'r dyfodol yn derbyn mai adnod gau mwyach yw honno sy'n mynnu, 'Canmolwn yn awr ein gwŷr enwog'. Gyda 'neb yn cystadlu' eleni eto, mae oes y cofiannau eisteddfod fel pe bai wedi darfod.

Wrth droi at fyd ymarferol cyhoeddi, 'dydw i ddim yn bwriadu cerdded hen lwybrau gofid ynghylch anallu rhai pobl i ymateb i gyfarwyddiadau syml, ond gofynnwyd i feirniaid anfon eu beirniadaethau i'r swyddfa erbyn 15 Mai; hyn oherwydd maint y gwaith o adeiladu'r gyfrol gymhleth hon mewn prin ddeng wythnos. Rwy'n llunio'r nodiadau hyn ar ôl gorffen cywiro'r proflenni cyntaf ar 23 Mehefin ac mae deg eitem yn dal heb ddod i mewn a holl beirianwaith y wasg yn gorfod oedi. Byddai'n annoeth barnu heb wybod yr amgylchiadau a barodd i nifer ddewis anwybyddu'r dyddiad hwn. Gall afiechyd a phrofedigaeth oddiweddyd ambell un, ond na feied neb fi am gredu ar awr wan (chwedl T. H. Parry-Williams) fod rhai pobl yn eu hystyried eu hunain yn bwysicach neu'n brysurach na'i gilydd. Mae'r gyfrol hon gyda'r hwyaf ers blynyddoedd a 'doedd dim digon o amser yn y pen draw i'r rhai fu'n ymwneud â hi wneud eu gwaith yn iawn, a ddylai hynny ddim bod. Mae fy nghyd-olygydd a mi'n mynegi ein gofid ynghylch rhwystrau mewn sawl rhagair a phwyllgor llên, ond wynebu'r un problemau a wnawn bob blwyddyn. Bûm yn golygu am ddeng mlynedd, ond fûm i a'r wasg erioed mor hwyr â hyn yn aros am waith. 'Does dim rhaid i'r Eisteddfod wneud mwy na chadw at ei hamodau ei hun a hepgor beirniadaethau hwyr ond oni wneir rhywbeth o hyn ymlaen, gall na ellir cyhoeddi'r *Cyfansoddiadau a Beirniadaethau* (un o gyhoeddiadau pwysicaf y flwyddyn) mewn pryd, a cholli marchnad bwysig maes yr Eisteddfod. Wedi'r cyfan, rhwymedigaeth yw'r dyddiau cau ac nid dyddiad dibwys i'w dorri mor ddi-hid.

Wrth groesi bysedd, mynegi gweddi fer a gobeithio y gellir goresgyn yr anawsterau, rhaid imi ddiolch i Aled Siôn, y Trefnydd am fod yn gefn cadarn a mynd ar ôl y rhai a fynnai fod yn hwyr. Mae fy niolch hefyd i Helen Mainwaring, ysgrifennydd hynaws y cyfansoddiadau am ei thrylwyredd ac am ein cadw i gyd mewn trefn. Pan fynegwn fy mhryder wrth Eddie John a'i griw yng Ngwasg Dinefwr, roedden nhw'n hael eu geiriau o gysur er y gwyddent fy mod yn ymestyn eu hadnoddau i'r eithaf wrth eu cadw i ddisgwyl. Diolchaf yn fawr iddyn nhw am eu hamynedd, a hyderaf y bydd y gyfrol yn gymorth ichi nythu cofion annwyl am Eisteddfod Llanelli a'r Cylch.

W. J. Jones

CYNNWYS

*   *   *

ADRAN ALAWON GWERIN

ADRAN CERDD DANT

ADRAN CERDDORIAETH

ADRAN DRAMA

ADRAN DYSGWYR

Cyfansoddi i Ddysgwyr

IEUENCTID

ADRAN COMISIYNU YR EISTEDDFOD

179. **Casgliad o straeon am ysbrydion,** boed o un rhanbarth o Gymru neu o'r wlad yn gyfan, wedi'u cyflwyno'n ddifyr ar gyfer oedolion. Dylai'r gyfrol orffenedig fod tua 30,000-40,000 o eiriau. Gofynnir am sampl o 10,000 o eiriau ac amlinelliad o weddill y gwaith. Cynigir tâl comisiwn o £500 am y gwaith gorffenedig. Bydd Cyngor Llyfrau Cymru'n ystyried cyfrannu swm pellach o hyd at £1,000 (cyfanswm o hyd at £1,500 yn cynnwys comisiwn yr Eisteddfod). Os cyhoeddir y gwaith bydd taliadau breindal yn ychwanegol.
Gwobr: £500 (£300 Cronfa E. D. Jones; £200 Cymdeithas Llyfrau Cymraeg Llanelli a'r cylch)
Beirniad: Lyn Ebenezer
Buddugol: *Sioni* (Eirlys Gruffydd, Argel, 4 Parc yr Hendy, Yr Wyddgrug) 175

180. **Cofiant i R. Tudur Jones**
Cofiant i'r diweddar Ddr R. Tudur Jones – pregethwr, ysgolhaig a chenedlaetholwr. Dylai'r gyfrol orffenedig fod tua 60,000 o eiriau. Gofynnir am sampl o 10,000 o eiriau ac amlinelliad o weddill y gwaith. Cynigir tâl comisiwn o £500 am y gwaith gorffenedig. Bydd Cyngor Llyfrau Cymru'n ystyried cyfrannu swm pellach o hyd at £1,000 (cyfanswm o hyd at £1,500 yn cynnwys comisiwn yr Eisteddfod). Os cyhoeddir y gwaith bydd taliadau breindal yn ychwanegol.
Gwobr: £500 (Cronfa Eisteddfod Llandybïe)
Beirniad: Geraint H. Jenkins
Ni fu cystadlu

ADRAN LLENYDDIAETH

TESTUN A GWOBR ARBENNIG LLYS YR EISTEDDFOD GENEDLAETHOL

Gwobr Goffa Daniel Owen: Nofel heb ei chyhoeddi

BEIRNIADAETH HUW M. EDWARDS

Syndod, a phleser hefyd, oedd canfod fod cynifer ag wyth o nofelwyr yn ymgiprys am Wobr Goffa Daniel Owen eleni. Felly y dylai hi fod yn un o ddwy brif gystadleuaeth rhyddiaith Cymru, cystadleuaeth fu'n llechu'n rhy hir yng nghysgod y Fedal Ryddiaith. Mae'r wobr o £5000 a gynigir eleni yn gydnabyddiaeth deilwng am lafur caled nofelydd gwerth ei halen, a'r gobaith oedd esgor ar nofel wirioneddol boblogaidd a fyddai'n dal i gael ei thrin a'i thrafod ymhell wedi i firi'r Eisteddfod dawelu. Pe ceid rhagor nag un nofel y gellid eu cyhoeddi, fel a welwyd mor fynych yn hanes y Fedal, gorau oll. Fydd hi ddim yn syndod i neb fod yna gryn fwlch rhwng y brig a'r bôn. Ddylai hi ddim synnu neb ychwaith fod y drefn yn amrywio ryw ychydig o feirniad i feirniad. Peth hollol oddrychol yw chwaeth lenyddol yn y pen draw, ac eto mae'n dda gennyf ddweud fod yna gytundeb go glòs rhyngom ni'n tri ar brif bwyntiau'r gystadleuaeth. Fel y gwelaf i bethau y mae'r wyth yn ymrannu'n bedwar dosbarth:

DOSBARTH IV

Gwilym Tomos: 'Ymfudo'. Mae hwn yn hawlio dosbarth iddo'i hun. Ei ddeunydd yw 'hanes tri disgynnydd o Gymru yn dychwelyd i Walia i chwilio am eu gwreiddiau' – yr Osi, y Ciwi a'r Piwma, a'r olaf yn filwr o'r Wladfa a ddygwyd yn garcharor i Loegr adeg Rhyfel y Malfinas. Diwedd y gân yw fod y tri, wrth gyfarfod ar faes yr Eisteddfod yn Llanelli yn y flwyddyn 2000, yn cyfaddef eu bod yn teimlo'n ddieithriaid yng ngwlad eu hachau. Mae hanesion cythryblus y tri yn ddigon diddorol ynddynt eu hunain, a cheir sylwadaeth ddidwyll ar hawliau merched, ar gyflwr y Fam Ddaear, ac ar y gwerthoedd ysbrydol yn wyneb materoliaeth gynyddol yr ugeinfed ganrif. Tri bywgraffiad sydd yma, yn hytrach na nofel, ond y maen tramgwydd mwyaf yw'r diffyg gafael sylfaenol ar y Gymraeg, i'r graddau ei bod hi'n anodd dirnad yr ystyr ar adegau. Mae yma ambell fflach, yn enwedig wrth ymwneud â'r cymeriadau benywaidd cryf, a'm cyngor i fyddai i *Gwilym Tomos* fynd ati i loywi'i fynegiant a threio'i law ar y stori fer cyn mentro i fyny i awyr deneuach y nofel.

DOSBARTH III

Adda: 'Temtiad Tyner'. Dyma nofel fyrraf y gystadleuaeth. Mae'r syniad canolog yn addawol. Ar y naill law ceir byd parchus y capel yn un o drefi'r Gogledd, byd

Emyr, y gweinidog petrus, hunanymholgar y mae pob sbarc wedi hen ddiffodd o'i fywyd; ar y llaw arall, ceir y cwmni teledu a ddaeth yno i ffilmio rhaglen ddogfen ar Tom Nefyn. Yr hyn a gawn ni, felly, yw criw brith y cyfryngau yn actio'u ffordd drwy fywyd, yn 'mynd, mynd, mynd' dan chwarae rhan, a hynny'n cael ei osod yn erbyn tawelwch myfyrgar Emyr a byd araf, henaidd oedfa'r Sul. Mae yma ymgais, mae'n debyg, i ddychanu'r ddau fyd fel ei gilydd, ond nid yw'r dychan mor grafog ag y gallai fod. Tueddir i din-droi yn rhy aml, yn enwedig mewn dialog ddigyfeiriad neu ar yr holl adegau hynny lle bo cymeriad yn meddwl yn uchel. Naws sgript deledu sydd yma yn aml, heb fawr o ddisgrifio na chonsurio trwch o awyrgylch y gall y darllenydd ymgolli ynddo. Cyflwynir ambell drywydd storïol go simsan am gymeriadau dau-ddimensiwn nad yw rhywun yn poeni rhyw lawer am eu tynged, ac mae'r diweddglo ffwr-bwt yn anfoddhaol. Mae *Adda*'n Gymreigiwr da, mae'n gallu sgrifennu, ac mae'r adnoddau ganddo i gyrraedd yn uwch o dipyn mewn cystadleuaeth fel hon. Gwaetha'r modd, ceir gormod o ôl brys ar 'Temtiad Tyner' fel y mae.

Silwrian: 'Siarlot neu Merch yr Haearn'. Nofel ac ynddi lai o ddawn sgrifennu ond mwy o ôl chwys. Unwaith eto fe drawyd ar destun addawol, sef hanes Charlotte fonheddig, cyfieithydd y Mabinogion, a'i phriodas â John Guest, perchennog gwaith haearn Dowlais ac aelod seneddol dros Ferthyr Tudful yng nghanol y bedwaredd ganrif ar bymtheg. Mae'r portread o'r prif gymeriad yn llawn cydymdeimlad. Mae hi'n ddynes annibynnol, ddiwylliedig ac eangfrydig yn ôl safonau'r oes, sy'n cael ei rhwygo rhwng byd y gweithwyr cyffredin a'r byd breintiedig Seisnig y mae hi'n hanu ohono. Rhaid edmygu'r ymchwil hefyd: technoleg syfrdanol y Chwyldro Diwydiannol; safiad y Siartwyr; gorymdaith y derwyddon yng nghastell Caerdydd lle y cadeiriwyd Taliesin Williams o Ferthyr Tudful, mab Iolo Morganwg; coroni Fictoria; cerddoriaeth Rossini a byd y cyngherddau ffasiynol yn Llundain a'r Eidal. Mae'r rhain, a rhagor, wedi eu plethu i wead y nofel. Gwaetha'r modd, nid yw'r darlun i'w weld yn gwbl real. Mae *Silwrian* yn rhy barod i gyflwyno gwybodaeth ffeithiol mewn ymddiddan mewn dull sy'n ymwthgar ac annaturiol yn aml. Yn rhannol oherwydd y gor-egluro anghynnil yma tuedda'r sgwrs i droi'n brennaidd, ac yn gyffredinol, mae rhyw orsymlrwydd naïf yn lliwio'r deunydd a'r arddull fel ei gilydd. Serch hynny, ni fynnwn fod yn rhy llawdrwm ar *Silwrian*. Aeth ati o ddifrif, a chefais bleser o ddarllen ei nofel.

DOSBARTH II

Mae pob un o'r pum nofel sy'n weddill yn rhai y gellid ystyried eu cyhoeddi, gydag ambell un yn galw am fwy o ailwampio na'i gilydd.

Y Ddihangfa Enwog: 'Yr Eliffant Piws'. Nofel 'llygad plentyn', sydd bron â bod yn *genre* ynddo'i hun yn y Gymraeg. 'Does ynddi ddim sy'n arbennig o newydd nac o uchelgeisiol, ond mae'n llwyddo'n eithaf ar ei thir ei hun. Drwy lygaid Robat

Wyn chwech oed y mae byd yr oedolion i'w weld yn lle cymhleth a chreulon. Wedi iddo golli'i dad mae'n mynd i fyw o'r dref at ei nain a'i daid ym Môn, ac o dipyn i beth mae ei hiraeth yn pylu ac yntau'n aeddfedu. Mae'r awdur ar ei orau'n cyfleu bywyd y cartref yn y Pumdegau – y bwyd, yr arogleuon, a'r tensiynau rhwng pobl a'i gilydd. Effeithiol yw'r tyndra rhwng y fam fursennaidd braidd a'r nain wladaidd, ddichwerthin, a rhwng yr hogyn bach a'r dyn newydd ym mywyd ei fam. Ar ei gorau mae'r ddialog yn fachog gredadwy, yn enwedig pan gwrddwn â Now ddireidus, cymeriad yn llinach Twm Nansi, Wil Bryan ac *Un Nos Ola Leuad*. Ond eglurir gormod weithiau yn lle awgrymu, ac mae'r diweddglo, efallai, yn orfelys. Mae hi'n nofel lefn iawn, yn rhy lyfn i'm chwaeth i. Byddai ar ei hennill o amrywio rhagor ar yr arddull a dwysáu'r dweud mewn mannau – er enghraifft yn angladd y tad (er nad yw'r mab, mae'n wir, yn llawn ddirnad arwyddocâd y dyn yn y bocs). A thybed nad yw symbol cynhaliol yr eliffant piws, anrheg y tad i'w fab mewn dyddiau gwell, yn fwy addas i stori fer nag i nofel? Wedi dweud cymaint â hynny, y mae'n sicr gennyf y bydd y nofel hon at ddant llawer un.

Milwr: 'Y Teigrod Melfed'. Nofel hirfaith a, heb os, nofel ryfeddaf y gystadleuaeth. Y peth cyntaf sy'n taro rhywun yw nad yw'r awdur fel pe'n gyfarwydd â thrin y Gymraeg yn ei gwahanol gyweiriau. Mae'r tudalennau'n llawn brychau gramadeg elfennol, cystrawen ansicr a Seisnigaidd yn aml, a ffurfiau od fel 'gwrthdynnu', 'gyriadol' ac 'awgrymebu'. Yr ymateb greddfol wrth ddarllen y rhan gyntaf, sy'n tueddu i lusgo braidd, oedd bwrw 'Y Teigrod Melfed' ar ei phen i'r pedwerydd dosbarth. Yn y rhan hon cawn hanes yr Eidalwr Pannini, cyfarwyddwr ffilmiau egsentrig, yn cipio merch ifanc o gymoedd de Cymru a'i throi yn un o sêr Hollywood; ac ydi, mae crediniaeth rhywun yn dechrau gwegian. Ond wedyn, yn yr ail ran – rhyw dri chan tudalen o deipysgrif – mae'r awdur fel pe'n ymgolli'n llwyr ym myd y nofel, a'r darllenydd yn cael ei sugno i mewn ar ei waetha'i hun. Ydi, mae'r mynegiant yn glogyrnaidd, ond 'does dim dwywaith nad yw hi'n gafael. Bellach, mae perthynas stormus y ddau brif gymeriad yn rhan o hanes gwaedlyd yr Ail Ryfel Byd yn yr Eidal, ac mae yma sgrifennu cyffrous, llawn digwydd, gwirioneddol bwerus. Mae yma lanw a thrai, a'r awdur, fel un o'i greadigaethau, yn 'teimlo'r geiriau'n codi ynddo fel gwaed'. Mae'n awdur deallus sy'n ymboeni â bywyd mewnol ei gymeriadau, a chyn bwysiced â dim, mae'n storïwr tan gamp. Y mae ganddo lygad craff, llygad cyfarwyddwr ffilmiau sy'n mynnu sylwi ar gysgod a golau a mân fanylion golygfa. Gwir fod yma rannau ffuantus, ond mae hi'n nofel uchelgeisiol, yn nofel ysgytwol mewn mannau, ac yn wahanol i ddim a ddarllenais yn y Gymraeg cyn hyn. Bydd angen ei hailysgrifennu o'i chwr, ond y mae'n werth y drafferth.

Twca'r Traeth: 'Gwynt Hallt o'r Môr'. O dan barchusrwydd tref lan-môr Llanarthur mae yna bethau rhyfedd ac ofnadwy iawn ar droed. Comedi dywyll yw'r nofel hon, ac ynddi ddogn dda o ffars a dychan wrth i'r awdur gydblethu bywydau bychain cryn ddwsin o drigolion y dref (gwbl ddychmygol, wrth reswm!). Mae yma fyfyriwr o Mauritius sydd am ryw reswm dirgel yn cadw llygad barcud ar

Mrs Finch biwis yn nerbynfa'r Coleg; mae yma ddwyn dillad isa' oddi ar lein ddillad liw nos, a sgerbydau mawr a mân yn llechu yng nghypyrddau'r tai. Wrth i'r storm gronni dros Lanarthur yn y penodau olaf, mae'r plot yn tewhau a chorff yn cael ei lusgo o'r môr. Dyma lenor a chanddi ei llais ei hun, llais eironig sy'n hoff o'r sylw treiddgar, bydol-ddoeth. Nid ffraethineb chwerthin-yn-uchel sydd yma ar y cyfan, ond ffraethineb codi-gwên. Mae pob dyn, fwy neu lai, yn greadur go bathetig, a chydymdeimlad yr awdur ag un neu ddwy o'i chymeriadau benywaidd – gwragedd y 'sgidiau synhwyrol' – yn ddigon amlwg. Mae'n llenor hyderus, a'i gafael ar y deunydd yn dynn, dynn. Rhaid edmygu'r ffordd y mae'r holl linynnau storïol a holl orgyffwrdd cymhleth y cymeriadau wedi'u gweu'n gywrain i'w gilydd; ac eto, i mi, nid yw'r nofel yn llwyr daro deuddeg fel cyfanwaith. Gormod o bwdin, efallai. Er mor fywiog yw'r sgrifennu go gyndyn yw'r plot i symud yn ei flaen mewn nofel mor faith (ac mae hon ryw ychydig yn hwy na'r 'Teigrod Melfed'). Gallesid hepgor rhai golygfeydd heb amharu fawr ddim ar effaith y cyfan, ac yma eto, er nad i'r un graddau, ceir ambell gystrawen a thro ymadrodd anghyfiaith. Ond pethau yw'r rhain y byddai'n ddigon hawdd eu chwynnu, ac yn sicr, mae 'Gwynt Hallt o'r Môr' yn haeddu gweld golau dydd.

DOSBARTH I

Mathafarn: 'Gwatwar y Gwreiddiau'. Hon oedd yr ail nofel i mi ei darllen, ac fe wyddwn yn syth y byddai teilyngdod yn Llanelli. Mae iddi rychwant eang o ran amser a lle. Symudwn yn ôl a blaen rhwng presennol 1999 a dechrau'r ganrif, ac o Fôn i Awstralia i Seland Newydd i Dde'r Affrig ac i ganol ffosydd Ffrainc yn y Rhyfel Mawr. Mae'r nofel wedi ei saernïo yn hynod o gelfydd. Daw'r gorffennol yn fyw drwy ymchwil cyfreithiwr o Awstralia i'w dras Gymreig, a thrwy gyfres o lythyrau a anfonwyd gan rieni Edward Lloyd o Blas Mathafarn ym Môn at eu mab, wedi i hwnnw ymfudo i Dde'r Affrig yn 1910 i wneud ei ffortiwn ym mwyngloddiau aur Pilgrim's Rest. Ynghyd â'r llythyrau gofidus ceir cofnodion dramatig o fywyd y Cymro alltud – y gwir am galedi'r gwaith, y taro anghyfreithlon ar aur mewn nant liw nos, a'r ymladd yn y Rhyfel Mawr wedi iddo ymrestru'n filwr yn groes i ddymuniad ei rieni. Mae'r disgrifiadau cignoeth o uffern y ffosydd gyda phethau gorau'r gystadleuaeth. Cystal tewi ynghylch trywydd y plot o hyn ymlaen; digon yw dweud nad yw popeth fel yr ymddengys ar yr olwg gyntaf i'r Awstraliad sydd â'i fryd ar gyfoeth tybiedig Edward Lloyd ac ar etifeddiaeth fras Plas Mathafarn.

Fel y dengys y ddogfen ddilys o Hansard a'r toriadau o'r wasg sy'n atodiad i'r nofel, creu stori ddychmygol a wnaed o amgylch cnewyllyn o ddigwyddiadau a chymeriadau go iawn. Dyna gamp greadigol sy'n gofyn cryn ddyfeisgarwch a chryn ddawn lenyddol. Mae'r awdur yn feistr ar gynnal chwilfrydedd a'n dal ar bigau'r drain. Gall amrywio'i gywair a'i arddull yn ôl y gofyn, fel y dengys y llythyrau o ddechrau'r ganrif sy'n argyhoeddi'n llwyr o ran yr ieithwedd a'r gyfeiriadaeth gyfoes.

Nid yw'r nofel heb ei gwendidau. Bydd rhai, a minnau yn eu plith, yn teimlo nad yw'r prif dro yn y gynffon yn gwbl foddhaol, er bod yr olygfa olaf un, sy'n drwm gan eironi ac yn cydio'n gelfydd wrth y prolog, yn glo teilwng i'r nofel. Ac er cystal gwybodaeth yr awdur am ei leoliadau egsotig, mae yma orymdrech weithiau wrth geisio gwasgu popeth i mewn, yn enwedig yn yr ail bennod wrth gyflwyno dieithrwch Awstralia a bywyd bras y cyfreithiwr. Ond mân frychau yw'r rhain mewn nofel wirioneddol afaelgar. Anlwc *Mathafarn* yw fod un yn weddill.

Ifan: 'Y Pry yn y Pren'. Drwy gyd-ddigwyddiad rhyfedd, yma hefyd y mae cymeriad ar drothwy'r unfed ganrif ar hugain yn chwilio'i ach ac yn graddol ddatrys dirgelwch ei hanes teuluol o amgylch cyfnod y Rhyfel Mawr; ac unwaith eto, nid Cymro Cymraeg mo'r cymeriad hwnnw. Cafodd Robert Cairns, traethydd hollbresennol y nofel, ei fagu yn strydoedd cefn Bootle yn y Pedwardegau, a gweithiodd ei ffordd i fyny i fod yn rheolwr cwmni llongau ac yna'n bennaeth marchnata i Maxim Electrics yng Nghaer. Mae bellach dros ei drigain oed, wedi rhoi'r gorau i'w waith, â'i briodas wedi hen ddarfod, yn rhyw bydru byw mewn tŷ moethus ar lan afon Ddyfrdwy ar gyrion Caer. Â ati i chwilota yn yr achau dan siars ei fam, yn sgil cais yn y *Daily Post* i ddisgynyddion dyn o Lerpwl, a fu farw'n alltud yn America yn 1946, gysylltu â chwmni o dwrneiod. Mae'n ymdaflu i'r gwaith hefyd er mwyn 'symud ei feddwl' a cheisio carthu o'i gyfansoddiad y gyn-ysgrifenyddes ifanc, Kate, sy'n llenwi ei ben ddydd a nos. Dyna ddau drywydd storïol cryf: hanes obsesiwn anghynnes y stelciwr, a datgeliadau cynyddol sinistr yr ymchwil i'r ach deuluol. Yn gymhleth â hynny cawn dreiddio i orffennol a thwf seicolegol y prif gymeriad. Un darn sy'n sefyll yn y cof yw'r atgof byrlymus am drip i'r ffair yn Blackpool, disgrifiad sy'n gorffen â dwy frawddeg fer, syfrdanol: 'Rhai da oedd yr hogia! Nhw oedd y ffrindia ola ges i erioed'. Yn ogystal â chlamp o ddirgelwch i'w ddatrys, felly, cawn bortread seicolegol gymhleth o gymeriad nad yw ei gyflwr meddwl yn hollol fel y dylai fod, dyn sy'n byw ei gelwydd a'i ffantasïau ei hun. Rhag difetha mwynhad y darllen nid af i fanylu am gyfrinach y 'Mersey Dock Strangler' a'r modd y mae enwau'n cael eu hychwanegu a'u dileu o'r goeden achau wrth i'r nofel fynd rhagddi. Efallai y bydd ambell un wedi dyfalu ambell beth cyn ei ddatgelu, fel sy'n gyffredin mewn thriler seicolegol o'r math yma; a hwyrach hefyd bod y diwedd un yn rhy stroclyd a'r eironi yn ordrwchus. Ond mae'n nofel rhy gyfrwys ac amlweddog i ddibynnu gormod am ei llwyddiant ar droeon y plot. Yn y pen draw *Ifan*, heb unrhyw amheuaeth, yw llenor praffaf y gystadleuaeth. Gall drin iaith fel y myn, mae manylder ym mhob disgrifiad a blas profiad ar bob brawddeg. Mewn cystadleuaeth ffrwythlon dyma'r nofel orau eleni, a braf yw cael datgan ei bod yn gwbl deilwng o Wobr Goffa Daniel Owen yn Eisteddfod Genedlaethol Llanelli a'r Cylch.

Bu cryn ddadlau ar hyd y blynyddoedd am werth y gystadleuaeth hon, ond eleni, ag wyth wedi cystadlu, rwy'n mentro datgan iddi gyrraedd ei hoed. Hwyrach fod y wobr o bum mil yn sbardun, ac yn sicr y mae ei symud i lwyfan y Pafiliwn yn gam ymlaen – er y gellid dewis diwrnod gwell na Sul cyntaf yr Ŵyl. Bu cystadlu brwd ac uchelgeisiol fel sy'n weddus i brif wobr lenyddol y Brifwyl. Cawsom o leiaf bedair cyfrol y byddwn i'n barod ystyried eu gwobrwyo mewn blwyddyn wan. Mae'r cyfrolau drwodd a thro yn rhagori cryn dipyn ar y cystadlaethau y bûm yn eu beirniadu yn y gorffennol. Y cwestiynau a ofynnais i mi fy hun oedd: A oedd y cyfrolau'n gafael ac yn cynnal diddordeb? A oeddynt yn orffenedig heb nemor ddim gwaith golygu a chywiro arnynt? A ellid eu hailddarllen heb deimlo syrffed a blinder? Pa stori a pha gymeriadau oedd yn aros yn y cof? A oeddynt yn pasio prawf y gadair freichiau? Na, 'doedd yr un ohonynt yn ateb y gofynion hynny'n llwyr, er i ddau ddod yn reit agos ati. Serch hynny, roedd rhywbeth i'w gymeradwyo ym mhob cyfrol, a chafwyd blas ar y darllen. Rwy'n eu didoli'n dri dosbarth, er na ddylai neb ddarllen gormod i mewn i hynny, nac i'r drefn y'u gosodwyd ynddi.

DOSBARTH III

Silwrian: 'Siarlot neu Merch yr Haearn'. Nofel wedi ei seilio ar fywyd Charlotte Guest, gwraig Syr John Guest, perchennog gwaith haearn Dowlais ac aelod seneddol yn y 19g. Dysgodd hi Gymraeg yn ddigon da i gyfieithu'r Mabinogi. Stori ddifyr, gwerth ei hadrodd, ond yn anffodus 'dyw Siarlot ddim yn dod yn fyw fel person o gig a gwaed, na'r ddau deulu o werinwyr a geir yma. Mae yma orddelfrydu, a chaiff y stori ei boddi gan ffeithiau.

Gwilym Tomos: 'Ymfudo'. Tair stori wahanol a geir yma am dri yn ymfudo i wahanol rannau o'r byd, ac yn dod at ei gilydd yn Eisteddfod y Mileniwm yn Llanelli. Hoffais stori Lisi yn ymfudo i Awstralia yn fawr iawn, ac mae yma ddigon o ddefnydd i'w throi'n nofel hir. Mae yma wallau iaith niferus ymhlith ambell berl o ymadrodd yn nhafodiaith rymus y De.

Adda: 'Temtiad Tyner'. Nofel ffwrdd-â-hi, dybiwn i, lle mae'r awdur yn bodloni ar ddweud stori yn hytrach na mynd dan groen ei gymeriadau. Hwyrach wir fod pobl y cyfryngau yn arwynebol a ffug! – ond camp llenor yw dangos beth ddigwyddodd iddynt i'w gwneud felly. Gellid bod wedi hepgor y bennod gyntaf, a dylid rhannu gweddill y stori yn benodau penodedig i osgoi dryswch i'r darllenydd. Pwysa *Adda* ormod ar ei ddawn dweud a'i Gymraeg grymus. Rhaid treiddio'n ddyfnach i greu stori dda. Eto, gan yr awdur hwn y cawsom berl y gystadleuaeth: 'ei air mor gadarn â phluen yn y gwynt'.

DOSBARTH II

Milwr: 'Y Teigrod Melfed'. Nofel hiraf a mwyaf uchelgeisiol y gystadleuaeth – dros 400 tudalen, digon i godi braw ar unrhyw feirniad. Nid yw'r awdur yn rhugl ei Gymraeg a cheir ganddo gyfieithiadau llythrennol o ymadroddion Saesneg sydd ddim yn gwneud synnwyr. Wedi dweud hynna, mae'n stori sy'n gafael ac sy'n aros yn y cof. Fel Pannini (sy wedi'i seilio ar Fellini, y gwneuthurwr ffilmiau), edrycha *Milwr* ar fywyd drwy lens camera, a chrea naws swrrealaidd lle mae gweithredoedd y cymeriadau yn datgelu mwy amdanynt na'u teimladau. Ceir disgrifiadau manwl o gerfluniau a gweithiau celfyddyd eraill, ac o erchyllterau rhyfel sy'n troi dynion yn farbariaid. Ni hoffais y ddyfais o adrodd yn ail-law, trwy enau un o'r cymeriadau, beth a ddigwyddodd i Frank. Serch hynny, mae yma bosibiliadau dirifedi, a gobaith am nofel na welwyd mo'i thebyg yn Gymraeg. Eto rhyw deimlo rydw i mai ffilm fwriadwyd iddi fod, ffilm drasig eang ei hapêl.

Twca'r Traeth: 'Gwynt Hallt o'r Môr'. Mae hon hefyd yn nofel hir a fyddai'n elwa tipyn o'i chwtogi. Gellid dechrau trwy ddileu'r disgrifiad o Lanarthur ar y dechrau a thrwy gael gwared â rhai o'r cymeriadau ymylol sy ddim yn asio i wead naturiol y stori. Mae tuedd yma i orliwio ac i fodloni ar gymeriadau stoc fel cymeriadau dramâu sebon y teledu. Byddai rhannu'r nofel yn benodau byrrach a symlach yn hwyluso'r darllen, gan ei bod yn anodd cofio pwy ydi pwy a beth yw eu perthynas â'i gilydd. Ond dyma awdur o'i bogail, awdur afieithus sy wrth ei bodd yn disgrifio'r digrif a'r abswrd. Rhomp ffarsaidd a geir yma, rhomp a fyddai ar ei hennill o ganolbwyntio ar lai o gymeriadau ac o droi'r stori o gwmpas Mrs Finch. Nofel i'w chroesawu a'i mwynhau ar ôl ei golygu'n iawn.

Y Ddihangfa Enwog: 'Yr Eliffant Piws'. Stori wedi ei dweud yn syml a gafaelgar am blentyn ifanc sy'n cael ei anfon i fyw at ei daid a'i nain surbwch yn Sir Fôn ar ôl marwolaeth ei dad. Hogyn a faged yn y dref yw Robat Wyn, a hiraetha am fwrlwm y dref ac am ei fam, a ddaw o hyd i gariad yn reit handi, ac am ei nain arall, gynhesol, a ddiflanna heb nemor un cyfeiriad ati wedyn. Ond 'does dim rhaid i ni boeni'n hir am Robat Wyn. Buan iawn y cynefina â'i fyd. Pwy fedrai beidio efo ffrind fel Now sy'n hel malwod ac sy'n 'tynnu wats o'i boced a'i hysgwyd fel cath hefo llygoden'? Nofel gamarweiniol o syml, nofel flasus sy'n pasio prawf y gadair freichiau.

DOSBARTH I

Pendiliais dro rhwng nofelau *Mathafarn* ac *Ifan.* Ar amryw wedd mae tebygrwydd rhyngddynt. Aiff y ddwy nofel â ni'n ôl i ddechrau'r 20g. gan ddefnyddio dyfais hel achau i ddatgelu cyfrinachau'r gorffennol. Mae'r ddwy yn ffurfiau ar stori dditectif sy'n ymdrin â llofruddiaethau ac â sgerbydau mewn cypyrddau. Cynlluniwyd a saernïwyd y ddwy yn raenus. Maent yn hynod gaboledig, yn ddidramgwydd eu hiaith a'u hidiom, ac yn barod i'r wasg. Ac er mai sgrifennu i fformiwla a wna'r awduron, anghofir hynny yng ngwefr y darllen. Gwaetha'r modd, roedd rhaid dewis rhyngddynt, a phlymiais gyda fy nghydfeirniaid am 'Y Pry yn y Pren' gan *Ifan*, fy newis gwreiddiol.

Mathafarn: 'Gwatwar y Gwreiddiau'. Nofel sydd â'i ffiniau daearyddol yn ymestyn o Fôn i Dde Affrica, Awstralia a Seland Newydd. Stori yw hi am Edward Lloyd, mab Plas Mathafarn ym Môn, yn mynd i gloddio am aur yn Ne Affrica, gan adael Gwen, ei gariad cudd, yn feichiog ar ei ôl. Cymeriad dipyn yn rhagrithiol yw Edward, a mesur o gamp yr awdur yw ein bod yn ymorol amdano. Yn groes i ddymuniad ei rieni, listiodd i ymladd yn y Rhyfel Mawr. Mae'r disgrifiadau o'r rhyfel yn ei holl erchyllterau gyda'r disgrifiadau gorau yn y gystadleuaeth. Maent yn gyrru iasau annifyr i lawr yr asgwrn cefn. Gyda threigl amser daw Mike, gor-ŵyr Edward Lloyd, i wybod am yr etifeddiaeth sydd yn ei aros ym Môn a phenderfyna hwylio gyda'i gariad i'w hawlio. Ond ai ef mewn gwirionedd biau Plas Mathafarn? Er y byddai rhai yn dadlau fod y diweddglo yn henffasiwn, rhaid i mi gyfaddef i mi gael fy moddhau'n fawr ganddo – fel y mwynheais lythyrau cynnil, cynnil y tad. Gan fod rhaid chwilio am wendidau noder bod ôl yr ymchwil weithiau yn arafu'r stori. Ac er bod Michael Owen yn gymeriad go-iawn, fel o bosib y merched yn yr archifdy yn Pilgrim's Rest, dylid bod wedi osgoi'r demtasiwn o'u cynnwys yn eu crynswth:

> Nes na'r hanesydd at y gwir di-goll
> Ydyw'r dramodydd, sydd yn gelwydd oll.

Dylem hefyd fod wedi cael gwybod mwy am briodas taid a nain Mike. Ond gwallau mân yw'r rhain mewn nofel gywrain a phleserus iawn. Brysied *Mathafarn* i'w chyhoeddi neu ei throi'n ddrama deledu.

Ifan: 'Y Pry yn y Pren'. Nofel arall a wnâi ddrama deledu wych, gan fod cryn gip ar y math yma o ddramâu dirgelwch yn Saesneg. Eto nid stori dditectif na stori ddirgelwch fel y cyfryw yw 'Y Pry yn y Pren', eithr dadansoddiad o feddwl seicopath. Caiff ei hadrodd yn y person cyntaf – dyfais sy'n cyfyngu rhywfaint ar ei sgôp. Robert Meredith sy'n traddodi. Mae hefyd yn cadw dyddiadur, fel y gwnaeth ei dad o'i flaen, wedi iddo ddianc i America ar ôl cael ei gyhuddo o fod y Mersey Dock Strangler. Fel y mae'n digwydd, mae gwraig Robert Meredith hefyd yn byw yn America: wedi ei adael am ei mamwlad mwya ffwr-bwt. Wel, dyna a ddywedir wrthym; ond, yna, 'does dim fel y disgwylir iddo fod. Cofnodi ei obsesiwn ynglŷn â Kate a wna Robert Meredith yn ei ddyddiadur, y galwadau ffôn anllad, y disgrifiadau anweddus a'r sbïana llechwraidd. Fel hyn, o dipyn i beth, y'n denir ni i gylch cymhleth a thywyll y stori, stori sy'n cael ei datgelu trwy awgrym a defnydd clyfar o'r cart achau. Efallai nad yw'r dull hwn o sgrifennu at ddant pawb, ond mi ddiffeia-i unrhyw un i roi'r nofel o'i law ar ôl dechrau ei darllen. Mae'n fwy na nofel ddirgelwch; mae'n ddadansoddiad o feddwl gwyrdroëdig, sâl, ac o hen hen bechodau sy'n gwrthod marw yn y gwaed. Sgrifennwyd hi gan awdur sy'n hen law ar wybod sut i sodro'r darllenydd yn sownd yn ei sêt. Awdur a gweledigaeth ganddo – fel mae'r dyfyniad ar ddechrau'r nofel yn profi. Nofel wefreiddiol, gofiadwy. Do, fe ofalodd *Ifan*, nid yn unig fod Gwobr Daniel Owen yn dod i'w hoed, ond bod graen arbennig arni eleni. Hir y parhao felly.

BEIRNIADAETH MEINIR PIERCE JONES

Daeth y gystadleuaeth hon i'w hoed eleni o ran nifer y cystadleuwyr a safon eu cynnyrch. Efallai mai'r £5,000 oedd yr abwyd, neu ddyhead am fod yn rhan o ddathliadau Eisteddfod Genedlaethol gyntaf y Mileniwm – wn i ddim. Ond bu'r wythnosau o ddarllen yn bleser bron i gyd, gallaf dystio i hynny, ac mae o leiaf bump o'r wyth a ddaeth i law yn hen ddigon da i'w cyhoeddi (er bod tipyn o waith golygu ar rai ohonynt). Rwyf am drafod y nofelau fesul un gan weithio fy ffordd tua'r brig; nid wyf wedi eu rhannu i ddosbarthiadau fel y cyfryw. Roeddem ni'n tri fel beirniaid yn credu y byddai'r cystadleuwyr ar eu hennill o gael beirniadaethau unigol, gwahanol eu tuedd a'u pwyslais, yn enwedig gan fod cryn wahaniaeth barn mewn rhai achosion. Ac onid ydynt yn haeddu hynny o sylw o leiaf am eu trymgwaith?

Gwilym Tomos: 'Ymfudo'. Ceir tair stori'n ymblethu yma gan uno ar y diwedd: stori Awstralia (stori merch Liwsi yw hon sy'n cychwyn yn Nowlais y dauddegau), stori Seland Newydd (stori arall sy'n dechrau gyda theulu o Gymru'n ymfudo ddiwedd y ganrif ddiwethaf) a thrydedd stori sydd wedi'i lleoli yn Buenos Aires a'r Gaiman ym Mhatagonia yng nghyfnod Rhyfel y Malvinas. Mae'r cefndiroedd hyn yn amheuthun o liwgar a diddorol ond yn ormod o gowlaid, yn sicr, ac ni chaiff yr un o'r tair chwarae teg. Nid yw *Gwilym Tomos* heb ei ddawn er hynny – ar ei orau mae'n gallu disgrifio lleoedd a chymeriadau'n gofiadwy ac adrodd stori'n afaelgar, ond tuedda i fod yn glapiog ei arddull ar brydiau ac i sboncio o ran amser a lle nes ei bod yn anodd i'r darllenydd ei ddilyn. Gwendid difrifol arall yw bod ei iaith mor wallus ar brydiau nes bod y traethiad yn annealladwy. Neu'n anfwriadol ddoniol, fel yn yr enghraifft hon: 'Bwytawyd y criw ar wahân i weddill y teithwyr'. I gloi y mae yma ddeunydd crai addawol, ond y mae gan *Gwilym Tomos* dipyn o ffordd i fynd eto cyn y bydd yn nofelydd.

Silwrian: 'Siarlot neu Merch yr Haearn'. Nofel hanes yw hon sy'n portreadu Charlotte Guest, gwraig John Guest, y perchennog gweithfeydd haearn ym Merthyr Tudful, a gwraig sy'n adnabyddus yn ei hawl ei hun wrth gwrs am ei chyfieithiad rhamantaidd o'r Mabinogi. Yn gefndir fel petai i hanes Siarlot a'i bywyd breintiedig, adroddir hanes dau deulu cyffredin arall sy'n cynrychioli gwahanol agweddau a chefndiroedd cymdeithasol – dyfais bur effeithiol er bod yr ymdriniaeth yn tueddu i fod braidd yn arwynebol a rhamantllyd ar adegau. Er bod rhannau o'r nofel yn gafael, rwy'n amau fod *Silwrian* yn fwy o hanesydd ac o ymchwilydd nag o nofelydd a cheir gormod o fanylion hanesyddol sy'n arafu llif y stori nes bod rhywun mewn perygl o golli diddordeb weithiau. Mae'r sylw a roddir i'r ymrafael llenyddol rhwng Siarlot a'r Llydawr Villemarqué yn enghraifft dda o hyn; mewn bywgraffiad neu erthygl feirniadol byddai'r episod yma'n bwysig, ond nid yw'n gwneud yr un argraff rywsut mewn nofel sydd i fod yn greadigaeth ddychmygus, ac rwy'n sicr bod yr awdur wedi'i gynnwys am ei fod yn rhan o'r hanes gwir. Dyna pam y cynhwyswyd y dyfynodau, hirfaith ar adegau, o waith llenyddol Siarlot hefyd. Teimlwn yn reit siomedig gyda'r portread a geir o Siarlot ei hun mewn rhannau hefyd, am nad yw'r awdur wedi gwingo'n ddigon dyfn dan ei chroen – mor wahanol i'r portread o Mabli, er enghraifft yn *Y Gaeaf sydd Unig* gan Marion Eames. Ac roedd priodas Siarlot yn un rhy ddedwydd, ysywaeth, i wneud deunydd darllen cyffrous! Er gwaetha'r gwendidau mae'n dda gweld nofel wedi'i lleoli yn yr ardal hon, ac wedi'i hysgrifennu mewn iaith raenus (er nad difrycheulyd) – er bod angen gwaith eto i roi mwy o flas tafodiaith ar y ddialog a mwy o ffocws i'r stori ei hun.

Adda: 'Temtiad Tyner'. Suddodd fy nghalon pan welais deitl y nofel hon a dylid ei newid ar y cyfle cyntaf oherwydd mae'n rhoi camargraff lwyr o'i chynnwys; 'does dim elfen o Mills & Boon ar ei chyfyl. Byd y ddrama a theledu yw'r cefndir, byd cwbl gyfarwydd i'r awdur ddywedwn i, a phortreadir ynddi gast eang o gymeriadau (Rob, Wyn Mor, Efa, Emyr Lloyd, Ellis a Madge a mwy) ar adeg o greisis yn eu bywyd. Mae'r nofel yn rhedeg dros gyfnod ffilmio drama am Tom Nefyn, ac yn taro rhywun yn ddigon tebyg i stribed hir o ffilm camera hollbresennol, sy'n fflicio'n aml o'r naill olygfa i'r llall. 'Does dim dowt yn fy meddwl i nad yw *Adda*'n 'medru sgwennu'; mae ei Gymraeg yn gyhyrog ac yn byrlymu o ddweud da (e.e. fel cath ar fôr o wydr, fel ci am gweir), y ddialog yn naturiol ac yn argyhoeddi a cheir cyffyrddiadau cynnil wrth ddisgrifio. Ond, ac y mae hwn yn 'ond' go fawr, y mae'r nofel hon, nad yw wedi ei rhannu'n benodau, yn flinderus i'w darllen (nid yw'r ffaith bod angen crafu pen i glandro pwy sy'n siarad yn y ddialog yn help yn hyn o beth) ac yn tueddu i fflatio bob hyn a hyn nes bod y darllenydd yn colli diddordeb – prawf sicr nad yw popeth yn iawn. Hoffais y portreadau o Efa ac Emyr Lloyd yn arbennig, a byddwn yn cynghori'r awdur i geisio 'mentor' neu 'olygydd personol' i gydweithio ag ef ar y nesaf, neu i ddiwygio hon.

Y Ddihangfa Enwog: 'Yr Eliffant Piws'. Nofel am blentyndod bachgen o'r enw Robat Wyn yw hon. Lleolwyd y gwaith ym Môn yn bennaf a gallai'n hawdd ennill y brif wobr lenyddol mewn eisteddfod daleithiol fawr fel Eisteddfod Môn ei hun. Y rheswm am hynny yw ei bod yn dda dros ben – o'i bath – er nad yw mor uchelgeisiol, nac yn taro'r nodau uchaf ar eu pennau fel goreuon y gystadleuaeth hon. Lleolwyd hi'n argyhoeddiadol yn y cyfnod ar ôl yr Ail Ryfel Byd gydag 'Ain't She Sweet', Tom Mix y cowboi, a gorfod mynd i'r siop bysgod i nôl rhew. Mae crefft yr awdur i'w gweld yn sicr wrth iddo ddilyn hynt plentyn hiraethus ar goll mewn byd diarth o oedolion, a hynny'n sensitif heb ormod o deimladrwydd. Mae'r ddialog yn taro i'r dim, a'i bortread o gymdeithas wledig sydd bellach wedi darfod amadani'n un llwyddiannus (er yn tueddu i fod yn ystrydebol). Ond y teimlad a gawn i wrth ddarllen 'Yr Eliffant Piws' oedd ei fod braidd yn rhy wastad fel cyfanwaith, ac mewn peryg o bantio, hyd yn oed, mewn mannau. Teimlwn hefyd fy mod wedi darllen llawer o bethau tebyg i 'Yr Eliffant Piws' o'r blaen, rhai ohonynt yn well, a llawer ohonynt yn waeth, bid siŵr. Byddwn i'n cefnogi cyhoeddi hon.

Milwr: 'Y Teigrod Melfed'. Yn sicr nid wyf erioed wedi darllen dim byd fel y nofel hon, cloben o nofel dros 400 tudalen wedi'i rhwymo mewn câs caled, sy'n adrodd am bererindodau a throfâu bywyd cyfarwyddwr ffilmiau o'r Eidal, Pannini, a'r ferch Lilly Towers y daw i'w chyrchu ar ddechrau'r nofel o bentref Ffynnon Caradog yn ne Cymru, ac a ddaw yn wraig iddo'n ddiweddarach. Wn i ddim ai dyma ymgais gyntaf *Milwr* ar nofel, ond yn sicr mae'r 150 tudalen cyntaf yn dipyn o slog – yn rhannol am mai paratoi'r llwyfan ar gyfer y brif stori a wneir (eithr yn rhy gwmpasog a geiriog) a hefyd am fod y gwallau iaith niferus a'r arddull glogyrnaidd yn gwneud y darllen yn feichus Ond mae'r nofel yn grymuso o'r fan honno ymlaen, gan ymddatod fel ffilm banoramaidd – yn stori am garu a dial, hynt yr enaid unigol, a'r frwydr rhwng unigolion am oruchafiaeth – y cwbl ar gefndir awthentig yr Ail Ryfel Byd yn nhref Radicci yn yr Eidal. Mae angen ei golygu'n ddwys cyn y gellir ei chyhoeddi, ond bydd yr ymdrech yn siŵr o fod yn werth chweil. Ceir yma ysgrifennu ysgubol ac angerddol ar brydiau, stori gref iawn, a chyflwyno syniadau neu gysyniadau diddorol fel na wneir byth bron mewn nofelau Cymraeg. Wrth ei darllen teimlwn fod yr awdur wedi ymdaflu â'i holl enaid i'w llunio, ac mae'n bwysig iawn na ddylai wangalonni.

Twca'r Traeth: 'Gwynt Hallt o'r Môr'. Mae'r nofel hon eto'n tynnu at 100,000 o eiriau, ac er fy mod i wedi ei mwynhau'n fawr drwyddi draw byddai golygu deallus (h.y. cywiro'r gwallau iaith, ystwytho ymadroddion chwithig neu anystwyth a chrynhoi rhywfaint) wedi gwneud lles mawr iddi. (A phe bai'r awdur wedi gweld yn dda i wneud hynny cyn ei hanfon i mewn gallai fod wedi ei chodi'n uwch yn y gystadleuaeth, o'm rhan i beth bynnag). Fe'i lleolwyd mewn tref glan-y-môr â phrifysgol, a cheir nifer o storïau lleisiol yn datblygu'n gyfochrog wrth i'r *Twca* gyflwyno i ni amrywiaeth o gymeriadau, megis Mrs Finch, Christine, Melba, Handel a Les, y mae eu bywydau'n gorgyffwrdd. Mae'r gwaith yu fwrlwm o hiwmor tawel a chrafog a pharai hynny, ynghyd â dawn yr awdur i ddigrifio'n weledol, a'i gyffyrddiad tyner (ond doeth) wrth ymdrin â'r cymeriadau, i mi chwerthin yn uchel wrth ddarllen. Dengys y gwaith ôl cynllunio meistraidd wrth i'r clymau gordeddu'n dynnach neu, a newid delwedd, wrth i'r gaseg eira rowlio'n gynt ac yn gynt i lawr y rhiw tuag at y diweddglo. Dyma lais newydd, hyd y gallaf i farnu, a llais y mae croeso cynnes iddo. Mater o chwaeth yw hi i raddau gyda nofelau fel popeth arall, ond fe hoffais i'r gomedi ddu, lawn eironi hon yn arw ac edrychaf ymlaen at ei darllen eto unwaith y caiff ei chyhoeddi.

Mathafarn: 'Gwatwar y Gwreiddiau'. Dyma chwip o stori ddarllenadwy sy'n cychwyn ym Môn yn 1999 gan wibio'n hyderus wedyn ar draws y byd i Awstralia, Seland Newydd a Pilgrim's Rest yn Ne Affrica ac yna'n ôl i Fôn – gan bendilio'n ôl ac ymlaen mewn amser hefyd rhwng y presennol a'r cyfnod o 1910 tan y Rhyfel Byd Cyntaf. Ffuglen yn smalio bod yn ffaith yw'r nofel glyfar ac aml-haenog hon, ac wrth ei darllen teimlwn fel pe bawn yn bwyta glôb-artisig – fesul deilen, neu ddalen, flasus. Ceir yma ddarnau o ysgrifennu gwirioneddol dda, yn arbennig llythyrau'r hen Lloyd at ei fab, y disgrifiadau o enbydrwydd y ffosydd, a'r golygfeydd yn Sydney, sy'n dangos fod *Mathafarn* yn awdur crefftus ac amryddawn, hyd yn oed os oes rhai mân bethau'n anniddigo. 'Doeddwn i'n bersonol ddim yn hoffi'r dechneg o ddefnyddio'r torion o'r *Daily Post* nac yn gweld angen yr Atodiad o gwbl; teimlwn fod y chwilotwr yn mynd yn drech na'r nofelydd ym Mhennod 8 ac nid oedd ymateb y rhieni (y tad yn enwedig) i'r llythyr ar dudalen 162 yn argyhoeddi (a dyna golyn y stori, mewn gwirionedd). Mae ambell frycheuyn arall nad wyf am gyfeirio ato yma rhag difetha'r stori i ddarpar ddarllenwyr. Rwy'n rhoi clod uchel i 'Gwatwar y Gwreiddiau', ac yn mawr obeithio y bydd modd ei chyhoeddi ar fyrder, ac y bydd yn ein siopau erbyn y Nadolig (hwn).

Ifan: 'Y Pry yn y Pren'. Daw hyn â mi at yr olaf o'r wyth cyfrol, sef thriler seicolegol wedi'i hysgrifennu yn y person cyntaf. Adroddir yr hanes ar ffurf dyddiadur gan Robert Cairns, y prif gymeriad, gwrtharwr trwyadl anhoffus (er na allwn beidio â chydymdeimlo ag ef ar dro – mesur o ddawn yr awdur, yn sicr) yn ei ymchwil i hanes ei deulu. Yn gyfochrog â'r ymchwil hwnnw y mae ymchwil o fath gwahanol ar droed sy'n dwyn ffrwyth at ddiwedd y gyfrol: rwy'n ymatal rhag dweud dim mwy rhag difetha'r stori. Llwydda *Ifan* i ddadgordeddu'r hanes yn ddeheuig, ac er bod y cyfanwaith yn ymddangos yn syml a diymdrech saernïwyd y gwaith yn broffesiynol, dynn. Gwnaeth Ifan gamp wrth fynd o dan groen Robert Cairns a llwydda i ddarlunio ei feddwl obsesiynol, gwyrdroëdig yn annifyr o effeithiol. Llwydda hefyd i chwarae mig yn bryfoclyd, yn ei ymdrin-iaeth â pherthynas Robert Cairns a Kate, a sawl *double take* yn hanes y teulu sy'n cadw'r darllenydd â'i drwyn ar y ddalen. Ar ochr ysgafnach cefais lawer o ddifyrrwch yn y berthynas rhyngddo ef a merched ei deulu, a da cael hynny bach o ysgafnder achos mae hon yn stori ddigon anghynnes.

Bu cryn drafodaeth rhyngom ein tri fel beirniaid wrth geisio cytuno ar enillydd. Fy nheimlad pendant i yw fod 'Y Pry yn y Pren' yn gyfanwaith mwy caboledig na 'Gwatwar y Gwreiddiau' ac yn cynnig amgenach profiad llenyddol. Teimlwn wrth ei darllen a'i hailddarllen fod yr awdur yn gwbl sicr ei drawiad; mae'r ddialog yn siarad, y cynllunio'n gelfydd, a'r stori ar ffrwyn dynn. Dyma nofel boblogaidd gydag elfennau o stori dditectif a stori ddirgelwch, sy'n brawf ar ddu a gwyn fod y nofel Gymraeg wedi glanio'n iach ac yn ddiogel ac yn llawn steil yn y Mileniwm newydd. Ac ydi, y mae'n llwyr deilwng o Wobr Goffa Daniel Owen â phob anrhydedd a berthyn iddi. A'r siec fawr yna!

BARDDONIAETH

Casgliad o gerddi mewn cynghanedd gyflawn, ar fwy nag un o'r mesurau caeth traddodiadol heb fod dros 300 llinell: Agored

---

BEIRNIADAETH R. GERAINT GRUFFYDD

Y mae'r amodau newydd a osododd Pwyllgor Llên Llanelli a'r Cylch ar gyfer cystadleuaeth y Gadair eleni yn sicr wedi dwyn ffrwyth. Caniataodd y fformwla 'Casgliad o gerddi' i feirdd ganu fel y gafaelai pwnc neilltuol ynddynt, yn hytrach nag ymdrechu i lunio hyn a hyn o linellau ar destun gosodedig. Serch hynny, y mae ym mwyafrif y casgliadau hyn ymdeimlad pendant o undod. Peth arall trawiadol amdanynt yw bod ynddynt gryn dipyn o arbrofi mydryddol, sydd i'w groesawu am ei fod yn cynnig amrywiad ar batrwm a fu'n gonfensiwn yn rhy hir.

Deg casgliad a gyflwynwyd i'r gystadleuaeth. Dywedaf air am bob un ohonynt yn ei dro, gan gymryd y ffugenwau yn nhrefn yr wyddor.

Di-lycs: 'Rhithiau'. Naw cerdd ar fesurau amrywiol: englyn milwr, englyn penfyr, cywydd deuair hirion, cywydd deuair fyrion (aderyn prin iawn), hir-a-thoddaid. Eu thema yw gwacter a gwagedd byd a reolir gan ddyfeisiadau modern, yn enwedig y teledu a'r cyfrifiadur personol. Mynegwyd y cwbl yn gelfydd odiaeth drwy gyfres o ddarluniau pwerus. Drwy'r dychan crafog y mae islais o ddifrifoldeb. Casgliad campus yw hwn.

Myfyrdod: 'Ynof fi a hyn o fyd'. Deg cerdd ar dri mesur yn bennaf – cywydd deuair hirion, englyn milwr ac englyn unodl union – sydd eto'n trafod agweddau ar fywyd cyfoes, gan ymagweddu tuag atynt yn negyddol ar y cyfan (ond rhaid eithrio'r gerdd 'Gwawr', sydd hefyd yn enghraifft o ddelweddu pur fentrus). Y mae *Myfyrdod* at ei gilydd yn trin ei bynciau'n lân a deheuig, a hoffais yn arbennig ei driniaeth o siopa Nadolig, o ddeuoliaeth ei bersonoliaeth ef ei hun ac o'r rhyngrwyd. Y tro hwn, fodd bynnag, nid wyf yn ei weld yn esgyn yn uwch nag yn weddol uchel yn yr ail ddosbarth.

Plentyn: Casgliad dideitl. Ynddo ceir naw cerdd neu ddeg a'r cwbl ar fesurau cywydd deuair hirion ac englyn unodl union. Y mae'n ddilyniant uchelgeisiol, yn cofnodi ymchwil y bardd am hunaniaeth a mynegiant drwy ymuniaethu â phobl a lleoedd a fu'n bwysig iddo. Ysywaeth, nid yw'n ddigon o feistr ar gerdd dafod eto i fedru cyfleu ei weledigaeth yn eglur ac argyhoeddiadol.

Pryderi: Casgliad dideitl. Casgliad cymen o bedair cerdd ar fesurau englyn unodl union, englyn milwr, cywydd deuair hirion, gwawdodyn a hir-a-thoddaid. Themâu'r cerddi yw trychinebau a ddigwyddodd i ferch ddarllengar (dallineb), asgellwr rygbi (parlys wedi damwain car), athrawes iaith (trawiad ar yr ymennydd) a blaenor (colli ffydd a throi at y ddiod), y mae ci tywys yn cynnig peth cysur i'r ferch ddall a'i hwyrion i'r athrawes, ond ni chaiff y ddau arall ddim cysur. Y mae'r canu'n lân a theimladwy, ond efallai braidd yn rhy wastad i fynegi'r ingoedd a bortreedir.

Prydderch: 'Wele Hwy'. Ceir gan *Brydderch* wyth cân ar fesurau amrywiol: math o fesur rhydd cynganeddol sy'n proestio, cywydd deuair hirion sydd ar dro'n defnyddio tripledau yn ogystal â chwpledi, englynion unodl union a phenfyr, hir-a-thoddaid a gwawdodyn. Y mae pynciau'r canu hefyd yn amrywiol: myfyrdod ar arwyddocâd cyntefig Ayres Rock yn Awstralia, hanes Nest ac Owain ap Cadwgan (ar gywydd, er i'r hanes gael ei osod allan fel petai'n rhyddiaith), dychan lled grafog ar y sefyllfa wleidyddol bresennol yng Nghymru, myfyrdod ar Gymreigrwydd 'Dan y Wenallt' Dylan Thomas, ymson ar amddifadedd un o gymeriadau benywaidd y ddrama honno, a thri englyn unigol – dau englyn serch ac un arall yn ymwneud ag argyfwng amaethyddiaeth. Y mae yma gryn ddyfeisgarwch ac asbri, yn ogystal â medr technegol amlwg, ond efallai ar y mwyaf hefyd o draethu uniongyrchol 'annelweddol'.

Rheged: Casgliad dideitl. Wyth o gerddi ar ddewis tra anghyffredin o fesurau, gan amlaf cyfuniad o gyhydedd fer a thraeanog (sef clogyrnach), bryd arall gyfuniad o gyhydedd naw ban a chyhydedd hir (sef amrywiad ar wawdodyn); defnyddir hefyd gyfuniad o gyhydedd fer a chyhydedd hir, englynion proest a rhupunt. Eto, o fewn y cyfyngiadau hyn mentrir myfyrio ar bynciau astrus: ffiseg y gofod, byw modern, cyflwr mewnol Gwenllian yn Sempringham, perthynas tad a mab, sut y mae'r ysbryd dynol yn ei fynegi ei hun, ymddeoliad hen weinidog, ymson ar gorff ceiliog bronfraith ar y stryd. Drwy'r cwbl mynegir personoliaeth farddol ddysgedig, myfyrgar a thra sensitif ei hymglywed â rhythm a miwsig geiriol.

Rhos-fach: 'Ar y ffin'. Yma ceir un gerdd ar ddeg ar dri mesur: cywydd deuair hirion, englyn milwr a hir-a-thoddaid. Ynddynt cofnodir profiad o salwch meddwl ac o adferiad ohono, yn rhannol drwy rodio hen lwybrau a sugno maeth o hen atgofion; y mae'r adferiad yn esgor ar ddarlun yn ogystal â chân. Ceir yma ganu glân a gwastad sydd ar ei gryfaf, o bosibl, yn y rhannau 'atgofus'.

Sibrwd: 'Tonnau'. Gan *Sibrwd* ceir hanner dwsin o gerddi gan mwyaf ar fesur cywydd deuair hirion ond gyda'r mesur hwnnw weithiau wedi'i briodi ag englyn unodl union neu hir-a-thoddaid (ac unwaith gydag englyn unodl union ynghyd ag englyn penfyr). Y mae'r casgliad cymen a chrefftus hwn yn sôn am alanastra rhyfel, tranc hen gredoau, colli hen ddiwydiannau a dyfodiad cyfrifiaduron, dolffin yn herio storm ger Dingle a Manchester United yn chwarae gartref. Er bod y casgliad yn rhoi llawer o bleser, tybiaf y byddai'r pleser yn fwy petai ynddo fwy o undod.

Smwrma: Casgliad dideitl. Ceir ynddo gymaint â deunaw o gerddi byrion ar

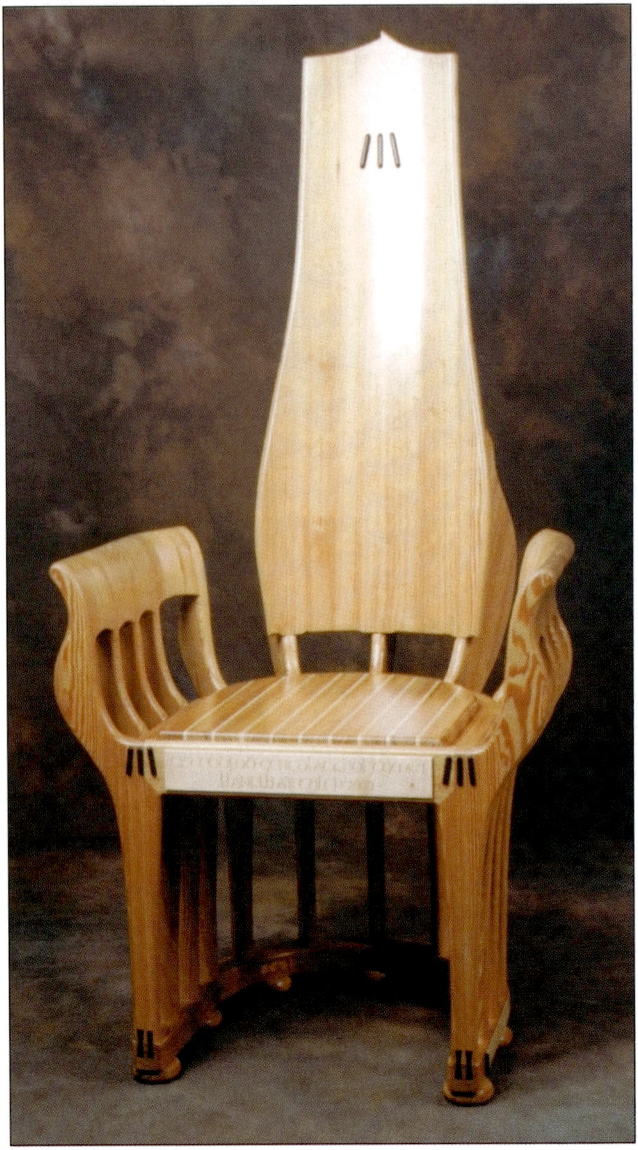

CADAIR YR EISTEDDFOD

Rhodd Eglwys y Tabernacl, Llanelli, er cof am eu cyn-weinidog,
Y Parchedig E. Gwyndaf Evans.
Cynlluniwyd a gwnaed gan Arnold James.

fesurau cywydd deuair hirion, englyn unodl union (ynghyd ag un englyn gwastad), hir-a-thoddaid a hefyd linellau decsill wedi'u canu'n gwpledi. Yr hyn a wneir yn y dilyniant yw olrhain datblygiad a defnydd iaith a myfyrio ar arwyddocâd y ffenomen hon. Ysywaeth nid yw celfyddyd farddol *Smwrma* hyd yma yn gymesur â'i uchelgais.

Yr Hen Heretic: 'Cymru Dwy Fil'. Ceir yma bymtheg o gerddi ar saith o fesurau: englyn unodl union, englyn milwr, 'englyn toddaid' (*Cerdd Dafod*, t.356), cywydd deuair hirion, awdl-gywydd, hir-a-thoddaid a hefyd fesur nas disgrifiwyd gan Syr John Morris-Jones, ond sy'n berffaith dderbyniol serch hynny, sef cyfuniad o englyn penfyr ac englyn milwr (er nad yn unodl). Yn y cerddi dychenir yn gyrhaeddgar bobl a phethau megis sêr y cyfryngau (ac eraill), mewnfudwyr ymwthiol, y gwasanaeth iechyd, haul-addolwyr, datganoli, canu pop, bwyta'n iach, crefydd adfeiliedig, robotau a dyfodiad y trydydd Mileniwm – targedau amlwg ar un olwg, ond fe'u trewir yn ddi-feth. Trafodir y gynghanedd gyda chryn ryddid ar brydiau, ond y mae hynny fel petai'n ychwanegu at asbri y casgliad disglair hwn.

O'm rhan i, fe fyddwn yn gwbl fodlon gweld cadeirio tri bardd: *Di-lycs, Rheged* a'r *Hen Heretic.* Fe rown *Di-lycs* fymryn ar y blaen i'r *Hen Heretic* am fod ynddo – yn baradocsaidd – ymwybod dyfnach â difrifoldeb y sefyllfaoedd y mae'n eu gwawdio ac â'r ffaith ei fod ef ei hun yn gyfrannog ohonynt: gan hynny fe ymddengys i mi fod ei ddychan yn treiddio'n ddyfnach. Ond fe rown *Rheged* ar y blaen i'r ddau ohonynt, nid yn unig ar gyfrif ei *tour de force* mydryddol ond hefyd – ac yn bwysicach – am ei fod wedi gallu cyfuno'r orchest honno â barddoniaeth loyw ac awenyddol, glir ei gweledigaeth a hudolus ei sain. *Rheged* a gadeiriwn i, ond nid yw hynny'n golygu nad wyf yn llwyr gytuno â'm cyd-feirniaid fod *Di-lycs* yntau yn gwbl deilwng o Gadair Llanelli a'r Cylch ac o bob anrhydedd a berthyn iddi.

BEIRNIADAETH BLEDDYN OWEN HUWS

Mae'n rhaid llongyfarch Pwyllgor Llên Llanelli am ei ysbryd mentrus yn newid amodau cystadleuaeth y Gadair eleni gan ofyn am gasgliad o gerddi mewn cynghanedd gyflawn yn hytrach nag am awdl. Er i ambell awdl wirioneddol dda gael ei gwobrwyo yn ystod y blynyddoedd diwethaf, fe ddaeth yn amlwg i amryw byd ohonom fod y gystadleuaeth ei hun yn dechrau mynd braidd yn llesg fel petai'r awdl wedi chwythu'i phlwc. Yn wir aeth rhai mor bell ag awgrymu bod dyddiau'r awdl draddodiadol wedi eu rhifo. Ond talai inni gofio nad peth diweddar yw darogan ei thranc. Pan ataliwyd y wobr yng nghystadleuaeth y Gadair yn Eisteddfod Treorci yn ôl yn 1928, er enghraifft, cyhoeddodd W. J. Gruffydd yn ddifloesgni fod oes yr awdl ar ben. Ond ers hynny y mae rhai o'r awdlau cadeiriol gorau wedi bod ymysg cynnyrch llenyddol mwyaf cofiadwy'r Eisteddfod Genedlaethol erioed. Nid wyf yn amau nad oes bywyd o hyd yn yr awdl, ond nid drwg o beth yn awr ac yn y man yw amrywio ac arbrofi, oherwydd os yw unrhyw draddodiad yn aros yn ei unfan yn ddigyfnewid dros gyfnod hir o amser ni fydd yn y pen draw yn ddim ond megis merddwr. Pwysig yw deall nad yw newid amodau o reidrwydd yn golygu ein bod yn aberthu'r safon y daethom i'w disgwyl yn y gystadleuaeth hon. Yn wir fe brofwyd eleni fod modd arbrofi a thrwy hynny ddenu nifer o feirdd rhagorol i'r maes a chael cystadleuaeth eithriadol o dda. Dau ymgeisydd yn unig o blith y deg a gynigiodd am y Gadair a osodaf yn y trydydd dosbarth, sef *Swrma* a *Plentyn.*

Swrma: Ymgais i ddisgrifio gwahanol agweddau ar ddatblygiad iaith a gafwyd gan *Swrma,* ond yn anffodus nid yw wedi meistroli'r cynganeddion. Mae'r casgliad yn frith o linellau digynghanedd nad ydynt yn gwneud llawer o synnwyr, megis yn y cwpled hwn: 'Breintiedig ddawn, o ble daeth/Sylwebedd, sail wybyddiaeth' [*sic*]. A phan lwydda i lunio cynghanedd gywir, y mae ambell dro'n gorfod ystumio gramadeg yr iaith i wneud hynny: 'Nes geir lenwi y dewis gorlanau [*sic*]'!

Plentyn: Dilyniant o gerddi sydd hefyd yn sôn am iaith a geir gan *Plentyn,* y tro hwn iaith a enillir ar ôl taith drwy wlad mudandod i'r wlad lafar. Ond gan fod cymaint o niwlogrwydd yn y cerddi ni allaf honni imi ddeall beth yn union y maent yn ceisio'i ddweud. Unwaith yn rhagor, dyma ymgeisydd nad yw wedi llwyr feistroli'r gynghanedd. Ceir enghreifftiau o linellau digynghanedd yn ei waith, ac un o'i feiau cyson yw camleoli'r orffwysfa. At hynny hefyd fe geir rhai gwallau iaith sy'n merwino'r glust: 'tymer gwâr' yn lle 'tymer wâr'; 'Gwyddaf' yn lle 'Gwn'; 'Delais' yn lle 'daliais'; 'ar dir lom' yn lle 'ar dir llwm'. Mae arnaf ofn i'r ymgeisydd hwn fod braidd yn rhy uchelgeisiol yn cynnig yn y gystadleuaeth hon oherwydd y mae gofyn iddo ymddisgyblu ac ymberffeithio cryn dipyn eto cyn y medr gael ei ystyried yn ymgeisydd teilwng.

Gosodaf bedwar bardd yn yr ail ddosbarth, a phwysleisiaf fod byd o wahaniaeth rhwng gwaith y pedwar hyn a'r ddau ymgeisydd sydd yn y trydydd dosbarth.

Rhos-fach: Trafod brwydr i oresgyn salwch meddwl y mae *Rhos-fach* mewn dilyniant o gerddi ac iddo'r teitl 'Ar y Ffin'. Ceir yma ymgais ddiffuant i ddarlunio cyflwr meddwl claf sy'n dioddef math o sgitsoffrenia, ac yna'i gamau graddol tuag at adferiad. Artist a bardd yw'r claf y mae lliwiau ar gynfas a grym yr awen yn fath o therapi iddo. Ond yn fy marn i, mae'r cerddi unigol yn tueddu i fod yn llac a hirwyntog nes bod y dilyniant fel cyfanwaith yn anghynnil. Tueddir hefyd i draethu'n uniongyrchol am y salwch mewn llinellau fel 'Yn fy mhen mae fy mhoenau' a 'Clwyf im oedd, claf fy meddwl' yn hytrach na cheisio'i gyfleu'n drosiadol ddyfeisgar. Dyma fardd a fyddai wedi bod ar ei fantais pe byddai gofyn iddo lunio awdl yn hytrach na chasgliad o gerddi, oherwydd byddai wedyn efallai wedi cael gwell hwyl ar saernïo un gerdd hir gyfan lle gallai'r cyferbyniad rhwng cyfnod y salwch a chyfnod yr adferiad fod yn fwy cynnil ac effeithiol.

Myfyrdod: Deg o gerddi amrywiol dan y teitl 'Ynof fi a hyn o fyd' sydd gan *Myfyrdod.* Dyma'n ddi-os bregethwr a moesolwr y gystadleuaeth. Mewn un gerdd ddifyr mae'n darlunio'r prysurdeb ar noson siopa hwyr yn ein prifddinas ychydig ddyddiau cyn y Nadolig ac yntau yng nghanol yr holl sbloet yn clywed sŵn alaw fydol, a gyferbynnir wedyn â sŵn 'jig y Greadigaeth' sy'n gyfeiliant i ddawns y seren. Gwêl y tu hwnt i fateroliaeth y Nadolig a chofia am wir ystyr yr ŵyl. Ond mewn cerdd arall, lle mae'n cyffesu'i bechodau wrth sôn am ddeuoliaeth barhaus y drwg a'r da sy'n rhan o gyfansoddiad pawb ohonom, mae'n dangos diffyg synnwyr cynildeb wrth fwrw drwyddi braidd yn rhy bregethwrol. Mae'n gorddefnyddio person cyntaf mynegol presennol y ferf *bod* yn y gystrawen sy'n rhoi enw neu ansoddair ar ôl y ferf, 'Wyf ddynol . . . wyf wan . . . wyf gaeth'. Ailadroddir y gystrawen hon mewn cyfres o englynion a phenillion cywydd i'r graddau bod y cyfan yn colli'i effaith. Rwy'n cydnabod y gall ailadrodd geiriau neu ymadroddion weithiau fod yn ddyfais hynod effeithiol, ond yn y fan hon mae'n troi'n syrffed. Anghywir hefyd yn ramadegol yw defnyddio'r ffurf *wyf* heb y geiryn rhagferfol pan ddilynir hi gan ferf neu ferfenw, fel yn y llinellau hyn ganddo: 'Wyf yn olrhain pob ceiniog' a 'Wyf yn anwylo fy neuoliaeth'. Y gerdd fwyaf deniadol ganddo i'm tyb i yw'r gerdd olaf, sef 'Gwê' [*sic*], ar ffurf sgwrs rhwng dau gyfaill sy'n trafod y we fyd-eang. Mae'r naill gyfaill yn moli rhagoriaethau'r dechnoleg sy'n caniatáu inni fynd 'O'n nunlle i bentre'r byd', a'r llall yn dyrchafu cwlwm cymdeithasu byw uwchlaw'r cymdeithasu dirprwyol a ffug a wneir drwy gyfrwng y we.

Prydderch: Casgliad o bum cerdd a thri englyn a gyflwynodd *Prydderch,* sy'n fardd medrus. Hoffais yn arbennig ei *vers libre* cynganeddol i graig Uluru, sy'n lle cysegredig i Gynfrodorion Awstralia, ac mae cryn gamp hefyd ar y ddramodig fechan ar fesur y cywydd sy'n adrodd hanes y dywysoges Nest, merch Rhys ap Tewdwr, yn cael ei chipio oddi ar ei gŵr, Gerald de Windsor, gan ei chefnder, Owain ap Cadwgan. Ond mae'n anodd gwybod a amcanwyd i'r ddramodig hon fod yn ddoniol ai peidio. Wrth sôn am Gerald yn ffoi o'r castell trwy'r geudy ceir un llinell yr wyf yn amheus o'i phriodoldeb, sef 'hala'i hun i lawr ei laf'. Mae'n ddigon posibl mai disgynneb fwriadol ydyw, ac mae'n bosibl hefyd fod yr anacroniaeth yn fwriadol ddoniol. Credaf y gall fod i'r ddramodig ryw ystyr gudd ac y gall mai dameg am y Gymru ddatganoledig ydyw. Yn sicr ceir neges rybuddiol i Walia a'i Chynulliad mewn cyfres ysmala o englynion penfyr ac iddi'r teitl 'Bananas': oni all y Cynulliad 'ddileu llithrigfeydd y wlad' fe allai Cymru '. . . lwyr golli'i holl urddas,/a'i henwi'n wlad fananas'. Er cystal bardd yw *Prydderch,* ni chredaf fod y casgliad a roes at ei gilydd yn fy llwyr argyhoeddi fod yma ddeunydd o ddyfnder a sylwedd a hawlia'i le yn y dosbarth cyntaf.

Sibrwd: Casgliad o gerddi unigol dan y teitl 'Tonnau' ond heb linyn cyswllt thematig ymddangosiadol a geir gan *Sibrwd,* bardd y gellir ymdeimlo â rhyw ffresni a chyffro yn ei waith. Gall greu awyrgylch yn gampus ynghyd â delweddu profiad, fel y gwna yn y gerdd 'Caer Arianrhod', lle mae'n trosi meini'r gaer yn freuddwydion coll ei ieuenctid. Fe welir ei ddawn i gonsurio awyrgylch a golygfa ar ei gorau yn y gerdd 'Dolffin Bae Dingle', lle mae'r cyffyrddiadau trosiadol synhwyrus yn atgoffa dyn am grefft dyfalu Beirdd yr Uchelwyr. Ond at ei gilydd teimlaf nad yw'r un safon yn cael ei chynnal drwodd a thro. Ystyriaf fod y gerdd 'Newid Byd', er enghraifft, yn ddolen wan gan fod trafod diflaniad hen dechnegau gweithio'r gof a'r glöwr a'r amaethwr braidd yn dreuliedig erbyn hyn. Ceir ambell linell wantan yn y gerdd hon hefyd, megis: 'Ond tap . . . tap . . . tap y teipio'. Efallai mai'r gerdd sy'n dangos orau pa mor ystwyth yw *Sibrwd* fel cynganeddwr yw'r gerdd 'Trysorau', sy'n disgrifio gêm bêl-droed yn Old Trafford. Llwydda i gyfleu cynnwrf y chwarae ar y cae:

Y boi acw, Dave Beckham
Hwn yw'r llanc sydd yn rhoi llam
Yn wisgi ar yr asgell,
Hulio'r bêl i lawr o bell
I geg wahoddus y gôl,
Yn sydyn, ymosodol;
O, wast! Jest heibio'r postyn,
Ond y dim – ond roedd hi'n dynn!

Mae llawer o bethau da yng nghasgliad *Sibrwd*, ond dof yn ôl at yr hyn a ystyriaf yn wendid, sef nad yw'n llwyddo i gynnal yr un gloywder drwyddo draw. Fe welir tuedd weithiau i ddibynnu ar drawiadau cyfarwydd a chyfleus a chyffredin: 'Y godidog, enwog ŵr' meddai am arwyr Man U, a 'Y prin, anhygoel eu pris' meddai wedyn am dlysau a chwpanau'r tîm. Pan fo ar ei orau, gall y bardd hwn ganu'n afaelgar iawn, ond down yn awr at y pedwar a osodaf yn y dosbarth cyntaf.

Rheged: Gan *Rheged* y cafwyd y casgliad mwyaf annisgwyl o gerddi, a'r mwyaf dieithr hefyd ar ryw ystyr. Dyma fardd clasurol sydd, drwy gyfrwng ei fydryddiaeth, ei gyfeiriadaeth a'i eirfa, yn llwyddo i greu math o ddieithrwch goludog sy'n tyfu ar ddyn wrth ei ailddarllen. Mae'r hyn a gyflawnodd ar fesur clogyrnach, rhupunt byr, englynion proest a phenillion sy'n gyfuniad o gyhydedd fer a chyhydedd hir yn wirioneddol feistrolgar. Ond gall y dieithrwch ar brydiau hefyd fod yn gaddug i'r darllenydd gan nad yw cynnwys na neges pob cerdd yn gwbl eglur. Lle dyn ar lwyfan y bydysawd a drafodir yng ngherdd gynta'r casgliad, er enghraifft, 'Y Twll Du', ond ni allaf honni imi lwyddo i oleuo'r tywyllwch sydd ynddi'n llwyr. Mae modd casglu mai'r grefydd Gristnogol sydd, ym marn y bardd, yn rhoi ystyr i fodolaeth dyn, ac mewn cerdd ar achlysur ymddeoliad gweinidog dywedir bod y ddynoliaeth wedi andwyo'r ddaear yn gwbl ddi-hid, a phroffwydir y bydd yn rhaid iddi ryw ddydd a ddaw fod yn atebol am ei chamweddau:

Bydd dadebru o'n dydd dibris
A diwedd hap chwarae dewis
Nawdd sêr y didduw, oedfa y lledfyw;
Nid yw Duw'n chwarae dis.

Y gerdd orau gennyf i yn y casgliad yw 'Gwenllian yn Sempringham', yn bennaf am ei bod yn llwyddo i gyfuno angerdd ag eglurder y dweud. Ond nid yw pob cerdd mor llwyddiannus â hon yn fy marn i. Rhaid cydnabod fod y cerddi'n cael eu cyfoethogi gan adleisiau o'r Hengerdd a chyfeiriadaeth at chwedloniaeth a barddoniaeth Gymraeg, a bod y fydryddiaeth yn gallu swyno dyn. Ond er fy ngwaethaf, ni allaf beidio â theimlo mai pleser esthetig yn unig a gaf wrth ddarllen y casgliad o'i gwr, nid cael fy nghyffroi na'm gwefreiddio. Nid yw dweud hynny'n tynnu dim oddi wrth orchest y bardd hwn.

Pryderi: Pedair cerdd, neu, a bod yn fanwl, pedair o awdlau byrion am drychinebau sy'n trawsnewid bywyd pedwar cymeriad gwahanol a gafwyd gan *Pryderi.* Chwery ar eironi'r drychineb ym mhob achos wrth i ferch a garai ddarllen golli'i golwg, wrth i chwaraewr rygbi ifanc dorri'i gefn mewn damwain car, wrth i athrawes Gymraeg golli'i lleferydd ar ôl dioddef strôc ac wrth i flaenor mewn capel golli'i ffydd. Gan *Pryderi* yn sicr y ceir peth o ganu mwyaf gwefreiddiol y gystadleuaeth hon. Mae ganddo ddawn gyfareddol i adrodd stori'n afaelgar ac i greu cyferbyniadau llachar. Yn ei gerdd i'r athrawes, er enghraifft, y mae'n dweud iddi ymroi ar hyd ei gyrfa i ddysgu iaith â sêl genhadol:

I yrfa y gloch ddiddarfod – aethai
    Ac iaith ei phlentyndod
  Hi ar drai, fe wyddai fod
  Hon yn yrfa anorfod.

Rhoi heniaith eto ar ana'l – ifanc,
    Ar dafod pob ardal
  A gafodd dan ei gofal
  I iacháu cystrawen chwâl.

Ond yna, ar ôl ymddeol, mae'n cael strôc sy'n amharu ar ei lleferydd:

Ei haraith ga'dd ei thorri; – Duw ei hun
    Fel pe'n dannod iddi
  Eiriau ei chenadwri
  Gan roi cledd drwy'i hieithwedd hi.

Aeth noson yn wythnosau – o feiriol
    Adferiad, a geiriau
  Yr iaith a boerai hithau
  Yn iaith frith o lediaith frau.

Campus hefyd yw'r gymhariaeth sydd ganddo mewn pennill o hir-a-thoddaid i ddisgrifio'r wraig yn brwydro i ynganu geiriau sydd ar chwâl: '. . . fel llais ar diwnio/I synnwyr eiliad rhyw donfedd radio'.

Gan fod y pedair cerdd hyn ar yr un thema, mae'n amlwg i *Pryderi* fwriadu iddynt ffurfio pedwarawd sy'n gyfanwaith. Trwy roi tair enghraifft olynol i ddangos fod trefn rhagluniaeth yn gallu bod yn anesboniadwy o greulon, gellir gweld pam y ceir yn dilyn gerdd sy'n darlunio'r blaenor yn dyheu am fedru deall yr annirnadwy ond yn methu nes llithro i afael anffyddiaeth. Ond yn anffodus nid yw'r gwaith cyfan yn wisg ddiwnïad orffenedig, oherwydd pedair cerdd annibynnol ydynt sy'n rhyw fraidd gyffwrdd â'i gilydd o ran thema. Ar ôl darllen y gwaith drosodd a throsodd, fe'm cawn fy hun yn gweld eisiau rhyw gymhwysiad athronyddol neu linyn cyswllt cryfach i asio'r darnau ynghyd. Yn wir, teimlaf y byddai *Pryderi* wedi cael gwell hwyl ar lunio awdl yn hytrach na chasgliad, gan y byddai adeiladwaith y gerdd hir wedi rhoi cyfle iddo greu darn o waith a fyddai'n fwy o undod. Serch hynny, y mae yma fardd na phetruswn am eiliad cyn ei gadeirio.

Yr Hen Heretic: Casgliad amrywiol o ddwy gerdd ar bymtheg ar y thema 'Cymru Dwy Fil' a gafwyd gan *Yr Hen Heretic,* ac wrth ei ddarllen y mae rhywun yn gwybod yn syth ei fod yng nghwmni bardd sy'n hen law arni. Egyr ei gasgliad ag englyn i'r gynghanedd ynghyd â nodyn esboniadol yn dweud fod Waldo yn arfer honni bod y gynghanedd yn cynnig trydydd dimensiwn:

Yn oesoesol obsesiwn – i ni rhoed
Y trydydd dimensiwn,
Rhyw benddaredd a feddwn,
Os nad oes sens, i wneud sŵn.

Trwy gyfrwng yr englyn hwn mae'r *Hen Heretic* fel petai'n awgrymu mai mewn hwrdd o benysgafnder y cyfansoddodd ei gerddi ac nad oes ynddynt fawr ddim synnwyr na sylwedd. Ond ni'n twyllir ganddo, oherwydd y mae'r olwg ddychanol a geir ar y Gymru gyfoes yn dangos inni fod yma feddyliwr gwreiddiol sy'n gallu tynnu'r cen oddi ar ein llygaid a pheri inni weld pa mor hurt y gall bywyd fod. Ac nid colbio â gordd y mae wrth ddychanu ychwaith, ond cosi'n ysgafn â phluen. Mae'n meddu ar ddoethineb gwladaidd di-lol heb rithyn o fursendod ar ei gyfyl, ynghyd â dawn ryfeddol i drin geiriau. Mewn un gyfres o benillion hir-a-thoddaid ac iddi'r teitl 'Eich Sêr a Chwi', ar y thema 'nid oes dim newydd dan yr haul', neu 'megis y bu o'r dechrau felly y mae', fe geir y pennill hwn:

Mae tynfa Gwener ar ei chytserau
Yn rhyw awgrymu y bydd programau
Y ffeminyddion yn fflachio'u doniau
Ar y gwrwod i gael eto'r gorau.
Ond drwy grafanc a stranciau, – cyn ein bod,
Y deuai'r cathod yn dorrog hwythau.

Canu'n llafar yn nhafodiaith de Ceredigion a wna, ac mae'n gallu cynganeddu mor rhwydd ag anadlu. Dyma'n sicr gynganeddwr mwyaf greddfol y gystadleu-aeth. Yn yr un gyfres o hir-a-thoddeidiau ag y dyfynnwyd ohoni uchod y mae'r pennill canlynol, sydd, fel y clyw'r cyfarwydd, yn adleisio 'Awdl y Cynhaeaf':

Fe fydd uchelgais tra bo pleidleisio'n
Llaweru geiriau i dwyllo'r gwirion,
A misdimanars ein meistri mwynion

Tra cwyd y *Sun*, ac fe bery dynion
I ysu am hanesion – sgandalau.
Nid yw rhinweddau'n dod i'r newyddion.

Mae symlrwydd naturiol y llinell olaf mewn cynghanedd groes o gyswllt yn syfrdanol ac yn gwbl nodweddiadol o ddawn athrylithgar y bardd hwn. Ymhlith y pynciau eraill y mae'n eu cyffwrdd â blaen ei bluen ddychanol y mae'r Gwasanaeth Iechyd, y mewnlifiad, datganoli (neu fel y geilw ef y peth, 'datgaloni'!), gorddibyniaeth Cymru ar ymwelwyr haf, Stadiwm y Mileniwm a chyflwr rygbi Cymru, y chwiw bwyta'n iach a dathliadau'r Mileniwm. Tipyn o lobsgows ar yr olwg gyntaf, efallai, ond llwydda'r bardd yn ddi-feth i gynnal yr un gwreiddioldeb ffraeth, yr un rhesymeg wâr sy'n iechyd i'r galon, a'r un grefft farddol ddilychwin sy'n destun edmygedd. Yr unig feirniadaeth sydd gennyf yw bod y casgliad braidd yn unffurf o ran ei gywair, ac y byddai rhywun wedi hoffi cael mwy o ddwyster tebyg i'r dwyster hwnnw a geir yn y gerdd 'Y Cwrdd Bore', lle llwyddwyd i ddal machlud y traddodiad anghydffurfiol mewn capel yn y wlad lle nad oes ond dau neu dri wedi ymgynnull. Ond yn bendifaddau, byddai'r *Hen Heretic* yn eistedd yn gyfforddus iawn yn y Gadair eleni oni bai am fodolaeth un ymgeisydd arall.

Di-lycs: Dilyniant o naw cerdd ar y thema 'Rhithiau' a geir gan *Di-lycs.* Fe gydiodd y gwaith hwn ynof o'r darlleniad cyntaf am fod yma ddilyniant sy'n undod thematig, ac am fod gan y bardd hefyd weledigaeth heriol ar ein cymdeithas ddigymdeithas ni sydd fel petai wedi llwyr gofleidio'r chwyldro technolegol a'i ddulliau cyfathrebu. Sôn a wneir am gymeriad sy'n byw mewn tref yn cyrraedd adre o'i waith gyda'r nos yn sŵn seiren, sŵn trên ar gledrau a sŵn traffig. Gall yr 'enaid arall blinderus' hwn fod yn bawb ohonom mewn gwirionedd. Wrth groesi rhiniog drws ei dŷ mae'n camu dros ei bost sy'n cynnwys llawer o sothach. Cymer olwg frysiog wedyn ar benawdau'i bapur newydd, cyn gwrando ar neges ei beiriant-ateb-ffôn a chlywed llais rhyw werthwr yn addo ei ffonio'n ôl. Yna, mae'n gwylio'r teledu, ac mewn cyfres o ddau bennill hir-a-thoddaid a thri phennill o gywydd beirniedir diffyg sylwedd y delweddau ar y sgrîn a chyfleir oferedd 'y gwylio taer a gweld dim'. Mewn ymgais i ategu pa mor ddisylwedd yw'r teledu fel cyfrwng, mae ganddo gywydd miniog o ddychanol i wleidydd slic y sgrîn y mae'r tân a arferai fod yn ei fol wedi'i ddiffodd gan ei awydd i greu a chynnal delwedd. Collwn ein ffydd ym mhopeth am nad oes dim sy'n gyson safadwy na dibynadwy. Byw mewn byd o rithiau yr ydym lle mae hysbysebion teledu yn cyflyru pobl gan eu caethiwo yng nghrafanc trachwant y farchnad. Yn sgil hynny collir pob gafael ar realiti ac ar werthoedd. Yna, daw cerdd sy'n darlunio'r cymeriad yn 'cribo'r we', cerdd dra chyfoethog ei hystyr sy'n cyffelybu'r weithred o chwilio am safleoedd ar y we i ymchwil dyn am ystyr bywyd. Ceir dau begwn yma a gyflwynir gan ddau adlais bwriadol. Ar y naill law mae byd disynnwyr a diystyr 'dan bwn sy'n gwestiwn i gyd', lle y lled-adleisir geiriau R. Williams Parry yn ei soned 'Taw, Socrates', ac ar y llaw arall mae'r ymgais i ganfod ystyr yn yr adlais o 'Mewn Dau Gae' Waldo: 'O rywle yn ymrolio/

. . . drwy'r cwbl, yn codi o'r cudd'. Ond mewn cerdd fer o ddeuddeg llinell o gywydd deuair fyrion cawn fod y cymeriad yn disgwyl yn ofer gefn nos am neges e-bost, fel pe bai ei ymdrech i ymbalfalu am ystyr yn aflwyddiannus.

Ac yna'n cloi'r dilyniant ceir cyfres o englynion milwr sy'n cydio wrth y gyfres agoriadol ac yn mynd â ni i sŵn prysurdeb boreol y dref y tro hwn. Diweddglo enigmatig a geir gan fod y cymeriad yn gwenu wrth glywed sŵn y ffôn yn canu. Ni ellir ond dyfalu pwy sydd yno. Ai'r gwerthwr a ffoniodd y noson cynt? Ai rhyw anwylyd neu ffrind neu gydnabod? Neu ynteu ai galwad ffôn drosiadol yw hon, rhyw gloch yn canu sy'n deffro'r cymeriad i weld y byd a'i fodolaeth ef ei hun o'r newydd? Ni wyddom, ac nid oes raid inni gael gwybod ychwaith, oherwydd y mae'r diweddglo penagored hwn yn ein gadael â dirgelwch y mae ceisio'i ddatrys yn ein gorfodi i fyfyrio mwy uwchben ystyr ac ergyd y dilyniant cyfan. Gan mor gyfoethog ac amlhaenog ydyw, fe'n cymhellir i'w ddadansoddi a'i ddehongli.

Credaf fod gan *Di-lycs* neges heriol i'n cymdeithas ni, onid yn wir i'n holl wareiddiad. Wrth orddefnyddio dulliau cyfathrebu'r dechnoleg fodern, a'r we fyd-eang yn enwedig, y perygl yw ein bod yn mynd yn fwyfwy ynysig ac anghymdeithasol. Fel y cymeriad yn y cerddi hyn sydd wedi'i alltudio'i hun o'r gymdeithas, mae perygl i'r unigolyn golli cysylltiad â realiti'r byd o'i gwmpas drwy fyw'n ddirprwyol wrth syllu ar ei sgrîn deledu neu ar sgrîn ei gyfrifiadur. Ac wrth sôn am yr unigolyn simsan ei amgyffrediad o'r hyn sydd real a'r hyn sydd afreal, unigolyn heb gadernid craig o dan ei draed, y mae'r dilyniant hefyd yn darlunio argyfwng gwacter ystyr. Camp y bardd hwn yw ei fod, drwy gyfrwng ei ganu cynganeddol disgybledig, yn llwyddo i ddefnyddio delwedd gwbl gyfoes i gyfleu awydd oesol dyn am ganfod ystyr i'w fodolaeth ac am gyrraedd rhyw ganol llonydd. Caiff y darllenwyr gyfle i ddarllen y gwaith buddugol drostynt eu hunain a chyfle hefyd i werthfawrogi dawn bardd gwirioneddol ddawnus sy'n llawn deilyngu'r Gadair eleni.

BEIRNIADAETH PEREDUR LYNCH

Wrth gynnig y gadair eleni am gasgliad o gerddi ar y mesurau caeth yn hytrach nag awdl, dangosodd Pwyllgor Llên Llanelli gryn fenter. O blith y creiriau cysegredig hynny sy'n cysylltu'r Brifwyl â'i chynseiliau yn nadeni diwylliannol y ddeunawfed ganrif, yr awdl eisteddfodol yw un o'r rhai hynotaf. Daeth i'r byd yn Eisteddfod y Gwyneddigion yn y Bala yn 1789, yn gyfuniad rhyfedd braidd o ffurfiau mydryddol o'r Oesoedd Canol ac o ddelfrydau neo-glasurol y ddeunawfed ganrif. A hwythau'n fawr eu sêl dros hynafiaethau'r Cymry, 'does ryfedd mai cerdd ar y mesurau caeth y mynnai'r Gwyneddigion ei gwobrwyo yn y Bala. Ar y llaw arall, wrth fynnu cerdd led faith a thraethodol ei natur, a hynny ar destun gosodedig ('Ystyriaeth ar Oes Dyn'), gwelir eu bod hefyd yn blant diamheuol eu hoes. Er na sonnir am epig/arwrgerdd fel y cyfryw mewn cyswllt ag eisteddfod y Bala, anodd credu nad oedd breuddwyd seithug Goronwy Owen, sef llunio epig Gristnogol Gymraeg, yn llechu ym meddyliau'r hyrwyddwyr yn Llundain. 'Oni feddwch eisoes yn eich cof waith Gronwy dysgwch bob lythyren ohonaw; gwelwch mor esmwyth y mae'n gosod geiriau henaidd anghyffredin yn ei waith, a thlysed yntau yn cyduno a synnwyr a chynghanedd', meddai un o hoelion wyth y gymdeithas, Owain Myfyr, wrth gynnig *tips* cyn yr eisteddfod i un o'r cystadleuwyr, Gwallter Mechain. Ac am dros ddwy ganrif ar ôl hynny bu beirdd yr eisteddfod yn ymgodymu â'r ffurf arwrgerddaidd hon a grēwyd gan ddiletantiaid alltud o Gymry yn rhai o dai potes Llundain! Os bu erioed ffurf lenyddol a ddaeth i fod mewn pwyllgor, yr awdl eisteddfodol yw honno.

Y mae'r stori, wrth gwrs, yn un gyfarwydd. Do, ar ôl methiannau'r bedwaredd ganrif ar bymtheg, fe lwyddodd beirdd yr ugeinfed ganrif i wneud rhywbeth â'r awdl eisteddfodol, a chawsom uchafbwyntiau nodedig. Yn 1902 profodd T. Gwynn Jones, er gwaethaf amheuon Goronwy Owen yn y ddeunawfed ganrif, fod y mesurau caeth yn gyfrwng addas i draethu naratif. Yn 1966 fe gyfannwyd y rhwyg a greodd y Gwyneddigion oddi mewn i'r traddodiad caeth rhwng yr awen eisteddfodol a chanu diymffrost y beirdd gwlad. Ac o'r diwedd, yn 1982, fe gawsom yr awdl hanesyddol y bu beirdd y bedwaredd ganrif ar bymtheg yn ymegnïo'n aflwyddiannus i'w chreu. Ond, er y llwyddiannau, nid bendith ddigymysg fu'r awdl eisteddfodol i ganu caeth yr ugeinfed ganrif. Anodd fu torri'r mowld epigaidd ac ymwrthod â'i arucheledd. Flwyddyn ar ôl blwyddyn, gwelwyd beirdd yr awdl yn ymroi i'w tasg gyda holl ddifrifwch amcan rhyw Filton neu Oronwy. Ni wnaeth hynny fawr o les i'w naturioldeb fel beirdd. Yn fwy difrifol, ar allor arucheledd collasant rai o hanfodion eu crefft. Hiwmor a dychan, ac, yn bennaf oll, eironi ac amwysedd: pwy a gredai eu bod un tro yn arfau mor finiog yn nwylo beirdd Cymru? Go big fyddai rhagolygon Dafydd ap Gwilym petai wedi gorfod troi ei law at yr awdl eisteddfodol. Druan o Guto'r Glyn a Tomas Prys. Ac fe wyddom oll beth ddigwyddodd i awen fywiog Twm o'r Nant pan benderfynodd y brawd droi'n un o feirdd yr eisteddfod.

Eleni, serch hynny, gydag amodau newydd y gystadleuaeth hon, rhoed gwahoddiad i'r beirdd droedio amgenach llwybrau. Amharod fu rhai yn eu plith i fanteisio ar eu rhyddid newydd, ond fe'm calonogwyd yn fawr gan ysbryd mentrus sawl un ohonynt. A do, yn wir, fe gawsom, yma ac acw, dwtsh bach o eironi ac amwysedd, a rhyw gymaint o ddychan a hiwmor hyd yn oed. Ni wn ai yn nhai potes Llanelli y bu'r pwyllgor llên wrth ei waith eleni, ond, pa le bynnag y bu, fe gafodd ennyd o weledigaeth a esgorodd ar gystadleuaeth ffrwythlon iawn.

A throi at y deg ymgeisydd a fentrodd i'r maes, dim ond yng ngwaith dau ohonynt y ceir diffygion elfennol o ran crefft. Er nad oes teitl iddo, ymdrechodd *Swrma* i'r eithaf i roi undod i'w gasgliad drwy ganolbwyntio ar y syniad mai iaith a'r gallu i gyfathrebu yw sylfaen gwarineb. Yn anffodus, sigledig yw ei afael ar y cynganeddion, a phur fyngus hefyd yw ei arddull gyda thalpiau helaeth o'i gerddi yn eithriadol aneglur. Cyffelyb yw'r gwendidau sydd i'w canfod yng nghasgliad *Plentyn*, sydd eto'n ddideitl. Er bod ei feistrolaeth ar y cynganeddion fymryn yn drylwyrach na *Swrma* cefais gryn drafferth i ddilyn trywydd ei feddwl. Rwy'n casglu mai cofnodi'r modd y cafodd hyd i ganol llonydd yn hyn o fyd a wna, a hynny drwy gyfathrach gyfriniol â byd natur. Ar hyn o bryd, serch hynny, nid oes ganddo feistrolaeth ddigonol ar y mesurau caeth i draethu'n llwyddiannus am y fath bwnc difrifddwys.

Down yn awr at gasgliadau sy'n sylweddol uwch o ran safon ac sy'n ein dwyn o fewn golwg y gadair, sef eiddo *Rhos-fach*, *Myfyrdod*, *Sibrwd* a *Prydderch*. Fe roddwn i gasgliad *Myfyrdod* fymryn ar y blaen i *Rhos-fach*, a chyda *Sibrwd* a *Prydderch* yr ydym am y pared â'r dosbarth cyntaf. Olrhain y camau araf tuag at adferiad iechyd ar ôl cyfnod o salwch meddwl a wna *Rhos-fach* mewn casgliad sy'n dwyn y teitl 'Ar y ffin'. Drwy ymuniaethu drachefn â'i gynefin (sonia am afon Gwili a Chwm Cleddau) a thrwy gyfrwng ei ddawn fel arlunydd llwydda i oresgyn ei salwch ac fe gloir ei gasgliad ar nodyn cadarnhaol. Hydreiddir cerddi *Rhos-fach* gan ryw ddiffuantrwydd tawel ac ar ei orau y mae'n fardd cymen a rhwydd ei arddull. Ond y mae ei rwyddineb fel cynganeddwr hefyd yn wendid yn fy marn i. Y mae fel petai'n ymfodloni ar brydiau ar y trawiadau cyntaf a ddaw i'w feddwl gan gwblhau'r gynghanedd gyda geiriau llanw braidd yn anarbennig. Fe hoffwn hefyd petai llai o draethu uniongyrchol yn ei gerddi a mwy o ymdrech i'w grymuso ar lefel drosiadol. Fel yn achos o leiaf un cystadleuydd arall, rwy'n synhwyro y byddai *Rhos-fach* wedi gwneud mwy o gyfiawnder ag ef ei hun petai wedi cael rhwydd hynt i lunio awdl.

Gyda *Myfyrdod* a'i gasgliad 'Ynof fi a hyn o fyd' down at gystadleuydd a all ddefnyddio'r gynghanedd mewn amrywiaeth o gyweiriau. Yn gymysg â chanu pur ddwys am wacter ein dyddiau cawn hefyd ymgom ddigon ysgafn rhwng cynlymeitiwr sydd bellach yn gaeth i ddeniadau'r we fyd-eang a'i gyfaill sy'n dal yn ffyddlon i gymdeithas hwyliog y dafarn. Yn anffodus ni wnaeth *Myfyrdod* fawr i'm hargyhoeddi gyda'r ddwy gerdd gyntaf sydd yn ei gasgliad ('Hunaniaeth' ac 'Y mae'n wanwyn mewn ennyd'). Ymdrechgar a di-fflach yw'r ddwy fel ei gilydd a chamgymeriad ar ran *Myfyrdod* fu eu cynnwys. Ond yna, ar ôl y camau gweigion, y mae'r casgliad fel petai'n bywiogi drwyddo. Digon gwir, y mae sawl un o'i gerddi yn ymwneud â themâu cyfarwydd – gwacter y bywyd dinesig a gorfasnacheiddio'r Nadolig – a cheir cryn adlais o un o gerddi Gwyn Thomas yn 'Piranha'. Ymhellach, fel y noda un o'm cyd-feirniaid, aeth cynildeb yn llwyr i'r gwynt yn achos y gerdd 'Wyf yr un a fu erioed'. Ond er nodi gwendidau o'r fath, rhaid cydnabod bod gan *Myfyrdod* allu technegol diamheuol: y mae'n gynganeddwr cyrhaeddgar a thrawiadol ar ei orau, ac y mae, mewn sawl man, yn llwyddo i draethu'n fachog a chofiadwy. Dyma gasgliad sy'n arddangos gwir ddawn, a hynny er gwaetha'r ffaith fod *Myfyrdod* fel petai'n ymbalfalu ar brydiau am destunau i ganu arnynt.

Gan *Sibrwd* cafwyd casgliad tra chatholig o ran cywair. Y mae'n agor gyda myfyrdod ar gwymp Llywelyn ap Gruffudd ac yn cloi gyda molawd afieithus i gampau tîm pêl-droed Manchester United. Er nad oes yma undod thematig fel y cyfryw, y mae'r teitl 'Tonnau' a roddodd *Sibrwd* i'w gasgliad yn un digon priodol gan fod ynddo ddwy neu dair o gerddi sy'n ymdrin â threigl amser. Bardd llyfn a thelynegol ei arddull ydyw, ac er bod rhai o'r pynciau yr ymdrinnir â hwy, er enghraifft diflaniad y diwydiant llechi yn Arfon ('Y Caban Chwarel'), fymryn yn dreuliedig, ceir cryn fywiogrwydd yn ei gasgliad. Ar ei orau mae *Sibrwd* yn fardd gloyw ei fynegiant fel y dengys y gerdd 'Caer Arianrhod'. Y mae'r un sglein a rhwyddineb, yr un gallu i ddal ennyd o brofiad, i'w gweld mewn cerddi eraill megis 'Atgof' a 'Dolffin Bae Dingle'. Ond, fel yn achos *Rhos-fach,* rwy'n teimlo bod llithrigrwydd *Sibrwd* fel cynganeddwr yn cael y gorau ar ei synnwyr beirniadol ar brydiau. Ac yntau'n gynganeddwr mor ddawnus, gallwn ei gicio am fodloni mewn sawl man ar drawiadau llac ac ansoddeiriau treuliedig. Efallai fy mod yn camgymryd, ond rwy'n cael yr argraff fod y gynghanedd yn llifo'n reddfol rwydd yn achos *Sibrwd.* Petai'n barotach i dorchi'i lewys, i gaboli ac i ailweithio'i linellau, yna pwy a ŵyr pa gampau a fyddai o fewn ei allu.

Manteisiodd *Prydderch* i'r eithaf ar amodau newydd y gystadleuaeth hon gyda'i gasgliad bywiog ac eithaf arbrofol 'Wele Hwy'. Yn 'Traserch Mewn Castell' ceisiodd chwalu'r ffiniau rhwng gwahanol ffurfiau llenyddol gyda stori/dramodig ar fesur cywydd deuair hirion – cywydd bwriadol ryddieithol ei arddull sylwer – yn adrodd hanes Owain ap Cadwgan yn cipio Nest ferch Rhys ap Tewdwr. Aeth ati hefyd i arbrofi'n fydryddol yn 'Y Ffosil', sef cerdd am graig Uluru (Ayer's Rock) yn Awstralia. Y *vers libre* wedi'i gynganeddu yw'r sylfaen gyda'r llinellau'n proestio â'i gilydd fesul cwpled. Dyma arbrawf pur lwyddiannus, er ei fod mewn gwirionedd yn groes i amodau'r gystadleuaeth. Bid a fo am hynny, cefais gryn ddifyrrwch a boddhad o fod yng nghwmni *Prydderch,* a hynny'n bennaf oherwydd yr ysbryd chwareus, yr eironi a'r ysgafnder sy'n cyniwair drwy gymaint o'r cerddi. Yn fy marn i, yn 'Besi Benfras' y'i gwelir ar ei orau, sef cerdd sy'n ymwneud â Bessie Bighead, y ferch a siomwyd gan Gomer Owen yn *Under Milk Wood* Dylan Thomas. Er mai prin yw'r ffeithiau a adroddir am Besi yn y ddrama, rhoes *Prydderch* raff i'w ddychymyg gan roi inni fyfyrdod doniol-ddwys ar seithugrwydd serch. Gwendid *Prydderch* ar adegau yw bod yr elfen wamal yn ei awen yn ei arwain i ganu'n rhy stroclyd, ond gyda'r gerdd hon llwyddodd i gyfuno'r gwamal a'r dwys mewn modd eithriadol o ddeheuig. Ond trown yn awr at y pedwar a ddaeth i'r brig yn y gystadleuaeth hon eleni, sef *Rheged, Pryderi, Yr Hen Heretic* a *Di-lycs.*

Rheged: Ef, yn sicr ddigon, yw'r mwyaf annisgwyl ei idiom o blith y cystadleuwyr gan ei fod, i gryn raddau, wedi ymwrthod ag arddull lywodraethol canu caeth y chwarter canrif a aeth heibio. 'Does dim cywyddau caboledig o lyfn yma; dim cwpledi wedi'u naddu at yr asgwrn; dim o'r traethu croyw ac uniongyrchol yr ydym yn ei gysylltu â beirdd caeth yr oes sydd ohoni. Ynghlwm wrth y weithred o farddoni y mae elfen anorfod o ddieithrio iaith, elfen o wyrdroi'r llafar cyfarwydd drwy bob math o ddyfeisiau cystrawennol, rhethregol a mydryddol. Aeth *Rheged* â'r proses hwnnw i gryn eithafion gan greu iddo'i hunan idiom sydd, er yn sylfaenol afrwydd, eto'n ddyrchafedig a thrawiadol. Dyma i ni linellau agoriadol y gerdd 'Y Ceiliog Bronfraith':

> Fe gwympodd haf ei gampau
> yn hydref; darfu rhaeadrau
> ceinciau ei ancwyn o gân ddôi'n wanwyn
> o'i irlwyn yn berlau.

Yn sypyn o flaen y siopau,
â thawch disel yn boen ffroenau,
gorwedd uwch gweryd dyfodfa adfyd
ein byd o gerbydau.

Fe wêl y cyfarwydd mai sylfaen ei arddull ddieithr yw ei batrymau mydryddol. Creodd *Prydderch* fesur newydd, aeth *Rheged* ar y llaw arall i gyfeiriad herfeiddiol wahanol gan atgyfodi rhai o brif gyfuniadau mydryddol y Gogynfeirdd. Y mae natur gymalog y cyfuniadau a'r mesurau hynny mewn gwirionedd yn dwysáu'r dieithrio cystrawennol yn ei waith. Yn ychwanegol at hynny, elfen arall sy'n peri dieithrwch yw ei eirfa gyfoethog sy'n cynnwys adleisiau niferus o'r Hengerdd ac o waith Dafydd ap Gwilym.

Beth am gynnwys ei gerddi? Er iddo ganu ar amrywiaeth o bynciau, y mae undod thematig gweddol amlwg i'w gasgliad. Bardd nid annhebyg i Gwenallt yw *Rheged*, bardd pesimistaidd a rhybuddiol ei dôn mewn mannau sy'n llwyr uniaethu bodolaeth a pharhad y Cymry â'r traddodiad Cristnogol Cymreig: nid yn annisgwyl y mae'n canfod hadau dinistr yng nghymdeithas ôl-Gristnogol yr oes sydd ohoni. Digon gwir, bu cryn ganu ar y thema hon dros y blynyddoedd, ond drwy gyfrwng delweddau ffres a chyhyrog y mae *Rheged* yn ymdrin â hi â chryn wreiddioldeb. Cefais flas neilltuol ar y cerddi 'Ymddeoliad', 'Y Ceiliog Bronfraith' a 'Gwenllian yn Sempringham'. Y mae, serch hynny, yn y casgliad rai cerddi nad ydynt lawn mor llwyddiannus. Ni allaf honni imi lawn ddirnad arwyddocâd y delweddau o fyd ffiseg y gofod yn y gerdd gyntaf, 'Y Twll Du'. Yn yr un modd, oherwydd ei harddull orgywasgedig, dim ond rhyw led afael ar y gerdd 'Gwesty'r M4 ym Mai' a gefais. Ar adegau hefyd y mae gofynion caeth y mesurau a ddewisodd yn gorfodi *Rheged* i badio'i gerddi ag ymadroddion llanw ychydig yn ddiafael.

Pryderi: Yng ei waith ef cawn enghraifft loyw o'r union arddull yr ymwrthododd *Rheged* mor llwyr â hi. Canu tyn a diwastraff; cyfuniadau cynganeddol sy'n llwyddo i syfrdanu rhywun ond sydd eto'n ymddangos mor naturiol â phe baent yn bod erioed: dyna briod nodweddion arddull *Pryderi*. Fel *Rhos-fach*, rwy'n teimlo bod *Pryderi* fymryn yn anesmwyth gydag amodau'r gystadleuaeth hon eleni oherwydd yr hyn a gawsom ganddo, i bob pwrpas, oedd pedair awdl fer. Ymhob un o'r awdlau fe ganolbwyntir ar drychinebau a ddaeth i ran pedwar cymeriad. Yn y gyntaf ('Y Llyfrbryf') cawn hanes merch ddiwylliedig a gollodd ei golwg; yn yr ail ('Yr Asgellwr') traethir am chwaraewr rygbi a barlyswyd yn dilyn damwain car; yn y drydedd ('Yr Athrawes') sonnir am athrawes a gollodd ei lleferydd ar ôl dioddef strôc, ac yna, yn yr olaf ('Y Blaenor') gŵr a gollodd ei ffydd a throi'n alcoholig yw'r gwrthrych. Y mae *Pryderi*, heb unrhyw amheuaeth, yn fardd cynganeddol sy'n meddu ar ddoniau disgrifiadol anghyffredin. Dyma, er enghraifft, ei ddisgrifiad o dîm rygbi'n ymarfer ar noson oer gefn trymedd gaeaf:

Ymarfer nos Fercher fu
Un Ionawr a'r cae'n rhynnu,

Llwydrew yn fantell wydrin
Yno dan draed yn y drin.
Yr oedd awch ei garwedd hi'n
Adrodd awch eu gwrhydri
A'u dyrnau yn gadarnach
Cyn y nos, cyn canu'n iach.

Gellid dyfynnu llinellau diddiwedd er mwyn dangos bod *Pryderi* yn canu â'r un nerth a chroywder ymhob un o'i awdlau. Ac eto, er cael fy swyno'n lân gan ei allu i drin geiriau, y mae un peth yn fy anesmwytho ynglŷn â'i gerddi. O ran crefft ac arddull, oes, y mae yma ddisgyblaeth ddihafal, ond, i'm chwaeth i, y mae rhywbeth sylfaenol anghynnil ynglŷn â'r sefyllfaoedd a ddisgrifir gan *Pryderi* a'i ymagweddu tuag atynt; mae yma ryw adlais anghyfforddus o 'ganu trychineb' y bedwaredd ganrif ar bymtheg. Efallai'n wir fod *Pryderi* yn cyfeirio at gydnabod neu geraint, at gymeriadau o gig a gwaed y daeth y trychinebau a ddisgrifir i'w rhan. Ond mewn gwaith creadigol nid yw hynny nac yma nac acw. A lwyddodd i'm hargyhoeddi i fel darllenydd yw'r cwestiwn allweddol. Fel fy nghyd-feirniad, Bleddyn Owen Huws, rwyf yn dehongli'i gasgliad fel ymdrech i ddisgrifio natur ddidostur trefn rhagluniaeth. Ond ni allaf lai na barnu mai gwendid ar ei ran fu gwneud hynny drwy gyfrwng sefyllfaoedd rhy rwydd o ddramatig yn hytrach nag mewn modd a fyddai wedi goglais mwy ar ddychymyg y darllenydd.

Yr Hen Heretig: Ganddo ef fe gaed casgliad sy'n chwa o awyr iach. 'Cymru Dwy Fil' yw ei deitl a gwamal-ddychanol yw cywair y cwbl bron o'r cerddi. Y Gymru newydd hon a'r byd sydd ohoni yw gwrthrychau awen grafog *Yr Hen Heretic*, ac y mae cip sydyn ar rai o'i destunau – carafanwyr sy'n tagu'r priffyrdd, mewnfudwyr o Loegr yn byw'n ddigywilydd ar bwrs y wlad, noethlymunwyr, polisïau amaethyddol y Gymuned Ewropeaidd, y Cynulliad Cenedlaethol a Christine Gwyther – yn ddigon i ddangos mai llais diymwad rhyw wladwr prin ei amynedd sydd i'w glywed yma. Nid yw *Yr Hen Heretic* ymhlith y mwyaf gwleidyddol gywir o blant dynion, a phrin, mi gredaf, y byddai yntau'n poeni rhyw lawer o'm clywed yn dweud hynny. Fel pob gwir ddychanwr, fel Ellis Wynne neu Dwm o'r Nant o'i flaen, y mae'n hael ddatgelu llawn cymaint am ei ragfarnau ef ei hun ag y mae am ffaeleddau ei gyd-ddynion. Ond y mae hefyd yn ddigon gwylaidd i'n rhybuddio rhag ei gymryd, ac yntau'n fardd y mesurau caeth, ormod o ddifrif; nid yw'r gynghanedd ond 'Rhyw benddaredd a feddwn,/Os nad oes sens, i wneud sŵn'! Ni ddylem gael ein twyllo, serch hynny, gan ysgafnder *Yr Hen Heretic.* Bu dychan erioed yn erfyn miniog i ddiwygwyr cymdeithasol ac i'r gwleidyddol di-lais, ac ni allaf lai na theimlo bod y casgliad hwn yn adlewyrchu cryn dipyn ar y rhwystredigaeth a'r dadrith sy'n cyniwair yng nghefn gwlad ar hyn o bryd yn sgil y wasgfa economaidd ar fyd amaeth.

A throi at y casgliad yn gyffredinol, y peth cyntaf sy'n taro rhywun yw'r adnoddau ieithyddol dihysbydd sy'n caniatáu i'r gynghanedd, a chymhwyso ymadrodd enwog William Williams Pantycelyn, ddod o enau *Yr Hen Heretic* 'fel dwfr o ffynnon, neu we'r pryf copyn o'i fol ei hun'. O ran cyweiriau ieithyddol y mae yma gyfuniad unigryw o'r llenyddol ffurfiol a'r llafar cartrefol, ac fel Iolo Goch a rhai o'r Cywyddwyr diweddarach y mae gan *Yr Hen Heretic* ddigon o hyder yn ei gynhysgaeth ieithyddol i fenthyca'n ffri o'r Saesneg pan fo galw. Anodd gwybod pa le i ddechrau dyfynnu, ond dyma'i fyfyrdod (o dan y teitl 'Sut oedd Hi i Ti?') ar ddathliadau'r Calan eleni:

Gwneud cythrel o sbloet a jolihoetian
Fel petai'n gyntaf ac olaf Calan,
Hyd nes doi ennyd Sero ei hunan
I oldlangseinio'r môr a'r marian,
A'r hen gloc yn tictocian – 'waeth be' wnawn,
Ei fesur cyfiawn – dau fys i'r cyfan.

Dyna'r *Hen Heretic* yn ei dweud hi! Ac fe'i gwelir yn traethu gyda'r un nerth difeth o gerdd i gerdd ac o dudalen i dudalen. A oes yma wendidau o gwbl? O ran crefft cerdd dafod, nac oes. Y cwbl y gall rhywun ei wneud yw dotio at allu'r *Hen Heretic* ac ymwyleiddio ger ei fron. Serch hynny, ac edrych ar y casgliad yn ei gyfanrwydd, byddwn i'n bersonol wedi hoffi petai ynddo fwy o amrywiaeth yn natur ac yng nghywair y dychan ei hun gan ei fod erbyn y diwedd yn troi fymryn yn ddof a rhagweladwy. Mae'n drueni, ar un ystyr, na chawsom gan *Yr Hen Heretic* fwy o gerddi tebycach i 'Cwrdd y Bore'. 'Dyw'r dychan ddim mor amlwg yn hon. Ond gydag un darlun cynnil odiaeth llwyddodd i lefaru cyfrolau am fachlud y traddodiad Ymneilltuol Cymreig.

Di-lycs: Ef oedd yr unig gystadleuydd a luniodd ddilyniant o gerddi, patrwm sy'n ddigon cyfarwydd erbyn hyn yng nghystadleuaeth y goron. Gellid dadlau bod rhai o'i gerddi yn gwbl hunangynhaliol, ond mewn gwirionedd y mae pob un ohonynt yn rhan o gyfanwaith ehangach, ac yn rhoi gwedd benodol inni ar un thema ganolog. Yn syml ddigon, yr hyn sydd wrth galon y dilyniant hwn yw dylanwad y chwyldro technolegol ym myd cyfathrebu ar gymdeithas ein hoes, ac y mae'r teitl 'Rhithiau' a roes *Di-lycs* iddo yn un eithriadol briodol. Er nad yw'n bresennol ymhob un o'r cerddi, cawn gipolwg mewn cyfran dda ohonynt ar un cymeriad dienw sydd fel petai'n byw mewn rhyw dir neb ar gyrion realiti. Fe'i gwelwn, er enghraifft, yn dychwelyd o'i waith ac yna'n ymgolli o flaen ei deledu lloeren mewn byd lle nad oes ffin 'rhwng gwir diogel a rhith a chelwydd'; mewn cerdd arall y mae wrthi drwy gyfrwng y we fyd-eang yn aros am 'lusern yn nyfnder nos'. Er bod yr holl fyd, ar un ystyr, o fewn ei gyrraedd drwy gyfrwng y teclynnau technolegol sydd yn ei feddiant, cragen wag o gymeriad ydyw sy'n 'caru trefn y cyrion'; un y pylwyd pob ymwybyddiaeth o'i eiddo gan rithiau ar sgrîn ac oriau diddim 'y gwylio taer a gweld dim'.

Mae'n deg nodi nad dyma'r tro cyntaf i fardd ganu ar y pwnc hwn yn yr Eisteddfod Genedlaethol. Canodd Gerwyn Williams ar thema od o debyg yng nghystadleuaeth y goron yn Eisteddfod Genedlaethol Nedd a'r Cyffiniau yn 1994. Yn yr un modd, bu'n hysgrifenwyr rhyddiaith, Mihangel Morgan yn fwyaf arbennig, wrthi'n ddyfal yn y cyfnod diweddar yn archwilio'r ffin annelwig rhwng rhith a realiti. Ond nid yw hynny'n feirniadaeth yn y byd ar *Di-lycs*. Dyma fardd gwreiddiol a soffistigedig ei feddwl a wnaeth argraff ddofn arnaf â'i ddilyniant. Ei gamp gyntaf fu llwyddo i gyfleu'r diddymdra sy'n rhan mor annatod o'r byd afreal y cais ei ddisgrifio, a hynny drwy fabwysiadu arddull ddiriaethol sy'n ymylu ar fod yn rhyddieithol foel weithiau. Ei ail gamp fu llunio dilyniant y gallwn ei ddehongli ar sawl lefel. Ar yr wyneb y mae'n ddilyniant sy'n ymdrin â grym eithriadol y cyfryngau torfol a dyfeisiadau cyfathrebu newydd yr oes. Ond, yn y cymeriad y cawn gip arno yn rhai o'r cerddi, oni chanfyddwn ni hefyd awydd oesol dyn i gau'i lygaid ar ei farwol stad ac i ddianc rhag enbydrwydd ei fodolaeth? Nid awn i'r crocbren er mwyn amddiffyn dehongliad o'r fath gan fod *Di-lycs* yn fardd sy'n llechu y tu cefn i bob math o fygydau. Mewn sawl man fe geir ganddo amwysedd bwriadol. Dyna i ni'r llinell ar ddiwedd ei gerdd gyntaf. Pwy yn union sy'n gwylio lluniau'r camerâu diogelwch 'ar wal rhyw fwth rheoli'? Ai'r cymeriad a welwn yn cyrraedd adref yn y gerdd nesaf ydyw? Neu a oes ystyr fwriadol guddiedig yma? A beth am y ffôn sy'n canu yn y gerdd olaf gan adleisio diwedd enigmatig *Saer Doliau* Gwenlyn Parry? A oes rhyw arwyddocâd pellgyrhaeddol i'r alwad hon? Ni allaf gynnig ateb cwbl foddhaol i unrhyw un o'r cwestiynau hyn, ac ni welaf fod hynny'n gwanhau dim ar rymuster y dilyniant. Pwy yw Brenhines y Llyn Du yn *Un Nos Ola Leuad*? Beth yw'r 'llonyddwch mawr' yn soned enwog T. H. Parry-Williams? A fu gwyrth ar ddiwedd nofel Graham Greene *The Power and the Glory*? Pwy yn ei iawn bwyll a ŵyr? Yr unig beth a wn i yw bod ymgodymu â chwestiynau o'r fath wedi cyfoethogi fy mhrofiad i wrth ddarllen pob un o'r gweithiau a enwais.

Gan fod hon yn gystadleuaeth mor agos, rhaid bod yn grintachlyd a holi a oes mannau gwan o gwbl yn y dilyniant hwn. Ac edrych arno fel cyfanwaith y mae, heb unrhyw amheuaeth, yn ddilyniant sy'n llwyr argyhoeddi. Ac edrych ar y cerddi'n unigol, y mae gan *Di-lycs*, ar y llaw arall, rai meflau ac o leiaf un gerdd sy'n peri anesmwythyd. Yn y gerdd 'egwyl' llithrodd ei fwgwd, collodd beth o'i gynildeb, ac aeth ati i draethu mewn dull uniongyrchol a braidd yn bregethwrol. Ac yntau'n ceisio awgrymu bod dau gyflwynydd newyddion yn troi i wynebu'i gilydd yn y gerdd 'newyddion ar y 9', anffodus, a dweud y lleiaf, yw'r ymadrodd 'troi gwegil at ei gilydd' sydd â'i ystyr yn llwyr i'r gwrthwyneb. Er mwyn boddhau'r rhai deddfol yn ein plith, teg yw nodi hefyd fod proest i'r odl yn y llinell 'O rywle yn ymrolio'.

Y mae ysbryd cadarnhaol fy meirniadaeth yn ddigon i awgrymu, mi hyderaf, fod arbrawf y Pwyllgor Llên eleni wedi talu ar ei ganfed. Ar ôl y cip sydyn cyntaf ar gynnwys y pecyn a gyrhaeddodd ddechrau Ebrill, gwyddwn o'r gorau y byddai cadeirio yn Llanelli. Yn eironig ddigon, un peth sy'n llwyr gadarnhau bod hon yn gystadleuaeth uchel ei safon yw'r ffaith nad oes unfrydedd barn yn ein plith fel beirniaid gyda golwg ar y bardd buddugol. Y mae R. Geraint Gruffydd yn rhoi'r lle blaenaf i *Rheged*. Er i minnau hefyd gael fy nghyffroi gan newydd-deb beiddgar ei arddull a grymuster ei ddelweddau, ni allaf ei osod ar y blaen i *Pryderi*, *Yr Hen Heretic* na *Di-lycs*. Byddwn yn dra pharod gweld cadeirio *Pryderi*, ond gan fod gennyf rai amheuon ynghylch deunydd ei gân y mae *Yr Hen Heretic* a *Di-lycs* yn cael y blaen arno eleni. Yr hyn sy'n peri'r cur pen mwyaf i mi yw gorfod dewis rhwng y ddau olaf. I raddau, gweithred feirniadol ddiystyr yw gwneud hynny gyda dau gasgliad sydd mor llwyr wahanol i'w gilydd o ran cynnwys a chywair. Ond dyna arswydus swydd y beirniad eisteddfodol. Ar un ystyr, fe geisiodd *Yr Hen Heretic* gyflawni tasg anos na *Di-lycs.* Nid yw pawb yn gwirioni yr un fath, a chyda'i gasgliad mor llwyr ddibynnol ar hiwmor a dychan y mae ei dynged fel cystadleuydd yn fwy ar drugaredd chwaeth bersonol y beirniaid nag odid yr un o'r cystadleuwyr eraill. Lle gwelaf i ei ddychan yn colli mewn grym, dichon y byddai eraill yn fwy na pharod i daeru i'r gwrthwyneb. Er bod *Yr Hen Heretic* hefyd yn sicrach crefftwr na *Di-lycs*, yr hyn sy'n troi'r fantol o blaid yr olaf yw'r ffaith syml fod ei ddilyniant fel cyfanwaith yn cyffroi mwy ar fy nychymyg i. Gan fod Bleddyn Owen Huws yn cytuno â'r dyfarniad hwnnw, *Di-lycs*, o ganlyniad, piau cadair Eisteddfod Genedlaethol Llanelli a'r Cylch.

Y Cerddi

RHITHIAU

TEG EDRYCH

Dros lwyfan y ffwdan ffôl
y mae seiren amserol
yn llef drwy'r murmur trefol;

taerineb rhuthr y trenau
yn ailadrodd ar gledrau,
yn seinio cainc nos yn cau;

a sŵn teiars yn tywys
enaid arall blinderus
o ferw hewl yr awr frys;

camau llafar diaros
yn cefnu ar y cyfnos
yn hel at erchwyn y nos;

hyd y rhes y mae'r drysau
yn clepian ar drigfannau,
yn un cyrch mae'r llenni'n cau.

Syrth y niwlen fel penyd
dros wyneb 'strydeb o stryd,
yn geir gwag ac oer i gyd;

ac o olwg y golau
y mae rheng o gamerâu
yn troi'r tirlun yn lluniau,

yn ddefod i'w chofnodi
ar wal rhyw fwth rheoli,
. . . gan amlaf fe wyliaf i.

AR DROTHWY

Yn sŵn ceir, mae'r drws yn cau,
ebychiad, a daw beichiau
diarbed y diwedydd
oddi ar ei war yn rhydd.

Mae post i gamu trosto'n
sypiau dan ei wadnau o,
yn hel o hyd, yn amlhau,
deiliach o epistolau,
gohebiaeth wag i'w 'sgubo
i sgip y gollwng dros go'.

Ar hap mae'n sgimio'r papur
â'i drem wyllt rhwng pedwar mur,
yn neidio drwy'r penawdau
yn ei awch i gadarnhau
beth yw beth ar lawr y byd,
athroniaeth ddoeth yr ennyd.

Yng nghyfnos ei ddefosiwn,
mae o'n hanner gwrando grŵn
seiat y peiriant ateb
yn rhannu hoen nemor neb
ond gwerthwr rhyw fyd gwyrthiol
sydd am ffonio eto'n ôl.

Yn ei seintwar gyfarwydd
y mae'r hwyr yn gamau rhwydd
a chlir erioed, fel oedfa,
mynd o un i un a wna,
mor gyson â'r sebon sy'
drwy'r llwydwyll yn darlledu
ei fyd o fân ddefodau;
yn sŵn ceir mae drysau'n cau.

BRODIO

Zap! zap! zap! ydy'r rhythm sydd
yn hyrddio sioe yr hwyrddydd
o lun i lun, dilyniant
y pendil chwil yn ôl chwant
yr eiliad yw'r realaeth
chwilfriw lle mae chwiw yn chwaeth.

O fyw ar echel y gadair freichiau
wedi ei drwytho mewn byd o rithiau,
y daith anochel ar draws sianelau
yw hanes seithug ei holl nosweithiau;
dirwyn i'r eangderau i hel gwledd,
yn ddelwedd ar ddelwedd heb feddyliau.

Zap! zap! zap! ydy'r rhythm sydd
yn hyrddio sioe yr hwyrddydd
o rith i rith, chwarae rôl
yw y ddefod oddefol
a boddi ymwybyddiaeth
ar draethell rhwng gwell a gwaeth.

A ger y pentan mae'n llosgi'r pontydd
rhwng gwir diogel a rhith a chelwydd,
mewn byd dibegwn lle mae'r cartwnydd
didostur yn anwesu'r hanesydd,
a'r hyn a fu a'r hyn a fydd wedyn
yn dilyn fel un ar sgrîn aflonydd.

Zap! zap! zap! ydy'r rhythm sydd
yn hyrddio sioe yr hwyrddydd
o sgrîn i sgrîn yn un sgrech,
diddymdra lled-ddiymdrech
o oddef oriau diddim
y gwylio taer a gweld dim.

DADRITHIAD GWLEIDYDDOL

Fel defod mae'n dod â'i wên
i dreiglo rhwng dwy raglen,
un lydan yn cofleidio
drwy y sgrîn, ei werin o,
y wên rad sy'n trugarhau
a meddalu meddyliau.

Mae'i broffes mor gymesur
a'i ffydd mor gymen a phur,
gwleidyddiaeth yr haniaethau
yma ar wŷs y camerâu.

Mae'n gêm mae'n sioe, mae'n gimic
i'w datgan mewn slogan slic,
yn goeth, yn binstreip i gyd,
yn ddof o'i smwddio hefyd,
ac o'r tei i'r geiriau teg
delwedd yw'r ideoleg.

Ond o'r cudd mae fideo'r co'
yn annog yn daer heno,
ac arno o'i weindio'n ôl
mae'r hanes mor wahanol.

Ei asbri mewn ralïau
a'i gur yn wyneb y gau,
a'r chwyldro'n gyffro'n ei gân
yn trywanu trwy'i anian,
yn sbloet yn ei ddenims blêr,
yn ehedeg trwy'i hyder.

Rhywfodd fe droes gwrthryfel
yn hyn o fyd yn wên fêl,
a rhyw ddafn o'i angerdd o
sy' tan siwt heno'n swatio.

NEWYDDION AR Y 9

Yn olaf; – y tro hylaw
yng nghynffon newyddion naw,
y cymal sy'n gyfalaw

i'r ymdaith saff nosweithiol
o dir neb ac adre'n ôl
tua'r hafan gartrefol;

ac ar y lôn greulonaf
mae hwyl yr eitem olaf
yn glo ar gydwybod glaf.

Troi gwegil at ei gilydd
fel un mae'r ddau gyflwynydd,
rhannu'r wên sy'n torri'n rhydd

eu gafael ar ddigofaint
yn wyneb ofn, baw a haint,
nes goddef dioddefaint.

Rhwng murmur eu papurau
mae mân ymddiddan y ddau'n
tywynnu bwletinau

normalrwydd, yn hyrwyddo
cwsg, ac yn rhidyllu'r co'
yn solas eu noswylio.

EGWYL

With-it with-it tragwyddol, y cri gwag
sy'n creu gwanc nosweithiol,
yn hau breuddwydion o'i ôl.

Yn lliwiau cry'r gorllewin, daw delwedd
'rôl delwedd fel byddin
yn swagro'i hynt dros y sgrîn.

Dan y faner faterol, hyrwyddir
gwareiddiad i'r bobol
a *dwi isio*'n gred ysol.

Ac wele un sydd ar glo yn ei flys,
fel hen flaidd mae'n hoelio
ei lygaid ar bob logo.

Fel tae amser wedi fferru'n y cloc,
wedi cloi pob gewyn,
mae'n brae i'w warchae ei hun.

Yn y gwylio hygoelus, y mae'i drem
hyd y rhith hudolus
sy'n farchnad i baradwys.

Mae'n meithrin chwaeth ar stondin chwant, rhwydo'i
ddelfrydau mewn trachwant
a'i werthoedd trwy arwerthiant.

O beth i beth yn ara' bach, rhy'i draed
ar yr hewl ragorach
i ganol trap amgenach.

With-it with-it tragwyddol, y cri gwag
sy'n creu gwanc nosweithiol
a dwyn gwareiddiad o'i ôl.

DIWYLLIANT GWE-RIN

Eistedd mae'r heliwr distaw
a'r hil oll yng nghledr ei law
gan gyrchu'n sydyn â'i saeth
y byd lle mae gwybodaeth
yn gyngres, drwy ffenestri
ei sgrîn, mor hydrin yw hi.

Mae o'n chwilio pob chwilen
o beth sy'n bla yn ei ben,
yn bwrw ei rwyd, cribo'r we,
yn treiglo'i gwrs trwy wagle
yn gyflym a disymud
dan bwn sy'n gwestiwn i gyd.

O rywle yn ymrolio
wedi clic ei holi o
daw llwybr ar lwybr, yn amlhau
ar antur, a'i her yntau
yw trio canfod trywydd,
drwy'r cwbl, yn codi o'r cudd.

Yn ddisgwylgar mae'n aros
am lusern yn nyfnder nos
un â'i llewyrch yn llywio
ei daith ddigyfeiriad o
trwy wacter ei hamser hi;
alltud, a'i ben yn hollti.

E-PISTOL @

fan hyn gefn nos
nawr mae'n aros
un wefr gyfrin
yn groyw ar sgrîn
chwa iach o iaith
ar hyd rhwydwaith
ei fyw a'i fod

ond mudandod
hir sy'n aros
fan hyn gefn nos
ac un yn gaeth
heb e-hebiaeth

O FORE GWYN

Sŵn seiren las sy'n serio'r
bore oer, yn procian bro
o'i chwsg; a churiad radio'r

wawr yn un wrth daro'n ôl
â larwm car byddarol.
Hwn yw'r reiat boreol,

dyma alwad toriad dydd
ar fforddolion aflonydd
i hawlio yr heolydd.

Y mae un o'r osgordd mwy
wedi oedi mewn adwy
i rythu dros y trothwy.

Un yw ef ymhlith nifer,
un o'r sawl fu'n gwylio'r sêr
ac eto'n nes i'r gwter.

Un â'i hafan mewn manion
un ynys wag o fân sôn,
yn caru trefn y cyrion.

Un na rannodd gyfrinach,
yn byw o hyd i'w fyd bach
â'i olygon rhy legach.

Ond dan loeren talcen tŷ,
ei wedd drom heddiw a dry
yn wên, mae ffôn yn canu.

Di-lycs

Pryddest, neu ddilyniant, sydd yn cynnwys o leiaf 10 cerdd, heb fod dros 200 linell: Tywod

BEIRNIADAETH JASON WALFORD DAVIES

Fe dalai i lawer iawn o'r ymgeiswyr eleni ystyried yn ofalus y geiriau hyn o un o lythyrau Philip Larkin: 'The hardest part is having something to write about that succeeds in drawing words from your inner mind – that is very important, as one can always think of *subjects*, but they have to *matter* in that peculiar way that produces words and some kind of development of thought or theme, or else there's no poem in thought or words'. Y mae'r fath sylwadau ar natur ymateb bardd i'w destun yn dra pherthnasol yng nghyswllt cystadleuaeth lenyddol fel hon ac iddi, wedi'r cyfan, bwnc gosod, a chynigiant ganllaw ardderchog wrth bwyso a mesur ansawdd cynnyrch yr ymgeiswyr. Buan y dengys y pryddestau a'r dilyniannau hyn eu priod liwiau o'u hystyried yng ngoleuni geiriau Philip Larkin. O blith y cynigion a ddaeth i law – 43 i gyd – cymharol brin yw'r rheini sy'n tystio bod y testun a osodwyd wedi cyffroi'r beirdd ar lefel sylfaenol bersonol – ei fod 'o bwys' iddynt, chwedl Larkin. Cyflwynwyd eleni gryn nifer o gerddi annhestunol. Yr oedd yn boenus o amlwg o'r cychwyn cyntaf nad cerddi a gyfansoddwyd yn arbennig ar gyfer y gystadleuaeth hon oedd y rhan fwyaf o'r rhain, eithr hen ddarnau a ailwampiwyd. Gorau po gyntaf y dileer y drwgarfer eisteddfodol hwn. Bydded hysbys nad yw gwir farddoniaeth yn ddeunydd ailgylchadwy ac nad cyfrwng cyfleus i ddwyn cerddi parod i olau dydd yn flynyddol yw cystadleuaeth y Goron. Ochr arall y geiniog yw'r cerddi hynny sy'n *rhy* destunol ac sy'n llawn hyd at dorri o ystrydebau tywodlyd: olion traed ar draethau, cestyll tywod, awrwydrau, pethau berwi ŵy, tai ar y tywod. Y mae'r fath bwyslais ar destunoldeb yn slafaidd a gorthrymus. Yr wyf wedi dweud o'r blaen mai'r darnau mwyaf llwyddiannus yn aml iawn yw'r rheini sy'n barod i ymryddhau yn awr ac yn y man o afael y teitl, a'i adael i waelodi yn haenau dyfnaf y meddwl creadigol. Ac eto, agwedd dra phwysig ar ymateb bardd i destun megis 'Tywod', yn sicr ddigon, yw'r gallu i gyfleu'n bwerus ryfeddod y ddiriaeth. Bron yn ddieithriad, dimensiwn trosiadol treuliedig yr ystrydebau a nodwyd sy'n apelio at y cystadleuwyr. Gwaetha'r modd, rhoddir y rhan fwyaf o'r sylw'n uniongyrchol i'r haniaeth lipa honno, tywod amser, yn hytrach na gadael i ystyron pellach godi'n naturiol yn sgil myfyrdod ar y gwrthrych cysefin. O'r herwydd, yr hyn sydd ar goll yn y cerddi hyn – ac, yn wir, yn ein barddoniaeth gyfoes yn gyffredinol – yw gallu disgrifiadol gwir afaelgar. Y mae'r disgrifiadau canlynol o dywod yn ei amryfal ffurfiau'n enghreifftiau da o bŵer y ddiriaeth mewn barddoniaeth:

> It is a kind of chalky russet
> solidified gourd, sedimentary
> and so reliably dense and bricky
> I often clasp it and throw it from hand to hand.
> (Seamus Heaney, 'Sandstone Keepsake')

thou art long, and lank, and brown,
As is the ribbed sea-sand.
(Coleridge, 'The Ancient Mariner')

I am soft sift
In an hourglass – at the wall
Fast, but mined with a motion, a drift,
And it crowds and it combs to the fall.
(Gerard Manley Hopkins, 'The Wreck of the Deutschland')

Adleisia sawl un o'r cystadleuwyr eleni gerdd adnabyddus Gwyn Thomas, 'Croesi Traeth', ond nid oes yn eu dilyniannau brawf eu bod wedi sylwi ar y modd yr angorwyd myfyrdodau dirfodol ysgytwol y bardd hwnnw yn y diriaethol, yn 'y pethau/Y bydd pobol yn eu gwneud ar draethau': 'A rhwng tyllu tywod/A chrensian drwy frechdan domato/A cheisio cysuro'r babi/Fe aeth y chwithdod hwnnw heibio'. Hyn, i raddau helaeth, sy'n rhoi ystyr ac arwyddocâd i'r datganiad enwog hwnnw sy'n cloi'r gerdd: 'Y mae hen ddihareb Rwsiaidd sy'n dweud,/"Nid croesi cae yw byw."/Cywir: croesi traeth ydyw'. Ac ymhellach, y mae'r gerdd hon yn enghraifft dda o fardd yn datblygu ei thema – nodwedd y tynnodd Larkin sylw at ei phwysigrwydd yn y dyfyniad uchod, fe gofir. Wrth gwrs, y mae sicrhau rhyw fath o ddatblygiad syniadol ac emosiynol yn gwbl anhepgor mewn dilyniant a phryddest fel ei gilydd, ac yr oedd yr ystyriaeth hon yn un o'm prif feini prawf wrth asesu llwyddiant y cerddi. Un o ddiffygion amlycaf cynigion gwannaf y gystadleuaeth oedd eu bod yn tueddu i gylchdroi'n llafurus yn yr unfan. Chwilio'r oeddwn i am gerdd ac iddi ymchwydd, cyfeiriad a datblygiad anorfod – cerdd a chanddi rywfaint o'r pŵer hwnnw a ddisgrifir gan Ieuan Wyn ar ddiwedd ei awdl 'Llanw a Thrai':

Er gwae'r bae ar draeth ein bod, y mae tro
A grym treigl diddarfod;
Yn y dwfn mae llanw'n dod,
Daw ei awen i dywod.

DOSBARTH IV

Cynigion cwbl annhestunol a gafwyd gan *Owain, Llygad Maharen, Ar Fat Cwrw* ac *Ottowa,* a thenau ac achlysurol yw cysylltiad darnau *Hedd yr Aber, Pendeits, Bychan, Eclips* a *Mr Dadi* â'r testun gosod. Dylid nodi, fodd bynnag, fod dilyniant *Pendeits* yn cynnwys ambell gerdd ddigon gafaelgar.

DOSBARTH III

Darparwr: Cynnig cwbl garbwl. Nid oes gan yr ymgeisydd hwn ddigon o afael ar hanfodion y Gymraeg i fedru barddoni yn yr iaith.

Geirfa: Y mae'r dilyniant hwn eto'n frith o wallau gramadegol sylfaenol. Yn sicr, nid yw'r mynegiant trwstan yn gwneud cyfiawnder â bywiogrwydd y meddwl a dyfnder y myfyrio sydd y tu ôl i'r gerdd.

Atol: Diffyg cynllunio fu prif faen tramgwydd y bardd hwn. Ceisir sefydlu rhyw fath o linyn storïol – hanes teulu ifanc yn darganfod cylchynys lle y profwyd bom atomig – ond darniog a digyfeiriad yw'r ymdriniaeth, yn enwedig ar y dechrau. Y mae yma ymgais i sicrhau peth amrywiaeth o ran tôn drwy ychwanegu pytiau o sgwrs, ond at ei gilydd, tra phedestraidd yw'r mynegiant. Felly hefyd y deunydd syniadol, fel y prawf diweddglo'r gerdd: 'clywir murmur y tywod/yn siffrwd drwy fysedd ffawd,/a diflannu'n chwim/fel einioes dyn'. Eithriad prin yw'r disgrifiad cofiadwy o ymbelydredd niwclear fel 'paill gwae'.

Ingli: Mynegiant o frogarwch y bardd yw'r darlun hwn o draeth yn Sir Benfro. Yn anffodus, ni lwyddodd *Ingli* i gadw ei ddychymyg ar ffrwyn ddigon tynn, ac o'r herwydd fe'i gwelir yn amlhau disgrifiadau hunanfaldodus: 'dychmygu mai swltan wyf/wrth i mi foddi'n falmaidd/yn harem cusanau'r awel'. Y mae angen i *Ingli* feithrin arddull fwy darbodus ac ymatalgar. Yn sicr, nid yw hyn y tu hwnt iddo, fel y tystia'r disgrifiad rhagorol hwn o graig wleb uwchlaw'r traeth: 'Wylo, wylo y bydd hi'n dragywydd/i'w phyllau hallt,/am yr epil a gollodd i'r ystormydd'.

Pererin Wyf – 1: Syn gennyf weld ymgeisydd yn mynd ati i gynnig ateb i gwestiwn rhethregol enwog Goronwy Owen, 'Pwy a rif dywod Llifon?'. Ni all neb, medd y bardd, 'Y mae'r gronynnau'n afrifed, fel y sêr'! Arwynebol yw'r cerddi hynny am brofiadau plentyndod, a distrywir unrhyw rin a allai ddeillio o'r atgofion gan y mynegiant rhyddieithol ac afrwydd. Ac eto, gan *Pererin Wyf* y cafwyd un o syniadau mwyaf difyr y gystadleuaeth eleni. Yn y gerdd 'Neil Jenkins' traws-ffurfir y twmpath bychan o dywod sy'n cynnal y bêl hirgron cyn y gic dynged-fennol yn symbol o ddyhead cenedl gyfan a'i hawydd i brofi gwyrth yn y byd modern.

Sei: Cerdd yw hon sy'n ceisio mynd i'r afael â natur prosesau'r cof drwy gyfrwng portread o blentyndod y bardd. Y mae'r syniad yn un uchelgeisiol iawn, ac yn anffodus nid yw *Sei* yn meddu ar yr adnoddau barddonol angenrheidiol yn y cyswllt hwn. Wrth geisio sicrhau ymdriniaeth ddifrifddwys, syrthiodd y bardd i'r fagl o ymadroddi'n farddonllyd a chwyddedig: 'A beth yw marw?/Hen botel win/A gwêr ei channwyll oer!'. Llafurus ar adegau yw'r ymgais i gydio hyn oll wrth y testun gosod. Hoffais yn fawr, er hyn, y darlun syml ond cofiadwy hwnnw o '[Dd]istawrwydd gwe pry cop'.

Heilyn yn yr Haul: Ni lwyddodd yr ymgeisydd hwn i lunio dilyniant sy'n gweithio fel cyfanwaith. Ceir ganddo sonedau ac englynion bob yn ail, ynghyd â chywydd a cherdd ar fydr ac odl. Da yw gweld bardd yn mynd ati i arbrofi yn y modd hwn, ond aflwyddiannus fu'r ymgais i greu perthynas fywiol rhwng yr holl fesurau hyn. Ymhellach, collir golwg ar y testun tua'r canol, ac o'r herwydd ymddengys y dilyniant yn ddarniog a digynllun. Henffasiwn iawn yw defnydd *Heilyn yn yr Haul* o ffurf y soned, a bodlona ar hen drawiadau, odlau disgwyliedig a geirfa ferfaidd. Yn ogystal, nid wyf yn gwbl dawel fy meddwl ynghylch addaster rhai o ddelweddau'r englynion.

Promethews: Ffôl iawn yw mentro i faes y *vers libre* gynganeddol heb arfogaeth lenyddol ddigonol. Canlyniad y fath weithred yn amlach na heb yw cerdd afrosgo, ddryslyd ac anghynnil. Dyna a gafwyd gan *Promethews.* Rhoddwyd dychymyg y bardd – ac y mae yma ddychymyg – mewn gwasgod gaeth. Dangos eu gorchest y mae'r cyffyrddiadau cynganeddol digyfaddawd hyn, yn lle bod yn rhan annatod a naturiol – anochel yn wir – o'r dweud. Hefyd, byddai'r gerdd hon ar ei hennill o fynd ati i dacluso'r atalnodi.

Pererin: Fframweithiau syml penillion odledig a ddewisodd y cystadleuydd hwn, ond hyd yn oed yma y mae'r acennu'n lletchwith a'r rhythmau'n gloff. Pwysa *Pererin* yn drwm ar ddelweddau ystrydebol a geiriau llanw. Ceir rhai datganiadau poenus o simplistig – 'mae'r tywod . . ./Yn dod â hwyl i ni trwy'r dydd' – a phan gais y bardd durio ychydig yn ddyfnach esgorir ar linellau afrwydd a diystyr megis 'Yng ngwe ansadrwydd daw fy nghof yn gaeth' ac 'Ar draeth mae'r tystiolaethau/Yn dod yn dynn'. Diau y gallai *Pererin* ddysgu cryn dipyn o graffu ar gerddi mydr ac odl bardd praff megis A.E. Housman.

Glanglasfor: Dyma enghraifft dda o fardd yn glynu'n rhy gaeth wrth ei destun. Tagwyd y cerddi hyn gan dywod. Mewn dilyniant o'r maint hwn, y mae angen i *Glanglasfor* sicrhau mwy o amrywiaeth o ran tôn a deunydd, a bod yn barod o bryd i'w gilydd i gymryd y testun yn ganiataol. Wrth geisio ymlwybro drwy dywod diddiwedd y gerdd hon daeth i'r meddwl linellau Shelley: 'boundless and bare/The lone and level sands stretch far away'. Er hyn, gall y defnydd o'r *vers libre* fod yn ddigon llithrig ar brydiau, a phe na bai'r ymgeisydd wedi ymateb i'r testun mewn modd mor slafaidd, dichon y gallai fod wedi sicrhau lle yn yr ail ddosbarth eleni.

Manon: Ar hanes eglwys Llandanwg y myfyria *Manon.* Y mae'r rhan agoriadol yn llawn awyrgylch, ond yn yr adrannau dilynol bodlonir ar ddisgrifio allanolion yn ddieneiniad a chatalogaidd. Yn wir, y mae'r pwyslais ar gofnodi ffeithiau yn y darn hwnnw sy'n sôn am Landanwg yr Oesoedd Canol mor drwm nes ei fod yn ymdebygu i baragraff mewn arweinlyfr. Ond da oedd gweld bod *Manon* wedi llwyddo i adfer pethau tua'r diwedd. Tra effeithiol, er enghraifft, yw'r disgrifiad hwnnw o arogl yr heli 'Fel petai'n tarddu/O'r gannwyll yn y gornel,/Ar ymylon goleuni', a'r sôn am yr hen wraig 'Yn sgubo tywod/Y bore/O'r drws a'r oriel,/Ac yn aros/Am dywod ein traed/Wedi'r hwyr'.

Olewydd: Cynnig dryslyd iawn. Y prif wendid yma yw'r duedd i raffu wrth ei gilydd ddelweddau digyswllt a lusgir i'r cerddi o'u hanfodd. Tuedd yw hon sydd ar ei gwaethaf pan yw'r bardd yn colli gafael ar ei destun tua'r canol. Dechreua'r rhan fwyaf o'r cerddi hyn yn fywiog ac addawol, ond buan y datblygant yn gybolfa o ddisgrifiadau ffwndrus ac anystywallt. Y mae'r atalnodi ar chwâl a'r gystrawen yn aml yn bur afrwydd. Nid oes gennyf unrhyw amheuaeth nad yw *Olewydd* yn un o feirdd mwyaf dyfeisgar a galluog y gystadleuaeth, ac y mae'n drueni mawr, felly, na lwyddodd i roi gwell trefn ar y cyfoeth syniadol diamheuol yn y cerddi hyn.

Taffi: Ymatebodd *Taffi* i'r testun drwy ystyried effaith morglawdd Caerdydd ar fywyd gwyllt y bae. Cafwyd hyd, felly, i bwnc amserol ac addawol, ond elfennol yw'r ymdriniaeth ar ei hyd. Amlheir odlau cloff, a beichus yw'r arfer diarbed o drawsosod enw ac ansoddair: 'Disymwth dranc/pob cragen fôr a chranc'. Gorffennir drwy obeithio y bydd y Cynulliad yn ei adeilad newydd yn 'hirwarchodol gaer/rhag rhyfedd rym yr heli' yn hytrach na '[th]ŷ ar dywod gwlyb'. Y mae arnaf ofn, serch hynny, mai ar sylfeini simsan iawn yr adeiladodd yr ymgeisydd hwn.

DOSBARTH II

Moel y Gest: Cynigia hanes bywyd T. E. Lawrence, Lawrence o Arabia, lu o bosibiliadau addawol i fardd yn y gystadleuaeth hon eleni. Cychwynnir â darlun cofiadwy o'r Lawrence ifanc ar draeth Morfa Bychan yn 'codi cestyll i warchod/penrhyn ei ddychymyg'. Sonnir yn 'Crwydro' am ei astudiaethau yn Rhydychen, nodir ei fod yn 'hogyn dan law Hogarth' (D. G. Hogarth yr archaeolegydd), a chyfeirir at ei gyfnod ar lan afon Iwffrates a'i grwydradau yn yr anialwch. Do, fe gyflwynwyd y ffeithiau, ond ni lwyddwyd i'w dramateiddio. Y mae'r pwyslais hwn ar gofnodi moel yn wendid sylfaenol yn y dilyniant ar ei hyd, ac fel y gellid disgwyl, felly, rhyddieithol iawn yw'r mynegiant: 'mynnai roi sofrenni/a gynnau i'r gwylliaid tywyll,/er ennill eu teyrngarwch', 'Ond 'doedd neb arall/a allai lenwi'r twll/yng nghalon yr Arabiaid'. Cerdd orau'r dilyniant yw 'Taith', a hynny am fod ynddi linyn storïol o fath. (Y mae'n drueni, gyda llaw, na chafwyd yng ngherdd *Moel y Gest* ryw gyfeiriad at ddisgrifiad E. M. Forster o arddull lenyddol T. E. Lawrence: 'granular'!)

Cilisa: Yn y bryddest hon cynigia tywod y traeth allwedd, nid yn unig i ryfeddodau daearegol y cread, ond hefyd ar ffurf ysglodyn silicon, i ryfeddodau technolegol yr oes fodern. Y mae *Cilisa,* heb os, yn fardd galluog, ond ni lwyddodd i roi trefn foddhaol ar y llu o syniadau gwreiddiol – a gwefreiddiol – sydd ganddo. Fe'i gwelir yn neidio'n frawychus o ddirybudd o'r naill ddelwedd i'r llall, ac y mae'r athronyddu gwlanog, y cystrawennu niwlog a'r atalnodi esgeulus yn ychwanegu at y dryswch sylfaenol. Ymhellach, tuedda'r llu o ystrydebau glastwraidd – pethau berwi ŵy, y llanw'n chwalu cestyll tywod ac olion traed ar y traeth – i wanhau effaith delweddau gwir ddychmygus y bardd. Y mae'r arddull weithiau'n chwyddedig ac ymhongar – 'Oes yn fy ngeirfa/ Fydysawdau/Lle trig elfen[n]au'r creu/Rydd imi seiniau doe/I'w datgymalu'n synnwyr?', a dwyseir y broblem hon gan y ffaith fod y bardd yn mynnu cyfarch y tywod mewn dull bombastig yn y gerdd drwyddi draw. Nid oes amheuaeth nad yw'r ymgeisydd hwn ar ei orau pan yw'n symleiddio'r mynegiant, megis yn y disgrifiad hwnnw o Uwchmynydd, Pen Llŷn: 'Lle mae'r graig yn llymhau'r grug'.

Cyfaredd Cof: Y mae osgo cysgod yr Ail Ryfel Byd ar y darlun amlochrog hwn o'r diwydiant ymwelwyr mewn tref glan môr. Un o gryfderau mwyaf *Cyfaredd Cof* yw ei ddefnydd medrus o linellau hirion, rhythmig, sy'n ei alluogi i ddatblygu disgrifiadau'n ystyrlon. Fe'n cyflwynir i amrywiaeth atyniadol o *dramatis personae,* a rhydd y portreadau hyn gyfle i'r bardd archwilio gwahanol gyflyrau emosiynol. Y mae'r rhyfel yn bresenoldeb parhaus yn y cefndir, a chrefftus yw'r modd y llwyddodd y bardd i gynnal yr awyrgylch bygythiol, drwgargoelus. Er hyn, y mae i'r dilyniant dinc henffasiwn iawn mewn ambell fan – gwendid sy'n deillio o hoffter *Cyfaredd Cof* o drawsosod enw ac ansoddair ('olaf daith', 'lleddf alargan', 'hwyrol rawd') a'i ddefnydd o ambell ystrydeb wachul megis 'mwsog bratiaith yn llindagu'r nant Gymraeg'. Dylai'r bardd fynd ati hefyd i ddileu'r gwallau iaith ac ystwytho'r gystrawen.

Harold G: Y mae rhyw dristwch tawel ond dwysbigol yn y portreadau hyn o gleifion mewn ysbyty meddwl. Un o olygfeydd mwyaf teimladwy'r dilyniant yw'r disgrifiad yn y gerdd glo, 'Gweithdy Doliau', o'r cleifion yn llenwi â thywod y teganau y maent wedi eu creu: 'rhyw hanner dol,/rhyw chwarter mul[,]/rhyw gorff heb iddo/goes na braich'. Gall *Harold G* lunio delweddau tra chyfoethog. Ceir ganddo, er enghraifft, ddarlun tyner o ŵr a gollodd y gallu i gyfathrebu yn chwilio'n ddyfal yng ngardd yr ysbyty am 'sillafau' fel petai'n ceisio dod o hyd i 'sylltau coll'. Er hyn, y mae ambell ddelwedd arall yn gymysglyd iawn. Sonia'r bardd am flas mêl yn 'llifo dros fy enaid . . . ac yn fy llorio', ac yn yr un gerdd ceir y llinellau, 'melyster dy anadl yn bladur/nawr drwy fore mwyn y picnic'. Y mae gwir angen i *Harold G* gymhennu'r atalnodi yn y cerddi hyn, a dylid dweud hefyd fod testunoldeb amryw ohonynt ychydig yn amheus.

Rhewyn Glas: Y mae'r ymgeisydd hwn ar ei orau yn hanner cyntaf ei gerdd. Cyflwyna ambell ddelwedd annisgwyl ond argyhoeddiadol – 'Agorodd y traeth ei freichiau/A daeth perchenogion y bore/I hawlio'u llecyn/Fel adeiladwyr tai unnos' – a llwyddir fel hyn i greu darlun bywiog o fwrlwm traeth ar ddydd o haf. Da oedd gweld ambell fflach o hiwmor yn y fan hon hefyd, ac yn aml iawn, megis yn y disgrifiad canlynol o ollwng tywod drwy'r bysedd, y mae'r ffraethineb yn fodd i achub darlun o grafangau ystrydeb: 'Symudais fy mysedd/Fel cywyddwr yn cyfrif,/Gollyngais ran o Awst fy mhlentyndod/Yn ôl i'w gynefin cynnes'. Diau i *Rhewyn Glas* deimlo y dylai ei gerdd ymddifrifoli wedi'r rhan agoriadol hon, a dyna'n union a wna – er afles i'r farddoniaeth. Nid oes dihangfa rhag yr ystrydebau yn yr ail ran wrth i'r bardd newid cywair ei gerdd yn llwyr a thrawsffurfio'r traeth a'i gestyll tywod yn symbolau o Gymreictod: 'A daeth Sacson o lanw/Yn llechwraidd fel arfer/I hawlio fy malchder,/Rheibio fy mhensaernïaeth'.

Tystia'r disgrifiad marwaidd o furiau drylliedig yr odyn galch – 'Fel plât craciog/ Ar seld mam-gu' – fod *Rhewyn Glas* ar ei orau yn nisgrifiadau ffres a sylwgar rhan gyntaf ei ddilyniant.

Pererin Wyf – 2: Cynnig cymen, ond di-liw. Ni cheir digon o egni a dyfeisgarwch yn y dweud, ac y mae rhythmau'r *vers libre* yn medru bod yn undonog a pheiriannol: 'Crwydraf yn flinderus/o glwstwr i glwstwr oer/nes i fantell o ofn ddisgyn arnaf'. Cofnodi a thraethu a wna'r bardd hwn yn hytrach nag awgrymu a dehongli drwy gyfrwng delweddau: 'Yn ara y disgyn y tywod/ar ddechrau'r treigliad/o ffiol i ffiol; cyflyma/wrth i'r gloch uchaf wac[á]u/a'r gwaelod fagu/bryn o dywod.' Man cychwyn myfyrdod, nid ei benllanw, yw peth fel hyn. Tywod mewn awrwydrau sy'n hawlio sylw'r bardd yn y ddwy gerdd sy'n fframio'r dilyniant, ond y mae'r cerddi eraill yn fwy llac eu perthynas â'r testun. Yn wir, deuthum ar draws un ohonynt o'r blaen mewn cystadleuaeth arall. Ychwanegodd yr ymgeisydd goda bychan er mwyn gwneud y gerdd wreiddiol (a oedd yn bur dda) yn destunol. Nid dyma ddull y gwir fardd. Er hyn oll, o fynd ati, drwy fathu delweddau ac amrywio'r rhythmau, i sicrhau mwy o gynnwrf yn y farddoniaeth, diau y gallai'r ymgeisydd hwn gynhyrchu barddoniaeth afaelgar ac argyhoeddiadol.

Garth-lwyd: Cryfderau cynnig y bardd hwn yw defnydd ystwyth o'r *vers libre* a'r disgrifiadau cynnil o fyd natur. Ei brif wendid yw unffurfiaeth y portreadau hyn o unigolion. Y maent oll yn dilyn yr un patrwm yn union: disgrifiad o'r gwrthrych ynghyd â chyfeiriad at amgylchiadau ei farwolaeth. Y bwriad, fe ddichon, y tu ôl i'r fath ailadrodd yw pwysleisio ein bod oll yn rhannu'r un ffawd, ond gan na cheir llawer o amrywiaeth o ran cywair ychwaith, fe gefais y cyfan erbyn y diwedd yn straenllyd a blinderus. Y mae'r gerdd felly'n anfoddhaol fel dilyniant. Problem arall yw'r gyfeiriadaeth lenyddol amrwd: 'Disgynnodd i'n plith ryw gefn haf hirfelyn/fel pioden o'r nefoedd', 'diferion olaf yn y gist fach wydr/yn llithro i'r distawrwydd dwys yn ôl'. Ceir yma awrwydrau rif y gwlith, ac enghreifftiau lu o'r môr yn chwalu cestyll tywod ac ati. Ond dyma'r bardd a welodd '[d]onnau'n llumanau ar y pentir', a '[th]ywyllwch edifeiriol' yn derbyn torf wedi cwrdd gweddi. Ffraeth iawn yw'r disgrifiad o'r protestiwr hwnnw a ddaeth 'gyda'r wawr i gerdded/yn blacardiol'.

WWW.?: Un o gynigion mwyaf gwreiddiol y gystadleuaeth eleni. Ar rym twyllodrus, difäol tywod y mae pwyslais *WWW.?*. Personolir y tywod yn y cerddi hyn, ac fe'i gwelir yn ymfalchïo'n greulon yn ei allu i dagu ffrwythlondeb y tir a chwalu creadigaethau dyn (cadeirlan Caer-wynt ac eglwys Llandanwg, er enghraifft). Bu'n dyst i wrthdrawiadau gwaedlyd yn anialdiroedd y Dwyrain Canol, ac yn y gerdd 'Meistri Amser' ymhyfryda'n gïaidd yn ei gysylltiad annatod – yn rhinwedd y ffaith mai tywod a ddefnyddir i fesur treigl amser mewn awrwydr – â darfodedigrwydd dyn. O glustfeinio ar lif y tywod yn yr awrwydr gellir clywed '[c]losio cyfrwys f'erwau digysur/A siffrwd f'amdo dros lawer oes'. Ar ei orau, y mae'r dilyniant yn ddramatig ac yn drawiadol o ddyfeisgar, ond cynhwyswyd tair cerdd ddigon cyffredin yn y rhan ganol – '1991', 'Mileniwm' a 'Silicon 1' – sy'n tanseilio llwyddiant y dilyniant fel cyfanwaith. Nodweddir y cerddi hyn gan eirfa lipa a delweddau eildwym. Ymhellach, y mae rhai o'r cerddi ar fydr ac odl yn rhigymllyd eu rhythmau, a cheir ynddynt ormod o eiriau llanw. Ond ymgeisydd a ŵyr beth yw hanfod barddoniaeth a sylwodd ar '[f]udandod prysur' yr awrwydr.

Y Bad Achub: Yr hyn sy'n andwyo dilyniant y bardd hwn yw'r duedd gyson ar ddiwedd ei gerddi i gynnig esboniadau llafurus ar arwyddocâd y delweddau. O'r herwydd, try'r hyn a ddylai fod yn uchafbwynt yn glòs rhyddieithol a chwbl ddiangen: 'y cymylau'n cronni'n ystrydebol o ddu/a'r llong a suddwyd allan yn y bae/yn symbol o freuder bywyd'. Dylai'r ymgeisydd ymddiried y dasg o gyfleu arwyddocâd dyfnach i awgrymusedd naturiol y delweddau yng nghorff ei gerddi, gan fod y rhain, at ei gilydd, yn gwneud y gwaith hwnnw'n ddigon effeithiol. Bardd sy'n ymwybodol iawn o ddeuoliaethau yw hwn. Yn ei gerdd agoriadol, tyn ein sylw at baradocs diddorol – 'Mae'n hawdd colli gafael ar amser/wrth ymgolli yn llonyddwch y peth-berwi-wyau' – ac y mae llawer iawn o'r cerddi'n codi'n naturiol o fyfyrdod ar wrthddywediadau. Rhydd hyn rywfaint o unoliaeth i'r gwaith, ond rhaid nodi bod *Y Bad Achub* yn euog o ailgylchu syniadau – ffaith sy'n gwneud y dilyniant braidd yn ailadroddus.

Hannah: Dwyn i gof rai o ddigwyddiadau pwysicaf y deugain mlynedd diwethaf – trychineb Aber-fan, Refferendwm 1979, Rhyfel y Falklands – a wna *Hannah*, a'u cyfosod ag atgofion llawer mwy hunangofiannol a phreifat. Y mae'r cyfuniad yn esgor ar gryn dipyn o groesffrwythloni delweddol tra awgrymog. Er enghraifft, yn y gerdd 'Borth y Gest '66', hanes trip teuluol i lan y môr, cyfosodir cwestiwn diniwed un o'r plant, '"Mam, be ydi Aber-fan?"', â disgrifiad o'r planhigyn llafn y bladur. Yn y cefndir gellir teimlo presenoldeb y Medelwr mawr. Y cerddi lleiaf boddhaol o ran eu heffaith ar y glust yw'r rheini lle y defnyddia *Hannah* linellau cwta iawn o ddau neu dri o eiriau'r un. Ni cheir digon o gyfle mewn llinellau o'r fath i ddatblygu unrhyw rythmau ystyrlon, ac o'r herwydd y mae llawer o gerddi'r dilyniant yn herciog a lletchwith. Medrodd *Hannah* ledu'i hesgyll ychydig yn 'Sete '79', lle y ceir defnydd da o'r *vers libre* ac o odlau sionc. Er hyn, nid yw blerwch yr atalnodi, y defnydd o ymadroddion ystrydebol megis 'mae'r freuddwyd yn deilchion' a 'ffilm y co', ynghyd â'r diweddglo gwan, yn hybu achos *Hannah.*

Tre Alys: Darlun o oedolyn yn dychwelyd i fro ei febyd – bro'r Eisteddfod eleni – a gawn gan y bardd galluog hwn. 'Roedd yno fôr,/nid y llain las/a daenwyd gan oedolyn/na'r traethau aur/a bocedir gan y canol oed,/ond y rhimyn goleuni llwyd/a ddiffiniodd dirwedd/y trydydd dydd'. Y mae'n amlwg o'r cychwyn cyntaf fod yr ymgeisydd hwn yn cynnig rhywbeth amgenach na disgrifiadau ystrydebol o brofiadau plentyndod. Cryfder mawr *Tre Alys* yw'r modd y mae'n medru archwilio teithi meddwl plentyn, a pherthynas y plentyn â'r oedolyn, drwy gyfrwng delweddau gafaelgar. Sonia, er enghraifft, am fomiau'n cael

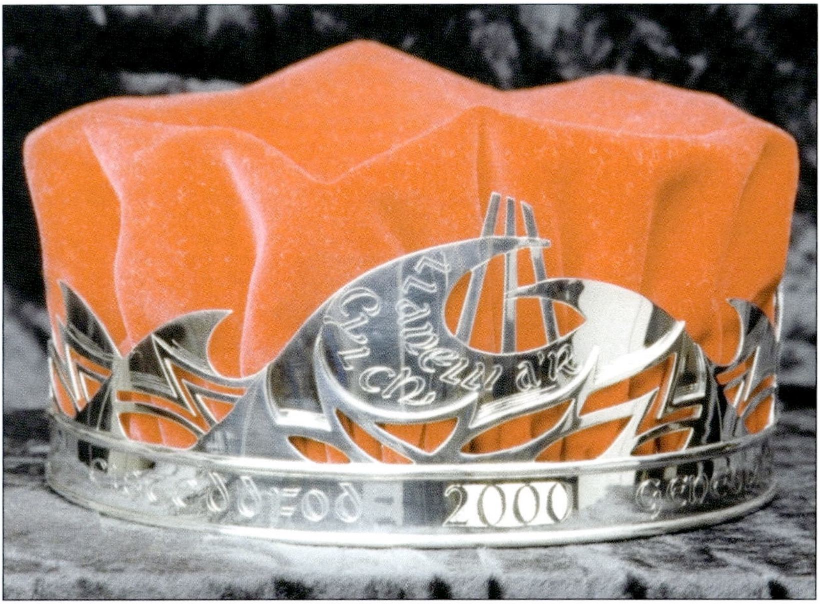

CORON YR EISTEDDFOD

Rhodd Eira Bedous, Penarth, er cof am T. Bryn Thomas.
Cynlluniwyd a gwnaed gan Ruth Annwen Davies.

eu gollwng ar y traeth lle'r arferai chwarae, a myfyria fel hyn: 'dim ond plentyn y rhyfel/sy'n clywed yr amserau'n tician/dan hanner canrif/o dywod'. Y mae hefyd yn mynd i'r afael â'i hunaniaeth fel Cymro – a hynny nid heb gyffyrddiad o hiwmor. Yn wyneb bygythiadau diwylliannol, 'bydd rhith o Gymreictod/yn mynnu ochr-gamu/drwy'r blynyddoedd estron'. Siom fawr, er hyn, oedd gweld *Tre Alys* yn colli gafael ar bethau (gan gynnwys ei destun) yn ail hanner y gerdd. Y mae'r *vers libre* a'r penillion mydr ac odl, a oedd mor soniarus yn y rhan gyntaf, fan hyn yn ddiafael, a disodlir yr awgrymu celfydd gan draethu plaen. Y mae geiriau *Tre Alys* ei hun tua'r diwedd yn ddisgrifiad teg o'r hyn a ddigwydd-odd yn y gerdd hon: 'Collwn ein ffordd/oherwydd inni golli gafael/ar fap y cofio'.

Deuwn yn awr at oreuon y dosbarth hwn.

Urien: Deillia grym cerddi *Urien* o'u harddull gryno a diwastraff. Defnyddiwyd yn gelfydd stôr o ddelweddau yn ymwneud â glan y môr i sôn yn dra chofiadwy am salwch a marwolaeth plentyn. ''Leni bu prynhawn ar draeth/ac un yn gaeth/i gadair . . . a dagrau wrth i'r bêl/ein gadael/tua'r gorwel'. Un o gerddi grymusaf y dilyniant yw 'Yn y Cynhebrwng':

> Mae yna bry ar y traeth
> sy'n gadael cerflun
> mewn tywod gwlyb
> o union siâp ei gorff.
> Yntau yn teithio,
> 'mhell o dan yr wyneb,
> o gyrraedd llanw a thrai,
> mewn byd na allwn ei amgyffred,
> a sêr gwahanol yn ei oglais.

Rhagorol yw'r disgrifiad o'r fam, wedi'r angladd, yn dod o hyd i'r cregyn a gasglwyd gan ei phlentyn: 'Eistedd yn cyfri cregyn –/murddunod bach y môr. Eu rhesi yn mesur/y gwacter/rhwng drennydd a ddoe'. Y mae 'Llygredd' a 'Twyni' yn llai disgybledig na'r cerddi eraill, a theimlais y dylai *Urien* fod wedi amrywio hyd ei linellau, gan fod y pwyslais yn y dilyniant ar linellau byrion, stacato eu heffaith weithiau'n tarfu ar yr awyrgylch dwys sydd wrth wraidd llwyddiant y dilyniant. Ond ni ellir gwadu nad yw *Urien* yn un o'r ychydig feirdd eleni a lwyddodd i gyffroi'r teimladau.

Silyn: Disgrifir ei ddilyniant gan y bardd hwn fel 'Darnau o Hunangofiant', ac y mae pob un o'r cerddi'n gysylltiedig â thref neu bentref glan môr. Atgofion plentyndod a geir yn hanner cyntaf y dilyniant, a theg yw dweud mai un gerdd yn unig, 'Lanmôr Penrallt', sy'n ildio i'r demtasiwn i ramanteiddio'r gorffen-nol. Nid yw'n syndod mai hon yw cerdd wannaf y dilyniant. Y mae'r ymadroddi ar adegau'n chwithig yn y rhan agoriadol, a thueddir i gymysgu cyweiriau llafar a llenyddol yn y ddwy gerdd gyntaf. Ond gall *Silyn* lunio ambell ddelwedd dreiddgar hyd yn oed yma: 'Awel Medi'n cosi sodlau'r haf lluddedig'. Gwelir y bardd yn newid cyfeiriad ryw fymryn yn yr ail hanner ac yn mynd ati i archwilio ei hunaniaeth ddiwylliannol, a'i ymwybyddiaeth grefyddol yn arbennig. Y mae'r llinellau 'Cyfaill oedd y tywod,/yn glên dan sodlau cenhadon troednoeth/ rôl creigiau creulon Rhinog Fawr' yng ngherdd orau'r dilyniant, 'Llandanwg', yn dwyn i gof y darn hwnnw ar ddechrau 'Tŷ Ddewi' Waldo Williams: 'byddwch chwithau/Yn deilwng o'i sandalau, dywod mân,/Ymysg y graean cymysg o grïau'. Cafwyd gan *Silyn* ddilyniant disgybledig ac angerddol.

Jac Jarman: Perthynas gadarn yn chwalu, ac ymdrech lwyddiannus gŵr a gwraig i'w hadfer, a ddarlunnir gan y crefftwr hwn o fardd. Braf yw gweld cystadleuydd yn rhoi'r sylw dyledus i adeiladwaith cerddi unigol. Ceir gan *Jac Jarman* rai patrymau odli crefftus iawn, ac o'r herwydd y mae amryw o'r cerddi hyn yn dra soniarus. Gwelir y grefft yn cyd-daro â'r deunydd mewn darn megis 'Cariad Dur', lle y mae'r odlau cyrch rhwng y penillion yn dramateiddio dringo penderfynol y cariadon i gopa'r mynydd. Y mae 'Mor Rhesymol' yn enghraifft dda o fardd yn defnyddio gwahanol fathau o odlau er sicrhau amrywiaeth o ran cywair: 'hael/gael', 'hwyl/[d]êl', '[p]raff/tu fas'. Ar waelod ambell ddalen ceir dyfyniadau byrion o ganeuon poblogaidd adnabyddus sy'n cynnig cyfeiliant i helyntion emosiynol y gerdd. Diangen, felly, oedd cynnwys 'Gwyliau Hir', math o gân serch boblogaidd, ac y mae 'Dringo'r Ysgol' a 'Methu â [*sic*] Dal' yn ddolenni gwan iawn yn y gadwyn. Er gwaetha'r brychau hyn, llwyddir i gynnal trosiad estynedig cywrain yn y dilyniant hwn. Erydir craig y berthynas gan droeon bywyd yn dywod mân – 'Gwaith amser yw erydu . . . dyletswydd dyn/yw plygu'. Penllanw'r broses o ailafael yn y garwriaeth yw sylweddoli bod y tywod hwn – y berthynas ar ei newydd wedd – ynddo'i hun yn rym, a diweddir â'r disgrifiad annisgwyl ond trawiadol o dywod fel 'creigiau traeth' – ymadrodd sy'n cyfleu'n gofiadwy sefydlogrwydd a hyblygrwydd gwir gariad.

Neb: Pryddest ac iddi rym cadwyn o gerddi a gafwyd gan *Neb.* Y mae'r adran agoriadol a'r diweddglo'n rhannu'r un delweddau ac fe'n hanogir i weld y naill yng ngoleuni'r llall. Y mae hynny'n dra chymwys gan mai dramateiddio cylch einioes dyn a wna *Neb.* Egyr y bryddest yn bwerus wrth i'r bardd weld corff dyn a gyflawnodd hunanladdiad 'yn gorwedd/ar wyryfdod traeth . . . Lle bu dau lygad glas/mae gwacter galanas'. Caiff y gŵr marw ei gludo ymaith 'yn *rigor mortis* y prynhawn'. Ond y mae'r farwolaeth hon ar yr un pryd yn enedigaeth, gan fod ystum corff y gŵr yn atgoffa *Neb* o 'faban yn y groth', a daw'r bryddest i ben yn gofiadwy wrth i'r bardd uniaethu cylch oes dyn â thywod a ailgylchir yng '[ng]hroth y bae'. Yng ngeiriau T. S. Eliot, 'In my end is my beginning'. Y mae'r *vers libre* yn gyhyrog a chaboledig, ond y mae'n drueni na fu i *Neb* ymarfer mwy o gynildeb a dyfeisgarwch yn ei ddefnydd o ddelweddau mewn ambell adran. Ystrydebau merfaidd yw 'lluniau'r cof' a 'llanw'r atgofion', a rhyddiaith bur yw 'Ond roeddynt yn gweld/delweddau gwahanol erbyn hyn'.

Lleucu: Egyr y gerdd lachar hon 'wrth i ronynnau olaf yr ugeinfed ganrif/lithro'n dawel drwy'r gwydr'. Defnyddir y cyfri'n ôl traddodiadol o ddeg i un ar Nos Galan fel fframwaith ar gyfer y dilyniant, ac felly gellir dweud bod y testun gosod wrth wraidd y dweud mewn ystyr bwysig iawn. Yn ystod eiliadau olaf yr ail fileniwm profa *Lleucu* epiffani wrth iddi weld ffigur dynol yn camu o'r Cynfyd ac yn cyrchu 'nos eiriasgoch/ein dathliadau ni,/a briwsion Oes yr Iâ/yn dal i lynu wrth [ei] sodlau'. Esgora'r fath weledigaeth syfrdanol ar fyfyrdod ar ddatblygiad dyn dros y Milenia, a nodir rhai o gerrig milltir y broses o ymwareiddio â golygfeydd hynod o afaelgar. Darganfod tân, er enghraifft – 'Daliet ddarn o'r haul/yng nghrud dy ddwylo,/diferion disglair/ffwrnais gynta'r cread/ar flaen dy fysedd' – a chreu celfyddyd yn ogofâu Lascaux: 'Fe'th welais,/yn chwythu'r powdr paent/i greu/stampîd o liw/ar hyd y muriau'. Yn 'Croesi Traeth' dywed Gwyn Thomas – 'Mae'r eiliadau sydd newydd fynd heibio/Mor dynn â'r Oes Haearn o fewn tragwyddoldeb:/Peth fel'ma ydi ein marwoldeb' – ond ar *gyfoesedd* y cyfnod cynhanesyddol y mae pwyslais *Lleucu*. Yn y tân a ddaw o'r callestr gwêl y bardd 'sbarc tragwyddol' sy'n hedfan 'o'th fwyell garreg di/i ogof cymhlethdodau fil/fy nghyfrifiadur i', ac awgrymog iawn yw'r llinellau 'yr oedd dy ddawns/yng nghatatonia'r dorf'. Ond er gwaetha'r gwreichion hyn, y mae yma sawl llinell ddi-fflach – 'Ac yno,/wedi misoedd a blynyddoedd dirifedi/o ymroddiad' – a gall rhai o'r delweddau fod yn gymysglyd: 'Llygoden/oedd y garreg lefn fel ŵy/ar gledr dy law'. Ni ellir gwadu, er hyn, na lwyddodd *Lleucu* i lunio dilyniant cyffrous a gorffenedig.

Orffews: Y mae'r syniad a roddodd fod i'r gerdd hon yn un athrylithgar. Ceir gan *Orffews* ddau epigraff sy'n tynnu sylw at y rôl ganolog a chwaraeodd peth mor ddistadl â thywod yn natblygiad technolegol dyn. Yn y cyntaf tyn Victor Hugo sylw at y ffaith mai tywod a greodd y lensys grisial a alluogodd Galileo a Newton i weld y sêr, ac y mae'r ail, gan Nicholas Negroponte, yn ein hatgoffa mai o dywod y daw'r silicon a'r ffibr a wnaeth ryfeddodau'r We Fyd-Eang yn bosibl. Cyfres o sgyrsiau ar y We rhwng pobl nad ydynt yn adnabod ei gilydd yw cerddi'r dilyniant hwn – e-pistolau gan bobl sy'n cuddio y tu ôl i'w henwau cyfrifiadurol. Gwaetha'r modd, tuedda epigraffau i fod yn addurniadau ystrydebol mewn barddoniaeth erbyn hyn, ond gwelir eu bod yma yn rhan annatod o wead y gwaith. I rai o'r bobl hyn cynigia'r fath lythyru gysur, i eraill y mae'n ddihangfa, a rhydd gyfle i ambell un ohonynt chwarae rôl ac ailddiffinio'u hunaniaeth. Ond y mae rhyw anesmwythyd – rhyw fygythiad hyd yn oed – yn cyniwair yn y cerddi. Awgryma *Orffews* ar yr un pryd mai crwydro mewn anialwch emosiynol y mae'r gohebwyr. 'Llwybrau'r tywod' yw llwybrau'r We wedi'r cyfan, noda'r bardd yn graff. I ysgafnhau pethau clywir llais Victor, y plentyn ysgol sy'n dra pharod i geisio datrys problemau technegol y criw: 'Os oes problem, fe wnaf fy ngore;/ni fyddaf ar gael wedi hanner nos –/mae gen i ysgol yn y bore'. Y mae'r arddull yn foel ac uniongyrchol – yn fwriadol felly, wrth gwrs – ond nid yw'n gwbl amddifad o fywyd geiriol: 'Mae gennyf f'unigrwydd i'w rannu/fel teisen ben-blwydd', medd un o'r gohebwyr. Ond teimlais nad oedd digon o wir ddyfeisgarwch barddonol yn y cerddi hyn, a bod y gwaith yn pwyso'n rhy drwm ar glyfrwch y syniad dechreuol. Credaf yn ogystal fod *Orffews* wedi colli cyfle euraid i ddadansoddi'n fanwl ryngberthynas y cymeriadau hyn ac i gynnig portreadau treiddgar o'r gohebwyr drwy gyfrwng eu geiriau eu hunain. Ni fu *Orphews* yn gwbl lwyddiannus y tro hwn, ond y mae ei fenter a'i flaengarwch yn haeddu canmoliaeth uchel.

Alffa: 'Ridicule is the only honourable weapon we have left,' medd Muriel Spark yn 'The Desegregation of Art', ac y mae'n amlwg fod y bardd hwn yn cydsynio. Marweidd-dra'r traddodiad Anghydffuriol yn ein hoes ni sydd dan lach dychan digyfaddawd *Alffa.* I'r bardd hwn, tai cwrdd ar y tywod yw'r capeli bellach, a lluniodd fawlgan eironig sy'n dathlu tranc crefydd ar ddechrau'r trydydd Mileniwm. Nid yw hon yn gerdd sy'n debygol o apelio at ddarllenwyr mwy traddodiadol eu chwaeth, gan fod *Alffa* yn ormodieithydd o fri nad yw'n petruso parodïo'n ddiarbed iaith draddodiadol ein crefydd sefydliadol. Fe'i gwelir yn troi i'w felin ei hun hefyd adleisiau o gerddi adnabyddus (gwaith Waldo Williams yn arbennig), ynghyd â geirfa beirniadaeth lenyddol: 'Bendigedig fyddo Duw! Mae'r capeli'n cau./Bendigedig a Ha-Ha-Haleliwia!/Duw, y Dryll-iwr, y Dadfeiliwr, y Darostyngwr/a'r Dad-Dada-Dadadeiladwr'. Diau fod dychan a pharodi yn rhan annatod o draddodiad llenyddol iach, ond yma y mae'r coegni'n rhy amrwd ac ar brydiau'n blentynnaidd o wamal. Daw i'r meddwl sylw George Gissing: 'Flippancy, the most hopeless form of intellectual vice'. Y darnau mwyaf llwyddiannus yw'r rheini lle'r ymdawela'r rhyferthwy gwatwarllyd am ennyd. Enghreifftiau da yw'r darlun cynnil o'r blaenor rhagrithiol yn dod allan o'r capel 'fel dyn clawstroffobig/a fu mewn arch –/yn gyfiawn-rydd . . . /i olchi'r seremoni oddi ar ei ddwylo', a'r sylw canlynol: 'Canu "Iesu, Iesu" a gwybod, yng ngwaelod pob gwybod,/mai dyfynnu canu yw hyn; bod y gân ar goll/yn y ddeunawfed ganrif, ac mai dynwared yr ŷm:/mosiwns heb yr emosiwn'. Gellir bod yn ddeifiol heb fod yn ddidrugaredd o ymosodol.

Ali: Y mae'r cystadleuydd hwn yn un o feirdd galluocaf a mwyaf cyffrous y gystadleuaeth. Ef, yn sicr, yw'r bardd mwyaf amryddawn eleni, fel y tystia'r defnydd medrus o wahanol ffurfiau barddonol a'r amrywiaeth o gyweiriau yn y dilyniant hwn. Symudwn yn ddiymdrech o'r dwys i'r cellweirus, o'r brathog i'r hiraethus, o'r llafar i'r llenyddol. Ffrwyth ymweliad diweddar â Luxor, Yr Aifft, yw'r cerddi hyn, ac y mae argyhoeddiad profiad y tu ôl i bob un ohonynt. Nid ar ramant yr egsotig y mae pwyslais *Ali,* eithr ar natur fas a chrafanglyd y diwydiant twristiaeth. Llais aeddfed bardd a ddadrithiwyd a glywir yn y cerddi hyn. Yn 'Sbio i Lawr', uniaethir taith y bardd drwy'r anialwch ar gefn camel â thaith y Doethion: 'finnau'n cyrraedd y stabl/o'r gorllewin/yn dwyn gobeithion'. Ond buan y chwelir y darlun gan gais y bachgen ifanc sy'n tywys y camel am fwy o dâl: 'Fe safodd yn stond/oddi tanaf,/ond eto, uwch fy mhen[,]/yn dal allan law ei dlodi,/ac fe'm gorfododd i'w gasáu/o styfnigrwydd fy sadl'. Un o brif gryfderau *Ali* yw ei allu i ddramateiddio sefyllfaoedd digon cyffredin, fel y prawf ei ddisgrifiad o gêm o wyddbwyll: 'Roedd hi'n bnawn hyfryd o Hydref,/ y fyddin yn llithro/o sgwâr i sgwâr/heb ofid yn y byd/ond am eu bywydau alabaster'. Ond cynhwyswyd cryn nifer o gerddi tua'r canol nad ydynt yn llwyddo i gynnal y fath safon. Prif nodwedd y cerddi hyn yw gor-rwyddineb y mynegiant ac arwynebolrwydd y deunydd. Ond y mae bardd a all ddisgrifio cysgod fel 'y d[ŭ]wch *chiffon*, brau/sy'n glynu wrth dy sodlau' yn sicr o'i le ar frig y dosbarth hwn.

DOSBARTH I

Hynny Yw: Dyma fardd a chanddo ddawn ddiamheuol i drin y *vers libre*. Lluniodd linellau soniarus ac egnïol, ac y mae'n un o'r ychydig gystadleuwyr eleni a all gynnal brawddegau estynedig o farddoniaeth yn gwbl ddi-straen. Y mae ei ddefnydd o odlau'n esgor ar rythmau cyhyrog sy'n grymuso rhediad y cerddi. Un arall o'i rinweddau yw newydd-deb ei ymdriniaeth â phynciau cyfarwydd. Wrth ddwyn i gof sut y byddai'n syllu ar ryfeddod y peth berwi ŵy pan oedd yn blentyn, tyn y bardd sylw at y ffaith mai o dywod y gwneir gwydr y teclyn hwnnw: 'A welodd rhywun mai'r cynnwys yw'r cartref,/a bod llyfnder yr amdo/ unwaith wedi fflyrtio'n arw gyda'r môr/wrth i hwnnw ei falu i'w wely â'i gusanau . . .?'. Cyfres o atgofion ac iddynt rym diriaethol gafaelgar yw'r dilyniant. Enghraifft gofiadwy yw'r darlun hwn o ffigurau ar draeth: 'deuddyn yn dal i droedio'r dychymyg/mewn 'sgidiau sy'n drwm gan gerrig mân'. Newidir yr idiom yn ail hanner y dilyniant, ac y mae i lais y bardd bellach dinc dychanol a bydol-ddoeth. Brathog iawn yw'r mwysair '[c]efn gwlad cyni', ynghyd â'r sylw, 'Hawdd yw deall *déjà-vu* ein dyddiau/wrth i ddoe gael ei chwydu yn ôl dros y glannau'. Ond yn sgil y newid hwn collwyd peth o rin geiriol cerddi cynnar y dilyniant. Y mae gwead tyn ambell gerdd yn tueddu i ymddatod tua'r diwedd, a gall y delweddu fod ar brydiau'n annisgybledig. Eto i gyd, cyfareddol yw'r darlun o gychod bychain, 'sy'n dowcio am afalau/ym môr y cychod mawr,/sy'n 'mestyn eu hwyliau i'w casglu o'r canghennau', a grymus iawn yw'r modd y mae'r bardd wrth ddiweddu yn tynnu ynghyd rai o ddelweddau gorau'r rhan agoriadol. Y mae *Hynny Yw* yn fardd praff, a gellir dweud yn hyderus fod y Goron o fewn cyrraedd iddo.

CTMRh: Yr oedd yn amlwg i mi, a hynny o'r cychwyn cyntaf, mai *CTMRh* oedd bardd gorau'r gystadleuaeth eleni. Lluniodd gerdd ysgytwol sy'n ad-dalu sylw beirniadol manwl. Fe'm hargyhoeddwyd yn llwyr gan uniongyrchedd diffuant y mynegiant a chan soffistigeiddrwydd y deunydd. Y mae'r anhepgorion barddonol hynny y tynnodd Larkin sylw atynt i'w gweld yn glir yn y fan hon. Cerdd goffa ddwys i blentyn ydyw, ar ffurf cyfres o atgofion am wyliau teuluol yn Sir Benfro. Drwy gydol y dilyniant gosodir yr atgofion hyn yng nghyd-destun y dirgel a'r cosmig: 'Unwaith bob blwyddyn,/mi fyddai echel yr haul/yn troi i'r union le'. Y mae hud ar Ddyfed – ac yn fwy penodol, 'hud ar dywod'. Yn wir, teg yw dweud mai dilyniant o weledigaethau a geir yma. Y mae nifer ohonynt yn ddrwgargoelus ac yn rhagfynegi'n ergydiol farwolaeth y plentyn. Dyna'r ffotograff o'r mab, er enghraifft, 'fel arwr yn llifolau'r haul,/fel gwybedyn dan flaen cyllell', neu'r olygfa o'r llong ar y gorwel: 'Roedd golau pell rhyw dancer/

yn llonydd fel cannwyll gorff'. Y mae'r bygythiad yno hyd yn oed mewn cerdd ymddangosiadol chwareus fel 'Tŷ Teletubbies' – 'Ond roedd yr anghenfil yn dal yno –/un ffenest hirgul yn gwylio/dan amrant o laswellt'. Yma, ac mewn mannau eraill yn y dilyniant, dwyseir yr ofnadwyaeth gan gyfeiriadaeth lenyddol graff. Oni chlywir llais rhybuddiol Waldo – 'Mae rhu, mae rhaib drwy'r fforest ddiffenestr./Cadwn y mur rhag y bwystfil, cadwn y ffynnon rhag y baw' – y tu ôl i'r llinellau uchod? Un o brif ogoniannau'r gerdd yw ei hadeiladwaith crefftus. Sylwer ar y modd y gosodwyd cerdd ac iddi deitl bob yn ail â cherdd ddideitl. Y mae i'r gyntaf ym mhob pâr linyn storïol, ond y mae'r ail yn fwy o giplun – yn argraffiadol a *Symboliste* ei dull. (Wrth gwrs, gall y cerddi sefyll yn annibynnol ar ei gilydd hefyd.) Drwy gyfrwng y dilyniannau bychain hyn o fewn y prif ddilyniant, llwyddodd *CTMRh* i amrywio'r idiom yn dra effeithiol. Agwedd bwysig arall ar saernïaeth y gerdd yw'r modd y dychwel y bardd yn gyson at ambell ddelwedd arwyddocaol – yr haul, y pistyll a'r enfys, er enghraifft. Sicrha'r fath dechneg fod y dilyniant yn undod caboledig. Heb os, yn y gerdd hon y cafwyd delweddau mwyaf gwefreiddiol y gystadleuaeth, a diddorol yw nodi bod cyfran helaeth ohonynt yn ddelweddau yn ymwneud â'r weithred o lenydda: '[p]ejan newydd o dywod/yn barod i'n traed sgwennu straeon', 'Taflu geiriau i'r pyllau cyfrin', '[t]raed yn atalnodi chwedlau'r traeth'. Gwelir bod i'r dilyniant dwysingol hwn, felly, ddyfnder deallusol ac emosiynol anghyffredin. Y mae'r diweddglo syfrdanol yn gymar teilwng i linellau olaf cerdd Thomas Hardy, 'Logs on The Hearth (A Memory of a Sister)':

> My fellow-climber rises dim
> From her chilly grave –
> Just as she was, her foot near mine on the bending limb,
> Laughing, her young brown hand awave.

Braint yr Eisteddfod yw dyfarnu i *CTMRh* Goron gyntaf y Mileniwm newydd.

BEIRNIADAETH DAFYDD ROWLANDS

Roedd derbyn tri chyfansoddiad a deugain yn achos llawenydd. Mae lluosogrwydd 'beirdd' uchelgeisiol yn awgrymu bod yr awen yn fyw ac yn trigo ymhob twll awengar a chornel yng Nghymru. Ysywaeth, awgrym twyllodrus ydyw. O leiaf, dyna ydyw o safbwynt y gystadleuaeth hon, oblegid o'r tri chystadleuydd a deugain rwy'n mentro dweud mai tua deuddeg ohonynt yn unig oedd, am resymau amrywiol, yn fy mhlesio i. Mae arnaf ofn mai uchelgais ofer oedd uchelgais y mwyafrif o gystadleuwyr Coron Llanelli. Peidied y cystadleuwyr hynny â meddwl iddynt gael cam gan y beirniaid; darllenwyd eu cyfansoddiadau yn fanwl drwyadl, ac yn fynych, cyn eu gwahanu oddi wrth y defaid a'u rhoi o'r neilltu yn lloc y geifr. Fe wn i fod un o'm cyd-feirniaid yn bwriadu dweud gair am bob un o'r cystadleuwyr, a gwastraff ar ofod digon prin fyddai i mi ychwanegu at y sylwadau cwta hynny. Ar yr un pryd fe garwn ddweud hyn: cafwyd hyd yn oed yn y pryddestau neu ddilyniannau gwannaf ambell fflach o ddychymyg creadigol, ond mae angen mwy na hynny i gynnal gwaith sy'n anelu at ennill anrhydedd Coron y Brifwyl.

Ar y tri neu bedwar o ddarlleniadau gweddol ofalus dros gyfnod o ryw wythnos neu ddwy, fe deimlwn, a hynny heb siarad â'r ddau feirniad arall, mai o blith yr ymgeiswyr canlynol y deuai bardd y Goron, a chaniatáu bod teilyngdod: *Y Bad Achub*; *Ottawa*; *Cyfaredd Co*; *Hedd yr Aber*, *Garth-lwyd*; *Ali*; *Orffews*; *Lleucu*; *Hynny yw*, *Alffa*; *Heilyn yn yr Haul*; *CTMRh.*

Wrth ddarllen eto waith y cystadleuwyr uchod, nad ydynt, gyda llaw, mewn unrhyw drefn arwyddocaol, fe'm cawn fy hun yn newid trefn eu teilyngdod o ddydd i ddydd. Roedd hynny naill ai yn adlewyrchiad o gyflwr meddwl y beirniad neu yn fesur o ddiffyg y cerddi fel cyfanweithiau. Roedd un eithriad; fe fynnai gwaith un bardd aros yn ei unfan, a'r man hwnnw oedd brig y rhestr. Tra'r oedd y cerddi eraill yn symud yn ôl ac ymlaen – fel y llanw a'r trai y sonnid gymaint amdanynt yng ngwaith y beirdd, roedd hi'n dda gwybod bod un dilyniant wedi ei angori yn sownd yn yr un lle.

Y Bad Achub: Fe benderfynodd y bardd hwn y byddai ei waith o leiaf yn destunol, gan sicrhau bod tywod ymhob un o'i ddeg cerdd. Teitl y gerdd agoriadol yw '. . . y mae mwy o dywod nag o ddim arall bron', dyfyniad (er nad yw'r bardd yn dweud hynny, er mwyn profi gwybodaeth neu anwybodaeth ei feirniaid efallai!) o'r ysgrif gynnar honno gan T. H. Parry-Williams sy'n dwyn y teitl 'Tywod'. Ac mae'r caniad cyntaf yn pwyso'n drwm ar ysgrif y 'gŵr o Ryd-ddu' y deuir yn ôl ato yng ngherdd olaf y dilyniant. Maer bardd hwn, fel pob un ohonom, yn un o'r gronynnau diymadferth hynny sydd wedi eu tynghedu i lithro'n anorfod drwy lwnc yr angau, ac fe geir golwg ar rai o brofiadau'r bardd yng nghyfnodau gwahanol ei fywyd – o gyfnod plentyndod, drwy ddyddiau caru i gyfnod y magu plant. Mae'n benthyca oddi wrth Gwyn Thomas pan ddywed, 'Os mai croesi traeth yw byw . . .' ond nid oes gan y bardd hwn sicrwydd cyson y bardd o Fangor, ac mae ganddo ormod o fannau gwan. 'Dwy'i ddim yn siŵr 'mod i'n hoffi cymariaethau fel

> . . . a nghalon mor ddi-ddal
> â chyswllt ffôn symudol mewn pant.

Ac ai fel 'reid yn Oakwood' y bydd y crediniwr yn profi'r llithro i'r llonyddwch mawr yn ôl, a phwyso eto ar eiriau'r athrylith o Ryd-Ddu? Ond efallai taw myfi sy'n henffasiwn. Cerdd dda yw 'Y Cranc' lle mae'r bardd yn manteisio ar y ffaith mai'r un llythrennau sydd yn y gair 'cancr'.

Ottawa: Os cafwyd diffeithwch afradlon o dywod gan *Y Bad Achub,* absenoldeb tywod sy'n nodweddu dilyniant y bardd hwn. Yr unig gyfeiriad uniongyrchol at dywod yw'r llinell: 'A theimlo swnd gorfoledd o dan draed'. Wrth reswm, nid oes angen enwi'r hyn y cenir amdano mewn cerdd; rhan o gyfrinach barddoniaeth yn aml yw peidio ag enwi. Yr hyn sy'n gwneud y dilyniant hwn yn lled-destunol yw'r dyfyniad a geir ar y dechrau, sef geiriau John Tydu – 'Tywodyn o Gwm Tydu. Yn hollt y rhwyf', ac i lawn werthfawrogi'r cerddi hyn fe ddylai'r darllenydd fod yn gyfarwydd â hanes yr aelod diddorol hwnnw o deulu rhyfeddol y Cilie a dreuliodd ran helaethaf ei oes yng Nghanada. Ond hyd yn oed heb y wybodaeth honno, gellir gwerthfawrogi dawn fydryddol amlwg y bardd hwn. Mae ei afael ar fesurau rhydd confensiynol – anffasiynol os nad henffasiwn erbyn hyn, yn sicr a chadarn, mae'r iaith yn loyw ddisglair, a'r delweddu'n eglur ddidrafferth. I'r sawl ohonom sy'n tynnu at oed yr addewid, mae darllen cerddi fel hyn yn bleser pur; fe'n magwyd i raddau helaeth ar dribannau, hen benillion, a thelynegion. Ond arall yw siâp barddoniaeth gyfoes, a bardd heddiw yn hytrach na bardd ddoe sy'n ennill coronau.

Cyfaredd Cof: Pan ddarllenais agoriad y bryddest hon y tro cyntaf, yr hyn a ddisgwyliwn yng ngweddill y gerdd oedd rhywbeth tebyg i *Under Milk Wood* Dylan Thomas:

> Mae'r llanw allan heno'm Mhen-y-Cei
> a chychod bach ymwelwyr haf
> yn frech ar groen yr aber.
>
> Awr weddi yw . . .
>
> Croeso i theatr ein haber,
> i opera sebon trigolion y traeth!

Ac yn wir mae yno ddarlunio ambell gymeriad diddorol megis y ddau a ddaeth i'r dref: 'o'u caethglud hir ar lannau'r Don'. Ond ar y cyfan aneglur yw'r gerdd i mi, ac er bod rhywun yn synhwyro rywsut bod yma farddoniaeth y dylid ei deall ac ymateb iddi, bu'n rhaid i mi, ar ôl darlleniadau di-ri, roi'r ffidil yn y to.

Hedd yr Aber: Cerdd fer o dair llinell yw cerdd gyntaf y dilyniant hwn, cerdd sy'n gwneud dim ond mynegi gwirionedd oesol yr arfaeth ddiderfyn; geni, byw, a marw yw patrwm bodolaeth. Llun o'r 'peth-berwi-wyau', chwedl Parry-Williams eto, yw'r ail gerdd; y teclyn sy'n mesur ein horiau, y teclyn a gludir, ynghyd â'r bladur fygythiol honno, gan y Tad Amser sy'n cysgodi camre pawb o'r crud i'r bedd. A chamre felly a olrheinir yng ngweddill y dilyniant wrth i'r bardd, 'hogyn y pedwardega' gofio rhai o droeon ei yrfa o'i blentyndod i'w ganol-oed, cofio sy'n cysylltu cenhedlaeth ei rieni a chenhedlaeth ei blant, ac yntau'n ddolen gyswllt rhwng y ddwy genhedlaeth yng nghadwyn yr arfaeth ddiderfyn honno y soniwyd amdani ar dop y dilyniant. Mae'r bardd hwn yn gwneud defnydd effeithiol ar brydiau o'i ddawn gynganeddol, ac mae hynny'n rhoi awch ar y mynegiant. Mae'r gwaith hwn yn ddilyniant cymen iawn ei gynllun sy'n cryfhau at y diwedd.

Garth-lwyd: Wn i ddim pam, ond mae gweld y geiriau *Prolog* ac *Epilog* ar ddechrau a diwedd dilyniannau yn peri imi deimlo'n annifyr. Mae hynny wedi digwydd fwy nag unwaith yn y gystadleuaeth hon, ac fe wnaeth y cystadleuydd yma hefyd ddefnydd o'r ddyfais 'glasurol'. 'Does gen i ddim byd yn erbyn hawl bardd i rageirio a chrynhoi-wrth-gloi, ond a oes angen defnyddio'r ddau air? Ta waeth am hynny. Rhinwedd amlycaf y cerddi hyn yw eu symlrwydd a'u huniongyrchedd ystyr. Cyfres o bortreadau a geir o bersonau y mae'r bardd yn cofio amdanynt gyda thynerwch a didwylledd, ac yn fy marn i mae'r cerddi hyn yn bleser i'w darllen. Ond teimlaf hefyd fod rhywbeth ar goll, rhyw sbarc o ddychymyg i danio'r cyfanwaith. Awen dawel, hamddenol a luniodd y cerddi hyn; yr oedd angen awen rymusach i gyffroi ymateb darllenydd. A chyda llaw fe ymwelodd T. H. Parry-Williams â *Garth-lwyd* hefyd; llinell olaf y dilyniant yw: 'yn llithro i'r distawrwydd dwys yn ôl'.

Ali: Rhyw ddydd-lyfr taith yw'r casgliad o gerddi *Ali.* Rwy'n dweud 'casgliad' am na allaf ystyried y gwaith yn ddilyniant. Beth yw dilyniant? Cwestiwn anodd ei ateb. Fe dd'wedodd Euros Bowen wrth feirniadu'r gystadleuaeth hon ddeng mlynedd ar hugain yn ôl: 'Hwyrach nad oes diffiniad o ddilyniant o gerddi y gellir ei roi a'i dderbyn yn safon cyfansoddi neu feirniadu, heblaw disgwyl i fardd amlygu rhyw gysylltiad rhwng cerddi a'i gilydd, neu i ddarllenydd allu gweld rhyw berthynas rhyngddyn nhw o ran thema, neu bersbectif, neu ddatblygiad i uchafbwynt, neu trwy weithio rhyw ddull priodol arall, a'r cyfansoddiad o ganlyniad yn ddilyniant o gerddi'. ''Dyn ni fawr callach! Ond casgliad, yn sicr, sydd gan *Ali,* casgliad o gerddi sy'n swfeniriau o ymweliad y bardd â'r Aifft. Gwahanol iawn yw ei ymateb ef i ryfeddodau'r wlad honno yn 1999 ac eiddo T. Gwynn Jones yn 1905. Gwahanol, wrth reswm, yw naws eu cerddi. Bardd cellweirus yw hwn:

> Pythagoras a ddywedodd
> un noson feddwol dan bont stesion yng Nghairo
> a photel o *ouzo* yn chwysu'n ei boced,
> fod y byd yn drionglau i gyd.

'Dwy'i ddim yn siŵr 'mod i'n cytuno â'r bardd ynglŷn â'r berthynas rhwng theorem y Groegwr a phyramidiau'r Aifft. Trionglau sgwâr-onglog yw trionglau'r theorem; trionglau isosgeles yw rhai'r pyramidiau. Ta waeth am hynny, mwynheais gerddi *Ali.* Gwastraff ar dudalen lân yw'r gerdd sy'n dwyn y teitl 'Ffraeo w' ond mae'n bosibl, wrth gwrs, mai dweud hynny oedd union fwriad y bardd. Mae yma gerddi trawiadol dros ben, megis 'Colomennod Khaled' a'r cywydd digynghanedd 'Bazaar Cysgodion'. A ydyw'r cerddi'n destunol? Os ydy bardd yn Yr Aifft, diau bod tywod yn ei ffroenau a rhwng bysedd ei draed! Ydy hynny'n ddigon? Tybed? Ac ai dilyniant ydyw? Mae'n hen bryd i rywun wella ar ddiffiniad Euros Bowen.

Orffews: Dyma'r bardd mwyaf cyfoes ei gynllun; cynllun sy'n gyffrous ei bosibiliadau. Efallai taw mewn nofel y dylid datblygu'r posibiliadau hynny yn hytrach nag mewn dilyniant dau gan llinell o gerddi. Fe aeth yr Orffews clasurol i dywyll-leoedd yr Isfyd i chwilio am Eurydice; mae *Orffews* y gystadleuaeth hon yn mynd i ddirgel-leoedd y seibr-ofod i chwilio am gwmni personau y gall rannu ei unigrwydd â nhw. Cyfres, dilyniant yn wir, o negeseuon e-bost yw'r gwaith hwn, ac mae'r bardd yn llwyddo i ryw raddau i drosglwyddo i'r darllenydd natur seithug yr ymgais i gyfathrebu'n ddiwyneb yn y gwagle. Yr hyn sy'n gwneud y gwaith hwn yn destunol yw'r ddau ddyfyniad a geir ar dudalen flaen y dilyniant, y naill o eiriau Victor Hugo yn *Les Miserables* a'r llall o eiriau Nicholas Negroponte mewn llyfr o'r enw *Being Digital,* dyfyniadau sy'n ein cyfeirio at y berthynas rhwng tywod a silicon a'r sglodion rhyfeddol hynny sydd bellach yn rhan mor amlwg o'n bywyd pob dydd. Dilyniant diddorol.

Lleucu: Tywod yr awrwydr yw man cychwyn y bryddest hon:

> wrth i ronynnau olaf yr ugeinfed ganrif
> lithro'n dawel drwy'r gwydr . . .

Wrth gyfrif deg eiliad olaf y flwyddyn a'r Mileniwm, mae'r bardd yn gweld, mewn fflach o ffilm sydd bron â bod yn isganfyddol, hanes dyn ar y ddaear:

> o'r heth palaeolithig
> i nos eiriasgoch
> ein dathliadau ni . . .

Fe wêl y callestr yn llaw'r dyn cyntefig fel llygoden, gan glymu'r arf carreg wrth y teclyn cyfoes sy'n sbarduno'n cyfrifiaduron ni. Fe wêl artist cynoesol Lascaux ac ogofeydd eraill y Dordogne:

> yn chwythu'r powdwr paent
> i greu
> stampîd o liw
> ar hyd y muriau . . .

Yr un lliwiau sy'n llamu yn nhân gwyllt dathliadau'r Mileniwm ym Mae Caerdydd, ac wrth wylied adlewyrch y goleuadau yn y dŵr fe sylweddola'r bardd

> nad ar wyneb
> ond i ddrych y syllwn.

Brodyr i'w gilydd yw dyn cyntefig Oes y Cerrig a dyn Oes y Sglodyn Silicon.

Hynny Yw: Os mai olrhain hanes y ddynoliaeth yw mater *Lleucu,* mater *Hynny Yw* yw ei hanes ei hun yng nghyfnodau gwahanol ei dyfiant, deg cyfnod, am wn i. yr wyf yn ansicr fy meddwl, fel yr oeddwn wrth ddarllen gwaith *Cyfaredd Cof–*

ynglŷn â'r hyn mae'r bardd yn ei ddweud. Mae cymaint o'r gerdd i mi yn aneglur, ac am hynny yn ddiystyr. Mae pob bardd yn cymryd yn ganiataol fod darllenydd yn gwneud ymdrech ddigonol i fynd i'r afael â'i gerdd mewn ymgais i ddeall gwir ystyr ei ddweud, ond mae ambell fardd yn gosod anawsterau yn ffordd y darllenydd. Mae lluosogrwydd geiriau ac afradlonedd delweddau ambell waith yn cymylu ystyr, ac fe deimlais hynny yng ngwaith *Hynny Yw*. Mae yna rywbeth eironig yn y ffugenw; ymadrodd ydyw sy'n awgrymu bod angen esbonio'r hyn a ddywedwyd eisoes! Eto, mae digon o enghreifftiau yn y gwaith hwn o farddoni aeddfed a thrawiadol sy'n dweud wrthym fod y bardd hwn yn teilyngu sylw. Ond i mi, fe geisiodd ddweud gormod y tro hwn, ac fe'm cleisiwyd gan ei rethreg.

Alffa: Dyma arch-rethregwr y gystadleuaeth. A rhethreg byrlymus, carlamus ydyw. Rhethreg braf y pregethwr huawdl yn ei hwyl, y proffwyd egstatig yng ngafael ei weledigaeth, Savonarola diwedd y Mileniwm, a'i lach ar grefydd gapel-yddol Cymru yn greulon a didostur. Rhethreg, wrth gwrs, sy'n gweddu ar gyfer tasg felly, a cherddi i'w llefaru'n groyw o ben bocs sebon neu bennau'r tai yw'r rhan fwyaf o gerddi'r dilyniant hwn. A yw'n destunol? Wel, ar dywod y codwyd capeli'r genedl, meddai'r pregethwr hwn, yn hytrach nag ar seiliau diogelach y graig. Ar wahân i hynny, 'does fawr o gysylltiad rhwng y dilyniant hwn a'i destun. Mae *Alffa* yn fardd grymus sy'n hoffi sŵn ei ymadroddi cyhyrog ei hun, sy'n hoffi chwarae ar eiriau, ond ambell waith mae'r hoffterau hynny'n troi'n wendid yn sgil yr afradlonedd geiriol.

Heilyn yn yr Haul: Fe geir ar ddechrau'r dilyniant hwn ran o gerdd a sgrifennwyd gan dad y bardd 'ychydig cyn ei farwolaeth'. Cerdd ydyw am olion traed yn nhywod y traeth sy'n cael eu golchi ymaith gan y llanw. Ac yna fe geir gan y mab gyfres o gerddi sy'n fynegiant o'r berthynas dyner rhyngddo ef a'i dad: wyth soned, un gerdd rydd odledig, un cywydd, ac wyth englyn sy'n ddolenni rhwng y sonedau. Nid oes amheuaeth ynglŷn â dawn y bardd hwn; mae'r mydryddu yn sicr ei gerddediad, ac mae'r gynghanedd yn esmwyth ddiymdrech. Ac mae yma ddidwylledd teimlad. Pan ddywed y bardd: 'Uwch pren ei arch poerwn ni', ni allwn lai na chofio am ymateb cableddus Gwenallt yn angladd ei dad ef, ac mae'r llinell, 'Rhodd enbyd bywyd yw'r bedd' yn adlais o'r geiriau a roddodd Saunders Lewis ar dafod Llywelyn, ond gwahanol yw'r syniad a fynegir. 'Dwy'i fy hun ddim yn gweld bod angen yr englynion i gadwyno'r sonedau, ac felly hefyd y cywydd ar y diwedd. Byddai'n well petai'r dilyniant yn gorffen gyda'r geiriau:

> Gwenwn am iti gerdded ynom eto:
> Gwenwn ar dywod aur a dathlwn di.

CTMRh: Dyma i mi yr unig fardd yng nghystadleuaeth y Goron eleni na chollodd ei le yn nhrefn y goreuon wrth i mi ddarllen y cyfansoddiadau dro ar ôl tro llafurus. Fe'i gosodais ar frig y rhestr o'r darlleniad cyntaf, a thra'r oedd cystadleuwyr eraill yn cael eu symud o'r naill safle i'r llall fel tîmau pêl-droed mewn tabl, fe arhosodd *CTMRh* ar y brig o ddechrau'r tymor fel petai. Unwaith erioed y bûm i yn Druidston yn Sir Benfro. Roedd yn ddiwrnod llwyd a gwyntog yn y gaea', ac uwch y traeth gwag a'r clogwyni tywyll, synhwyrwn ryw ddrwg bygythiol. Teimlad od, annifyr. Petawn i wedi ymweld â'r lle ar ddiwrnod heulog ganol haf diau y cawswn deimladau mwy cysurlon. Dwy'i'n sôn am hynny am mai Druidston, ei draeth a'i glogwyni, ei haul a'i gwmwl, ei ddedwyddyd a'i fygythiad, yw cefnlen y dilyniant hwn, dilyniant sy'n troi'n brofiad cyfoethog i'r sawl sy'n ei ddarllen. Afraid yw ceisio manylu yn y fan yma ar rinweddau'r gwaith hwn; diau y bydd fy nghyd-feirniaid yn dyfynnu o'r cerddi ac yn nodi lefelau ystyr ambell *motif* sy'n digwydd yn gyson drwy'r gwaith. Nid wyf i am ddweud dim, ar wahân i hyn: mae Eisteddfod Llanelli wedi rhoi cyfle i fardd ganu cerddi arbennig iawn, cerddi sy'n gwlwm o lawenydd a thristwch, o chwerthin a dagrau, o ysgafnder a dwyster. Marwolaeth plentyn yw gwaelod y cerddi hyn, ac o'r gwaelod tywyll hwnnw y cyfyd y goleuni sy'n enfys ym mhistyll yr atgofion am fab teirblwydd a gollwyd. Mae tynerwch mawr yn y canu, mae yma absenoldeb chwerwder. Ac mae yma fardd sy'n llawn deilyngu Coron yr Eisteddfod Genedlaethol. Ni allwn ond diolch iddo am ei gân.

BEIRNIADAETH ROBERT RHYS

Roedd 'Tywod' yn destun llawn posibiliadau a pheryglon. Roedd rhwydd hynt i'r beirdd ddefnyddio'r tywod yn gefndir daearyddol neu'n flaendir delweddol (neu gyfuniad o'r ddau), ond roedd hi'n anochel y byddai rhai yn cael eu hudo gan sugndraethau hen drawiadau nes eu cael eu hunain hyd at eu canol mewn ystrydebau. Fe ddenwyd 43 o bryddestau a dilyniannau (dilyniannau gan mwyaf) gan dywod Llanelli, ac er mai bregus oedd testunoldeb ambell gynnig, hyd yn oed i feirniad rhyddfrydig iawn ei ganllawiau, 'doedd dim prinder tywod. Tywod y traethau a'r anialwch, o Landanwg i Luxor, o Ben-bre i Benmaen-mawr, y tywod sy'n rhan o'r silicon sy'n gyrru'r chwyldro technoleg gwybodaeth, y tywod y bydd ffyliaid yn codi eu tai arno, a thywod amser yn dirwyn trwy wddf y peth berwi wyau.

Cerdded tywod digon gwastad ac undonog a wnaethom fel beirniaid. Prin oedd y beirdd a lwyddai i gyffroi dychymyg a synhwyrau yn rhinwedd eu gweld neu eu geiriau. Wrth lunio nodiadau i gofnodi f'ymateb i garfan weddol helaeth o gerddi roeddwn yn estyn dro ar ôl tro am yr ansoddeiriau a'r ymadroddion (ystrydebol) canlynol: 'anarbennig', 'cyffredin iawn', 'prin o egni geiriol', 'cyffyrddiadau testunol ystrydebol', neu'n syml weithiau 'gwan' ac unwaith neu ddwy 'gwan iawn'. I'r garfan fras hon sy'n cynnwys rhai pethau gwannach na'i gilydd y perthynai *Atol, Pererin Wyf* (1) (yr un sy'n agor gyda 'Yr Amserydd Ŵy'), *Pererin, Promethews, Glanglasfor, Rhewyn Glas, Manon, Taffi, Eclips, Cilisa, Llygad Maharen, Owani, Darparwr* (yr unig dro i mi byslo ai tynnwr coes oedd wrthi) *Moel y Gest* a *Mr Dadi.* A bod yn deg, gallwn gyfiawnhau 'ambell drawiad pert' neu 'ddweud destlus' neu 'ddangos dychymyg' yn achos bron pob un o'r cerddi hyn, ac o ran ansawdd y Gymraeg a diwyg y cyflwyno roedd y safon at ei gilydd yn foddhaol. Perthynai mwy o gerddi i'r garfan hon, gan rannu'r un gwendidau â'r uchod, ond caiff y sylwadau a wneuthum am eu cryfderau enghreifftio'r ffaith nad ydym yn sôn, yn gyffredinol, am ganu amddifad o grefft. Digwyddais nodi cyffyrddiadau swynol yn achos *Ingli* a'i gerdd am ei berthynas â thirlun a môrlun ardal Trefdraeth a *Hannah* yn ei hargraffiadau atgofiannol hithau, darnau diriaethol digon effeithiol yng nghynnig atgofiannol *Sei*, rhannau teimladwy a gonest gan *Bychan*, arwyddion o ddychymyg gan *Pererin Wyf (2)* a *Geirfa* ac o ddyfeisgarwch gan *Ar fat cwrw*.

Roedd ychydig mwy i'w ganmol wedyn yng ngwaith clwstwr arall; hanes John Tydu, gwrthrych pennod ddiddorol odiaeth yng nghyfrol Jon Meirion Jones, *Teulu'r Cilie*, a gafwyd gan *Ottowa*. Canu traddodiadol, crefftus o'r math y mae iddo eto gynulleidfa werthfawrogol yng Nghymru, ond canu digyffro, serch hynny. Gweld eisiau cyffro geiriol a wnes i wrth ddarllen dilyniant destlus *Cyfaredd Cof* hefyd. Roedd arddull seml *Urien* yn gweddu i ddilyniant o ddeg cerdd fer yn trafod colled bersonol, a chafwyd ganddo ddarnau diriaethol digon effeithiol, ond fel cyfanwaith, cyffredin. Mae *Pendeits*, awdur cyfres o gerddi am gymeriadau (Caernarfon?), yn grefftwr digon deheuig, ond 'doedd dim cysylltiad amlwg â'r testun, a 'doedd delwedd dywodlyd neu ddwy ddim yn fachyn digon cryf i ddal yr hyn oedd yma. (Rwy'n tybio bod *Pendeits* yn fardd profiadol sy'n gorweithio hen wythïen neu'n efelychwr a wisgodd ffasiwn sy'n dechrau dyddio). Mae *WWW?* yn llai gwastad ei safon na beirdd eraill y clwstwr hwn, a cheir ganddo ddarnau haniaethlyd, diflas ac ôl arddull orymdrechgar, ond bod y rheiny'n gymysg â darnau mwy trawiadol sy'n tystio i fardd uchelgeisiol a dychmygus. Dilyn y trywydd atgofion/taith bywyd a wnaeth *Neb* a *Silyn* fel ei gilydd, a chafwyd cerddi a darnau effeithiol gan y ddau. Yr un clod amodol a roddwn hefyd i *Harold G* a'i gyfres o gerddi am gleifion ysbyty meddwl, i *Garthlwyd*, bardd sicr ei gyffyrddiad a thraddodiadol ei *vers libre* a luniodd gyfres o gerddi coffa digon atebol, ac i *Hedd yr Aber*, a ddangosodd ei fod yn fardd medrus ar ei orau, fel yn y gerdd 'Criafolen Awst '95'. Cafwyd sgrifennu digon bywiog a ffres hefyd gan *Jac Jarman* wrth iddo gofnodi hanes ei berthynas â'i gymar.

Dyna mi wedi rhoi cyfrif brysiog am fy ymateb i waith tua thri chwarter o gerddi'r gystadleuaeth. Fyddwn i ddim yn honni bod pob un o'r beirdd sy'n weddill o reidrwydd yn well beirdd na rhai a drafodwyd eisoes, nac ychwaith eu bod yn rhydd o wendidau cyffredin y gystadleuaeth hon. Ond pe bawn am lunio blodeugerdd gryno o gerddi unigol ac adrannau gorau'r dilyniannau a'r pryddestau, dethol o blith cynnyrch awen y rhain a wnawn gyntaf.

Tre Alys: Apeliodd awen *Tre Alys* ataf, er nad yw o fewn cyrraedd i goron genedlaethol. Mae'r safon yn rhy anwastad, a'r cerddi'n cynnwys gormod o sgrifennu llac a diafael. Ond roedd rhyw sioncrwydd a ffresni yn perthyn i'r canu serch hynny, a thebyg bod y lleoliad yn nhref Llanelli yn lliwio 'marn i hefyd. Dilyn y trywydd hunangofiannol a wna *Tre Alys* mewn dilyniant darllenadwy sy'n cyfuno'r *vers libre* a phenillion acennog wrth i'r bardd archwilio'i berthynas â thref Llanelli.

Am y dref honno y dywedir mewn adran ddigon effeithiol: 'Hon yw tref y llysiau a storiwyd/mewn sach ar ôl sach mewn festrïoedd llaith/cyn i'r idiomau organig gael eu berwi'n sych/yn y sosban fach wrth goginio iaith'. Er gwaethaf y gwendidau mae gan *Tre Alys* ar ei orau, fel yn y gerdd ddilynol, lais addawol sy'n dechrau argyhoeddi:

Mae colli adnabyddiaeth
fel colli iaith,
fel anghofio'r ffordd drwy weddi'r Arglwydd.
Mae 'na eiriau,
mae 'na strydoedd,
nad ŷnt mwyach.
Collwn ein cyfeiriad
mysg cystrawennau'r heolydd
a ailgynlluniwyd,
mysg y terasau treigladau
a chwalwyd i'r llawr
ac a godwyd o'r newydd
ar yr anialwch diystyr.
Collwn ein ffordd
oherwydd inni golli gafael
ar fap y cofio,
oherwydd bod enwau dieithr
ar y cartrefi cyfarwydd,
oherwydd bod y byd sydd ohoni,
fel ninnau, wedi newid.

Lleucu: Er nad oedd ystyriaethau ynghylch adeiledd a chymhendod cynllun yn flaenllaw yn fy meddwl wrth dafoli'r cerddi roedd hi'n braf dod ar draws rhywfaint o ddyfeisgarwch a dychymyg yn hynny o beth; dyna un o'r pethau sy'n esbonio apêl *Lleucu* ac *Orffews*. Lluniodd *Lleucu* bryddest ddyfeisgar, gan ddefnyddio eiliadau olaf 1999 yn fframwaith ('ninnau'n ergydio'r eiliadau fesul un'), i fyfyrdod, neu weledigaeth led-gyfriniol yn hytrach, am hanes dyn ar y ddaear. Dyma gyplysu'r cyntefig a'r cyfoes yn ddychmygus yn yr adran hon:

Llygoden
Oedd y garreg lefn fel ŵy
Ar gledr dy law.

Fe'i tynnaist
o afon arian dy fodolaeth
a'i naddu â min amynedd
yn erfyn
manwl, bwriadol, cain.

Wrth wylio'r
sglodion fflint
yn sboncio

dan dy law ddeheuig,
gwyddwn y gwelwn eni'r
sbarc tragwyddol oedd i wibio
hyd wifren drydan y canrifoedd,
o'th fwyell garreg di
i ogof cymhlethdodau fil
fy nghyfrifiadur i;

y sbarc
a droes dy garreg lefn fel ŵy'n
llygoden o ddychymyg.

Ond dyfeisgarwch heb ymddisgyblu'n ddigonol sydd yma wedyn, a thrueni na sylweddolwyd mor wan oedd y llinellau clo: 'Yr oedd dy lygaid/yn fy llygaid i,/a thywod arian/y Mileniwm nesaf/eisoes yn llifo . . .'.

Orffews: Mae *Orffews* yn cynnwys dyfyniad sy'n cyfeirio at 'the sand that gives us silicon and fibre for the cable that connects people and communities', hynny'n ein cyfeirio ni at y cynllun dychmygus a ddefnyddir, sef cyfres o negeseuon e-bost neu gofnodion ystafell sgwrsio gan wahanol gymeriadau sy'n gyfrwng i fyfyrdod ar natur 'y gymuned newydd'. Er difyrred y bwriad nid oes gan y bardd ar hyn o bryd mo'r adnoddau geiriol i allu cyflawni ei nod yn hyderus, ac ni chyflawnwyd yr addewid a gynigiwyd gan y gerdd agoriadol:

Siop.siarad@hwyl.com
gan cos23@gwefan.net

Helo, oes rhywun yna?
Mi ddwedodd ffrind yn y gwaith
fod cwmnïaeth .com
fel ffisig i'r unig di-rym.

Oes 'na bobol fan hyn?
Mae gennyf f'unigrwydd i'w rannu
fel teisen ben-blwydd,
ac egni i'w dreulio ar eiriau llwyd
oriau'r nos.

Dewch i mewn i'm tiriogaeth
Mi wn eich bod yna fel cudyll
yn hofran.

Dyma'r ysglyfaeth
yn cymryd sbel . . .

Olewydd: Wrth ddarllen cynifer o gerddi mewn amser cymharol fyr ofnwn wneud cam â beirdd mwy uchelgeisiol ac arbrofol eu bryd, a hwyrach i feirdd a roddai'r argraff o berthyn i'r garfan honno dderbyn gormod o barch gennyf. Dychwclais droeon at waith *Olewydd*, a ddyfynnodd linell o waith y bardd Americanaidd cyfoes Mark Doty, 'Isn't the whole world heaven's coast' ar ddechrau'r dilyniant. Wedi sawl darlleniad roeddwn yn sicr fy marn fod uchelgais a dychymyg y bardd hwn yn drech na'i adnoddau geiriol a hunanfeirniadol ar hyn o bryd. Mae yma ormod o linellau clwc a dweud diadlais. Nid yw llinynnau cyswllt y dilyniant gyda'i gyfuniad o'r personol a'r rhyngwladol-wleidyddol yn gwbl eglur i mi, ac rwy'n ofni nad yw'r cerddi unigol a wnaeth fwyaf o argraff arnaf, 'Rhyddfraint Pentywyn' a 'Pinnau Bawd' yn eu plith, yn taro deuddeg yn hollol er eu holl botensial. Ond dyma lais gwerth rhoi clust iddo, a'i annog. Dyma ran o'r gerdd 'Rhyddfraint Pentywyn':

Aeth rasiwr i'w dragwyddoldeb
yma unwaith. Ar frys i newid hanes.

Ond heddiw daw rhai yma
i loncian ar olwynion –
sgrialu gyda sbri at lygad agored y môr.

Cei sythu'r llyw a childroi,
troi cornel ffug os mynni.
Direol yw'r heol saffron.

Dof ydym ninnau,
rhai gwirion bach yn chwarae ceir
yn y bore bach gweflog . . .

Cei ddysgu yn y fan hon
nad dysgu byw a wnawn
yn gymaint â dysgu peidio â

rhoi ongl i angau,

rhag i'r llanw mawr ein llethu.

Dychwelwn o dow i dow
yn ein seintwar metel
a phob cornel yn un anwel . . .

Ali: Cefais yr argraff fod gan *Ali*'r adnoddau i gipio coron genedlaethol yn bur ddidrafferth, oni wnaeth hynny eisoes. Dilyniant yn seiliedig ar ei ymweliad â Luxor, Yr Aifft, Hydref 1999 a gafwyd ganddo; Deg o gerddi, gan gynnwys englyn agoriadol ac ambell un arall nad ydynt yn talu am eu lle. Ymadroddi deheuig a chofnodi coeglyd-chwareus yw prif nodweddion *Ali* ond yn y cerddi llai grymus mae'r elfennau hynny'n gallu ymddangos yn ddiangerdd a gwag. Cael ei ddadrithio gan fateroliaeth dwristaidd y fangre yr ymwelodd â hi yw hanes *Ali*, ond fel gyda sawl un o'r cerddi hyn eleni 'doedd y darllenydd hwn ddim yn cael ei argyhoeddi am bwysigrwydd y profiad a gofnodwyd. Ond gwrandewch ar *Ali* ar ei orau, yn y gerdd 'Gwyddbwyll':

Roeddan ni'n chwarae gwyddbwyll pan ollyngwyd y bom.
Theimlodd o ddim byd.

Roedd hi'n bnawn hyfryd o Hydref,
y fyddin yn llithro
o sgwâr i sgwâr
heb ofid yn y byd
ond am eu bywydau alabaster,
a'u cyfarwyddiadau
o frwydr i frwydr
yn dod gan ddau chwaraewr braidd yn brennaidd.

Ashraf ddechreuodd y cyfan, wrth sipian diod o de cryf
a chynnig paned ddi-laeth i minnau
a munud i orffwys
yng ngwres didostur canol dydd.
Ddwyawr bell yn ôl.

Roedd set radio grintachlyd yn gleciadau'n y gornel
a Mohammed Monir
yn crynu-canu yn y cefndir.

Ac yna'r llais – a'r cais – trwy waelod cwpan te
wrth i'r siop fechan ddechrau llenwi â chwsmeriaid dyfnach
llawer dyfnach eu pocedi na fi:

'Wyt ti, fy ffrind arbennig, am brynu'r set yma i fynd adra' efo chdi?'

Siec, mêt?

A finnau'n gwybod dim fod darnau alabaster mor gain,
yn frenhinoedd a breninesau,
yn gallu lladd breuddwydion gwerin.

Trown yn awr at ddau ddilyniant hunangofiannol eithaf llwyddiannus, gan *Y Bad Achub* a *Hynny Yw*.

Y Bad Achub: Mae hwn yn agor â'r ddelwedd o'r bardd yn gweld ei hun yn 'un o'r gronynnau hyn/ynghanol y twmpath tywod yn y gronnell uchaf,/yn nesáu o hyd/heb wybod pryd/at y gwddf cyfyng a'r gwacter islaw'. Cyfres o ddarluniau digon deheuig i ddilyn, ac fel yn achos cynifer o hunangofiannau, ail-fyw'r blynyddoedd cynnar yn fwy diddorol na'r myfyrdod ar gyflwr y bardd yn y presennol. Mae'r dull yn gyfarwydd grefftus, gydag ychydig o duedd at y barddonllyd, ond digon i foddhau'r darllenydd, mewn cerddi fel 'Y Cranc' a 'Tŷ ar y Tywod' er enghraifft:

Tŷ ar y tywod oedd ein serch:
Yn goridorau celwyddog
A nenfydau o nwyd.

Tŷ ar y tywod oedd ein serch:
Heb sadrwydd, heb sail,
Yn gwegian yn wan yn y gwynt.

Tŷ ar y tywod oedd ein serch:
tŷ unnos dros dro
Nid tŷ i deulu fyw ynddo.

Hynny Yw: Rwy'n synhwyro arddull iau yng ngwaith *Hynny Yw.* Mae'r hunan-gofiant yn genhedlaeth-gofiant mewn gwirionedd, gan ei fod yn enghreifftio'r symudiad cyffredin o'r filltir sgwâr (ardal Llanelli yn yr achos hwn) i'r coleg yn Aberystwyth ac yna (os deallaf yn iawn) i Gaerdydd. Mae *Hynny Yw* yn fardd cyfoethog ei ddychymyg a chynhyrfus ei drawiad weithiau. Ond fe allai chwynnu rhywfaint ar ei fynegiant, a rhoi sylw i'r ymadroddion llac sy'n pylu min y dweud yn ogystal â'i duedd i bentyrru delweddau'n rhy hael. Mae ei gamp a'i remp i'w gweld yn y bumed gerdd yn ei ddilyniant:

Trodd ein traeth yn ddosbarth hiraeth,
a dyheais am y sidan sy'n treiddio hosanau
ar y glannau lle cwympais â theulu o'm cwmpas
i'm codi â dwylo chwim y casglwyr cocos
sy'n hidlo'u henillion ar hast
cyn i'r llanw fynnu ei siesta.

Felly yno'r es i wylio'r Penrhyn,
a'i weld mor glir fel bo' glaw yn dilyn

ar fy moch ac ar ochrau'r bryniau
a ddringais â llygad hallt,

ac wrth iddynt gofleidio fy mae
fe'm bachwyd i'w breichiau

er mwyn imi gofio
mai dyma lle dysgais am drai.

Fan hyn nid oes hin na phrofais,
Fan hyn yw'r ffrind heb lais,

mae fan hyn gan bawb i angori meddyliau,
fan hyn yw'r paent sy'n rhannu fy ngwythiennau,
ac a frwsiwyd droeon â'm hemosiynau
gan wybod y cawn weld y goleudai

a pha le bynnag yr af i lenwi fy ffrâm,
y Pwll a Phorth Tywyn, Pen-bre a'r Penrhyn
fydd hefyd yn ganfas i'm darlun.

Yn ei gwead mae fy ngwreiddiau, sydd,

O dro i dro, o fro i fro,
Yn chwythu fel tywod i wydr dy ffenestri
I dynnu gwenau a dagrau go iawn.

Dau fardd y bûm yn pendroni tipyn uwch eu gwaith oedd *Heilyn yn yr Haul* ac *Alffa.* Nid am eu bod yn astrus – i'r gwrthwyneb, cerddi cwbl agored eu cenadwri a gafwyd ganddynt – ond am fod y ddau fardd yn eu ffyrdd eu hunain yn defnyddio arddulliau rhethregol hwyliog y byddai rhai beirniaid yn ddi-os yn eu galw yn amrwd, yn anghynnil a henffasiwn. Ond maent yn gallu canu'n gynhyrfus a deniadol, a thybed nad yw'n bryd i ni weld y rhod yn troi, a'r *vers libre* ganol-y-ffordd, ddi-fflach sy'n gyfrwng i gynifer o'r beirdd yn ildio'i lle i ychydig o leiaf o rethreg ddigywilydd y ddau hyn?

Heilyn yn yr Haul: Cyfres o sonedau ac englynion a gafwyd ganddo ef, ynghyd â phenillion a darn o gywydd i gloi. Nid oedd yn troseddu yn erbyn llythyren y ddeddf yn Llanelli trwy gynnwys cerddi yn y mesurau caeth fel y gwnaeth, rwy'n tybio, ym Môn y llynedd. Cerdd goffa i dad y bardd sydd yma, ac yn rhagymadrodd ceir 'rhan o'r gerdd olaf a sgrifennodd fy nhad ychydig cyn ei farwolaeth'. Mae'n gallu sgrifennu'n rhwydd a thrawiadol, yn rhy rwydd a stroclyd drawiadol a thraddodiadol ddelweddol i blesio chwaeth y beirniaid eleni. Ond fe ddychwelais droeon at y cerddi hyn, er eu diffygion, oherwydd mae ynddynt fwy nag ailweithio rhythmau a delweddau melys gyfarwydd. Rwy'n edmygu'r ymgais i roi bywyd newydd yn yr hen ganiadau, i geisio troi ymchwydd deniadol y patrymau cyfarwydd yn farddoniaeth rymus, boblogaidd ar gyfer cenhedlaeth newydd. Dyma ran o'r gerdd 'Y Dathliad Olaf' yn enghraifft o'i ganu:

Gwenwn a chodwn garnifal o'n galar
Ac ar dy fedd petryal gadawn ôl ein traed;
Yn gesig dawnsiwn yn ein gwisg o dinsel
A chlocsiwn ar dy elor nes gogleisio'r gwaed.

Aethost er mwyn y rhai a ddaeth i'r llwyni,
Aethost i wawr llawenydd wawrio wedi'r hwyr,
Aethost i ni ymblethu'n barau truan,
Aethost i ninnau sipian o'r cuddfannau cŵyr.

Gwenwn â chalon gynnes a gwenwn ganwaith,
A gwenwn ein serchiadau yn dy olau di;
Gwenwn am iti gerdded ynom eto:
Gwenwn ar dywod aur a dathlwn di.

Alffa: Fel hyn y mae ef yn agor ei ddilyniant:

Bendigedig fyddo Duw! Mae'r capeli'n cau.
Bendigedig a Ha-Ha-Haleliwia!

Beth wnawn ni â hwn? Yn ôl *Alffa* tŷ a godwyd ar dywod yw crefydd gapel-addolgar Cymru. Dweud hynny yw un o amcanion ei gerdd rethregol, ryfygus, ddatganiadol. Dyma un o leisiau'r gystadleuaeth, ac o'm rhan i, diolch amdano. Mae yma ddarnau gwan, oes, ac elfennau goreiriog a llac, ond nid yn ôl safon 'cynildeb' y mae mesur bardd fel hwn. Nid yw'n ddi-grefft; mae ganddo afael sicr ar rythm, ac mae'n gerdd gyffrous i'w darllen yn uchel. Mae yma ddelweddu effeithiol, cyfeiriadaeth goeglyd a defnydd afieithus (a gormodol, hwyrach) o eiriau mwys. Rwy'n cydnabod ei bod hi'n gerdd a fyddai'n ennyn ymatebion eithafol o wahanol. Ond ynghanol cymaint o ganu merfaidd roeddwn i'n croesawu bardd â thân yn ei fola, bardd sy'n ei hagor hi ma's, bardd sy'n fodlon mynd i'r afael â phwnc mawr. Mae'n cyfuno cyffes bersonol a dehongliad o arwyddocâd cyfnewidiad hanesyddol aruthrol bwysig yn ein hanes diweddar, sef dirywiad crefydd y capeli. Ond nid galarnadu y mae *Alffa*, ond llawenhau, oherwydd yn ôl ei olwg ef ar bethau Duw ei hun sy'n cau'r capeli, ond mae'r Duw trosgynnol, tragwyddol hwn ar gael o hyd i'r unigolyn a'r cwmni bach, oherwydd 'Dau neu dri/a daw'r lluoedd:/llef ddistaw fain yw Duw/a hoff o gwmni trioedd'. Dyma gywair nodweddiadol *Alffa*, rhan o'r drydedd gerdd yn ei ddilyniant:

> Gogoneddog Arglwydd! Mae'r aelodau'n marw.
> Clod i'th enw! A mawl! Mawl! Mae'r capeli'n cau.
> Tydi, Dduw'r hen Gymry, ein Cymru ystrydebau,
> ein Williams, ein Mari Jones, ein Cymanfa lawn,
> ein 1904, ein Hwyl, ein Pethe, ein Popeth,
> 'digon' meddet, gan nad digon ŷnt.
>
> . . .
>
> A thi sy'n cau'r capeli – Haleliwia! –
> Duw'r dydd pan nad oedd capel Cymraeg yn bod.
> Tydi sydd yma, yn ein gwaddol capeladdoliaeth,
> yn y derbyn pwy bynnag a ddaw,
> yn y diolch am y croeso anghynnes,
> fel yn y darllen y cyhoeddiadau i un.
> Ti sydd yma.
> Ti sy'n aildrefnu'r blodau gwywedig.
> Ti yw'r aelodau yn Kent.
>
> Gogoneddog Arglwydd! Mae'r angladdau'n amlhau.

Rwy'n mawr obeithio y cyhoeddir cerdd *Alffa* yn fuan.

CMTRh: A dyma gyrraedd y gerdd y bûm yn dyheu am sôn amdani, cerdd *CMTRh,* dilyniant o 15 o gerddi byrion 'i gofio Dafydd a gwyliau calan Mai'. Gwnaeth y gerdd hon argraff ar y darlleniad cyntaf, digon i'w gosod yn amodol ymhlith y cerddi diddorol, ond yn raddol cefais fy mhlesio fwyfwy ganddi, ac yn wir teimlwn fod y dilyniant syml hwn, nid yn unig yn dal pwysau darlleniadau niferus, ond yn gwasgar ei gyfaredd fwyfwy gyda phob darlleniad. Ar ôl iddi ddod i'r brig yn fy meddwl ailddarllenais gerddi eraill gan roi pob cyfle iddynt ei disodli, ond lledu a wnâi'r bwlch rhwng *CTMRh* a'r gweddill oherwydd, er nad yw'n ddifefl, mae geiriau'n llefaru ac yn tanio'i gilydd ac yn cyffroi ac yn cyffwrdd y darllenydd yn y gerdd hon mewn modd na welwyd ei debyg gan neb arall. Fel yr awgryma'r is-deitl, cerdd goffa yw hon, cerdd goffa i Dafydd, sef fe dybiwn, y plentyn teirblwydd a gyferchir yn 'Llinellau' 'yn mwmial dychymyg/ wrth droedio'r tywod/a byd yn tyfu o'i gwmpas'. (Er mor ddiamwys yw tystiolaeth y gerdd unigol hon, 'doeddwn i ddim yn hollol siŵr ai'r un person a gyferchir ar wahanol adegau yn y dilyniant.) Fe gofir Dafydd yng nghyd-destun gwyliau a dreuliodd y teulu yn Druidston, ar arfordir gorllewinol Sir Benfro. Cyfres o argraffiadau a darluniau o'r gwyliau hynny yw sylwedd y cerddi, cerddi byrion, diriaethol yn y *vers libre* mewn arddull ddiymdrech a diymhongar. Ond rywbryd ers y gwyliau hynny fe gollwyd Dafydd, ac y mae cysgod y golled yn mynnu dod rhyngom â'r cofnodi llawen ar gyfaredd a gorfoledd gwyliau teuluol. Gwneir hyn i raddau helaeth trwy gyfres o gyffelybiaethau a throsiadau awgrymog. Rhyddheir cysylltiadau trosiadol geiriau ac fe wneir defnydd cynnil iawn o gysylltiadau hanesyddol a chwedlonol y lleoliad i rithio cyflyrau a theimladau. Pe baech yn dadansoddi iaith y gerdd yn fanwl fe welech fod mwy nag un patrwm cydlynol yn ei defnydd; yn eu plith iaith byd plant ar y naill law, cysgodion tywyll ofn ac angau ar y llall. Nid oes iddi strwythur ymwybodol drefnus a chynlluniedig, ar wahân i'r drefn cerdd â theitl/cerdd ddideitl am yn ail. Cysondeb y delweddau a'r teimladau a awgrymir yw'r hyn sy'n rhoi trefn a siâp iddi yn ein profiad wrth ddarllen. Peth arall trawiadol am y dilyniant hwn yw'r modd y mae'r cerddi unigol yn cyfoethogi ac yn cyflawni'i gilydd – nid 'dilyn' ei gilydd yn unig y maent yn ei wneud. Golyga hyn fod ambell gerdd unigol llai grymus na'i gilydd eto yn cael ei chynnal gan y cyfanwaith ac yn cyfrannu iddo; golyga hefyd fod arwyddocâd rhai gwrthrychau a rhai delweddau yn cynyddu wrth i'r dilyniant fynd rhagddo. 'Does dim ymdrech straenllyd am ddelweddaeth gymhleth neu ddweud gorchestol, dim ond cofnodi tawel awgrymog, ac weithiau chwithig ac ingol o eironig.

Nid dyma'r lle i lunio gwerthfawrogiad cyflawn o'r dilyniant, ac nid wyf am ddod rhwng darllenwyr a'r gerdd, ond gadewch i mi enghreifftio'i chryfderau trwy sylwi ar gerddi 6-9. Darlun hwyliog o albym gwyliau yw 'Tŷ Teletubbies' ar un olwg, ond mae'r delweddau a gyflwynir o'r tŷ tanddaearol a hudodd y plant yn sinistr hefyd, yn cyfleu bygythiad, oherwydd mae'r tŷ 'fel bwystfil o gynfyd newydd/wedi ymlusgo o'r traeth' ac ar ôl i'r plant ei adael 'i weld rhyfeddodau newydd' 'roedd yr anghenfil yn dal yno . . . yn aros fel ci bwtsiwr'. Ond yn y gerdd hon hefyd y cyflwynir delwedd gadarnhaol yr enfys, delwedd y bydd iddi swyddogaeth bwysig yn y gerdd olaf un. Yn y gerdd ddideitl sy'n dilyn fe gyferchir yr un a gollwyd trwy ddisgrifio'n annwyl yr hyn sydd yn y ffotograff (gan adael i'r 'corws' gynnil-awgrymu cyd-destun trasig) cyn cloi â'r cyffelybiaethau ysgytiol gyferbyniol 'fel arwr yn llifolau'r haul,/fel gwybedyn dan flaen cyllell'. Mae'r gerdd nesaf, drist-awgrymog ei theitl, 'Nos Da', yn rhyfeddol. Ceir ynddi gyfrodedd o ddelweddau sy'n cyfleu anwyldeb hyfryd y cwlwm teuluol ac yn rhagargoeli'r golled. Mae'r tad a'r plentyn, er enghraifft, yn 'swatio/yn dynn yn ei gilydd/fel cregyn gleision ar graig', ond mae hynny'n digwydd 'wrth i'r nos dynnu mwslin du/yn haenau dros y traeth', ac ar y môr mae 'golau pell rhyw dancer/yn llonydd fel cannwyll gorff', ac mae i'r stori Dylwyth Teg a adroddir ei chysgodion hefyd. Erbyn i ni gyrraedd y gerdd ddideitl sy'n nawfed yn y gyfres mae'r bardd wedi dal ein dychymyg â'r fath argyhoeddiad fel bod isdestunau trosiadol, teimladol y gerdd ddiriaethol honno yn gwbl eglur. Fel darluniau o golled a siom yr ymatebwn i'r sôn am ddiflaniad y tywod a'r dŵwch ar y creigiau. Ac fe gynhelir momentwm a chyfaredd y dilyniant tan ei ddiwedd.

Pan ddaethom ynghyd fel beirniaid yn gynharach eleni aethom trwy'r cerddi i gyd yn ôl y drefn a roddwyd arnynt gan swyddfa'r Eisteddfod. Yn achos amryw ohonynt cytuno i symud ymlaen heb drafodaeth bellach a wnaethpwyd. Roedd yna ddosbarth arall o gerddi a oedd wedi apelio i ryw fesur at o leiaf un ohonom. Fe roddwyd mwy o sylw i'r rheiny ac rwy'n hyderu bod cryfderau'r beirdd hynny wedi'u cydnabod rywle yn ein beirniadaethau. Byddem yn amrywio yn ein barn ynghylch trefn teilyngdod y cerddi hynny, ond 'doedd hynny ddim o bwys, gan ein bod yn unfryd frwd ein meddyliau mai *CMTRh* a luniodd ddilyniant cofiadwy'r gystadleuaeth. Ac fe drodd y dyfarnu yn drafod gwerthfawrogol wrth i ni fynd trwy'r dilyniant buddugol fesul cerdd a chydedmygu'r bardd a gyffrôdd ein dychymyg ac a gyffyrddodd â'n calonnau. Ein braint yn awr yw cael gwahodd y gynulleidfa genedlaethol i ddarllen y cerddi hardd hyn gyda ni.

Dilyniant o gerddi

TYWOD

i gofio Dafydd a gwyliau Calan Mai

Y tro cynta hwnnw;
y plant yn bistyll lliwgar
ar lwybr y clogwyn
a phejan newydd o dywod
yn barod i'n traed sgwennu straeon.

DRUIDSTON

Unwaith bob blwyddyn,
mi fyddai echel yr haul
yn troi i'r union le.

Mi fyddai pelydryn o olau
yn llithro tros las y Preseli
a heibio i ddirgelwch ynysoedd
i'r fan lle'r oedd hud ar dywod;
i lawr rhwng meini'r clogwyni
at allor o draeth.

Ninnau'n cael ein tynnu yno
at ein cilcyn o ben draw'r byd.

* * *

Roedd yno ardd
a lliain bwrdd o lawnt
lle'r oedd picnic yn agor fel blodyn.

Amdani roedd pedair wal
yn lapio'r haul yn dynn
fel presant i'w agor bob blwyddyn.

* * *

Pen-ôl Newydd

Mae yna wastad jôc
i'n cynnal o wyliau i wyliau.
A 'di jôc ddim yn jôc
heb ben-ôl.

'Di plant ddim yn blant heb bwnio
ac, ar lwybr yr eithin,
mae tin oedolyn
yn llond lle o gigls gwyllt.

'Aw, aw, aw!'
Tithau'n gwneud drama o weiddi.
'Dw i eisio pen-ôl newydd!'

Ac yno,
efo'r gwylanod yn troelli twll du yn yr awyr
a'r haul yn creu sêr yn y tywod gwlyb,
mi wnaed y driniaeth wyrthiol.

Pen-ôl newydd.
A'r plant yn coelio.

*   *   *

Roedd hyd yn oed pêl-droedwyr yn oedi,
pan ddoi'r ceffylau heibio.
Gwylio cyffro'r carnau yn yr ewyn
a gwrando ar ddrymiau'r tywod
yn dilyn, heb allu dal.

Ail-ddechrau cicio –
pêl yn treiglo fel byd
a Pelé a Best ac Eusebio
yn fyw yn llygad tadau.

Lle bu'r genod yn dawnsio
dan gylch gwylanod Rhiannon,
roedd ôl traed Tylwyth Teg.

*   *   *

Tŷ Teletubbies

Dim ond Sais
fasa'n codi tŷ
drwy ei roi dan ddaear.

Mi ymddangosodd yn sydyn,
yn gromlech isel,
fel bwystfil o gynfyd newydd
wedi ymlusgo o'r traeth.

'Tŷ Teletubbies!'

Chwe dipsi'n mentro'n nes . . .
sbecian, hanner troi . . .
yna cam yn troi'n frasgam
a diferion geiriau'n fwrlwm.

Roedd y babi yn yr haul yn gwenu.

Wnaeth y tŷ ddim symud trwy'r dydd;
dim ond y teletybis oedd wedi diflannu
i weld rhyfeddodau newydd
yn enfys y pistyll
a dilyn ôl traed igam-ogam
y tonnau.

Ond roedd yr anghenfil yn dal yno –
un ffenest hirgul yn gwylio
dan amrant o laswellt.
Yn aros
fel ci bwtsiwr.

*   *   *

Mi gest dy ddal am byth
gan gamera mis Mai.
Fflach dy lygaid
gwallt crych, bawd wedi'i godi
a gwên.

Corws o blant tri theulu
yn gwau trwy'i gilydd
a chdithau
fel arwr yn llifolau'r haul,

fel gwybedyn dan flaen cyllell.

* * *

Nos Da

Swatio
yn dynn yn ei gilydd
fel cregyn gleision ar graig.
Y tu allan, roedd y môr yn anadlu'n ddwfn
a'r tywod yn ochneidio
wrth i'r nos dynnu mwslin du
yn haenau dros y traeth.
Roedd golau pell rhyw dancer
yn llonydd fel cannwyll gorff.

'Unwaith,
cyn bod stalwm yn bod,
roedd 'na ddyn ifanc cry'.'
Stwyrian.
'Fel chdi, ia, Dad?'
Rhwbio trwyn,
fel cwningod y clogwyn,
a gwasgu'n ddyfnach i'w gwâl.

'Mi welodd gylch o bobol fychain, bach
yn dawnsio nerth eu sodlau.'
Codi pen.
'Fel ni ar y traeth, ia, Dad?'
Rhwbio llygaid cysglyd
fel tynnu cadach yn ôl ac ymlaen tros ffenest
i'w rhwystro rhag cymylu.

'Mi gamodd i'r cylch
a welodd neb mo'no byth wedyn.'
Roedd amser ei hun wedi hepian.

* * *

Un bore,
roedd y tywod wedi mynd;
ond sut mae esbonio
bod y lleuad fel sgotwr dideimlad
yn tynnu'i lein i mewn a'i gollwng hi allan eto?

Roedd ymylon y creigiau'n ddu;
ond sut mae dweud
am y tafod tywyll
sy'n gadael talpiau o lafoer?

Dim ond aros i'r traeth ymrithio eto
heb grychau'r môr ar ei dalcen
ac i'r tonnau boeri a sgwrio
nes bod y creigiau'n lân.

* * *

Storm

Roedd gwrachod yn y gwrychoedd yn sgrechian
a chrafangu bysedd trwy wallt.

Gwiriondeb oedd mynd am dro
a'r cymylau'n cael eu rhwygo'n rhacs
a'u taflu, fel adar, i bobman.

Roedd y gwifrau'n ffidlwr gwallgo'
a'r gatiau'n ddrymwyr gwyllt.

Plentyn yn rhedeg a'r dibyn yn rhuthro ato.
Dy rybudd yn cael ei gipio fel mwg
i fyny simnai'r gwynt.

Oerfel yn gwasgu'r anadl o ffroenau
a'r traeth wedi'i fygu gan ewyn.

Ond roedd yna chwerthin bochgoch ar ôl yr ofn
pan blygodd yr enfys i lawr
i roi sws ar ein talcenni.

* * *

Chwech yn cwffio'r gwynt i lawr y llwybr
mor ddewr ag arwyr teledu,
mor wargam â hen ddynion.

Roedd y môr yn beiriant ewyn,
fel petai Duw'n trefnu ffair
i blant o wlad y sebon.

Ninnau'n gweld eira'n lluwchio
ar anialwch y tywod
mor annaturiol ag arch mis Ebrill.

*   *   *

LLINELLAU

Awyrennau'n llusgo rhith o rubanau trwy'r awyr.
Llongau'n rhwygo'r môr cyn i'r awel ei bwytho'n ôl.

Dy deirblwydd sionc
yn mwmial dychymyg
wrth droedio'r tywod
a byd yn tyfu o'i gwmpas.

Taflu geiriau i'r pyllau cyfrin,
er mwyn i'r gwymon eu plethu,
a'r cylchoedd yn lledu am byth.

Cerrig a chregyn, hen botel bop . . .
a thraed yn atalnodi chwedlau'r traeth.

Mi awn ni yno eto i dy gerdded yn ôl i fod.

*   *   *

Yr hen, hen lun;
codi llond dwrn cyn agor cledr y llaw
a'r tywod yn treiglo trwy'r bysedd.

Ond mi ddaeth gwawdiwr o wynt
fel bwli anystywallt
a'i chwythu'n sydyn i'n llygaid.

*   *   *

Argae

'Doedd y boi gododd Claerwen ddim ynddi –
mi oedd eisiau gwyddoniaeth go iawn
i ddal y nant yn ôl.

Gosod cerrig gofalus
i gydio'n dynn yn ei gilydd
fel chwaraewyr Man U (a Lerpwl)
yn barod am ffrî cic.
Gwthio'r tywod i'r cilfachau
fel sibrwd cyfrinachau mewn clust.

Ffiseg broc môr
a pheirianneg sifil y gwymon
yn creu cadernid
am chydig
cyn i'r llanw ddod
â'i ddistryw o'r cyfeiriad arall.

Mi godwn argae hebot.
Mi arhoswn ni i weld y nant yn gwthio i'r bylchau
a'r tywod yn dechrau gwegian.

Gronynnau'n treiglo fel meini.

*   *   *

Mae pawb yn gwybod
pa mor ddideimlad 'di'r môr.

Mi sgwennaist dy enw'n ofalus ar y traeth
ond mi ddaeth yntau heibio
efo'i gadach gwlyb.

Ein lluniau ohonot yn bentwr ar linell penllanw,
yr halen wedi cnoi eu hymylon
a llosgi twll yn eu canol.

Ond pan fydd y traed yn trydar
a geiriau'n gweu yn ei gilydd,
mi fydd cylchoedd yr enfys
yn heulogram dan y pistyll
a chdithau yn eu canol,
yn codi bawd.

CMTRh

Englyn unodl union: Trothwy

BEIRNIADAETH DONALD EVANS

Cerdd fer yw'r englyn unodl union. Dangoswyd hynny'n ddigamsyniol inni gan feirdd yr adfywiad cynganeddol yn ystod y deng mlynedd ar hugain diwethaf. Felly, bellach, disgwylir, o fewn cwmpawd bychan y mesur yma, y nodweddion sylfaenol hynny sy'n perthyn i bob ffurf a math o farddoniaeth o bwys yn gyffredinol: gweledigaeth gyflawn a fynegir yn gyrhaeddgar wreiddiol yn hytrach na diffiniad gogleisiol gryno o'i destun yn unig. Ac mae'n hyfrydwch datgan i oreuon y gystadleuaeth hon lwyr fodloni'r disgwyliadau uchod. Ymatebodd nifer o'r englynwyr yn greadigol, sensitif a dychmygus i apêl ddiamheuaeth y testun. Derbyniwyd 47 o englynion, ac fe'u rhennir, yn ôl eu safon, yn dri dosbarth.

DOSBARTH III

Yn nhrefn yr wyddor: *Afon Wen, Ail Fyw, Alaw, Dewi, Etifedd Garmon, Henaint, Hen ŵr* (pum englyn gwallus eu hiaith a'u cynghanedd), *Medd yw'r môr i mi, Milflwydd, Nant y Grug, Rhys, T-34, Tan y bronnydd.* Diffyg gweledigaeth, neu'r anallu i'w mynegi'n glir a bachog wedi'i chael yw prif wendidau'r englynwyr hyn. Mae englyn *Rhys*, er enghraifft, yn nodweddiadol iawn o natur gwelediad a mynegiant y dosbarth hwn yn gyffredinol:

> Dros dro cyffur a'm cysura, – ei nerth
> A'i nwyd a'm hymlacia,
> Ond daw moddion digon da
> I ffrwyno'n sgitsoffrenia.

DOSBARTH II

Yn nhrefn yr wyddor: *Alltud, Ap Bob, Bethel, Cilmyn-droed-ddu, Credaf, Dei Ti, Edifeiriol, Elidir, Ester Ffynnon-oer, Guto, Gwenno, Gwndwn Bach, Non, O'r Galon, Owain Glyndŵr, Siôn, Wil bach, Y Mab Hynaf, Yma o hyd, Zen yn ei ben, 2000.* Mae 'na lawer mwy o rin barddoniaeth i olygwedd ac arddull yr englynwyr hyn. Ond y drwg yw na chynhelir mo hynny dros grynswth yr englynion. Mae 'na ryw nam mynegiant fan yma, rhyw fefl o ymadrodd fan draw, neu ryw linell anghymwys rywle arall yn amharu ar eu cyfanwaith o hyd, ac o ganlyniad yn eu cadw rhag esgyn i'r dosbarth cyntaf. Gellir dyfynnu englynion *Guto* a *Wil bach*, yn y drefn yna, fel enghreifftiau cynrychioliadol o'r hyn a olygir. Maent yn englynion go effeithiol ar y cyfan, ond sbwylir eu cyfandod gan ddewis anffodus o eiryn neu ddau, ynghyd â'r un math o afrwyddineb acen a geir yn llinell olaf y ddau fel ei gilydd:

O raid yn oed direidi awn drosto'n
Ddi-drwst i addoli,
Yn hen ŵr o na chawn i
Y gras eto i'w groesi.

A'r daith wedi dod i'w heithaf – yn ddwys
Wrth y ddôr ystyriaf;
Erfyn fy nerbyn a wnaf,
Mae dau'n disgwyl amdanaf.

DOSBARTH I

Yn nhrefn teilyngod: 9. *Morus*, 8. *Y Tao*, 7. *Eiddil*, 6. *Wnion*, 5. *Y Gwalch*, 4. *Gethin*, 3. *Hywel*, 2. *Ôl Hoelion*, 1. *Grosni*. Mae'r naw englynwr hyn yn haeddu eu lle ar y brig am iddynt lwyddo i gynnal eu myfyrdod yn awenus ddilthriad, i bob pwrpas, drwy gydol eu cynhyrchion:

Daw robin am dro heibio – a'i osgo'n
Betrusgar wrth glosio
Ar ei ddwygoes am groeso
O law Nain hyd ei lain o.

Morus

Cryfder yr englyn syml hwn yw ei naws o anwyldeb, naws a gyfleir yn berffaith drwy gyfrwng un frawddeg o gynghanedd naturiol agosatom.

Yn ysgafn rwyf yn disgyn i ennyd
wahanol ddiderfyn,
heb hyd na lled, ond wedyn,
mor hir a marw ei hun.

Y Tao

Englyn yn mynegi'r profiad o gyrraedd cytgord â'r Tragwyddol, fel y'i dysgir gan un o hen grefyddau Tsieina, mewn dull cofiadwy.

Wyf Iddew na all faddau, sy'n dychwel
i sŵn Dachau, weithiau,
gan glywed ruo'r cledrau –
un cam, ac mae'r drws yn cau.

Eiddil

Englyn yn arwain yn bwerus at foelni clepiog ei hunllef o linell olaf. 'gan glywed rhuo' sy'n gywir wrth gwrs, ni threiglir gwrthrych berfenw fel yn y fan yma, ond rhaid oedd ceisio osgoi'r fath gyfuniad er mwyn gofynion y lusg o gyswllt.

Y mae gris yma i'w groesi, un a fu
mor fach cyn eleni,
ond â dod dy ddeunaw di
hwn yw gris y goroesi.

Wnion

Cynganeddwyd y ddeuoliaeth dyner anorfod sydd yma yn gelfydd iawn o ailadroddol.

Un cam yn unig gymer i'w groesi
A chawn groeso tyner,
Ond i walch dan fawd balchder,
Y daith sy'n ormod o her.

Y Gwalch

Englyn o groestynnu llwythog sy'n esgor ar benderfyniad a gyfleir yn gynnil o baradocsaidd gan draws fantach y llinell olaf.

Ar ris islaw'r gair 'CROESO' yn y stryd
Gwelais dramp yn sgwatio,
Er bod un hen ŵr heb do
O'n bocs gwell peidio becsio.

Gethin

Englyn yn ymdrin â phroblem gymdeithasol ddybryd mewn modd bwriadol o wamal grafog.

Mae'r drysau ar gau i gyd yn ei chwm,
ond i'w chof am ennyd
mae dôr ar agor o hyd
i'w chalon gael dychwelyd.

Hywel

Deillia cryfder yr englyn hwn o'r dull syml gyfareddol y cynganeddwyd ei sylwedd, dull trawiadol o adnewyddu hen ddeunydd calon-gynnes.

Cariad o hyd sy'n curo – mewn dryswch:
Mae'n drysau'n ddi-ildio;
Ail groes yw'r diffyg croeso,
Gwahanglwyf yw clwyf pob clo.

Ôl Hoelion

Mae sylwedd a nerth yr englyn hwn yn atgoffa dyn am englyn gwych Llwyd Williams gyda'r teitl 'Wele yr wyf yn sefyll, wrth y drws':

Meddyg ein dolur sy'n curo – â llaw
Hwnt i'r llen sy ganddo;
Ni all y drws ambell dro
Ddirnad pa ddwrn sydd arno.

Hefyd, yn dwyn i gof beintiad enwog William Holman Hunt, *Goleuni'r Byd,* o Grist yn curo wrth ddrws drysïog y galon ddynol. Lleisir penbleth a thaerineb y cariad dwyfol yn gadarn yn y paladr, ac mae empathi'r drydedd linell a menter yr olaf yn briodoleddau i'w hedmygu.

Grosni a gafodd y weledigaeth fwyaf gwreiddiol o ddigon, ac fe'i mynegodd ag un arswyd syfrdanol o ddelwedd sy'n corffori awgrymusedd enbyd ynglŷn â chwrs y Mileniwm newydd. Mewn cystadleuaeth wydn, mae englynion y dosbarth cyntaf i gyd, fwy neu lai, o ansawdd teilyngdod, ond ei englyn ef, ar gorn ei gyfoesedd ysgytiol, yw'r englyn sy'n creu'r argraff rymusaf. Gwobrwyer *Grosni.*

Yr Englyn

TROTHWY

Er agor i ni ddorau, – er yr heip
A'r holl addunedau,
Ni wnaeth yr un mat lanhau
Y gwaed sydd ar ein 'sgidiau.

Grosni

Englyn digri: Sgorio

BEIRNIADAETH EUROS JONES EVANS

Y mae tri ar hugain o englynwyr wedi taclo'r englyn digri eleni. Chwarae teg iddynt am ddehongli'r testun mewn ffyrdd diddorol ac ar yr un pryd am geisio ymgorffori'r nodweddion hynny a bair inni chwerthin. Fel y disgwylid, cyfeirio at sefyllfaoedd a digwyddiadau digrif o sgorio neu fethu sgorio ym myd chwaraeon a wna'r rhan fwyaf. Caiff eraill bleser yn datgelu cyfrinachau sgorio ym myd caru tra llwydda un neu ddau i gyfuno'r ddeubeth yn gynilgraff iawn yn eu henglynion. Rhoddir sylw i'r rhaglen deledu o'r un enw ac nid yw'r Cynulliad ym Mae Caerdydd wedi osgoi cael ergyd ychwaith.

Y mae englynion y beirdd canlynol yn perthyn i ddosbarth y rhai a droseddodd trwy gamsefyll yn gynganeddol a gramadegol. Nid oes un ohonynt yn anobeithiol ond fe fyddai'n fanteisiol iddynt fireinio'r sgiliau technegol sylfaenol yn fuan os ydynt am ddatblygu'n englynwyr o fri.

Er bod gan *Roma* y gymhariaeth fwyaf llachar yn y gystadleuaeth '. . . wnâi Baggio/Fel bydji yn pincio' y mae llinell gyntaf a thrydedd linell ei englyn yn wallus. Ceir cyfeiriad ornitholegol hefyd yn englyn *Dros y Lleuad* . . . .'y parot a'i chwdiad'; ond chwithig braidd yw'r cyfieithiad hwn o'r priod-ddull Seisnig. Fodd bynnag, 'nid erys' sy'n gywir ac nid 'ni erys'. Yn englyn *Y Parch. Claude R. Breeh* ceir proest i'r odl yn y llinell olaf. Cais *Proton* gymharu sgiliau pêl-droedwyr yr Eidal â sgiliau carwriaethol Amanda. Englyn da ond ofnaf iddo droseddu yn y llinell olaf gan fod 'handi' ac 'Amanda' yn proestio. Ceir gormod o sŵn 'a' yn y llinell hon hefyd. Y mae gweld oedolyn yn cicio pêl at bostyn yn atgas gan *Brython*. Trueni ei fod wedi ateb y 'b' yn y gair cyrch efo 'p' yn yr ail linell. Byddai 'cicio'i bêl' wedi bod yn gywir. Doniol iawn yw'r sgôr a rydd *Gŵr Hanna* am y merched y bu'n eu caru ond rhaid ei gosbi am beidio ag ateb yr 'f' yn y gair cyrch yn yr ail linell. Trueni hefyd na fyddai wedi defnyddio'r ffurf amodol 'fyddai' yn yr ail linell.

Oni bai am y gwall iaith 'ni oedais' yn y drydedd linell yn englyn *Minnau'n Moni*, byddwn wedi'i osod mewn dosbarth uwch. Y mae *Goganweddus* yn dechrau'n addawol ond ceir y bai trwm ac ysgafn pan odla 'pêl' a 'ffarwél.' Anffodus yw 'gormesol' yn ail linell englyn *M. Owen*. Byddai ansoddair megis 'dewinol' wedi bod yn fwy priodol. Gyda llaw, gair benywaidd yw tyrfa.

Rhaid dangos y garden felen i'r ddau englynwr canlynol oherwydd y mae ganddynt rai o'r englynion digrifaf yn y gystadleuaeth sy'n haeddu eu lle yn y dosbarth uchaf. Mae'n amlwg eu bod yn englynwyr profiadol ond oherwydd esgeulustod llithrasant yn annisgwyl. Dylai'r *action replay* canlynol fod yn wers iddynt.Trosedda *Brawd Wmffra* yn y drydedd linell lle ceir proest lafarog. Byddai cynnwys 'ef' yn lle 'e' wedi'i gadw ar dir y chwarae:

Dim sgôr, a ni'r tîm gora – yn y mwd
Yn dal mas, ond Wmffra
(Ladda i e!) – 'own goal' dda
Myn diawl y munud ola.

Yr un mor ddigri yw *Hôl in Wan* ond sylwer nad yw wedi ateb yr 'r' yn y gair cyrch:

Rwy'n hoffi sôn am Sioned, – yr orau
A gerais o'r merched,
Yn wir, gwnawn ei hystyried
Yn siwt sbri'n isi tw sbred!

Caiff *Un o'r Llewod* y garden goch. Y mae ganddo englyn crafog campus ac amserol sy'n dwyn gwên i'm hwyneb wrth feddwl am yr holl gawdel a gyflawnwyd yn ystod misoedd cyntaf y Cynulliad ond y mae'n cynnwys dwy gynghanedd lusg yn ei englyn – camsefyll cynganeddol os bu un erioed!

Ymryson â thîm Toni – y buom
Yn y Bae heb sgori
Yr un gôl; roedd eu goli
Yr un un â'n blaenwr ni.

Barnaf fod yr englynion canlynol, er eu bod yn dechnegol gywir, yn perthyn i ddosbarth y rhai a fethodd groesi'r llinell fantais oherwydd iddynt fethu llunio englyn cyfan yn effeithiol neu oherwydd diffyg digrifwch.

Cefais hwyl fawr wrth ddarllen englyn *Gerallt* oherwydd bod y cynganeddu mor ysmala o syml:

Roedd sôn am Nic yn cicio – a'i ateb
O'r smotyn yn rhwydo;
Sefyll wnaeth Nev a safio,
Aeth Nic wedi'r gic o'i go!

Englyn sy'n llawn dirgelwch mewn mwy nag un ystyr, yw'r un gan *Ifan*. Gresyn ei fod wedi newid amser y ferf o fewn yr englyn. Ceir paladr tra digri gan *Y Don* ond difethir yr englyn gan ei ymgais i arbrofi â'r odl yn y drydedd linell. Y mae *T 34* wedi arbrofi â'r odl ymhob llinell ond er y clyfrwch hwn y mae'r englyn yn hollol amhersain. Tybiaf mai Meuryn Talwrn y Beirdd sy'n ymsona yn englyn *Gerallt.* Gan mai braidd yn aneglur yw'r llinell gyntaf rhaid oedi i ddeall y cynnwys yn iawn. Englyn synhwyrol da sydd gan *Man Unol* ond y mae'n brin iawn o hiwmor. Dengys y ffugenw *Eilun Mam* y syniad sydd yn ei englyn. Cloff yw symudiad y drydedd linell a dylai fod wedi cynnwys dyfynodau yn y llinell olaf. Ymgais i gyfuno y sgoriwr pêl-droed a sgoriwr fel carwr sydd yn englyn *Breuddwydiwr* ond andwyir rhediad yr englyn gan y geiriau llanw 'petai ots' yn y drydedd linell. Ffred firws sy'n sgorio trwy basio firws o geg i geg rhwng cariadon yn englyn *Ff. liw.* Prin yw'r hiwmor sydd yma, a pham cyfenwi'r firws yn Ffred?

Perthyn yr englynion nesaf i'r rhai a ddaeth o fewn trwch blewyn i groesi'r llinell gais. Hoffwn eu dyfynnu'n llawn:

George Best:

Mynnaf fod imi anel – iach o hyd
wrth ei chodi'n uchel
ger y bocs, cyn gyrru'r bêl
yn deg i dwll diogel!

Englyn sydd yn rhaid inni fod yn ofalus ynglŷn â'r hyn a awgryma! Gwir hiwmor yr englyn hwn yw ymffrost y chwaraewr yn y sgìl sydd ganddo i sgorio ond a yw 'yn deg' yn cyfleu union ergyd y sgorio?

Tomos:

Bob nos Lun anghytuno – wna y wraig
A rhegi a bloeddio
'N flin a chwyrn fel un o'i cho':
Un ai 'sgariad' neu 'sgorio'!

Y sefyllfa yn ei gartref yw pa raglen i'w gwylio ar y teledu bob nos Lun. Trueni mai ''N' a geir ar ddechrau'r drydedd linell. Yn fy marn i gellid ei chryfhau fel hyn: 'Yn flin chwyrn fel un o'i cho'.

Bob Jôs:

Er iasol lwydd y trosi – a strydoedd
Y Strade'n clodfori,
Y sôn yw mai fy nghais i
A enilla'n Llanelli.

Y mae hwn yn llinach y llu englynwyr hynny a gaiff hwyl wrth ymffrostio yn eu gorchest eu hunain. Englyn ysgafn yn hytrach nag englyn digri sydd ganddo.

Beckham:

Maen nhw'n wael; ar y gwaelod, – mae hi'n *nil*
Ar Tîm Ni yn wastod,
Ond o bawb, rhaid dweud eu bod
Yn Fan U am fenywod.

Y mae 'Ar Tîm Ni' yn yr ail linell yn chwithig braidd ond hoffaf y cyferbyniad rhwng methiant y tîm i sgorio ar y cae ond y gallu i sgorio gyda merched.

Mêts:

Ni allwn fyw'n Llanelli – heb y bêl
Heb y bàs a'r gweiddi;
Dewch i weld Gravel 'dy fi
Ein dau'n ein crysau'n croesi.

Tair llinell dda iawn â'r drydedd yn wych ond heb lwyddo yn y llinell olaf i gyfleu yr hyn a ddymuna mewn gwirionedd. Ond rydyn ni'n cyrraedd y dosbarth o englynion a sgoriodd yng ngolwg y beirniad a hynny'n bennaf oherwydd eu clyfrwch awenyddol a slicrwydd mynegiant a barodd imi chwerthin fwy neu lai ar y darlleniad cyntaf.

Y HI:

Mater galw comiti, – bai y tîm!
Fel bod heb r'un goli,
A thrin pêl fo'n werth r'un pi
I'r rheolwr o wali.

Methiant tîm i sgorio yw byrdwn yr englyn hwn a chanlyniadau hynny. Llwyddodd i gyfleu holl ddrama C'mon Midffîld mewn pedair llinell.

One-nil:

Roedd hi'n dal a gwargaled, – er hynny
Yr o'wn i'n ymddiried
Yn hon, yr unig *red-head*
I orffwys ar fy arffed.

Yr un awdur â *Hôl in Wan.* Unwaith eto ymhyfryda yn ei orchest garwriaethol. Y mae'n rhaid fod ganddo arffed go gadarn i ddal hon!

Y Capten:

I'r twll tywodlyd o'r tî – aeth y bêl
Yn syth bin, mae'n biti
Yn lle siec enillais i
O bawb y blincin bwbi.

Yr unig gystadleuydd i droi i fyd golff am ei ysbrydoliaeth. Cadw'r sgôr i lawr yw'r gamp yn y gêm rwystredig hon. Ni hoffwn ddyfalu beth oedd ei sgôr ar derfyn ei rownd ond yn ddiau bu'n ergyd i'w ego fel Capten. Dyma englyn sy'n sicr o ddiddori cwmni dethol wrth y pedwerydd twll ar bymtheg.

Cas:

Fe dynnais ar reddfau dynol, – a'i gwadd
I sedd gefn y 'Vauxhall',
A bu rhawd ysfa gnawdol;
Ac fel petai, sgoriais gôl.

Cyflea ei ddiddanwch caru yn ddiamwys a gonest ac y mae'r llinell olaf yn ogleisiol glyfar. Serch hynny, tueddaf i feddwl ei fod yn gorddefnyddio'r cysylltair 'a/ac' yn yr englyn.

Viagra:

I gae gwyrdd fe âi'n ei go' – i redeg
at rwyd gan ergydio,
yna â'i ffon fe aiff o
i'w gae sgwâr . . . ac i sgorio.

Y mae rhyw amwysedd yn y gair 'ffon' ond hoffwn feddwl mai rhyw Lywarch Hen yr unfed ganrif ar hugain sy'n llefaru yma. Yn gynnil gynnil awgrymir fel y mae'n dyheu am gae gwyrdd ei ieuenctid ond er ei fod bellach yn dibynnu ar ei ffon, y mae ganddo ddigon o nerth i sgorio mewn ffordd arall, sef yn y cae sgwâr – y gwely – yn iaith lafar y Gogledd.

Ryciwr:

Sgoriais y cais o'r ceisie, – un o bàs
Aeth heb weld y Strade
A chyrraedd anterth chware
Yn y brwyn ger traeth Pen-bre.

Englyn doniol iawn sydd yn ein harwain i feddwl yn gyntaf mai cyfeiriad at gais rygbi sydd yma ond yn araf dadlennir mai cais arall sydd ganddo mewn golwg a hwnnw rhwng y brwyn ger traeth Pen-bre. Llwyddodd i gyfuno'r ddau fath o sgorio yn synhwyrgraff iawn. Fodd bynnag, gall ystyr yr ail linell fod yn aneglur i rai ar y darlleniad cyntaf. Ond erys un sy'n rhagori arno. Eiddo *Gazza.*

Mae'n debyg mai'r gôl orau yw honno a ergydir o ddeg llath ar hugain ac sy'n disgyn yn sydyn wrth gyrraedd ceg y rhwyd. Mewn deg sillaf ar hugain mae *Gazza* yn crynhoi holl ystumiau chwaraewyr ar ôl sgorio gôl yn gofiadwy iawn. Englyn â naws beirniadol sy'n cychwyn yn go ddifrifol ond yn graddol gyrraedd uchafbwynt ei hiwmor yn ffurf lafar y gair olaf un, sef 'lapswcho'. Y mae'r ferf hon yn cyferbynnu'n wych â'r cofleidio a geir yn y llinell gyntaf. Disgrifiad penigamp yw hwnnw o chwaraewyr yn 'cicio awyr iach i rwyd' ar ôl sgorio. Efallai y bydd rhai purwyr ieithyddol yn amau'r ffurf ''Dwi'm' ond y mae amrywiaeth ffurfiau llafar person cyntaf yr Amser Presennol mor lluosog bellach fel ei bod yn rhaid inni ei dderbyn. Dyma englyn y gall unrhyw sylwebydd ei ddyfynnu wrth ddisgrifio'r fath olygfa ar gae pêl-droed yn y dyfodol. Dyfarnaf y wobr iddo.

Yr Englyn Digri

SGORIO

Oes raid yr holl gofleidio – am un gôl?
'Dwi'm yn gweld fod cicio
Awyr iach i rwyd bob tro
Yn achos i lapswcho.

Gazza

Soned: Gwenllian

BEIRNIADAETH EINIR JONES

Yn gyntaf, diolch yn fawr i bawb am gystadlu. Cefais y fraint o ddarllen tair ar ddeg o sonedau amrywiol. 'Doedd dim un ohonynt yn wael affwysol, ac roedd pob cystadleuydd yn gyfarwydd â ffurf a rheolau'r soned, peth digon calonogol i rywun. Cefais ddarllen tair ar ddeg o sonedau rheolaidd a phob un yn Shakespearaidd ei ffurf ond am yr un a ysgrifennwyd ar ddull Petrarch, gydag wythawd wedi ei rannu yn ddau bennill o bedwar, a chwechawd cyffelyb oedd yn hepgor y cwpled clo. Ychydig eiriau am bob cystadleuydd felly. Mae gen i ddau ddosbarth.

DOSBARTH II

Yn y dosbarth hwn rwy'n gosod *Cadwal, Gruffydd, Brynawel, Bilo, Sempringham, Parcybradlon, Viva Angharad!, Lorenso* a *Gwarhelyg.*

Cadwal: Soned reolaidd yn gywir hollol o ran ffurf sydd ganddo. Mae'r bardd hwn yn teimlo bod angen cadw darn o Gymreictod, cornel fach o ddaear, yn saff rhag rhaib ymwelwyr a mewnfudwyr. Mae'n gallu uniaethu â Gwenllian a fwriodd ei hun i'r frwydr ger Cydweli er mwyn achub ei bro.

Gruffydd: Soned reolaidd eto yn edrych ar yr ardal lle bu'r ymladd gynt ac yn cysylltu lliwiau'r wawr gyda'r gwaed a gollwyd. Mae'n sôn am afon Gwendraeth Fach a thraeth Cydweli fel un sy'n gwybod am y mannau hynny, ac mae'r presennol yn ei arwain yn ôl at y wraig a gollodd ei heinioes wrth geisio achub ei thraddodiad.

Brynawel: Soned reolaidd eto, a throednodiadau yn esbonio mai'r Gwenllian yma yw'r un a gludwyd ymaith i Sempringham, sef merch Llywelyn ein Llyw Olaf. Stori bywyd y dywysoges drist hon a geir yma wedi ei gofnodi mewn soned reolaidd. Rwy'n teimlo bod y bardd hwn wedi gweithio'n galed gyda'i fesur, ac ar adegau, er bod rhif y sillafau a'r curiadau yn berffaith gywir, mae'r farddoniaeth yn mynd i rywle wrth i'r grefft ddod i'r wyneb. Mae ambell ansoddair yn dod lle na ddylai. Ond ymgais deg i ddweud stori drist, ac mae yma ambell dinc da.

Bilo: Soned afreolaidd (anfwriadol efallai) yn rhoi disgrifiad i ni o ymweliad â chaer Cydweli gyda hanesydd lleol yn esbonio tactegau ymladd gynt. Mae'r bardd yn teimlo breuder bywyd dynol o'i gymharu â chleddyfau a fu unwaith yn darnio pobl yn yr ardal sydd bellach yn dawel a di-stŵr. Rwy'n teimlo mai'r mesur yw'r meistr er hynny yn y gerdd hon, a bod y gwaith yn gywir ond yn cael trafferth i gadw ei hunan felly.

Sempringham: Mae syniadau'r sonedwr rheolaidd hwn yn rhai da. Trafod Gwenllian ferch y Llyw Olaf y mae, a sôn am y ffordd y dygwyd gobaith Gwynedd i ffwrdd i berfeddion Lloegr. Mae'n amlwg i'r bardd fynd yno hefyd a gweld y maen coffa. Cerdd ddigon graenus gyda chyffyrddiadau da, ac mae'r gwaith yn rhedeg yn esmwyth.

Parcybradlon: Soned reolaidd yn dweud yr hanes am frwydr enwog Gwenllian ar ei maes ger Cydweli a gawn ni yma. 'Does dim dau nad yw'r bardd wedi darllen yr holl ffeithiau hanesyddol, a chawn enwau de Londres a'r Cantref Mawr, ynghyd â chatalog o brif ddigwyddiadau'r drin. Mae'r bardd hefyd yn dweud wrthym bod ysbryd Gwenllian wedi anadlu arnom i gynnal ein hysbryd ni heddiw.

Viva Angharad!: Dyma ni gyda Gwenllian y de eto yn y soned reolaidd hon; cerdd o fawl yw hi i'r arwres a roddodd bopeth dros ei gwlad. Mae'r bardd yn edrych allan ar y maes lle bu'r frwydr gynt ac yn gweld nad oes olion o ddim yno heddiw, ond mae'n gobeithio i ni fel cenedl gael blasu hwrdd o wroldeb y wraig o'r dyddiau fu.

Lorenso: Soned Betrarchaidd sydd gan y bardd yma, ac mae'n hepgor yr hen ddull o gwpled clo gan ddewis yn hytrach ffordd wahanol o odli'r chwechawd. 'Does gen i ddim yn erbyn peth felly os yw'r peth terfynol yn ychwanegu at y farddoniaeth, ond mae gen i deimlad mai'r mecanics o ffurfio soned sydd bwysicaf i'r bardd hwn ac nid y testun na'r farddoniaeth sydd ynghlwm wrtho. Mae ganddo syniadau da ar y dechrau wrth drafod y gannwyll denau yn oerni cell Sempringham, a thrueni na fyddai wedi cadw ymlaen fel hyn.

Gwarhelyg: Mae'r bardd hwn yn ei soned reolaidd yn hoffi defnyddio hen eiriau fel 'erch' a 'gyflafan', ac mae ef eto yn nodi yn ffeithiol ddigwyddiadau'r frwydr ar Faes Gwenllian. Mae'r ffeithiau'n gywir, 'does dim dowt, ond mae'r fflach ryfedd honno a elwir yn farddoniaeth yn cuddio tu ôl i'r traethu hanesyddol mewn sawl man yn y gerdd. Soned hollol gywir o ran ffurf er hynny.

DOSBARTH I

Mae pedair soned yn dod i'r dosbarth yma sef rhai *Rhianell, Mam, Pererin* a *Sianw.*

Rhianell: Un o'r enghreifftiau prin o gerdd heb ei theipio yw cerdd *Rhianell,* ond mae'r llawysgrifen yn hardd a chlir ac yn ddigon hawdd ei deall. Nid felly'r cynnwys, a bu'n rhaid i mi ailddarllen i weld yr ergyd. Yma cawn ymson Gwenllian wrth iddi roi ei dillad sidan o'r neilltu a phenderfynu ymladd gan nad yw ei gŵr gartref. Yna cawn wir *volta,* lle mae'r teithiwr heddiw yn dod ymlaen gan daflu cipolwg dros y daflen sgleiniog cyn llygadu'r cymylau sy'n bygwth ei bicnic. Cerdd sy'n gwneud i chi feddwl yw hon, ac mae'n edrych ar y testun o ochr ac ongl wahanol. Diddorol.

Pererin: Mae'r bardd hwn yn defnyddio delweddau o goed i ddweud stori Gwenllian; hi yw'r ffawydd o gwmwd Caeo, y tresi aur, yr yw a'r ynn, ac erbyn y diwedd mae rhuddin y derw Celtaidd yn ei gwaed. Mae'r ddelwedd yn cael ei chario'n dda trwy'r gerdd gyflawn, ac mae'r bardd hwn yn feistr ar ei grefft, ac mae wedi llunio'r gerdd yn y fath ffordd fel nad yw rhywun yn ymwybodol o'r odlau. Llun da o Wenllian, yr arwres a roddodd ei chwbwl dros ei gwlad.

Mam: Ceir yma dair Gwenllian, y wraig filwriaethus ar draeth Cydweli, y lleian dragwyddol oddefgar, a merch y bardd ei hun a enwyd ganddi yn Gwenllian, hon dyfodd i fod yn 'flonden ddel, ddi-hid heb wybod poen cenhedlu ym mlwyddyn gwarth', sef blwyddyn Cymru'n gwrthod yn y Refferendwm. Mae iaith y bardd yma o wraig – siŵr o fod – yn fyw a chyfoes. 'Does dim gwahaniaeth ganddi regi, ac mae'n gwneud hynny'n ddoniol ac effeithiol. Mae'r soned reolaidd yn llifo'r rhwydd ac yn rhydd ac mae'r grefft wedi ei chuddio gan y cynnwys. Mae'r fam yma'n brotestwraig wrth reddf, yn gwybod am hanes Cymru, yn wraig sy'n gwybod ei meddwl ei hun, yn greadures graff ddywedwn i, ac fe enwodd ei merch yn y gobaith y byddai ei phlentyn yn rhydd. Cerdd dda a gafaelgar.

Sianw: Roeddwn i'n hoffi'r neges sydd yng ngherdd *Sianw* o'r darlleniad cyntaf; mae'n adeiladu i fyny tua'r cwpled clo effeithiol. Rwy'n siŵr mai soned reolaidd yw hi i fod, ond mae dwy linell yn amrywio oddi wrth y patrwm degsill, efallai oherwydd gwallau teipio – wn i ddim – ac felly 'dyw hi ddim yn gywir, mwya'r piti. Trafod Gwenllian Sempringham mae hi gan ei darlunio'n gwrando yn ei chell am iaith ei gwlad ei hun, a breuddwydio yno am olau'r lloer ar draethau Cymru. Mae'r ddwy linell olaf yn arbennig o effeithiol:

> Ond er dy holl drueni, hyn sydd waeth
> Ein bod ni'n gwybod ac yn dal yn gaeth.

Wel, dyna fi wedi trafod pawb, yn deg gobeithio. Pwy sy'n mynd i gael y canpunt? Wedi darllen ac ailddarllen, rwyf wedi dyfarnu o blaid y wraig fodern gyda'i 'phatshyn adfer hormons'. Pob hwyl i *Mam* ar ei soneda.

Y Soned

GWENLLIAN

Dewisaf di yn batrwm: ti a'th waed
A liwiodd draeth Cydweli oesau'n ôl,
A glynu wnei'n y cof – y patrwm gaed
O'n holl ymladdwyr: heriol, marw, ffôl.
Neu a ddewisaf di, yn ddiffrwyth gremp,
Lleian dragwyddol Cymru, yr olaf un;
Yn glynu'n ein hymwybod trwy bob rhemp,
A'th enw'n fratiaith yn dy enau d'hun?
Dim diawl o berig! Ti sy'n sticio i 'nghroen
Fel patchyn adfer hormons fu ar drai;
Ti'r flonden ddel, ddi-hid, heb wybod poen
Cenhedlu ym mlwyddyn gwarth, heb ddeall bai.
Fi roth dy enw, mewn gobaith am well dydd;
Ti a'i meddiannodd – ac yr wyt ti'n rhydd.

Mam

Baled: Baled Parc y Strade

BEIRNIADAETH MEREDYDD EVANS

Yn nyddiau y baledwyr ffair a marchnad roedd i'r gair 'baled' ystyr eang iawn, ond erbyn hyn, yn arbennig mewn cyd-destun eisteddfodol, fe'i cyfyngwyd i gerdd sy'n adrodd stori o ryw fath. Yn achos y gystadleuaeth hon caed dwy gerdd yn adrodd stori Parc y Strade fel cae chwarae ac un arall yn disgrifio buddugoliaeth Llanelli dros Seland Newydd yn 1972. 'Does fawr ddim cyffro na gwefr yn unrhyw un ohonynt; o ganlyniad mae'r gystadleuaeth yn un siomedig eithr nid yn gwbl ddiffrwyth chwaith.

Un o'r Dorf: Canoli ar ddisgrifio un gêm a wna ef ac amcanodd at gerdd i'w chanu. Mesur 'Y Mochyn Du' sydd yn ei feddwl gyda'r pennill cyntaf, ynghyd â'r cytgan, yn pyncio'n esmwyth ond herciog ryfeddol, ac afreolaidd yw sawl un o'r rhai dilynol. Wele enghraifft:

> Y ddau dîm fawr o gyfeillion
> Stêm sosban i'r ymylon
> Mae 'na gyffro ar y maes
> Burgess aeth dros y llinell gais.

Ymdeimlir â pheth cyffro yma ac acw and nid digon hynny i achub y gerdd. Mae'r iaith yn ddiffygiol ar brydiau.

Mat y Cardi: Gellid canu hon yn hawdd gan fod y mydryddu yn llyfn a rheolaidd. Mae hefyd yn agor a chloi yn ôl arfer y baledwyr ffair ond nid oes ynddi ddim sy'n cynhyrfu dyn – dim byd tebyg i'r hyn a geir yn nisgrifiad gwefreiddiol Cynan o'r gêm rygbi honno ar ddiwedd 'Y Dyrfa'. Nid oes dim o'i le yn y faled dan sylw ond nid yw'n ddisglair chwaith. Derbyniol eithr nid ysgytwol ar unrhyw adeg.

Cefneithin: Fel gyda'r gerdd flaenorol cawn yma eto ganu am hanes maes chwarae'r Strade ond gyda mwy a fanylder o gryn dipyn. Canolir sylw yn arbennig ar rai o arwyr y gorffennol a'r medrau a berthynai iddynt. Defnyddir addasiad o fesur traddodiadol (tri chlymiad awdl-gywydd) yn llwyddiannus ddigon, er nad yw'r odlau mewnol yn taro deuddeg yn ddieithriad, ac y mae'r glendid ieithwedd yn ganmoladwy. Eithr ar brydiau ceir geiriau chwithig. Er enghraifft, dywedir am un 'blaenwr esgud' ei fod, ar dro, yn chwarae: 'Gan "alw marc" celfyddyd'. Rhaid mai gofynion odl a droes 'celfydd' yn 'celfyddyd'. Ni welaf unrhyw synnwyr yn yr ail ffurf. Yna, ar ddiwedd un pennill cyfeirir at Carwyn fel hyn:

> Er iddo groesi y 'ffin gwsg'
> Mae'n peri swyngwsg bythol.

Unwaith yn rhagor ni wn beth a olygir gan yr ymadrodd 'swyngwsg bythol'. Gorymdrechu yw peth fel hyn ac nid oes lle iddo mewn baled a ddylai argraffu ei hun ar ddyn yn y fan a'r lle. At hynny, yma eto yr ydym yn bur bell oddi wrth wres a brwdfrydedd, cynnwrf ac ymdrech y math ar gêm a chwaraeir ar Barc y Strade a hyn a ddylai ysgogi baled am y lle.

Dyma wendid pennaf *Mat y Cardi* a *Cefneithin.* Temtir fi i atal y wobr and gwrthsafaf hynny ac oherwydd fod baled *Cefneithin* yn dangos ychydig mwy a fedrusrwydd mydryddu nag un *Mat y Cardi* rhodder y wobr i *Cefneithin.*

Y Faled

PARC Y STRADE

O deuwn oll yn fintai gref,
Dyrchafwn lef i'r gofod,
Cydunwn yn yr anthem fawr
Yn awr heb un anghydfod
I foli hud y ddaear werdd
Mewn angerdd yn ddiddarfod.

Daw'r llu cefnogwyr o bob llan
I'r llwyfan yn Llanelli,
A gwledd yw clywed hyd y paith
Yr heniaith yn blaenori,
Y brwydro'n hawilo sêl y gân
A chytgan y cymhelri.

O glywed bloedd a galwad chwib
Ar wib dewch eto'n fore
I weld darluniau mur y co'
Wrth grwydro nôl i'r dechre,
Ail fyw hanesion dyddiau pell
Parc Sgweier Castell Strade.

Dros ganrif bellach bu y lle
Yn gartre i'r holl gewri,
Ac am flynyddoedd ni fu neb
Fel R. T. Gabe a'i ynni
Yn arwain tîm ar oer brynhawn
Â'i ddawn i ysbrydoli.

Mewn cyfnod cyn y Rhyfel Mawr,
I'r 'llawr' daeth blaenwr esgud,
Parchedig Alban ddaeth i'r Parc
Gan 'alw marc' celfyddyd,
Bu'n gapten hefyd ar ei wlad
Yn arwain cad o'i bulpud!

Ond gwelwyd draw dros ymchwydd ton
Arwyddion ar y gorwel
O'r gêmau ar y maes ar drai
A byddai yn anochel
Trosglwyddo Parc y Strade'n glau
I awdurdodau'r rhyfel.

Mae sôn o hyd am ddawn y Prins –
'Bert Jenkins, ŵr lledrithiol
Yn swyno'r dorf bob cwr o'r cae
Â'i chwarae creadigol,
Ac Ivor Jones ac Archie Skym
A'u grym goruwchnaturiol.

Ymhlith y rhai fu'n chwarae rhan,
Daw enwau Stan ac Osie,
R.H. a Terry, Jonathan,
Griff Bevan, Albert Kelly,
Ac amlwg iawn ymhlith yr hil
Daw Handel Greville inni.

Croesawyd Lewis Jones i'r maes,
Gwnaeth gadfaes o batrymlun
Wrth hudo'r lle â'i symud slic,
Ei gic a'i basio sydyn
O fôn y sgrym, i Onllwyn Brace
Gael mesmereiddio'r gelyn.

Wrth sôn am sêr, i'r threatr hon
Daeth Barry John a'i abledd
Yn gadlyw ar y criw dilys
I'w tywys mewn cynghanedd,
Phil Bennett a Phil May, Quinnell,
A Gravell ar ei 'orsedd'.

Ond os bu gwibiwr ysgafn draed
Erioed ar faes rhyngwladol,
Fe saif yr enw'n uwch nag un

Yng Ngharwyn athronyddol,
Dewiniaeth dros y borfa las,
Ei ffugbas a'i bàs wrthol.

Ni dderfydd siarad am y gŵr,
Yr un hyfforddwr greddfol,
Mor amlwg heddiw yn ei sedd
A'i ddelwedd lysgenhadol,
Er iddo groesi y 'ffin gwsg',
Mae'n peri swyngwsg bythol.

Y Walabïaid ddaeth i'r fro
Ar lawer tro terfysglyd,
Rhoi her i'r sgarlad brynhawn llwyd
Ond curwyd hwythau hefyd,
Er hynny, darlun Pedwar Saith
A ddengys graith gêm waedlyd.

Fe yfwyd, ym Mil Saith Deg Dau,
Dafarnau'r dref yn sychion,
Yr olaf ddydd o Hydref oedd
Rôl codi bloedd yn eon
O'r tanner banc i'r entrych fry
Wrth faeddu'r Crysau Duon.

Yn gapten ar 'y llynges hon'
Roedd gwron ewyllysgar
Mewn angerdd cloeon yr ail reng
Yn un o wrêng y ddaear,
Rhown fythol fawl ac uchel fri
I'r Delme diymhongar.

Dewch eto'n llu i brofi blas
Cymdeithas ar ei gore
I blith cefnogwyr gorau'r sir
Ar lain o dir y chware,
Mwynhau, ym merw'r Sosban Fach,
Gyfeillach Parc y Strade.

Cefneithin

Dychangerdd: Agored

BEIRNIADAETH TEGWYN JONES

Pedwar ymgeisydd a ddaeth i'r maes, a dyma air byr am bob un ohonynt:

Arthur Llewelyn: 'Yr Eisteddfod'. 'Ar ddechrau'r trydydd milflwydd pawb bellach sy'n gytûn/Diwygio yr Eisteddfod fydd pennaf "Amcan Un". Dyna'i thema, ac fe â yn ei flaen i restru'r diwygiadau hynny, nad ydynt at ei gilydd yn arbennig iawn o wreiddiol. Pethau fel cael bar ar y Maes, gwisgo aelodau'r Orsedd mewn gwisgoedd ychydig yn fwy deniadol a modern na'r 'cobannau' [*sic*] presennol, cael gwared ar gorau adrodd, ac yn y blaen. Mae ganddo ambell drawiad chwareus ddigon. Ar ôl sefydlu'r bar, 'Ceir clywed Dafydd Iwan drwy'r maes yn seinio'n groch/Nid "pam bod eira'n wyn" ond "pam mae'r gwin yn goch!"/A chaned Hogiau'r Wyddfa ar ôl eu llwyddiant hir/Nid "safwn yn y bwlch" ond "safwn dros y bîr"'. Prin yw'r dychan yn ei gân, a phan geir ef, ychydig iawn o fin sydd arno. Cân ddifyr, ddiddan am ddyfodol dychmygol i'r Eisteddfod sydd gan *Arthur Llewelyn*, yn hytrach na dychangerdd.

Ken O'Meet: '**Cwn**ulliad'. Trodd yr ymgeisydd hwn y Cynulliad yn y Bae yn sioe gŵn, ac y mae'n cyfeirio at rai o'r aelodau (heb gyfeirio at neb wrth ei enw) yn nhermau cŵn a geist. Mae yno 'genawes gringoch' y mae ei hatgasedd at ddefaid yn adnabyddus, 'â'i hwyneb mor brudd/Yn ateb gorchmynion rhyw feistri cudd'. Aeth arweinydd y Democratiaid Rhyddfrydol, oherwydd ei gyfenw, yn '[G]i defaid Almaenig', mae '*Rod*weilar peryglus' yma, a cheir un sy'n chwannog i '*wiglo*' 'i gynffon. Crafog iawn yw'r pennill am '[y] pwdl bach destlus, a'i feistr ymhell', ac am y 'corgi' sy'n 'tra *arglwydd*iaethu dros weddill y cŵn', un a 'fu unwaith mor driw,/A newidiodd deyrngarwch heb newid ei liw./Ond er ei holl swagro, ni fedr y ci/Byth wadu ei gefndir, na'i bedigri'. Campus o linell yw'r un sy'n cyfeirio at un o'r cŵn nad 'yw yn *rhodr*esgar' – '[Nid] yw yn un taclus, nac ychwaith yn un *Blair*'. Yn sicr cafodd *Ken O'Meet* weledigaeth, a mynegodd hi'n gryno, yn bigog ac yn gofiadwy.

Meilog: 'Fy Nghender o'r Dre'. Cefndir ei gerdd ef yw'r ddadl ynghylch hela'r cadno 'Y mynnwn, wladwyr difeddwl,/Ei erlid o hyd/Am ddim ond hawlio'i shâr/O fraster y ffarm', ac ynglŷn â'r hawl i rodio'n rhydd mewn ardaloedd gwledig. Canodd hi mewn *vers libre*, mesur nad yw'n gwbl hapus ynddo bob amser. Clonciog a rhyddieithol yw ei linellau agoriadol, 'Hen fachan ffein/Yw 'nghender sy'n byw yn y dre',/Mae e'n fwrlwm o ewyllys da/Dros hen wladwr fel fi./Yn awchus bob amser i'm harbed/Rhag bwnglera'n dwp'. Ond i fod yn deg mae ganddo ddarnau sy'n esmwythach o lawer ar y glust. Cyfrinach effeithiolrwydd ei ddychan yn y gerdd hon yw ei fod yn cymryd yn ganiataol mai'r cefnder soffistigedig o'r dre a'i syniadau trefol am gefn gwlad, sydd o angenrheidrwydd yn iawn, a syndod iddo yw na syrthiodd y cen oddi ar ei lygaid ymhell cyn hyn. 'Rown i'n rhy bendew i weld/Fel y ces fy mendithio/Â bywyd sy'n wyle ar ei hyd/Rhwng co'd a thir a mynydde'. Cân amserol, lwyddiannus gan ddychanwr medrus a gafwyd gan *Meilog*.

Mainc Gefn: 'Y Cabinet'. Nid yr un sy'n cwrdd yn Rhif 10 Stryd Downing, ond un o'r niferoedd bellach sy'n cwrdd ar dir Cymru. Cân hir, 31 o benillion chwe llinell, a phob pennill yn gorffen â'r gair 'Cabinet'. Bu ei helfa yn *Yr Odliadur* am eiriau yn odli â'r gair hwnnw yn un llwyddiannus, oherwydd rhyw ddwywaith yn unig y defnyddiodd yr un odl! Cryn gamp, ond tybed nad aeth camp yn rhemp braidd, ac y gellid bod wedi cynilo a chwtogi ar y gerdd? Eto, byddai'n biti colli'r un pennill, oherwydd y mae rhyw wreiddioldeb a digrifwch amheuthun – a dychan wrth gwrs – yn perthyn i bob un ohonynt. Bardd cwbl gartrefol yn ei fesur yw *Mainc Gefn*, ac er ei meithder, nid oes dim yn feichus yn ei gerdd. Bu ceisio penderfynu rhwng *Meilog*, *Ken O'Meet* a *Mainc Gefn* yn dasg hynod o anodd – yn enwedig rhwng y ddau olaf, ac o dan yr hen oruchwyliaeth byddwn wedi rhannu'r wobr rhyngddynt heb betruso, ar ôl rhoi rhyw gildwrn hefyd i *Meilog*. Ond rhaid gwobrwyo un yn unig, ac o drwch blewyn *Mainc Gefn* sy'n mynd â hi. Gwnâi'r ddau arall – y tri yn wir – dro da â darllenwyr Cymraeg pe cyhoeddent eu cerddi yn rhywle ar fyrder.

Y Ddychangerdd

Y CABINET

Fe ganwyd salmau moliant
I lawer grŵp cyn hyn,
A pheintiwyd sawl cynghorydd,
Waeth beth fo'i liw, yn wyn;
Ond daeth yn adeg codi het
A seinio cân i'r Cabinet.

Clodforwyd is-bwyllgorau
Am ddwyn sawl maen i'r wal
Ar fwy nag un achlysur,
Ond gwantan a di-ddal
Fu argymhellion pob cyn set –
'Does renc fel rhenc y Cabinet.

Mae'n gweld yr holl anghenion,
Mae'n gwybod be 'di be
A phwy 'di pwy yng Nghymru,
A phryd, a lle 'di lle.
Cynulliad lleol! Coparet
Â bys ar byls! 'Na'r Cabinet!

Dewisir yr aelodau
Â gofal, un am un –
Rhai ŵyr beth yw bihafio
A sut mae byw'n gytûn
Waeth beth fo'r hin: mae eticet
Yn mynd mor bell ar Gabinet.

Pwysicach na'i ddaliadau
Yw gallu dyn, a'i ddawn
I sefyll yn gyhoeddus
A dweud yr hyn sy'n 'iawn';
Aeth rhethreg ddoe'n beth obsolet,
'Un llais' yw llais y Cabinet.

'Does gan y llu breintiedig
Ddim unrhyw amser sbâr
Wrth wasanaethu'u Capten
Fel 'cywion dan yr iâr'.
Fydd neb yn eistedd ar ben iet
Yng nghoridorau'r Cabinet.

Mae'n gwarchod yr Amgylchedd,
Cefnoga rannu ceir,
'Does amser ganddo i lygredd
O unrhyw fath, a cheir
O'r Trethi Lwfans Nicoret . . .
'Sdim smygu yn y Cabinet.

Croniclir holl gofnodion
Ei drafodaethau dwys
Ym mol ei gyfrifiadur
Fel bod pob peth o bwys
Ar gael i'r byd drwy'r Internet
Ar glic. Nid 'clic' mo'n Cabinet!

Cyhoeddir penodiadau
I'r sir, drwy roddi gwŷs
I Swyddog y Cyfryngau

Alw Cynhadledd Frys
A ffacsio'r Wasg mewn triplicet;
Ma' protocol 'da'r Cabinet.

Pan bwysa'r Wasg am stori
Sy 'fallai'n hallt ei blas
Mae gan y doethion dacteg
All 'sgoi penawdau cas,
Mae 'na lefarydd silwet
All siarad dros y Cabinet.

Bu cael y person gorau
I'r *job* yn dasg reit rwydd –
Ymgeisiodd chwech o Gymry
A Saesnes am y swydd . . .
A nith i'r *Chair*, o Somerset,
Ga'dd holl bleidleisiau'r Cabinet.

Mewn galwad ffôn i'r Stondin
Canmolwyd Bwrdd yr Iaith
Am osod plac dwyieithog
Ar bostyn gât y Gwaith:
Roedd hi'r Llefarydd mor ypset –
Y *driving force* fu'i Chabinet.

Pnawn Sadwrn, ar Pwlffacan,
'Nôl rhai, fe daflwyd sen
Ar rai o'r galluoca' –
Rhyw chwerthin am eu pen –
Mae'r rhaglen ganddi ar gasét
I'w phasio 'mlaen i'r Cabinet.

Pwy ydyw'r dethol ddoethion,
Runigryw bedigri
Sy'n llosgi deupen cannwyll
Yn enw'n Cyngor ni?
Rhal blaengar, rhai di-ball, di-blet
Yw hoelion wyth ein Cabinet.

Nid tintacs y gymdeithas,
Nid unrhyw Dwm na Dic,
Ond gwŷr a gwragedd addas
I'w swyddi, sy'n cael cic

O weld eu henwau Letraset
Mewn ffrâm ar ddrws y Cabinet.

Cynghorydd 'annibynol'
Oedd Joe, na hidiai iot
Am safbwynt ei etholwyr,
Yn fuan trodd ei got . . .
A tawn i'n gamblo mentrwn fet
Mai felly'r aeth i'r Cabinet.

Cyfrifid Wmffra'n fachan
A welai 'mhell erioed,
Ymunodd â'r Cadlanciau
Pan oedd yn bymtheg oed
A dringo i fod yn brif gadet
Pwy'n well fel Sgowt i'r Cabinet?

Wyth erw sy' gan Deio
A gwantan yw ei stad,
Ond gyda Dai Llanilar
Fe sgoriodd ar 'Cefn Gwlad',
Ac wedi'i slot ar 'Galw'r Fet'
Ca'dd yntau'i wadd i'r Cabinet.

Ca'dd Leisabeth Siop Bapur
Gefnogaeth hynod gre
I'w hymgyrch dros 'r etholwyr
Am well Tai Bach i'r dre,
A bellach mae'n Cynghorydd Bet
Ar Bwyllgor Draeniau'r Cabinet.

Ca'dd Wali, cyn drysorydd
Clwb Bingo Sgwâr Pen-top
Ei feio ar gam, mae'n amlwg,
Pan aeth yr hwch drwy'i siop –
Can's erbyn hyn mae'n gwisgo het
Cyllido yn y Cabinet.

Roedd Tomos,y milfeddyg
Pan âi o glos i glos
Yn dweud bod blawd organig
Yn well nag unrhyw ddos;
Dyw'n syndod mai prif bwnc y fet
Yw Iechyd, yn y Cabinet.

Ca'dd Delwyn ysgol-brofiad
Werth chweil yn *hall* Cwm-mawr
Fel un o griw cefn llwyfan
Y Parti Sgetsh – a nawr
Mae 'ngofal adain Sam a Set
Prif Banel Drama'r Cabinet.

Arferai'n cyn Weinidog
Dramwyo'r llwybrau cul,
Pregethai lwyrymwrthod
Â phopeth bron, bob Sul!
Fe lywia'r 'pethau delicet'
Ddaw i agenda'r Cabinet.

Cychwynnodd Huw ei yrfa
Fel bobi yn Shir Gâr,
Ond wedi mynd i Lundain
Y daeth e'n blisman sgwâr . . .
Bu'n cerdded *beat* Whitehall i'r Met
Cyn cerdded mewn i'r Cabinet.

Derbyniodd y Tywysog
Wahoddiad gan y Bòs
I agor arddangosfa
Yng ngwesty'r Albatros;
Ddaw rhai o Anrhydeddau Bet
Ddydd Calan nesa i'r Cabinet?

Pan ddaw y Prif Sgrifennydd
Ar sgawt o ferw'r Bae
Fe wna yn siŵr fod pobun
Sy'n rhywun yno – tae
Ddim ond i ddangos pa rosét
Sy'n gwir reoli'i Chabinet.

Fe'i dywys i'w hetholaeth
I addo ffordd osgoi
I'r cwmwd â'i hetholodd,
A hynny'n ddiymdroi.
Defnyddia'r *Jag* – yn lle'i *Chevette* –
Â yno yn enw'r Cabinet!

Gall fesur yr ymateb
Wrth frecwast. Ag un fflic
Bydd sgrin ei chyfrifiadur
Yn dweud y cyfan. Clic,
A daw i'w bwrdd o'r Bybl-jet
Ei llwyddiant hi a'i Chabinet.

Mor gadarn yw ymrwymiad
Y detholedig naw!
Mor bendant eu harweiniad
I ni, cyn codi llaw!
Try'n llygaid pŵl i'r parapet
Am arwydd. Fry o'r Cabinet.

Bu'n hael ei nawdd eleni
I'r 'sgolion bach cefn gwlad
A chlybiau'r mân bentrefi,
Er sicrhau'u parhad.
Raddewid i'r electoret
Gaiff flaenoriaethau'n Cabinet.

Pob parch i'r Henaduriaid
Gyfarfu'u holaf dranc,
'Does yn y rhenc gymerodd
Eu lle'r un rhwysg na gwanc!
Cynigiaf! Eiliwch . . . mai *jet set*
Y ganrif hon yw'n Cabinet!

Mainc Gefn

Casgliad o limrigau gwreiddiol

BEIRNIADAETH PETER HUGHES GRIFFITHS

Cystadleuaeth ardderchog fu hon gyda phob un o'r naw casgliad yn cynnwys rhai limrigau cofiadwy. Ond, fel ym mhob casgliad gwreiddiol, y gamp yw cynnal safon yr holl limrigau. Darllenais ac adroddais yn uchel bron bum cant o limrigau, gan sylweddoli, fel popeth arall, fod hyd yn oed yr hen limrig wedi newid ac wedi symud gyda'r oes. Mae'r limrigau sy'n agor gyda, 'Roedd menyw yn byw ym Mhencader' neu 'Fe welais i ddyn o Ffostrasol' ychydig yn hen-ffasiwn erbyn hyn, ac yn ddim mwy na gwastraffu llinellau. Er hynny, mae'r ergyd bwrpasol yn y llinell olaf yn dal mor bwysig ag erioed. Dyma ychydig o sylwadau am bob casgliad.

Pam Ayres: Er bod dros gant yn ei chasgliad maen nhw'n cloffi'n aml wrth iddynt gael eu darllen gan fod hyd y llinellau'n amrywio o ran sillafau. Er hynny, cafwyd nifer o rai da.

Bachan Wedi Bod: Er iddo enwi peth wmbredd o bobl enwog a llefydd a chael hwyl dda ar ambell un roedd nifer o rai digon cyffredin hefyd yn eu plith.

Cynddylan: Anwastad oedd ei gasgliad gyda sawl camodl. Er hynny, roedd ganddo limrigau da a roddai sawl person yn ei le.

Walter Pantybarlat: Mwynheais ddarllen y casgliad hwn er ei fod yn gosod limrigau digri a difrifol un ar ôl y llall. Mae ambell limrig yn athronyddol, ond yn dra pwrpasol, fel hwn:

Mae cloc pedwar wmed Machynlleth
A'r pedwar pin mawr mas o berffeth,
    Ond, ni all neb sylwi
    Ar y pedwar da'i gily'
Ac felly, nid oes dim gwahanieth.

Gwawr: Mae'r limrigau yn y casgliad hwn yn llifo'n rhwydd ac yn apelio'n fawr ataf. Mae'n llwyddo i greu dialog mewn nifer dda o'r limrigau, a hynny'n gwbl ddidrafferth – cryn gamp. Dyma un:

Ar y whisgi bu Wil, hyd ei wagal,
'Un to!' gwaeddodd gweilch Pentrecagal;
    'Dim mwy,' medde Wil,
    'Rwy nawr hyd y fil . . .
Am bicil! Dim bag! A dim bagal!'

Dai O'Rae: Gosododd hwn ei gasgliad (fel ambell un arall) o dan is-benawdau, ac mae'n gasgliad da iawn gyda'r limrigau gorau yn y gystadleuaeth. Dyma enghraifft:

Daeth Sais draw i'r steddfod i ganu
Â Chymro i'r carn yn beirniadu;
    Bu hynny yn sail
    I'w osod yn ail,
A dim ond y fo yn cystadlu.

Dot Co Dot Uw Ce: Hoffais wreiddioldeb y casgliad hwn yn fawr iawn gan ei fod yn amlwg wedi cyfansoddi'r cyfan ar gyfer y gystadleuaeth hon yn benodol. Mae'n cyfeirio'n uniongyrchol at y gystadleuaeth, y beirniad (gan ei ganmol yn aruchel!), a C.V. amdano fe'i hun. Mae e'n mentro tynnu sylw'r beirniad at odlau mewnol yn ei limrigau:

Nawr Peter, (ar nodyn gobeithiol)
Ga'i dynnu eich sylw'n briodol
    A hynny'n garedig
    At gynnwys pob limrig,
Gweledig yw pob odl fewnol.

Mater o chwaeth bersonol yn unig yn y pen draw yw fy mhenderfyniad mai casgliad *Clwyd* a *Dyma Nhw* yw'r ddau orau, ac ni fu'r rheol 'Ni chaniateir rhannu gwobrau yn yr adran llenyddiaeth', o help i'r beirniad druan. Mae'r ddau gasgliad yn gyson dda, yn ddoniol a gwreiddiol a'r llinell olaf yn taro deuddeg yn gyson. Beth am hwn o gasgliad *Dyma Nhw*:

Er bod 'na rai enfawr 'da Elsi,
A rhai eitha siapus 'da Mari,
    Merch Ifan y go'
    Yw'r gore bob tro
Am dato yn sioe Aberteifi.

A hwn wedyn gan *Clwyd*:

Aeth dau ar fis mêl i Lanofer,
Ond ffrae ga'dd y ddau amser swper,
    'Wel Mari,' medd Tom
    'Fydd dim angen condom,'
'Ond felly,' medd hi, ''dw'i 'di arfer!'

Mae'r ddau gasgliad yn llawn o limrigau fel hyn, ac yn gyson dda. Ond, mae limrigau *Dyma Nhw* yn darllen ac yn adrodd yn well gyda'r dafodiaith yn eu cryfhau hefyd. Mae *Clwyd* ychydig bach yn ffurfiol weithiau er cystal ei gamp.

O drwch blewyn babi blwydd casgliad *Dyma Nhw* sy'n mynd â hi.

Casgliad o englynion gwreiddiol: Y Dwthwn Hwn

BEIRNIADAETH GERALLT LLOYD OWEN

Nid oedd yn syndod imi mai dau ymgeisydd yn unig a ddaeth i'r maes nac ychwaith yn syndod eu bod ill dau wedi bodloni ar yr isafrif o englynion a ganiateid. Disgwylid rhwng 30 a 50 a englynion ond 30 ar ei ben sydd gan *Dafydd* a *Nant y Fall.* Mae hynny'n ddealladwy; wedi'r cwbl, ymateb i ambell destun apelgar neu ryw ysgogiad digymell yw'r ffordd fwyaf llwyddiannus o lunio englynion. Ond gyda'r gystadleuaeth hon roedd gofyn i'r englynwyr feddwl, mewn gwaed oer fel petai, am o leiaf 30 o destunau cyfoes a chanu arnynt. Nid ar chwarae bach y gwneir hynny; yn wir, fe fyddai'n hunllef i mi. Ar y llaw arall, nid oedd rheidrwydd arnynt gystadlu yn y lle cyntaf. Eu dewis nhw oedd hynny ac mae'n rhaid imi ddweud fy mod yn edmygu eu hymroddiad a'u hymdrech.

Dafydd: Nid oes rhithyn o amheuaeth ynghylch cyfoesedd testunau *Dafydd.* Y mae bron pob un ohonynt wedi bod yn y newyddion rywfodd neu'i gilydd yn ystod y deuddeng mis diwethaf ac ambell un fel 'Dr Shipman' yn boeth o'r ffwrn. Yr englyn 'Dresden' yw'r un sy'n taflu bellaf ond wedyn mae erchyllter y difrod hwnnw yng nghyrraedd cof miloedd dirifedi ohonom. Englyn go dda ydi o hefyd:

> Adeiladwyd o ludw'i thrigolion
> a thoi'r galar chwerw
> â llechi wnaed o'u llwch nhw –
> hirymaros yw'r meirw.

Serch hynny, rhaid nodi nad ansoddair yw 'hirymaros' ond berfenw ac enw gwrywaidd. Byddai 'hirymaros *wna'r* meirw' yn ddefnydd cywir o'r gair. 'Hirymarhous' yw'r ansoddair. A dyna sy'n fy mlino ynglŷn ag ymgais *Dafydd*; mae peth dialedd o wallau iaith neu orgraff yn britho'i englynion. Yn wir, mae ganddo fwy o wallau nag o englynion ac er nad yw'r gwallau hynny'n effeithio ar gywirdeb y gynghanedd (ac eithrio mewn un achos) y maent, serch hynny, yn lliwio barn y beirniad. Gresyn am hyn, oherwydd mae addewid bendant yn yr ymgeisydd hwn.

Cymerer ei englyn i Ffatri Laura Ashley:

> Mae y wisg wedi gwisgo, a'r cwmni
> am i ni ddadwnio'r
> edau brau fu'n dal bro'r
> hafliw rhag araf raflio.

Ydi, mae'r drydedd linell sillaf yn fyr ac er y byddai 'treulio' yn well na 'gwisgo' mae hwn yn englyn sy'n profi fod gan *Dafydd* ddawn ddiamheuol i feddwl yn ddychmygus-drosiadol. Englyn arall yn yr un mowld yw'r un i Urddau Oren Gogledd Iwerddon:

Mwyar hydref ymerodraeth farw'n
    diferu, a hiraeth
  oren-goch yn crynu'n gaeth
  ar ddraenen hen frenhiniaeth.

Oes, mae gan *Dafydd* englynion da ond mae ganddo hefyd englynion annheilwng o'i allu ei hun, fel yr englyn cyntaf oll yn y casgliad i'r mewnlifiad:

'Mae Joe Homebred Tynfedw wedi mynd.'
    Mae'r dweud mawr yn galw
  i go'r iêt a llun kangaroo,
  heb roi wyneb i'r enw.

Efallai mai fi sy'n dwp ond mae'r englyn hwn yn ddryswch i mi. A pham 'kangaroo' rhagor cangarŵ ac 'iêt' rhagor iet? Englyn arall sydd ymhell o fod yn cyrraedd y marc yw'r un i Chwilwyr y we. Er gwybodaeth i *Dafydd*, dyma, yn fy marn i, yr englynion gorau yn ei gasgliad: 'Soar-y-mynydd ar ddydd Sul o haf', 'Cyber Babe', 'Y Cyfrifiadur', 'Chwarae â natur', 'Y Cymry' ac wrth gwrs y tri englyn cyntaf a ddyfynnais yn fy sylwadau. Am ei werth, fy nghyngor i *Dafydd* yw iddo fod yn fwy gofalus gyda'i ramadeg a'i orgraff ac efallai'n wir y byddai'n syniad da iddo ddangos ei ymdrechion i rywun cymwys cyn mentro i gystadleuaeth fel hon. Ond dalied ati ar bob cyfri.

Nant y Fall: Heb os, ef yw'r englynwr gorau ond rhaid dweud ei fod yn tueddu i fynd yn hy ar ei destun. Er enghraifft, prin fod englyn i'w gerfio ar silffoedd llyfrau, englyn yn diolch am lun ac englyn arall yn diolch i saer am fframio'r llun yn gweddu i thema 'Y Dwthwn Hwn' neu o leiaf i'r ffordd y'i dehonglir gan *Dafydd* a'r beirniad. Ond mae'n debyg y medr *Nant y Fall* ei gyfiawnhau ei hun rywsut neu'i gilydd. Yn wahanol i *Dafydd*, 'does gan yr ymgeisydd hwn yr un englyn neilltuol o wan. Mae safon ei gasgliad yn wastad iawn ac er nad yw'n rhagori ar englynion gorau *Dafydd* 'does ganddo mo'r gwallau sy'n britho gwaith yr ymgeisydd hwnnw. Eto i gyd, synnais ddarllen trydedd linell ei englyn i Dún Laoghaire, sef 'am y Môn lle bûm innau'. Enw benywaidd yw Môn fel pob sir ac ynys arall yng Nghymru, ac felly 'am y Fôn . . .' sy'n gywir fel y tystia Goronwy Owen ('Pan fo Môn a'i thirionwch' neu 'y Fôn fau'). Bid a fo am hynny, dyma rai o'r englynion a'm swynodd i yng nghasgliad *Nant y Fall*: 'Amser', 'Dyn dall yn canu'r ffidil ar y stryd', 'Perchennog Teledu Lloeren', 'Dychwelyd Llythyr Pennal' a'r un mwyaf grymus ohonynt oll, sef 'Nant Gwrtheyrn, haf 1999':

A'r môr yn stond am orig, mi honnaf
    glywed meinir unig,
  er mai iaith sy'n chwarae mig
  yn y goeden gaeëdig.

Yn fy marn i, yr englyn hwn yw perl y casgliad. Byddai'n dda gennyf fedru rhoi cyfran o'r wobr i *Dafydd* ond ni chaniateir hynny; felly *Nant y Fall* sy'n ennill.

Cyfrol o gerddi gwreiddiol

BEIRNIADAETH ALAN LLWYD

Roedd nifer o bethau yn mynd trwy fy meddwl pan dderbyniais y gwahoddiad i feirniadu'r gystadleuaeth hon. A fyddai beirniad sydd hefyd yn digwydd bod yn olygydd cylchgrawn barddoniaeth deufisol yn adnabod y beirdd? Yn wir, a fyddai rhai cyfrolau yn cynnwys cerddi a gyhoeddwyd yn y cylchgrawn hwnnw? Ac o gofio mai am gasgliad o gerddi yn hytrach nag awdl y gofynnir eleni, a fyddai'r beirdd wedi anfon eu cerddi gorau i gystadleuaeth y Gadair, a'r cerddi ail-orau, llai llwyddiannus, i'r gystadleuaeth hon?

Cyrhaeddodd y pecyn cyfrolau ddechrau Ebrill eleni, ac roedd ynddo naw o gasgliadau. Oeddwn, mi oeddwn i'n adnabod rhai o'r cystadleuwyr yn bendant, ac yn lled-amau fy mod yn adnabod rhai eraill. 'Doedd hynny ddim yma nac acw, wrth gwrs. Fy ngwaith i oedd dod o hyd i'r casgliad gorau, a'i wobrwyo, pwy bynnag oedd yr awdur. Dylwn ddweud hefyd fod rhai cerddi *wedi* ymddangos yn *Barddas*.

Mae'r gystadleuaeth hon yn un arbennig o dda. Bu hefyd yn gystadleuaeth a achosodd lawer iawn o benbleth a rhwystredigaeth i mi. Mwy am hynny yn nes ymlaen.

Amos: 'Myfyrdod a Mawl' a roddodd yn deitl i'w gasgliad. Ceir ynddo nifer o sonedau, telynegion, emynau a chantiglau Nadolig. Braidd yn henffasiwn yw'r casgliad hwn, mae arnaf ofn. Ystrydebol, gan mwyaf, yw'r deunydd a'r mynegiant, a rhai o'i delynegion yn unig sy'n codi uwchlaw ystrydebaeth, fel 'Offeren'.

Lliw: 'Palet o Liwiau' yw teitl ei gasgliad, a cherddi *vers libre* a geir yma'n bennaf. Mae ganddo sawl cerdd sy'n seiliedig ar Bedair Cainc y Mabinogi, fel y gerdd i leisiau, 'Branwen'. Anfonwyd y bryddest hon i gystadleuaeth y Goron yn Eisteddfod Genedlaethol Meirion a'r Cyffiniau 1997, dan y ffugenw *Cian*. Roedd yn yr ail ddosbarth gan Nesta Wyn Jones a Gwyn Thomas, ac yn y trydydd gan John Roderick Rees. Go brin fod cerdd eisteddfodol aflwyddiannus fel hon yn haeddu ei lle yn y gystadleuaeth hon. Gwendid pennaf cerddi'r bardd hwn yw eu llacrwydd, eu rhyddieithedd a'u diffyg ias a chyffro. Mae dawn yma, ond mae angen ei hyfforddi a'i disgyblu. Mae angen mwy o gerddi o safon 'Cof' arno.

Gŵr y Goror: Casgliad di-deitl sydd ganddo. Yn gymharol hwyr y dechreuodd y cystadleuydd hwn droi at farddoni, ac mae i'w longyfarch am hynny. Y broblem yw mai ymarferiadau yw'r rhan fwyaf helaeth o'r casgliad hwn, cynnyrch ei ddiddordeb diweddar a'i ymdrechion i feistroli'r gynghanedd. Taflodd bopeth i mewn, hyd yn oed ddwy archeb am lyfrau, a llawer o gerddi yn ymwneud â rhai o gyfarfodydd Cylch Cinio Caerdydd. Weithiau mai ei gystrawen yn anfoddhaol, er enghraifft, 'Er ennyd yw yr einioes' ('Er *mai* ennyd yw'r einioes'), ac eto, enghraifft gyffelyb, 'Er aflonydd ei ddyddiau' ('Er *mai* aflonydd ei ddyddiau'), ac annerbyniol yw'r gynghanedd Lusg yn y llinell hon), 'Hen dorf na sydd yn darfod' ('Hen dorf *nad yw* yn darfod'), ac eraill. Mae rhai o'i gynganeddion yn anghywir, er enghraifft: 'Or-egnïo'r eginhad'. Mae ganddo un cywydd da iawn, 'Amynedd', yn ogystal ag ambell englyn o safon. Un o'i englynion gorau, yn sicr, yw hwn er cof am Raymond Edwards:

Dros orwel ein ffarwelio – ein hiraeth
 Erot nid â heibio;
Galar ni all nac wylo
Nacáu dy glywed o'n co'.

Dylai anelu at safon ei englynion a'i gywyddau gorau. Byddai'n rhaid iddo chwynnu'r gyfrol hon yn ddidrugaredd cyn ceisio darbwyllo unrhyw gyhoeddwr i'w chyhoeddi, cadw tua 10% o'r deunydd, taflu tua 90%.

Ben Bore: Rhoddodd deitl i'w gyfrol: 'Wele'n Gwawrio a Rhai Cerddi Eraill'. Cerddi *vers libre* a geir yma ar themâu amrywiol, ond ceir sawl cerdd sy'n ymwneud â'r Refferendwm ar Ddatganoli dair blynedd yn ôl, a sawl cerdd i gantorion pop, er enghraifft, 'Jarman', 'Meic' a 'Ronnie a Sonny'. Nid yw llinellau cyntaf ei gerdd gyntaf, 'Wele'n Gwawrio', yn ennill ein hymddiriedaeth ynddo: 'Cyn cilia'r caddug o obennydd y moelydd' ('Cyn y cilia'r caddug . . .') a sawl enghraifft debyg. Ceir gwallau a gwendidau eraill, fel 'heb gusanu'th amrannau', 'tra bod Salvatore Bono', 'loetraf', ac nid yw'n gywir ei dreigladau yn aml. Mwynheais ddarllen y casgliad hwn, ond rhyddiaith, yn hytrach na barddoniaeth, yw'r rhan fwyaf ohono, er enghraifft, o'r gerdd 'Ronnie a Sonny':

Cyrhaeddaist y brig
yng nghwmni Cher
trwy ganu clodydd
serch tragwyddol
ond 'doedd addasu
ar ôl y cwymp
ddim yn hawdd.

Ar y llaw arall, gall ganu'n gyfeiriadol gynnil fel hyn yn y gerdd 'Meic':

Wyt eryr gwyllt
ar war gelltydd
a cholomen ddof
ar dalcen ogof.

Gwendid pennaf y casgliad hwn yw ei lacrwydd rhyddieithol.

Stacato: Dyma fardd gwefreiddiol, ac yn ei gasgliad ef, 'Adenydd', y ceir rhai o gerddi mwyaf trawiadol y gystadleuaeth. Mae'r casgliad yn agor â hwiangerdd hyfryd ar ffurf cywydd, ac wedyn, ymhen tudalen neu ddwy, cawn englynion gwych ganddo i 'Muhammad Ali'. Mae'n cloi fel hyn, gan gofio am ddywediad enwog y paffiwr, 'Float like a butterfly, sting like a bee':

Er bod rhyw heulwen heno yn ei drem,
pan drodd yr holl gyffro
yn waedd fud, 'doedd ganddo fo
ddim adenydd amdano.

Wedyn down ar draws cerdd ysgubol sy'n gyfuniad o gywydd ac englynion milwr, 'Hwylyrru'. Mae'n gerdd iasol:

Mae sŵn llechi'n hollti'r hwyr,
y sŵn sy'n hollti'r synnwyr.
Sŵn ceir yn rasio'n y cwm,
yn rasio'n erbyn rheswm,
a dau yrrwr diaros
wyneb yn wyneb â'r nos.

Yn ddwy wên, yn ddiwyneb,
dau gyffro'n hidio am neb
hyd lonydd eu diawlineb.

Pam, felly, nad yw bardd o safon hwn yn ennill y gystadleuaeth? Am y rheswm syml mai dim ond wyth o gerddi a dau englyn (ardderchog) yw ei gasgliad. Nid cyfrol mohoni, felly, ac mae'n torri un o amodau mwyaf sylfaenol y gystadleuaeth. Mae'n rhaid fod gan y bardd hwn flynyddoedd o brofiad y tu ôl iddo. Credaf iddo beidio â chynnwys nifer o gerddi am fy mod, o bosib, yn gyfarwydd â nhw. Os felly, gwnaeth gam ag ef ei hun. Hoffwn i *Stacato* ddod ataf ar ôl iddo ddarllen y feirniadaeth hon, fel y gallwn drafod cyhoeddi ei gyfrol gyntaf/nesaf o farddoniaeth. Bydd yn werth ei chael. Diolchaf iddo am fy nghyffroi, ond rwy'n ei felltithio am ychwanegu at fy rhwystredigaeth wrth feirniadu'r gystadleuaeth hon.

Crëyr Glas: Dyma fardd arall a achosodd rwystredigaeth i mi. 'Cwrwgl a Chanŵ' yw teitl ei gyfrol, gyda 'Cerddi 1998-1999' yn is-deitl iddi. Ceir yma 13 o gerddi a 5 o englynion, dim digon, o bell ffordd, i lenwi cyfrol. Mae hwn yn fardd adnabyddus, yn un o'n beirdd cyfoes gorau ni, yn brifardd ac yn enillydd Llyfr y Flwyddyn gyda chyfrol o farddoniaeth. Mae'r cerddi hyn yn ardderchog, o ddychan hwyliog a miniog 'Rownadabowts' hyd at delynegrwydd ac awyrgylch hiraethdrwm 'Tresaith'. Mae ganddo gerddi diweddar eraill y gwn i amdanyn nhw. Pam na fyddai wedi cynnwys rhai o'r cerddi hynny yn ei gasgliad? Bardd gwych yw hwn, ond torrodd yntau hefyd un o brif amodau anysgrifenedig y gystadleuaeth.

Penrallt-fach: Teitl ei gasgliad yw 'Patrwm Cwlwm Caeth'. Mae hwn yn grefftwr o fardd, yn gynganeddwr, yn delynegwr ac yn sonedwr. Mae blas mwy traddodiadol ar y casgliad hwn, yn wir, mae'n cyflawni swyddogaeth y bardd gwlad yn aml. Bardd cymunedol ydyw yn bennaf, un o feirdd Sir Benfro, ac mae'r casgliad hwn yn codi calon rhywun yn yr oes ddigymuned hon. Fe allai chwynnu yma a thraw, a chredaf hefyd fod ei gerddi digynghanedd yn is o ran safon na'i gerddi cynganeddol.

Olaf: 'Dim Riv' yw teitl ei gasgliad, gan gyfeirio at gerdd sydd ganddo am 'Gwch Pleser ar ffurf llong hir Lychlynaidd', sy'n cludo ymwelwyr ar deithiau o gwmpas harbwr Lerwick. Dyma gyfrol rwystredig arall. Mae'n agor â cherdd rymus, 'Canrif', un o gerddi gorau'r gystadleuaeth, ac yn parhau yn y wythïen safonol hon drwy hanner cyntaf y gyfrol. Cerddi *vers libre* yw'r rhain i gyd, wedi eu cynganeddu a'u lled-gynganeddu weithiau. Wedyn, yn ail hanner y gyfrol, cawn sonedau, englynion, cywydd a dwy awdl, ac mae'r safon yn cwympo. Cyffredin yw'r awdl 'Palmentydd', er ei bod yn agor yn gryf:

> Heno, yn nannedd Ionawr
> A'i frath o yn llwydo'r llawr,
> Mae un yn rhodio'r meini
> O gam i gam gyda'i gi,
> Hys strydoedd dinas iasoer
> Dan lafn llygedyn o loer.

Ond wedyn ceir llawer o ddarnau a llinellau cyffredin a diwefr, fel:

> Stribed o ham i Sami,
> Rhannu'i god gyda'r hen gi . . .
>
> O hunllef digartrefedd

ac ambell linell anghywir fel 'Wedi hwyl y diwrnod hwn', 'Yn lwydwedd, anweledig'; (hynny yw, o'i chywiro: 'Yn llwydwedd, anweledig'), 'ym mynwent wag ei meini' ('mewn mynwent wag ei meini', ac fe gollid y gynghanedd eto o'i chywiro) ac yn y blaen. Mae'n rhaid i'r bardd hwn ddysgu canu i'w gryfder (sef y *vers libre* cynganeddol neu led-gynganeddol neu ddigynghanedd), a gadael llonydd i'r mesurau traddodiadol, neu ddysgu dwyn ias a gwefr i'w ganu wrth eu defnyddio. Ceir yma sylfaen cyfrol dda, yn sicr, ond rhaid adeiladu ar y sylfaen hwnnw. Fel y mae, mae'r sylfaen yn gryf ond y waliau'n gam a'r to yn gollwng dŵr. Mawr obeithiaf y caf y cyfle i gyhoeddi rhai o'i gerddi gorau, fel tamaid i aros pryd, tra bo'n gweithio ar ragor o gerddi ar gyfer cyhoeddi cyfrol o'i waith yn y dyfodol.

Ganddofo: Dyma gyfrol! Teitl y casgliad yw 'Cerddi Bach', gyda'r is-deitl 'jyst ran hwyl'. Mae'r casgliad hwn mor wahanol i bob un arall yn y gystadleuaeth, mor unigryw ac mor wreiddiol o wahanol. Dychanwr, digrifwr, difrifwr, difyrrwr, dyna *Ganddofo* i chi. Cerddi ar ffurf tafodiaith yw'r rhain, ac mae'r cerddi weithiau yn codi gwên, dro arall yn eich gogleisio, yn eich sobri a'ch gwylltio ar brydiau, yn peri i chi chwerthin dro arall. Nid yw byth yn anniddorol, hyd yn oed yn ei gerddi gwannaf. Sylwadau bachog a geir yma gan sylwedydd o fardd. Cyfoes yw'r themâu a'r ymdriniaeth. Ni wn sut i'ch cyflwyno iddo yn iawn. Byddai ei alw yn Homer yr hiwmor yn weddol agos ati, ond mae'n nes at Homer Simpson nag at yr henfardd clasurol! Mae'n dychanu ein cymdeithas gyfoes yn aml, a gwerthoedd arwynebol y gymdeithas honno yn enwedig. Cymerwn enghraifft neu ddwy, 'Ar Frys' i ddechrau:

Moto beic
ar ei ochr
a gwydr wedi malu
yn sêr ar y lôn.

Helmed goch
a lledar siâp dyn
yn sticio allan ohoni.

Yn llonydd ar y lôn.

Pwyllgor o bobol
yn edrych i lawr arno fo.

Modurwr
yn prysuro heibio
gan ddiolch
ei fod wedi medru pasio
cyn i'r plismyn a'r ambiwlans gyrraedd
a stopio'r traffig,
a'i wneud o'n hwyr
i'w gyhoeddiad pwysig.

Yn aml mae'n chwarae â chyweiriau iaith ac yn arbrofi â phatrymau geiriol, fel yn y gerdd fach hon, 'Ymlyniad':

Ma nhw'n hen
ac wedi bod efo'i gilydd
mor hir
y byddai'n well
gan y naill a'r llall
beidio â bod
na bod ar ôl
ar ôl i'r llall
beidio â bod.

Dyma ichi enghraifft o'i hiwmor gogleisiol. 'Pethau Pwysig' yw teitl y gerdd hon:

'Y drych,'
medda hi,

ydi'r peth pwysicaf
mewn car.
Achos heb hwnnw
fedrwch chi ddim
gweld i wneud eich gwallt.'

'Ond beth am y llyw?'
holodd yr Arholwr.

'Wrth gwrs,'
cytunodd hithau;
'Ac i weld
fod y lliw
yn iawn ar eich gwefus.'

Rwy'n siŵr y bydd y gyfrol hon yn un boblogaidd iawn pan gyhoeddir hi, ond peidied neb â meddwl mai cyfrol ddigri, arwynebol ydyw. Mae'n llawer dyfnach a chlyfrach na hynny. Yn bersonol, hoffwn ei weld yn hepgor rhai cerddi ac yn rhoi rhai eraill yn eu lle, cyn cyhoeddi'r gyfrol. Ni ddylai golli'r cyfle hwn. *Ganddofo* sy'n mynd â'r wobr yn llawn, a llongyfarchiadau iddo.

Cywydd Mawl neu Gywydd Gofyn heb fod dros 50 llinell

BEIRNIADAETH ISLWYN JONES

Pan osodwyd y gystadleuaeth hon gan y Pwyllgor Llên lleol mae'n amlwg bod yr aelodau'n ffyddiog y ceid toreth dda o ddeunydd a gobeithient y gellid cyhoeddi llyfryn o'r cynnyrch gorau. Mae arnaf ofn na ddigwydd hynny eleni. Siomedig fu'r ymateb i'r gystadleuaeth a dim ond wyth cywydd a dderbyniwyd, tri chywydd mawl a phum cywydd gofyn. Eto mae'r cyfrolau *Cywyddau Cyhoeddus* yn dangos yn eglur bod nifer sylweddol o feirdd gennym heddiw sy'n gywyddwyr hynod fedrus. Ysywaeth, ni welsant yn dda i gefnogi'r gystadleuaeth hon a thrueni yw hynny. Ond rhaid diolch i'r wyth a aeth ati i lunio cerddi. Dyma ychydig sylwadau am bob un o'r cywyddau.

Dewrgalon: Cywydd mewn dwy ran er cof am y Tywysog Dafydd ap Gruffudd a ddienyddiwyd yn Amwythig fis Hydref 1283 sydd yma. Yn anffodus y mae'r gwaith yn frith o linellau digynghanedd ac o wallau cynghanedd ac nid yw'r mynegiant yn glir o gwbl. Yn aml nid oes cysylltiad rhwng dwy linell cwpled. Beth wnewch chi o rywbeth fel hyn?

Wele aer y Mythol Ŵr
Yn daer dan lafn y darniwr:
Y corff a fu mewn porffor
A dorrwyd i Edward iôr.

Fe ddaeth er gwaethaf y gâd
Ennill ond artaith anllad,
A malu lle bu melfed,
Alaethus arglwydd ar led.

Ceir darnau tebyg eraill gan *Dewrgalon*. Ar ddiwedd y cyfansoddiad ceir nodyn yn dweud mai gwylio'r ffilm *Braveheart* yr eilwaith a ysgogodd y gân 'yn enwedig yr olygfa am ddienyddiad William Wallace ym 1305'. Ychwanega mai'r Tywysog Dafydd ap Gruffudd oedd y cyntaf i ddioddef y math hwn o ddienyddio sef crogi, diberfeddu a chwarteru'r corff. Mae'n amlwg bod *Dewrgalon* yn fwy o hanesydd a chenedlgarwr ag ydyw o gywyddwr ar hyn o bryd.

T-34: Cywydd mawl yn dwyn y teitl *Milwyr Uffern* yw ymgais *T-34* ac er bod llawer gwell gafael ganddo ar y gynghanedd mae ei arddull a'i fynegiant yn bell o fod yn foddhaol. Canmol byddin Rwsia adeg yr Ail Ryfel Byd a'i gwrhydri anhygoel ym mrwydr Stalingrad y mae a lled dybiaf mai gweld rhaglen ddogfen ar y pwnc yn weddol ddiweddar ar y teledu a ysgogodd y cystadleuydd hwn eto. Byddin yn brwydro oedd un o destunau ein beirdd cynharaf, Taliesin ac Aneirin, wrth gwrs ac felly mae'r cyfansoddiad hwn yn llinach y canu mawl ond yn anffodus nid yw'n ychwanegu dim at y traddodiad hwnnw. Agorir drwy sôn yn afrwydd iawn am lwyddiant cychwynnol byddin Yr Almaen ac yna down at lan orllewinol afon Volga, lle ataliwyd yr Almaenwyr ac mae'r mynegiant yn gwaethygu:

Ochr afon eu Hiorddonen,
Y Folga, enynfa'u nen,
Llosgwyd breuddwyd Hitler braen,
O'i wddf, Stalingrad, beddfaen.

A dyna sut yr ymdrinnir â'r hanes; pentyrru geiriau heb fod llawer o gyswllt rhyngddynt yn aml. Rwy'n siŵr y gall *T-34* wneud yn well na hyn.

Wêtar: Dyma ddod yn awr at rywun sy'n ei medru hi ac sy'n canu'n llithrig ddigon. Cywydd gofyn o 34 llinell sydd ganddo ond nid un arferol. Gweini mewn gwesty fel yr awgryma'r ffugenw, yw gwaith y bardd ac mae'n sylweddoli pa mor wahanol yw ei amgylchiadau ef i rai'r gwŷr a'r gwragedd a ddaw i'r gwesty. Y mae'n gweini:

Yr hyn a fynn Syr yn fwyd.
Fo'n syr, a fi'n was araf;
Be' ŵyr o, yn feddw braf,
Fod gennyf dŷ i'w gynnal.
A dynes oer, denau, sâl;
Hen dŷ, lle cysgwn ein dau
Yn dawelach na doliau . . .

Yna daw gwraig gefnog ato a gofyn iddo ofalu am ei phlentyn, a aeth yn fwrn arni, am ugain munud, ac mewn dau gwpled Saesneg y cofnodir hyn. Nawr tramgwydd yw hyn ac ar ben hynny nid yw'r llinellau wedi'u cynganeddu hanner cystal â gweddill y cyfansoddiad. Fe lithrodd mewn un llinell hefyd:

Oddi wrthi yn ddieithryn.

Caiff ddecpunt am ei drafferth ac aiff y wraig yn ôl at y bar ac at ei chymar, ac meddai'r bardd:

O na fyddwn i'n feddw,
Yn llai o was, ar fy llw
Yn cerdded heb 'run ffedog
At y ferch fel het o Vogue

gan gynnig gwin iddi a dweud yn uniongyrchol wrthi:

'Rowch chi'ch mab pengrych i mi?'

ac o'i gael, fe aiff y ddau

I'r tŷ oer, oer, at yr un
A lwgodd am gael hogyn.

Cywydd gofyn am newid byd ac am gael plentyn; cywydd â gwaelod iddo ac ar wahân i'r llinellau Saesneg, wedi'i fynegi'n gymeradwy.

'The Greatest': Cywydd mawl i'r cyn bencampwr bocsio Muhammad Ali sydd gan y bardd hwn ac mae'r gân mewn dwy ran. Canmol dewrder y bocsiwr yn gwrthod mynd i Fietnam ym myddin America a geir yn y rhan gyntaf a honnir taw'r gwrthod hwn a roes iddo'i wir nerth:

Ei nerthoedd ddaeth o wrthod
yn ei boen bu'n byw a bod . . .
yn ddyn dewraf ei safiad
hwn o lanc fu'n fwy na'i wlad.

Y gwrthod a ddangosodd ei werthoedd ac meddir:

daeth gŵr cryf yn gryf ei gred.

Yn yr ail ran cyfeirir at ei gampau a'i allu fel bocsiwr:

O'i waldio nid yw'n ildiwr
nid oes gên fel gên y gŵr;
    Wedyn yn ymosodol
dyrnau hwn sy'n dyrnu'n ôl . . .
    taro bol fel rhoi colyn
    taro dawns wnaeth traed y dyn.

Cyfeirir hefyd at ddawn dweud Ali ac fe orffennir y cywydd gydag Ali'r bocsiwr:

Glöyn a gwenyn yw'r gŵr
un a erys yn arwr,
nid dyn du ond dawn a dwrn
yn ysgwyd bob un asgwrn:
'Ali, Ali ' yw yr un,
'Ali, Ali ' yr eilun.

Tueddu i droi yn yr unfan mae rhan gyntaf y cywydd ac nid yw'r mynegiant mor groyw nac mor lân ag y gallai fod. Fe fyddwn wedi hoffi gweld y cywydd wedi'i argraffu yn null arferol cywyddau, sef pob llinell yn dechrau o dan ei gilydd ac nid yn null y cywyddau cyhoeddus. Golwg ddigon anniben sydd ar y cyfansoddiad fel y mae ac ni welaf unrhyw reswm dros batrwm y llinellau ar y ddalen. Nid yw'n ychwanegu dim at y cywydd. Mae angen bod yn fwy cryno gyda chynllun y cywydd yn ogystal ag anelu at fwy o eglurder. Nid wyf yn credu bod '*The Greatest*' wedi gwneud cyfiawnder ag ef ei hun y tro hwn.

O! am . . .: Gweddi yw cywydd gofyn y bardd hwn a gofyn y mae am ras a maddeuant gan gyffesu'i wendidau a'i ffaeleddau a deisyf ar Dduw i

Arwain 'y nhaith o dir neb
I'r wawr ar fynydd Horeb.

Y mae yma ddidwylledd unplyg yn yr hyn a fynegir ond nid yw y mynegiant cystal ag y dylai fod yn aml. Y mae sawl llinell gloff ac anafus yma, e.e.

'O Dduw, rho dy faddeuant'
Yw aeth ble gan un o'th blant . . .
Wyf foi gwyllt, rhyfyg yw hyn
Yn dyfod ar dy ofyn;

Nid yw'r llinellau'n asio'n llwyddiannus bob tro ychwaith:

Cudd dy gerydd lawer gwaith,
Wyf ar ôl y ffafr eilwaith.

Fe geisiodd y bardd gynllunio'r cywydd yn nifer o 'benillion' neu adrannau. Mae'n annerch Duw Dad ar y dechrau ac yn erfyn arno fel hyn:

Clyw fy llais yn nydd eisiau
Am lwybyr iach i'm hawl brau.

Yna daw pennill i gyfaddef ei wendidau a gofyn am faddeuant:

Gwn imi bechu ganwaith
Ddydd ar ôl dydd ar y daith.
'O Dduw, rho dy faddeuant'

Dywed yn yr adran nesaf:

Bûm fyrbwyll yn dy dwyllo
Fwya'r ffŵl, ble'r af ar ffo?

Yna â ymlaen i ddweud mai anodd yw dilyn y llwybr cul:

Mae'r ffordd yn anghyfforddus

Cyffesir yn nes ymlaen ei fod yn berson materol:

Stryd y Wal yw 'nghynhaliaeth

Gorffennir y weddi a'r cywydd yn ddigon cadarn a ffyddiog

Dy ras a'th gyfiawnder drud
Sy'n maddau beiau bywyd.
Arwain 'y nhaith o dir neb
I'r wawr ar fynydd Horeb.

Y mae yma bethau cymeradwy iawn ond tynnir oddi arnynt gan nifer o wendidau megis llinellau llanw, troi yn yr unfan, mynegiant llac, a chystrawen anwastad a beius ar dro. Ond mae dawn i gynganeddu'n felys gan y bardd hwn.

Nyfer: Cywydd yn gofyn 'am fugeilffon i'w rhoi i'r Gwir Barchedig Saunders Davies, Esgob Bangor, a brodor o Gwm Gwaun' sydd gan y bardd hwn. Dechreuir drwy annerch a chanmol y gwneuthurwr ffyn sydd wedi ennill gwobr yn y Sioe Frenhinol yn Llanelwedd, gan ychwanegu mai Duw

Ei hunan a'th eneiniodd
Yn fab athrylith, o'i fodd.
Wyt freiniol; ti wyt frenin;
Mae mwy i'th offer na min.
Ni all neb arall o'r byd
Foddio â'r fath gelfyddyd.

Yna disgrifir y math o ffon a geisir:

Yn ei hyd mae'n rhaid i hon
Sefyll gyfuwch â'r safon,
A'i dwylath fel hudlath hir,
Handi at ddringo bryndir . . .
I'w thop, ar flaen ei chlopa,
Er diben, gwna ddolen dda

Pwysleisir na wna ffon o unrhyw le'r tro; rhaid iddi ddod o bren collen a dyfodd yng Nghwm Gwaun a rhaid yn ogystal cael corn hwrdd o Breseli ar ei chorun:

A'i fwaog, droellog drin
A elli, yn waith dillyn.

Dim ond un felly sy'n gweddu i'r esgob a'i wraig ac medd y bardd wrth y gwneuthurwr ffyn:

Heriaf dy ddawn yr awron;
Llunia a pherffeithia ffon!

Mae yma gywyddwr cyfarwydd sy'n hen law ar lunio cerddi cymdeithasol ond er cystal rhannau o'r cywydd y mae gwendidau mewn rhannau eraill. Anfoddhaol yw'r cwpled hwn:

Sylwi, ar berthi, o bell,
Gollen hylaw i'th gyllell.

Anfoddhaol hefyd yw:

I'w glod, er darfod y dydd,
Arfaeth bugail ni dderfydd.

Cynghanedd i'r llygad sydd yn yr ail linell gan mai ar y gair 'bugail' y mae'r acen yn disgyn yn naturiol. Cwmpasog a chymysglyd wedyn yw:

Hon a weddai i haeddiant
Y sôn am nodwedd y sant
Hyfwyn, yn Saunders Dafydd
A'i wreigdda, yn Cynthia, sydd.

Yn anffodus y mae gwall yn llinell agoriadol y cywydd yn ogystal:

Dyfod yr wyf i ofyn

Mae arnaf ofn i'r dasg o gynganeddu ambell frawddeg fynd braidd yn ormod i'r bardd gyda'r canlyniad ei fod yn colli peth ar ei ffordd ynghanol y geiriau. Y tro hwn ni wnaeth *Nyfer* chwarae teg ag ef ei hun.

Mr Nice: Ceir cywydd anarferol gan *Mr Nice* sef cywydd yn gofyn am gael noddi'r Brifwyl. Mae'r bardd draw yn Ne America ac wedi clywed bod Cwmni Hyder wedi rhoi'r gorau i gynnig nawdd i'n gŵyl; felly dyma lythyr at Gyfarwyddwr yr Eisteddfod:

Annwyl Elfed,
    O lolfa
Hotel draw ym Mogota,
    Anfon wnaf hyn o ofid
Am draed oer, am dro di-hid

Cwmni Hyder â'r werin;
Onid oedd yn dro dan din?

Yna'n syth mae'n sôn mai dim ond dŵr sydd yn yr Ŵyl:

Ar y maes dim grymusach

Mae'n gofyn ai'r bar ar Faes B sy'n gyfrifol am golli nawdd y cwmni dŵr ond mae'n llawenhau yn llwyddiant y ddarpariaeth i'r ifanc y llynedd, ac meddai:

. . . ond mi wn hyn
O haf i haf ymofyn
A wna pawb am babell pot
Hyn fynnant, dwed a fynnot;

Yna mae'n dechrau datgelu pwy ydyw drwy geisio denu Elfed Roberts i dderbyn ei gynnig:

Cymer dip un Cymro da
Am rannu mariwana;
Darparaf stôr i'r perwyl
Gwnawn fom cyd-rhyngom i'r Ŵyl.

Ai melys i'th glust miliwn
Yn y pwrs i godi'r pwn?

Yr unig wobr y mae'n gofyn am ei wasanaeth, os mynn y Cyfarwyddwr ei rhoi, yw cael gwisg wen yr Orsedd. Y mae'n cynnig tri reffari i dystio drosto, tri o gyn-athrawon Cymraeg ei hen ysgol, Y Prifardd Dafydd Rolant, Yr Athro Hywel Teifi Edwards a mi! Mae'n gorffen fel hyn:

'Diafol yw tad pob dyfais'
Ystyria'n hir,
Mr Nice.

Y Cymro Howard Marks, cyn-ddisgybl yn Ysgol Ramadeg Garw, Pontycymer yw Mr Nice; dyna deitl ei hunangofiant ond brysiaf i ddweud nad ef yw awdur y gerdd (am a wn i). Mae yma ddawn ddiymwad ac mae'r cywydd yn llifo yn ei flaen yn ddidramgwydd er na hoffaf y modd y gosodwyd ef ar y ddalen yn null y cywyddau cyhoeddus. Dyma gerdd fyw a nwyfus sy'n sboncio yn ei blaen yn afieithus a diofid. Yr union beth i'w mwynhau o'i chlywed. Da iawn.

Tim: Annerch hen gyfaill sydd bellach yn rheolwr banc y mae *Tim* gan ofyn am fenthyciad. Dyma gywydd glân a thawel wedi'i gynllunio'n ofalus sy'n llifo'n ei flaen yn rhwydd ond mae'r rhwyddineb yn cuddio disgyblaeth a meistrolaeth lwyr ar y cyfrwng. Ffermwr sydd am arall gyfeirio:

Wedi'r storm ddaeth dros y tir

sy'n gofyn am gymorth. Mae'n dechrau'n gyfrwys ac effeithiol drwy atgoffa'r bancwr am ei gysylltiad â'r ffermwr yn nyddiau eu hieuenctid. Yna eir ati'n syth i ganmol y gŵr a'i gyndadau a'i foli am ddringo i'w safle bwysig drwy ei allu cynhenid. Atgoffir ef wedyn am yr arian a gludodd y ffermwr dros y blynyddoedd i'r banc cyn gofyn:

Wrth ddarfod o gyfnod gwyn

am fenthyciad i addasu ei fferm ar gyfer galwadau hamdden a thwristiaeth. Dyma batrwm o lythyr gofyn ac er darllen y cynhyrchion eraill amryw byd o weithiau, hwn a ddôi i'r brig bob cynnig. Felly gwobrwyer *Tim.* Mae'n llawn deilwng o'r wobr.

Y Cywydd

GOFYN AM FENTHYCIAD

Partner sbri fy myd ifanc
Nawr yn ben wyt ar ein banc,
Wyt gyfaill hen atgofion,
Wyt ddeinamo yr henfro hon.

O dad a hil godidog
Wyt o gyff ffarm Allt-y-gog,
Y man am wir hwsmonaeth
A'r gorau fu ddydd a aeth.
Yn sgolor, est yn fore
Yn llawn o dalent y lle
o stŵr ei glos a'i dir glân
I'r her sy' ym myd yr arian.
I'r rhengoedd grymus dringo
Wnest tithau heb gau o go'
Pob wyneb fu'n dy febyd,
Na thywarchen bore'n byd.

Â dy fanc ar hyd fy oes
Y rhennais fraster einioes
Gan frysio'n gyson o'm gwaith
Yn cludo ffrwyth caledwaith

Ŵyn a lloi i gist ein llog,
I'w gloi hyd ddiwrnod glawog.

Heddiw dof ar dy ofyn
Wrth ddarfod o gyfnod gwyn,
O! chwalu ogylch welir
Wedi'r storm ddaeth dros y tir,
A ffyniant y gorffennol
A'i wefr iach mwyach o'm hôl.

Os anorfod ddyrnod ddu
Orffennodd ddyddiau'r ffynnu,
Sbio wyf ffordd newydd sbon
I ni wella'r enillion.
Yn ffyddlon i dôn y dydd
Fy nheiau gânt ffurf newydd,
Troi'n ddioty bydd 'sgubor,
Cell i gasino bydd côr,
A'n fythau gwyliau gwelaf
Siediau'n hŵyn, a'u gosod wnaf
Ar rent i'r braf eu breintiau
I aros hynt ymfrasáu.

Â chist rhy fach i estyn
Dros reidiau dyddiau mor dynn,
At dy fanc hyglod dof i
Yn y ras i oroesi
Yn siŵr, fy nghymar parod
Y byddi di a'th law'n dod
Ar agor fel y briga
Antur ddewr yn fenter dda;
Rhoi i fanc gwedduster fydd,
Ac i bridd gwiw boreddydd.

Tim

Cerdd Fideo. Cywaith rhwng bardd a dyn camera

BEIRNIADAETH GWYN THOMAS

Prif bwrpas cerdd fideo yw cyfuno lluniau a geiriau (a cherddoriaeth/seiniau) i greu trydydd peth. Ni fyddai'r trydydd peth hwn yn bod heb y cyfuno. Y ffordd hawsaf un, a'r un fwyaf ddiddychymyg, efallai, o greu cerdd fideo yw tynnu llun o gynnwys y geiriau. Ar yr eithaf arall, y mae lluniau lle nad yw'r berthynas a'r geiriau'n ddigon eglur i fod yn berthnasol.

Yn nheitl y gystadleuaeth nodir mai 'cywaith rhwng bardd a dyn camera' yw'r gerdd fideo. Go brin yw'r dystiolaeth fod yna waith 'dyn camera' yn un o'r ceisiadau a ddaeth i law. Hynny yw, y mae safon dechnegol yr holl geisiadau'n wan, a rhai'n wannach na'i gilydd.

Daeth pedair cerdd i law, sef eiddo *Caenewydd, Eithinfynydd, Trwyn y Fuwch,* ac *Ifan Llŷn.*

Caenewydd: Cyfansoddi cerdd yn dwyn y teitl 'Cymylau' a wnaeth yr ymgeisydd hwn. Dangosir un yn ei wely yn cofio gwahanol gymeriadau. Ceir ffotograffau o'r rhain a darnau symudol i gyfleu rhai o'u gweithgareddau. Er enghraifft, sonnir am Bertie, a cheir llun ohono, a dywedir ei fod yn un da am chwarae biliards, a chawn lun o rai'n chwarae biliards. Yn y diwedd down yn ôl at yr un sydd yn ei wely. Gweithir cefnlen o gymylau trwy'r gwaith. Braidd yn llythrennol yw'r cyfan, ac nid yw un cyfrwng yn cyfoethogi cymaint â hynny ar y llall.

Ifan Llŷn: 'Molawd y Milflwydd i Benrhyn Llŷn' yw teitl cerdd fideo'r cystadleuydd hwn. Eir â ni o gwmpas Llŷn a thynnir ein sylw at y naill beth a'r llall yn ei hanes. Y mae ansawdd y gwaith fideo'n bur ddiffygiol, a cheir amryw ffotograffau'n gymysg ag o. Math o raglen nodwedd ar Lŷn yw'r hyn sydd yma, gyda pheth gwahaniaeth rhwng y geiriau a leferir a'r geiriau a gafwyd ar bapur. Ceir cerddoriaeth glasurol yn gefndir i'r cyfan. Unwaith eto, llythrennol iawn yw'r cyfuniad.

Trwyn y Fuwch: Galwodd y bardd ei ymgais yn 'Morfa Rhianedd'. Cerdd am ardal y Gogarth yn Llandudno yw hon, a chyfeirir yn aml yn y darn cyntaf at le o'r enw Trwyn y Fuwch, gan roddi inni luniau symudol o'r ardal. Yn yr ail ran ceir cân 'Gloria' a llun o daith mewn tram i ben y Gogarth. Yna sonnir am bysgota, gyda lluniau symudol o'r môr a phier Llandudno. Sonnir am le daearyddol ac am amser a fu. Nid yw'r cyswllt rhwng y rhannau'n amlwg, a llac yw'r berthynas rhwng y lluniau a'r geiriau, a rhwng tair rhan y gerdd. Y mae'r cyfan yn gorffen braidd yn swta.

Eithinfynydd: Enw cerdd y cystadleuydd hwn yw 'Ardudwy'. Y mae'n gyfuniad o ganeuon – a chyda bron pob cân a genir, nid yw'n hawdd dilyn y geiriau'n fanwl – a cherddi, un am Angel Ynys y Brawd, ac un am Salem. Fel yn ymgais *Trwyn y*

Fuwch, braidd yn llac yw'r berthynas rhwng y geiriau a'r lluniau, a braidd yn swta yw'r toriadau rhwng y naill ran a'r llall. Y mae yma ymdrech i wneud yr hyn sydd y tu allan, yn fewnol – ymdrechir i wneud y Salem allanol yn Salem mewnol.

Nid wyf yn credu i'r un o'r beirdd lwyddo i greu cyfuniad bywiol rhwng y geiriau a'r lluniau. Y mae'r cysylltiad rhwng y geiriau a'r lluniau gan y ddau gyntaf yn rhy llythrennol a'r cysylltiad gan y ddau ddiwethaf yn rhy llac. Ac nid yw ansawdd y lluniau'n dra thrawiadol. Fy nymuniad i fyddai rhoi £100 i'r ail (*Tafod y Fuwch*) a £50 i'r trydydd (*Caenewydd*) ond nid yw'r rheolau'n caniatáu imi wneud hynny, felly rhaid atal y £300 na ellir mo'u rhannu.

RHYDDIAITH

Y Fedal Ryddiaith: Dyddiadur taith

BEIRNIADAETH ANGHARAD DAFIS

O ystyried cynnyrch y gystadleuaeth hon, rhaid dyfalu bod ysgrifennu dyddiadur taith llwyddiannus yn orchwyl digon anodd. Nid yw'r safon, ysywaeth, yr hyn y gellid ei ddisgwyl yng nghystadleuaeth y Fedal Ryddiaith. Mae llawer o'r cynnyrch yn ddiddychymyg; ni thrafferthodd amryw o'r ymgeiswyr feddwl am deitl heblaw 'Dyddiadur Taith'. Ni ddylai'r ffurf fod yn esgus dros ysgrifennu'n undonog na thros lynu'n gaeth at gonfensiwn arddull dyddiadur pob dydd (e.e. defnyddio berfenwau i gofnodi'r digwydd a manylu ar yr union amser pan ddigwyddodd hyn a'r llall). Ychydig o'r ymgeiswyr sydd wedi mentro cynnwys ymgom yn eu gwaith, fel pe bai'r ffurf yn gwarafun hynny. Mae angen i ddyddiadur arddangos dawn greadigol ac angen i ddyddiadur taith arddangos dychymyg amgenach na llyfr taith. Ac mae angen cydbwysedd rhwng ysgrifennu am brofiadau'r hunan a sylwebaeth liwgar, ddifyr ar y wlad a'i phobl a'r nodweddion hynny sy'n peri iddynt fod yn wahanol ac yn ddieithr. Dylai pob cystadleuydd, gydag un eithriad, roi sylw i'w iaith. Roedd hi'n anodd cysoni camgymeriadau ieithyddol elfennol gan ddyddiadurwyr a ysgrifennai'n soffistigedig ddigon. Ymhlith y camgymeriadau mwyaf cyffredin yr oedd rhai'n ymwneud â chystrawen, â threigladau, â chenedl enwau, â ffurfiau unigol/lluosog enwau, ag 'ei'/'eu', â chymysgu 'yw' ag 'i'w', â therfyniadau geiriau, ag arddodiaid, â geirynnau rhagferfol, â'r fannod, â ffurfiau ac amseroedd berfau, â dyblu'r 'n', â'r acen grom, â sillafu, ag orgraff ac â chyfieithu ymadroddion yn llythrennol o'r Saesneg.

Mae'r cynnyrch yn ymrannu'n naturiol i ddwy ffrwd, y ffrwd ffeithiol a'r ffrwd ddychmygol. Heblaw am y ddau orau sydd mewn dosbarth ar wahân, nid yw'r gweddill wedi eu gosod mewn unrhyw drefn neilltuol.

Adwy Wen: Copi gair-am-air o lawysgrif rhif 3505D yn Adran Lawysgrifau'r Llyfrgell Genedlaethol yw gwaith *Adwy Wen* gyda mân newidiadau orgraffyddol ac ieithyddol. Rhestr o amserau, enwau llefydd ac enwau pobl blith draphlith yn cyfleu odid ddim i'r darllenydd. Mae ambell ddarn mor ddiddorol â gwrando ar ganlyniadau pêl-droed ar y radio ar brynhawn Sadwrn: '1822 Mehefin Sul 2. Wern 10. Criccieth 2. Pwllheli 6. Diwrnod dedwydd a phleserus. Sul 9. Ffestiniog 10. Trawsfynydd 2. Maentwrog 6.' Gallesid ymhelaethu. Nid ei ddyddiadur yw'r peth mwyaf hynod ynghylch Edmwnd Evans fodd bynnag. Mae wedi llwyddo i gyfathrebu â ni o'r tu hwnt i'r bedd. Tybed nad yw digwyddiad mor rhyfeddol o gyfriniol yn ddigynsail yn hanes yr Eisteddfod?

Un o'r Llu: 'Mordaith Medi'. Cofnod uniongyrchol o fordaith ddeuddeng niwrnod. Mae'r mynegiant yn dilyn confensiwn dyddiadur pob dydd. Darperir mapiau a lluniau rhag i'r beirniaid golli eu ffordd/fynd i gysgu dan sigl y don am wn i. Mae'r dyddiadur yn ddestlus a'r gwyliau'n rhai delfrydol. Manteisia'r traethydd ar y cyfle i sôn am wyliau ei orffennol. Ceir disgrifiadau digon diddorol o'r lafa ar ynys Lanzarote ond mae darnau eraill o'r dyddiadur yn darllen yn rhy debyg i lyfr hanes.

Ar Fynd: 'Dyddiadur Taith'. Mae mynegiant hwn yn tynnu sylw oddi ar ei gynnwys. Arddull nodiadau yw eiddo *Ar Fynd.* Defnyddir y berfenw yn eitha rhemp ar ddechrau brawddegau ac mae peth wmbreth o bethau'n 'ofnus'. Mae ambell frawddeg yn rhy hir a rhaid darllen eraill drosodd a throsodd er mwyn ceisio'u deall. Anodd hefyd yw deall y gyfeiriadaeth fynych at gefndiroedd gwleidyddol ac at ddiwylliannau'r gwledydd yr ymwelir â hwy gan fod *Ar Fynd* mor driw i'w henw. Nid yw'n oedi yn unman yn ddigon hir i ni amgyffred y lle. Mae'n enwi pobl heb eu cyflwyno'n iawn i ni, yn fwriadol, efallai. Mae fel pe bai'n gyndyn i agor ei meddwl i ddiwylliant a bwydydd gwledydd eraill. Bron nad yw'r posibilrwydd o ddal haint yn mynd yn chwilen yn y pen. Mae'r ffaith bod *Ar Fynd* yn addef mai'r 'cartrefol a'r cyfarwydd sy'n gweddu orau gen i' yn gwneud i rywun ddyfalu pam iddi fentro oddi cartre o gwbl.

Caspar: 'Dyddiadur Taith'. Arddull braidd yn nodiadlyd yw eiddo *Caspar* sy'n cynnwys lluniau. Meddyg yn y llynges ydyw yn adlodd brwydr y Malvinas. Ceir ganddo ambell hanesyn difyr a chawn gip ar fywyd bras ond syrffedus ar fwrdd llong y lluoedd arfog. Mae eironi od yn ei gymeriad. Nid yw un sy'n rhoi cymaint pwys ar yr iaith a'r diwylliant Cymreig fel pe bai am ystyried y posibilrwydd fod milwyr Cymraeg eu hiaith ymhlith yr Archentwyr. Cyfeiria at y gwastraff bywyd a chwyna am y gost i drethdalwyr gwledydd Prydain. Rhyfedda at awydd yr ynyswyr i lynu wrth eu darn tir a chadw cyswllt gyda Phrydain. Ond nid yw'n wynebu'r ddeuoliaeth hon.

Melchior: 'Dyddiadur Taith'. *Caspar* ddeng mlynedd yn hŷn yw *Melchior.* Ceir ambell sylw bachog ganddo megis yr 'Hwyl gwneud . . . gydag estroniaid na welwn fyth eto'. Dychwela'r meddyg i'r llynges i osgoi talu treth incwm. Dim ond rhyw fanion megis gwerthu arfau a chynnal ymarfer niwclear sydd yna i darfu ar y llyn llefrith o siwrnai. Mae yma alaru ar ôl yr Ymerodraeth Brydeinig. Dro arall mae fel pe bai'n dychanu'r union Ymerodraeth honno.

Belthasar: 'Dyddiadur Taith'. Yr olaf o'r drindod gan y meddyg môr. Mae wedi ymddeol bellach ond heb ddisbyddu ei awydd am osgoi talu treth incwm. Dyna'r rheswm dros ei bererindod i'r Eidal, a'i wraig yng Nghymru fach yng nghanol y tymor wyna. Mae'n ceisio cynilo drwy fyw 'fel Eidalwr' ar 'gigoedd a chawsiau . . . a digon o ffrwythau'. Dilynwn ef o gwmpas gogoniannau pensaernïol a chelfyddydol Rhufain, Fflorens, Fenis, Siena, Napoli a Phompei. Caiff well hwyl ar y dyddiadura y tro hwn. Er gwaethaf y gwychder o'i gwmpas, cyndyn i gilio yw hen ragfarnau. Caiff ei flas cyntaf ar fwyd McDonalds yn Rhufain a chael ei blesio'n arw. Mae ei wraig yn penderfynu gwerthu'r defaid pan â i Gymru'n ôl. Pwy all ei beio?

Blodyn Tatws: 'Taith i'r Gorffennol – Gwirfoddoli yn Romania'. Ceir tuedd i ddefnyddio brawddegau amlgymalog anodd eu deall ac weithiau mae fel pe bai'n anghofio byrdwn brawddeg hanner y ffordd drwyddi. Dro arall mae'n gordraethu ac yn gorfanylu. Caiff y gymhariaeth gyda set ffilm/amgueddfa ei gor-wneud. Eto mae ganddi'r gallu i greu awyrgylch ac mae yna gyffyrddiadau da. Mae'r teitl yn egluro testun y dyddiadur. Ceir portread o fywyd hamddenol gweithwyr gwirfoddol sy'n treulio'r rhan fwyaf o'u hamser, fe ymddengys, yn gwagsymera yn eu swyddfa. Prin awr y dydd a dreulir yn y cartref plant, er y ceir darlun digon sobreiddiol o'r modd creulon y trinnir y trueiniaid gwrthodedig hyn gan yr awdurdodau. Er nad yw'n brin o hunanfeirniadaeth, gallesid bod wedi datblygu mwy ar y rhwystredigaeth o fethu â gwneud digon. Cawn ddarlun o draddodiadau, bywyd domestig, tlodi a hud y wlad yn sgil y mynych hela sgwarnogod. Rhyw deimlo yr oeddwn ei bod yn mynd i bobman heb fynd i unman.

Ffordd Las: 'I Wlad y Cymdogion'. Dyddiadur Taith i Awstralia, Gŵyl Ddewi 1991. Mae elfen o ddyddiadur o fewn dyddiadur gan hwn. Rhyw fath ar ddilyn ôl troed John Jones o Bantperthog, Pennal yn 1856 a wna *Ffordd Las* ond llac iawn yw'r cyswllt a buan yr anghofia am John Jones wrth iddo ymroi i'w daith ei hun i'r Cyfandir mawr. Cawn hanes ymneilltuaeth yn Awstralia a'r modd y Seisnigodd yr achosion gyda phob cenhedlaeth. Mae yma ffraethineb a hiwmor a dychan wrth drafod, e.e. enghraifft, sut y rhoddwyd lle blaenllaw i'r Frenhines a'r iaith Saesneg ar Ŵyl Ddewi alltud. Mae ganddo agwedd amharchus iach at bobl bwysig. Eto, mae darnau o'r dyddiadur yn rhy gatalogaidd. Braidd-gyffwrdd â thynged y Cynfrodorion a wneir. Mae'n dychwelyd i Gymru yn y diwedd.

Sibi'r Widden: 'Taith Hen Frithyll'. Gwraig weddw yn mynd ar ddwy daith ôl-dremiol fel petai, taith bersonol i'w gorffennol a thaith i gymharu Uganda ddoe a heddiw. Digwyddodd gwrthryfel Idi Amin yn erbyn yr Arlywydd Obote dair wythnos yn unig wedi i *Sibi* a'i gŵr gyrraedd yno yn 1971. Daeth Amin i'r gwesty lle'r oeddent yn aros ddeuddydd wedyn: 'Hawdd oedd i ni, na wyddem nemor ddim amdano, synio mai rhyw gawr mawr addfwyn a chlên oedd . . . '. Cyfeirir at erchyllterau gorffennol treisgar y wlad o dan ei deyrnasiad. Mae gan *Sibi* ddawn dweud ac mae cyfuniad o lygad ymwelydd, crebwyll newyddiadurol, a hiwmor hunanddychanol yn ei galluogi i dynnu lluniau cofiadwy o'r Uganda gyfoes. Mae'n datgan iddi gyrraedd rhyw fodlonrwydd personol ar y diwedd. Eithr cyrraedd yno a wna: nid yw'n rhannu profiadau'r daith gyda ni. I mi, buasai gosod y dyddiadur yng nghyfnod Amin wedi bod yn fwy diddorol. Mae mwy nag ychydig o ffresni cofnodi ar y pryd yn debygol o gael ei golli wrth gymharu'r presennol â'r gorffennol. Mae rhywun yn rhwym hefyd o fesur gwerth y gwaith ar sail nerth y gymhariaeth. Efallai bod gormod o flas cynnwrf ddoe ar 'Taith Hen Frithyll' iddi fod yn gwbl lwyddiannus.

Esos: 'Dyddiadur Taith'. Mae bwlch yn ysgolheictod yr ymgeisydd hwn: ni ŵyr sut i ddogni atalnodi. O'r herwydd ceir gormod o fylchau yn ei naratif. Golyga hyn fod darllen ei ddyddiadur yn waith llafurus. Unwaith y cyfarwyddir â'r arddull fyr ei gwynt, gellir cael cryn dipyn o bleser o'i ryddiaith. Y mae'n arbennig o effeithiol wrth ddisgrifio'r ymweliad â'r meddyg yn nhermau taith nad oes gennym reolaeth drosti: 'Pan estynnodd y papur prescripsiwn imi ar draws y ddesg, gwyddwn fod fy nhaith ar gychwyn, ac mai hwn oedd fy nhiced . . .'.

Mae'n agor ei ddyddiadur yn bur ddramatig ac yn plymio i ganol pethau'n syth. Ceir ganddo ymgais lew i fynd i'r afael yn greadigol â chyflwr iselder ysbryd. Mae'n osgoi ystrydeb ac yn llwyddo i ysgrifennu am ddiflastod yn ddifyr drwy ei ddelweddu'n gyson. Nid ofna ddefnyddio sgwrs er na welaf yr angen am nodi y 'cwestiwn' a'r 'ateb'. Mae'n amrywio tempo'r dyddiadur yn effeithiol. Mae defnyddio hen eiriau megis 'aig' ac 'anaraul' ac ymadroddion Saesneg yn chwithig pan fo'r iaith, at ei gilydd, yn glasurol. Ar brydiau mae tuedd i ailadrodd neu gymysgu delweddau. Trueni hefyd am y gwallau iaith gan fod yma ddeunydd da gan ddyddiadurwr diffuant sy'n amlwg wedi bod drwy'r felin.

Un Dyn Bach Ar Ôl: 'Dyddiadur Taith'. Mae hwn fel hosan wedi ei stwffo hyd yr ymylon â ffeithiau hanesyddol am Lydaw, Cymru a'r Orsedd yn y ddwy wlad. Fframwaith mewn gwirionedd yw ymweliad yr Orsedd a gymer ryw wythfed ran o'r dyddiadur. Er bod cyfeiriadau mynych at Gynan, Dyfnallt *et al*, tywyllu'r drws yn unig a wnânt. Creodd y rhyfel wrthdaro ymhlith y Llydawyr cenedlaetholgar, wedi ei ganoli ar eu hagwedd at y *Résistance*. Mae *Un Dyn Bach Ar Ôl* yn gyndyn i fynd i'r afael â'i destun. Yn hytrach mae'n ein tywys ni ac aelodau'r orsedd hanner canrif yn ôl ar ryw daith sgwarnoglyd ar hyd ac ar led daear Llydaw i weld eglwysi a seintiau a chlocs a ffiolau a gwehyddion a defodau paganaidd digon rhyfedd. Mae ganddo ddawn ddisgrifiadol ddi-fai a chawn bytiau o wybodaeth ddifyr. Dro arall rhestra fanylion hanesyddol yn ferfaidd. Mae ystryw, dichell a brad yn gefndir i'r dyddiadur, ond ni chaiff yr edafedd cyfoethog ei weu yn frethyn lliwgar. Cyfnod oedd hwn pan fyddai Llydawyr yn cael eu lladd neu'n diflannu neu'n gorfod ffoi o'u mamwlad. Gallesid bod wedi rhoi adenydd i'r dychymyg a chreu nofel ddirgelwch neu ddrama drawiadol a diddorol ei deunydd. Dewis peidio a wnaeth a cholli cyfle ardderchog.

Tashi: 'Byw yn y Cymylau'. Fel nifer o'i gyd-gystadleuwyr mae hwn eto yn cychwyn yn y maes awyr. Mae yma elfen weledol gref a thebyg i dechneg ffilm yw'r modd y mae'r naratif yn symud. Mae ganddo lygad craff a gallu i ysgrifennu'n delynegol, ond mae angen tynhau'r brawddegau gorlawn. Ac yntau'n gymaint o ieithgi, dylai *Tashi* feistroli ei Gymraeg. Mae'r dyn peniog hwn sy'n medru cynifer o ieithoedd yn bathu ffurfiau Cymraeg newydd sbon danlli grai, e.e. dylais, deuais, syrth, surbwt, smicio, addodd. Er bod mwy o waelod i *Tashi* nag i'r rhan fwyaf o'r tramwywyr eraill, dioddefa o'r un anhwylderau teithio â hwythau. Cymeriadau dauddimensiwn yw'r rhai y mae'n dod ar eu traws. Fe'n hatgoffir am ddychweledigion gwyliau fo'n mynnu ein dallu gyda holl fanylion eu siwrneiau. Gellir cyffelybu dyddiadur *Tashi* i siwt â'i deunydd yn dda ond ei thoriad yn amrwd. Cofleidiodd ddiwylliant a hanes a ffordd o fyw pobl Tibet a Darjeeling a Nepal, heb wybod sut i drosglwyddo'i adnabyddiaeth i ni. Efallai bod a wnelo'r methiant hwn i gyfathrebu â'i gynulleidfa â'i gred mewn ailenedigaeth a'r teimlad o *déjà vu* a gaiff wrth synied bod ffawd wedi ei arwain i Ogledd Ddwyrain India. Beth bynnag yw ei gynenedigaeth fraint mae angen iddo dymheru'r dweud ar gyfer cynulleidfa lai gwybodus nag ef.

Pawb: 'Diolch i 'Nhrwyn'. Y gair cyntaf yn y dyddiadur hwn yw 'Shit' ac mae sgatoleg yn thema gyson ynddo. Mae iaith *Pawb* yn lanwedd at ei gilydd ond heb fod yn ddilychwin. Dioddefa o haint ysgrifennu nodiadau. Tuedda i ailadrodd pethau, er enghraifft y gymhariaeth rhwng cynefin a slipars. Gallesid gosod 'hanes ymweliad diniweityn ag India' yn is-deitl i 'Diolch i 'Nhrwyn'. O'r funud y troedia dir India am y tro cyntaf mae'r brodorion am y gorau i'w dwyllo. Ond derbynia'r cyfan yn raslon gan chwerthin yn iach am ben ei ffolineb ei hun. Mae yma ddweud da a gallu i greu lluniau trawiadol. Yr oeddwn yn teimlo i'r byw drosto yn cael ei wasgu rhwng dwy 'gyfandir o ddynes' mewn 'cefnfor o sari' ar y bws i Chittor. Weithiau mae'n gynnil. Weithiau mae'n ysgrifennu'n ysbrydoledig. Uchafbwynt y dyddiadur i mi oedd hanes y daith ar gefn camel. Llwydda i roi blas i ni ar fywyd India, ei mympwyon, ei chardotwyr lliwgar, ei marchnadoedd, ei llygod bach llawn cymeriad, ac ar y meddylfryd jacôs sy'n gyrru ei theithwyr bws. Cawn gip ar draddodiadau a diwylliant a'r arferion golchi dillad sy'n swnio bron fel crefydd. Nid esbonnir yr arfer o olchi fesul lliw chwaith. Ni ddatgelir cynnwys y tri deg saith tun o *Quality Street* yn y siop lyfrau i ni; na'r rheswm dros y brotest ddillad du drannoeth yr etholiad cyffredinol. Sonnir am liw'r pleidiau gwleidyddol ond ni ddywedir ar ba ochr o'r sbectrwm gwleidyddol y safant. Ni chaiff *Pawb* na neb wybod pwy oedd y dyn pwysig yn Delhi. Mae gormod o'r twrist yma a dim digon o adnabod enaid y wlad. Efallai bod ei ddyddiadur yn gogwyddo ormod at y myfïol i daro deuddeg. Sonia am 'ista a gwatsiad y byd yn mynd heibio'. Trueni rywsut na rannodd fwy o'r hyn a welodd gyda ni.

Becca: 'Dros y Lein ar Leinar' sef 'hanes dychmygol gwraig weddw yn morio i Awstralia o gefn gwlad Cymru' ar ei phen ei hun yn y chwedegau i gwrdd â'i mab am y tro cyntaf ers ugain mlynedd. Mae yma olygfeydd trawiadol a brith dyndra. Ceir rhyw lun ar bortread o ambell deithiwr a cheisir cyfleu rhywfaint ar undonedd bod ar long am amser maith. Er bod emosiwn o dan yr wyneb, mae *Becca* fel pe bai'n gyndyn i fynd i'r afael ag ef. Buasai tynnu mwy ar orffennol y wraig weddw a'r hyn sy'n ei hwynebu ar ben draw'r daith wedi cyfoethogi'r gwaith, efallai.

Akara: 'Dyddiadur Taith'. Mae *Akara* wedi cynnwys llyfryddiaeth yn nodi'r ffynonellau llenyddol y cyfeirir atynt yn ei dystopia o Gymru 2050. Ysgrifennwyd y dyddiadur o safbwynt Morfudd ddeunaw a phedwar ugain mlwydd oed sydd bron â thorri'i bogel isie marw ond sy'n gorfod bodloni ar fyw yn gaeth i'w chadair olwyn ac i'w 'charchar' hen bobl – y 'fangoll'. Agwedd Nihilistaidd at y byd yw eiddo Morfudd. Yr hyn a wêl o'i chwmpas yw hunllef ddigidol lle mae llyfrau'n brin, awyr a bwyd iach yn brinnach, dim ffermydd na sgwrs ddifyr, dim ond glaw a chyfrifiaduron. Mae 'popeth da' wedi'i 'ganoli' yng Nghaerdydd ac nid yw'r cynulliad ond 'pyped' a 'Llundain . . . yn rheoli'. Er bod ambell ddisgrifiad digon pert, mae *Akara* yn benderfynol o bentyrru un diflastod ar ben y llall er mwyn cyflwyno moeswers. Rhaid gwneud i Morfudd bregethu a galarnadu, gan flino'r darllenydd. Peth arall sy'n blino'r darllenydd yw'r gred mewn purdeb ethnig. 'Sodom a Gomorra' yw Cymru bellach, pob 'iaith wedi'u cymysgu driblith-drablith, yn Tsieineaid, Pacistanis, Saeson, Gwyddelod, Hindŵaid a Negroaid, a'r rhain i gyd wedi croesgenhedlu a gorgenhedlu gwehilion heb wreiddiau'. Oes angen dweud mwy?

Ifan Morris: 'Y Blynyddoedd a Ddifaodd y Locust'. Nofelig. Hoffais y cyflwyniad ar ddechrau'r dyddiadur milwr hwn sydd wedi ei ysgrifennu'n gymharol gaboledig. Mae'r arddull yn braf er nad yw'r iaith heb ei brychau. Er bod darnau sy'n cyffwrdd â'r galon, mae yma ormod o lawer o grynhoi yn hytrach na darlunio fel ei bod yn anodd cydymdeimlo gyda'r cymeriadau yn eu trallod. Mae ymateb llywaeth o resymol nifer o'r cymeriadau i ddigwyddiadau digon erchyll yn dreth ar grediniaeth. Nid yw'r diweddglo'n argyhoeddi chwaith na'r ffordd y llusgir Bethan y ferch i'r stori i ddarparu tro eironig. Efallai y byddai'n werth arbrofi mwy gyda'r ffurf gan ddechrau a diweddu gyda phriodas Bethan.

Teithiwr: 'Y Daith'. Mae graen ar ysgrifennu *Teithiwr,* eithr nid yw'n rhydd o wallau. Gall fod yn sylwgar a chreu awyrgylch; dro arall yn anghynnil ac ailadroddus. Mae gormod o gyd-ddigwyddiadau yn ei stori fer hir iddi fod yn gredadwy. Ar gychwyn y stori mae'r prif gymeriad, Bethan, ar fin ymadael am yr Amerig gyda'i nai bach Cynon er mwyn iddo gael triniaeth feddygol fydd yn achub ei fywyd. Herwgipir yr awyren a chludir y gwystlon i adeilad yn rhywle i'w cadw'n gaeth. Mae'r terfysgwyr yn gwahanu Cynon oddi wrth y gweddill. Gyda llaw y cyfeirir at ei ryddhau ac ni ddarperir unrhyw eglurhad drosto. Mae tynged Cynon yn eilbeth i'r cynnau tân ar hen aelwyd rhwng Bethan, y prif gymeriad a'i hen gariad Gethin. Methiant yw'r ymgais i gadw cydbwysedd rhwng stori'r cariadon a stori Cynon. Ni wneir unrhyw ymdrech i ddeall dyheadau na chymhellion yr herwgipwyr. Tueddu i ogor-droi yn yr unfan y mae'r digwydd. Mae'n wir fod amser yn fferru mewn sefyllfa o'r fath, ond dylasai hynny fod yn sbardun i'r dychymyg.

Zak Ferraro: 'Salwch ym Mhrydain y Nawdegau'. Mae gan *Zak Ferraro* ddawn brin – doniolwch. Mae hiwmor yn byrlymu o'i ddyddiadur, er na fydd yn apelio at bob chwaeth gan mor goch yw. O Sir Drefaldwyn y daw'r traethydd, ond nid ymgorfforiad o fwynder Maldwyn mohono. Iaith fras, gyfoes, Wenglishaidd sydd ar ei dafod; nid am na ŵyr y geiriau Cymraeg ond am ei fod fel pe bai'n gwneud ati i greu ieithwedd newydd ddigon dadleuol. Byddai'n werth iddo wagru llawer o'r geiriau Saesneg gan fod modd creu effaith heb ddefnyddio cymaint a chymaint o'r iaith fain. Hoffais ei agwedd smala at y byd. Newid braf o fyfïaeth hollbresennol y dyddiaduron eraill yw ei ddull o gyfarch y darllenydd yn uniongyrchol. Mae elfen o dynnu coes yn y ffordd y mae'n gadael tudalennau'n wag i adlewyrchu, mae'n debyg, flerwch annefodol pobl sy'n methu â chadw dyddiadur yn feunyddiol. Mae diymadferthedd y dyn bach yn y sefyllfaoedd doniol a grëir ganddo yn ddychan deifiol ar y gwasanaeth iechyd ac ar bobl mewn awdurdod. Nid yw *Zak* fel pe bai'n gallu penderfynu ai dyddiadur heipocondriac ydyw, oherwydd dyna gorff y gwaith, neu ryw sylwebaeth fwy cyffredinol am *angst* byw mewn byd disynnwyr. Mae'r ysgrif olaf 'Trio mynd nôl i'r coleg' fel rhyw atodiad megis. Wrth golli hiwmor mae'n colli'i ergyd, ac mae'r gwaith yn colli ei unoliaeth. Byddai'n werth tocio fan hyn ac ymestyn fan draw i greu cyfanwaith mwy boddhaol gan gomedïwr tan gamp.

Caleb: 'Dychymyg yn Drên'. Mae'r nofel fer hon yn ymrannu'n dair rhan. Taith yn ôl ar drên y cof yw'r rhan gyntaf a'r trên yn aros yma ac acw mewn arosfannau yng ngorffennol y prif gymeriad a'r traethydd. Yn yr ail ran mae'r un trên yn dychwelyd i'r presennol ac yn ailymweld â'r llefydd yr ymwelwyd â hwy yn y rhan gyntaf gan edrych arnynt o ongl wahanol. Mae rhan tri yn cychwyn yn y presennol. Egyr y nofel yn afaelgar. Mae'r brawddegau byrion bachog yn ennyn ein chwilfrydedd. Yr ydym yn esgyn i'r trên ac yn gadael i'r traethydd ein tywys ar daith sy'n addo bod yn ddiddorol a gwahanol. Llwydda *Caleb* i symud rhwng naratif trydydd person a pherson cyntaf yn gwbl esmwyth. Mae'r darnau hyn fel cyfarwyddiadau drama. Er bod y dull weithiau'n fagl i *Caleb,* ac yntau'n anghofio mai yn y person cyntaf y mae'n ysgrifennu, dyma awdur sy'n gwybod sut i greu effaith. Gŵyr sut i gyfleu'r tyndra a grëir gan bwysau gwaith domestig a magu plant, a sut i daflunio llun llonydd merch yn caboli creiriau pres. Trueni felly fod gwendidau'r nofel yn ei sarnu cyn y diwedd. Mae'r ffaith fod y trên yn cyrraedd ei derminws ar ddiwedd rhan dau yn difetha ffurf y nofel. Nid yw'r gymeriadaeth yn dal dŵr. Os nad ysgrifennu o brofiad y mae *Caleb* efallai y talai iddo wneud mwy o ymchwil i'w bwnc cyn mentro i roi pin ar bapur. Ceisir ein darbwyllo drwy osgoi diweddglo rhy dwt, ond mae cyfres o gyd-ddigwyddiadau'r drydedd ran yn nacau hynny. Mae'r frawddeg derfynol mor awgrymog â gordd. Dim ond atgof pell yw'r daith ar drên yr anwybod bellach.

Mesmer: 'Tri Mochyn Bach'. Mae dawn lenyddol ddiamheuol gan *Mesmer.* Gall ysgrifennu'n esmwyth a slic. Mae yma afael sicr ar grefft. Mae'r arddull a'r mynegiant yn gaboledig. Mae'n ddarllenadwy iawn, os yn anghynnil ar adegau. Llais darlithydd yn y Gymraeg o'r enw Mair Rhydderch yw prif lais y nofel. Yn ogystal â'r prif lais mae yna lais italeiddiedig print coch sydd fel 'llais tragywydd rhyw gydwybod goch' neu ddiafol yn torri ar draws llif meddyliau'r prif lais i darfu ar esmwythyd Mair a'i dwysbigo'n gyson. Mae'n ddyfais ddifyr. Rhyw fath ar islais nad yw'n rhan o'r cofnod 'swyddogol', ond yn ymgais i ddod o hyd i'r 'gwir, yr holl wir, a dim ond y gwir'. Tybed?

Mae Mair yn derbyn comisiwn gan y Tywysog Nwgeri o Nacaa Culaam i ysgrifennu llyfr. Ar ddechrau'r nofel mae ar fin ymadael i dreulio pythefnos ar yr ynys. Wrth deithio rhwng Heathrow a Luanda cawn rannu llif ei meddyliau – a'r llais arall ymwthiol – a chawn wybod cefndir ei pherthynas â'i diweddar ŵr Arwyn (ynte Elwyn dwedwch?), a chyda Rhodri, ei 'chwalfa'. Gwyddys fod gan Mair holl bwn rhyw orffennol digon ach-y-fi i'w gludo ar ei chefn. Synhwyrir hynny cyn gynted ag y cyfeirir at y tomatos yn y tŷ gwydr. Fesul tipyn y datgelir ei chefndir personol i ni. Fesul tipyn yr heuir hadau nofel ddirgelwch ac yr enynnir ein chwilfrydedd. Un hedyn yn y dirgelwch hwn yw'r amgylchiadau amheus o gwmpas marwolaeth Igoris, mab Nwgeri, yn ddeg ar hugain oed. Hedyn arall yw'r ffaith fod Igoris wedi marw ger yr union fan y breuddwydiodd Dimitri Pliskinn, athronydd o Chechnya, ei gyfres o freuddwydion yn ymwneud â'r tyndra ym mherthynas tad a mab. Hedyn arall yw bod Igoris yn ddehonglwr breuddwydion bydenwog (dyna hefyd oedd priod faes Arwyn) a bod Nwgeri'n gwybod am Arwyn. Hadau eraill yw'r tebygolrwydd fod Igoris ar hanner y broses o gyfannu'r ymwybod gyda'r isymwybod pan fu farw, ei fod wedi profi nad oedd breuddwyd Asnoch (un o'r tri mochyn bach) yn neilltuol i'w llwyth nhw a'i fod yn ymwybodol fod presenoldeb y chwedl a'r dyn hysbys yn y llwyth yn eu rhwystro rhag datblygu a chael eu derbyn gan genhedloedd eraill. Ychwaneger at hynny y gollwng enwau Freud, Jung, Goethe y cyfeiriadau at *Dreamtime,* a'r ddamcaniaeth bod dau enaid gan bob bod dynol ac wele ddigonedd o stwff i gnoi cil arno. Y stwff yma a rydd i'r nofel ei helfen ddeallusol.

Rhyw fath o dditectif academaidd yw Mair. Caiff ei chyflogi i geisio datrys pos marwolaeth Igoris. I'r perwyl hwn mae Nwgeri'n gofyn i Mair ysgrifennu cofiant, cyhoeddi casgliad o bapurau Igoris, a dehongli ei ddyddiadur, sef 'Dyddiadur Taith i fyd breuddwydion'. Nid yw Mair ysywaeth yn cyflawni'r comisiwn. Ni ffrwythlonir yr hadau. Ni chyflawna'r nofel ei haddewid. Hyd yn oed cyn i Mair dderbyn newydd drwg o Gymru sy'n ei gorfodi i adael ar amrantiad y mae sgrifen elfen ddeallusol y nofel ar y mur. Wrth i'r nofel fynd rhagddi mae Mair yn ei datgelu ei hun i ni, nid fel menyw ag ymennydd, ond fel hoeden sy'n barod i neidio i'r gwely ar y cyfle cyntaf gaiff hi gyda pherchennog y 'llaw frown flewog' ac fel menyw benwag sy'n canfod fod dyn 'sy'n gwisgo dillad drudfawr' yn beth 'mor rywiol'. Ymddengys bod palu ei ffordd drwy'r chwedlau a'r breuddwydion yn ormod iddi. 'Mae dy ben di'n troi', meddai'r llais coch, 'Mae'r cyfan ar y funud yn llanast, ac fe wyddost mai'r unig ffordd allan o'r llanast ydi closio at Nwgeri. Ganddo fo mae'r ateb a'r allwedd i'r cyfan'. Ar ba sail, nis ymhelaethir, ond gwyddom bryd hynny fod y gynddelw o ferch gadarn academaidd sicr o'i phethau wedi ei chwalu unwaith ac am byth. A dyna ni'n ôl at yr ystrydeb fenywaidd wan nad oes ganddi ewyllys i wneud dim heblaw boddio chwantau'r dynion sy'n croesi ei llwybr. Mae'r modd y mae Mair yn ymwrthod â'r her a osodwyd ger ei bron yn cymell rhywun i ofyn ai twyllwraig broffesiynol yw hi. Fe fyddai'r rwdl boetsh am hunanfaldodi ar y dechrau a'i amherthnasedd i weddill y stori yn peri i ni feddwl hynny. Dyna safon ei haith wedyn – yn cynnwys y 'bastads arddodiaid'. Go brin ei bod yn gydnaws â meini prawf swydd darlithydd yn y Gymraeg. Os nad yw Mair yn rhyw broffesiynol iawn ei thwyll, beth wedyn? Gellid dadlau mai llais diafol yr inc coch a'i temtiodd a'i harwain ar gyfeiliorn ac nad hi ei hun, mewn ffordd o siarad, oedd yn gyfrifol am ei gweithredoedd. Pam trafferthu felly i gynnwys yr holl fanylion deallusol o gwbl? I daflu llwch i lygaid y darllenydd? Ynte a flinodd *Mesmer* ar yr elfen hon a'i bwrw hi i'r gwynt? Ni ellir llai na theimlo bod y darllenydd wedi ei dwyllo a bod stori dda â thipyn o afael ynddi wedi ei haberthu. Nid erys ond nofel am ryw gydag elfen o siopa iddi a rhyw blisgyn siwgr eisin o ddeallusrwydd ymhonnus wedi ei daenu'n arwynebol drosti. Mae trywydd gweddill y nofel fel pe bai'n gwneud hwyl am ben yr elfen ddeallusol hon.

Gallasai rhai awgrymu fy mod yn cyfeilorni wrth geisio pwyso a mesur 'Tri Mochyn Bach' ar sail rhesymeg y testun. Awgryma fy nghyd-feirniaid mai breuddwyd ydyw neu fynegiant o'r isymwybod. Os felly, ble yn gwmws y mae breuddwyd yn dechrau a ble mae'n gorffen? Ble mae diwedd realiti a dechrau ffantasi? Oes ffin rhyngddynt? Os yw'n cychwyn yn y bath ar ddechrau'r nofel ac yn gorffen ar y dudalen olaf, pam mai pythefnos union ym mis Awst a gymer y freuddwyd? (Mae hi'n dweud mai am awr y bu yn y bath: siawns na fyddai'r dŵr wedi hen oeri a hithe wedi sythu mewn pythefnos.). Os mai ar delerau afrealaidd yn hytrach na rhai rhesymeg y mae ei chloriannu, pam defnyddio rhywbeth mor realaidd a threfnus â dyddiadau go-iawn? Heb sôn am ffurf dyddiadur ysgrifenedig? Os nad oes dechrau na diwedd iddi pam ei bod wedi ei gosod o fewn rhychwant amser penodol? Os ydys yn cyfeiliorni eto wrth geisio deall terfynau dychymyg Mair, ar y sail fod hon yn gwthio'r ffiniau, â pha linynnau mesur yr ydym i gloriannu'r nofel? Onid oes perygl i bob dehongliad ddiflannu i ganol niwlogrwydd ta beth ych chi mo'yn? Os mai ta beth ych chi'n mo'yn a saif, beth sydd o'i le ar ddefnyddio meini prawf sy'n seiliedig ar resymeg?

Efallai ei bod yn arwyddocaol fod Mair yn cymryd dau 'ecob' (dos ddwbl) o gyffur honedig egsotig wrth lolian yn y baddon a'i diweddar ŵr wedi ei rhybuddio am beidio. Os mai un trip gwael yw'r nofel ar ei hyd pam fod dilyniant rhesymegol i'r digwyddiadau? Oni fyddai modd cyfiawnhau unrhyw wendidau yng ngwead y nofel ac yn ei hiaith ar y sail ei bod wedi ei sgrifennu drwy ymwybod *persona* jynci/freuddwydiwr? Dyna'r awdur yn cael gwadu pob cyfrifoldeb. I mi nid yw'n taro deuddeg pa ffordd bynnag y mynner ei dehongli. Ni'm mesmereiddiwyd.

Y GOREUON

Meirion: 'Trwy'r Tywyllwch'. Gan *Meirion* y mae iaith lanaf y gystadleuaeth. Nid yw'n gwbl ddi-fefl chwaith. Ceir ambell lithriad yma ac acw ond mae'n drawiadol o gywir yng nghyd-destun y gystadleuaeth. Mae yma doreth o gyfeiriadaeth lenyddol. Mae'n deall rhythmau iaith ac yn hoff o sgrifennu'n ddelweddol. Rhamantydd ydyw, yn ôl yr uniaethu cyson a geir â byd natur, i gyfleu cyflwr emosiynol y traethydd. Mae ambell ddarn yn darllen fel barddoniaeth:

> Yno mae'r glaswellt
> yn llwyd a briw,
> yn hanner byw,
> yn ddi-raen,
> yn ddi-liw

Mae'n amlwg fod ganddo allu i lunio portreadau, a dawn ddychanol a ffrwynwyd i raddau yn y dyddiadur hwn. Roedd darllen ei ddialogau fel chwa o awyr iach ar ôl undonedd mynegiant amryw o'r dyddiaduron eraill. Graenus, clasurol, huawdl, coeth. Dyna'r math o ansoddeiriau oedd yn taro rhywun wrth ddarllen gwaith *Meirion.* Sina i'n deall chwaith beth yw'r asgwrn sda *Meirion* i'w grafu 'da phobol y de, neu, yn enwedig o styried nad yw'n bring o ddefnyddio ambell air sy'n tarddu o'r ardal 'co: cocls, clindarddach, celficyn. Mae'n llenor wrth reddf sy'n meddwi ar drin geiriau. Ar adegau mae hyn yn esgor ar ddiffyg cynildeb ac afradlonedd. Weithiau mae *Meirion* fel rhyw thesawrws llafar, e.e. 'i'w hanwesu a'i chofleidio', 'yn gymen a thaclus a threfnus', 'fyddai'n dymchwel fy myd a'i chwalu'n deilchion'. Dro arall pentyrrir un ddelwedd ar ôl y llall pan nad oes angen hynny.

Nofel seicolegol ar ffurf dyddiadur yw 'Trwy'r Tywyllwch'. Mae'r cyfan wedi ei wagru drwy ymwybod y prif gymeriad, Rhys. O fewn ystod y nofel mae Rhys yn mynd i mewn ac yn dod allan o iselder ysbryd fel gŵr ysgaredig a gweddw sydd, nid yn unig yn gorfod ymgodymu gyda cholli ei unig ferch, ond hefyd gyda natur amgen ei rhywioldeb. Ôl-fflach yw'r nofel ar ei hyd yn ein tywys o'r ddamwain angheuol hyd at y tangnefedd sy'n llifo drosto ar y diwedd, ac yntau wedi llwyddo i osod marwolaeth annhymig Gwennol yn ei chyd-destun priodol. Archwilir holl rychwant emosiynau person mewn galar: dicter, diymadferthedd, euogrwydd, penyd, gwadu, dialedd, meudwyaeth, ffantasi a hunanddifodiant. Mae'r modd y mae'r naratif yn ein cyffwrdd hyd at ddagrau weithiau yn awgrymu bod yr awdur hwn yn gallu argyhoeddi. Mae'r gwaith yn goferu o emosiwn. Ond nid yw *Meirion* yn gwybod bob amser pa bryd i ymatal. O or-wneud pethau fe gyll gydymdeimlad y gynulleidfa. Ac mae gan y gynulleidfa hawl i ddifyrrwch. Ceir yr argraff fod yna ymblesera mewn diflastod. Diau yr âi rhai mor bell â'i alw'n bechod. Mewn ffordd mae *Meirion* yn mynd â seicoleg y cymeriad canolog i eithafion ac yn hyn o beth mae'n adleisio nofelau gwacter ystyr canol y ganrif ddiwethaf, ond bod sbardun penodol i'r ynysu bwriadus rhag y byd yn 'Trwy'r Tywyllwch'. Gellid dadlau wedyn fod yr hyn a wna Rhys, sef ei gau ei hun i ffwrdd oddi wrth y byd yn gwbl resymegol. Ond beth am ei fywyd blaenorol cyn colli ei ferch mewn modd mor erchyll? 'Ieuan ffyddlon ddiymhongar' yw ei 'unig gyfaill mynwesol'. Rhyfedd felly na chawn dystio i unrhyw ddeialog rhwng Rhys a Ieuan yn ystod cyfnod y pedwar mis ar ddeg o alaru. Nid yw'r modd y mae'n ymysgwyd o'i hunandosturi yn argyhoeddi'n llwyr chwaith am nad yw'n eglur beth yw'r symbyliad. Er mor gymen y saernïwyd yr adeiladwaith, ychydig yn rhy dwt y cefais i ef. Serch hyn i gyd credaf fod *Meirion* yn deilwng o'r Fedal Ryddiaith, heblaw bod un, yn fy meddwl i, sy'n rhagori.

Mae tuedd efallai i feddwl am y Fedal Ryddiaith yn nhermau fformiwla lwyddiannus yn llinach buddugwyr y gorffennol. Yn y blynyddoedd diweddar, nofelau sydd wedi mynd â hi ac mae hynny, i raddau, wedi sefydlu patrwm. Dewisodd amryw ysgrifennu gweithiau sy'n canoli ar seicoleg yr unigolyn. Dyna eu dechrau eu canol a'u diwedd – a rhyw owns neu ddwy neu dair o gyfeiriadaeth lenyddol yma a thraw. O orddefnyddio fformiwla o'r fath, mae perygl efallai i'r Fedal droi'n barodi ohoni hi ei hun. Mae perygl hefyd i feirniaid anwybyddu gweithiau nad ydynt yn ffuglen a'u hystyried, yn eu hanfod, yn weithiau israddol. Gall hyn arwain at dderbyn cynnyrch ffuglennol sydd heb gyrraedd ei nod tra'n gwrthod ysgrifau mwy cyflawn. Onid yw gallu rhywun i ysgrifennu rhyddiaith dda a chrefftus yn gystal maen prawf â'r un?

Ar Gil y Mynydd: 'O Afallon i Shangri-la'. Dyma'r gyfrol wnes i ei mwynhau fwya'. Hon lwyddodd orau i ymestyn fy mhrofiad. Mae *Ar Gil y Mynydd* fel dewin yn ei allu i lithio gwlad bellennig ger ein bron yn well nag unrhyw gerdyn post neu lun neu ffilm. Dawn brin yw dawn o'r fath. Mae'n ddawn sydd angen ei meithrin, yn enwedig yng nghyd-destun llenyddiaeth Gymraeg. Gosododd nod iddo'i hun a llwyddo. Mae'n ymatal rhag dringo Everest. Gŵyr ei gyraeddiadau. Gwelodd amryw yn ceisio cyrraedd y copa a methu. Felly y gwnaeth amryw o gystadleuwyr Medal Ryddiaith Llanelli. Mae ei ffordd afaelgar ddarluniadol o ysgrifennu ac o sylwebu ar y byd a'i bethau yn ennyn edmygedd. Edrych tuag allan a wna, nid plymio i ddyfnderoedd seicoleg yr unigolyn. Yn wir, mae'n ysol ymwybodol o fychander yr hunan yng nghyd-destun mawredd y cread. Er ei fod yn rhoi disgrifiad o'i bryd a'i wedd a'i wisg, mae'r hunan bron â mynd ar goll yng nghanol dynoliaeth lawer ehangach ei rhychwant. Yr ydym wedi cael twmpath o gyfrolau yn Gymraeg yn ymwneud â gwylio bogeiliau ers canol y ganrif ddiwethaf. Mae'n braf cael newid. Mae *Ar Gil y Mynydd* yn symud i ffwrdd oddi wrth y fformiwla ac yn mynnu dilyn ei lwybr ei hun. Mae'n darlunio yn hytrach na dweud. Mae'n gelfydd, gynnil. Arddull ddisgybledig, newyddiadurol bron yw ei eiddo ef. Mae'n debyg i arddull ysgrifau radio a dyma'r union fath o arddull sy'n gweddu i Ddyddiadur Taith. Mae'n atgoffa rhywun am yr adroddiadau hynod ddifyr a glywir gan ohebwyr tramor o bedwar ban byd yn Saesneg ar Radio 4 ond sydd ysywaeth bron yn gwbl absennol o'n gwasanaeth radio cenedlaethol. Hanes taith anturus i Dibet a geir ganddo, a hynny ar gefn beic.

Anathema iddo yw'r gwestyau 'poenus o foethus' gyda'u Hamericanwyr 'yn trin y staff fel baw . . . yn eu plisgwisgoedd llachar, cras a'u gemwaith drudfawr'. Mae'r gwyliau hyn yn fwy tebyg i wyliau cardotyn. Dyna sy'n peri bod darllen amdanynt yn brofiad mor ddifyr. Bwyta bwyd y stryd a wna ef a'i gyd-deithiwr Dylan, yn ddau gowboi cyfoes sy'n croesi paith eu breuddwydion ar eu meirch haearn a chysgu allan dan y sêr. Yr ydym ninnau rywsut yn cael pererindota gyda hwy a dod wyneb yn wyneb â chymeriadau rhyfedd megis Ioan Fedyddiwr sydd 'wedi bod ar ei ben ei hun yn rhy hir yn yr haul'. Cawn deimlo llwch y ffordd ac ymdrech y daith gyda'i chwys a'i budreddi a'i blinder a'i syched a'i phrofiadau ysblennydd a garw. Mae'r uchder yn mynd â'n hanadl. Yfwn oll o ddiod hallt y te menyn yak seimllyd. Mae yma antur wrth groesi caer awdurdod y Tsieineaid gorthrymgar; chwilfrydedd wrth i ni fod ar bigau'r drain yn disgwyl beth sy'n digwydd nesaf; a braw wrth rannu perygl y siwrnai a'r bygythiad o du'r awdurdodau a'r brodorion llwm amheus o estroniaid. Mae'r pytiau moel am hanes gwleidyddol a chymdeithasol cythryblus diweddar y wlad yn ein hysgwyd a'n sobreiddio. Wrth edrych dros ysgwydd Lobsang (nad oes ganddo mo'r adnoddau ariannol i gyflawni'i flys i roi ffordd o fyw a diwylliant ei bobl ar gof a chadw), cawn gip ar genedl gyfan yn wynebu difodiant. Gallwn uniaethu â'r Tibetiaid yn eu gorthrwm ond codi cwr y llen yn unig ar eu dioddefaint.

'Does dim cyfle i ddiflasu gan fod grym y daith yn ein sgubo yn ein blaenau. Eithr mae yna ddigonedd o gyfleoedd i graffu ar fywyd yn y rhan hon o'r byd. Wrth 'bedlo fel pe tasai cŵn Annwfn ar ein gwarthaf', a'r dref yn diflannu 'i gwmwl o lwch, gwelwn gynffon hir o gertiau pren dwy olwyn gwichlyd sy'n cael eu tynnu gan asyn neu ambell geffyl bychan. Teuluoedd cyfan ar rai. Eistedda hen ferched a gwŷr bychain mud yn simsan ar bentwr o fagiau a dodrefn gan syllu tua'r gorwel. Mae'u hwynebau wedi crino'n frown fel dail yr hydref. Dringa plant bychan wynebau budr fel mwncïod dros y cert, tra rheda'r rhai hŷn y tu ôl i'r cerbyd. Ffon y tad yn annog yr asyn yn ei flaen a llaw y fam yn cadw'r plant rhag mynd dros ben llestri'.

Gellid dyfynnu degau o enghreifftiau o ysgrifennu gwirioneddol rymus. Yn hafau hirfelyn tesog ei blentyndod yn Eryri, mae'r haul 'yn araf feddalu'n felyn dros y mynyddoedd fel darn o fenyn mewn padell ffrio'. Yn y maes awyr, 'mae'r paent gwyrdd yn disgyn oddi ar y waliau gan orchuddio'r llawr concrid fel plisgyn wyau' yn rhagflas o'r hyn a ddaw. Mae'n feistr ar greu awyrgylch. Ac yntau mewn caethiwed yn swyddfa heddlu Shigatse mae'n 'sylwi o'r newydd ar y strydoedd llychlyd, budr a'r bobl yn gwau trwy'i gilydd fel cynrhon ym mocs abwyd pysgotwr. Eu prysurdeb a'u sŵn nhw sy'n ein hamgylchynu yn hytrach na gwastadedd eang y wlad'. Ac wele'r modd telynegol y mae'n darlunio'r Stafell Gynddylan o ddiffeithwch rhwng Shigatse a Lhaze: 'Tir creulon ydi hwn. Dim cysgod yn nunlle rhag yr haul sy'n ein chwipio na'r gwynt sy'n cryfhau'n raddol. 'Does 'na'r un adeilad.Gwelwn gymylau bychain gorffwyll o dywod yn sgubo ar hyd y wlad tuag atom cyn llamu ar ein sgwyddau a'n brathu. Rwy'n hoelio fy llygaid ar y cloc o fy mlaen. Rhy boenus o lawer ydi edrych ar y tirlun a sylwi mai fesul modfedd dwi'n symud oherwydd y gwynt a'r tywod. Mae'r tywod yn treiddio i bobman, fyny bob llawes, o dan fy nghap ac i fewn i fy sanau. Bron na alla'i deimlo'r tywod yn setlo yn fy stumog, ac yn fy meddwl mi wela'i fy hun yn llenwi gyda thywod . . . Pentref bychan ar y ffin gyda'r anialwch . . . daw criw o blant o'r tu cefn i'r adeiladau. Ond 'does dim smic i'w glywed ganddyn nhw. Dim ond y gwynt yn chwibanu rhwng yr adeiladau pren a chlai unllawr. Dim byd arall. Yr un lori, na llais na chân aderyn'. Mae fel pe bai holl dynged Tibet wedi ei chostrelu yn y paragraff a ddyfynnaf.

Mae ei gystrawen yn gadarn, ei iaith yn gyfoethog. Weithiau mae'n dawel; weithiau mae'n tasgu ac yn gwreichioni; bob amser mae'n ddifyr. Gresyn nad yw wedi gallu gloywi mwy ar ei Gymraeg. Nid oes angen llawer mwy na'r tabledi puro hynny a ddefnyddiwyd ganddo ar y daith hynod hon, ond rhaid wrthynt os yw'r gwaith hwn i weld golau ddydd. Mater o chwaeth yw hyn ond wela'i mo'r angen am y tair brawddeg agoriadol. Eto rwy'n maddau'r cyfan iddo ac yn teimlo'n bur ddistadl wrth ddarllen ei ryddiaith. Mae ei gloywder yn dyfnhau gyda phob darlleniad. Gwn y byddai ei ddyddiadur o'i gyhoeddi yn apelio at gynulleidfa eang, cynulleidfa na fyddai fel arfer efallai yn cael ei denu i ddarllen cyfrol y Fedal Ryddiaith.

BEIRNIADAETH KATIE GRAMICH

Creadur cymysg yw'r dyddiadur taith; mae'n bodoli yn y tir neb rhwng bywyd preifat a bywyd cymdeithasol. Wrth ddarllen dyddiaduron, fe gawn y wefr fach voyeuraidd wrth feddwl ein bod yn cael cip i mewn i'r lle bach cloëdig 'na y tu mewn i feddwl rhywun arall. Teimlwn fel un o wragedd Barflas yn defnyddio'r allwedd i fynd i mewn i'r ystafell gloëdig. Mae'n ddanjerus, yn gyfrin, yn gyffrous. Neu o leia' mi ddylai fod. Yn anffodus, yn ôl tystiolaeth y rhan fwyaf o'r ymgeisiadau yn y gystadleuaeth hon, 'does dim byd tu ôl i'r drws clo ond hen fwydlenni a thaflenni twristaidd. Mae gormod o'r ymgeiswyr wedi cymryd y testun yn llythrennol iawn ac wedi anfon eu dyddiaduron taith go iawn i'r gystadleuaeth. Efallai bod y rhain yn gofnodion personol pwysig i'r unigolion wnaeth eu hysgrifennu, ac yn wir i'w teuluoedd a'u ffrindiau, ond nid ydynt o unrhyw ddiddordeb yn y byd i'r darllenydd cyffredin. Diffyg gwreichionyn o ddychymyg yw'r broblem gyda'r rhan fwyaf ohonynt. Hyd yn oed pan maent yn disgrifio teithiau i lefydd hynod o ddiddorol ac egsotig, mae'r iaith mor farwaidd ac anniddorol, mae'n lladd y lle yn llwyr, a'r cyfan a geir yw fersiwn eiriol a llun lliw mewn llyfryn taith. Wrth i mi ddarllen trwy lawer iawn o'r ceisiadau, atseiniai teitl cyfrol ddiweddaraf o farddoniaeth Gwyneth Lewis yn fy meddwl: *Y Llofrudd Iaith.* Yn rhyfedd iawn, roedd yr ymgeiswyr â'r Cymraeg 'gorau' (ac roeddwn yn dibynnu ar farn fy nghyd-feirniaid yn hyn o beth gan nad ydwyf i'n arbenigwraig ar ramadeg a chystrawen yr iaith, o bell ffordd) yn medru ysgrifennu'r rhyddiaith waethaf. Nid mater o sgrifennu Cymraeg glân gloyw yn unig yw sgrifennu'n dda; mater o ddefnyddio'r dychymyg a galfaneiddio corff yr iaith i fywyd yw ef, neu bydd y rhyddiaith yn gorwedd yn gelain ar y tudalen. Ie, cyn-wragedd Barflas ar wasgar dros y lle i gyd. Roedd y ceisiadau sâl bron i gyd yn hollol ddidwyll ac felly rwy'n teimlo'n euog a chas wrth ddweud yr hyn rwy'n gorfod ei ddweud amdanynt. Yn y pen draw efallai, nid didwylledd yw'r safbwynt gorau i'w fabwysiadu pan eir ati i sgrifennu. Dychymyg sydd ei eisiau, nid didwylledd. 'The truest poetry is the most feigning' ys dywed Shakespeare.

Soniais yn gynharach am y posibilrwydd y gall ddyddiadur fel *genre* fod yn ddanjerus wrth ddatgelu profiadau preifat, ffantasïau, ofnau nas mynegwyd yn agored. Yn anffodus, nid oedd y rhan fwyaf o'r ceisiadau hyd yn oed yn ymylu at fod yn ddanjerus. Roeddynt yn llawer rhy barchus. Gorweddai parchusrwydd Cymreig fel *incubus* ar gorff y rhyddiaith, yn sugno gwaed a maeth yr iaith nes ei adael fel rhyw anghenfil Frankenstein heb ei galfaneiddio i fywyd. Yn rhyfedd ddigon, darllenais yr ymgais fuddugol yn olaf, trwy hap a damwain yn unig. Tan hynny, roeddwn i'n hollol siŵr nad oeddwn i wedi dod o hyd i'r un ymgais a fyddai'n deilwng o'r fedal ryddiaith eleni. Roedd darllen yr ymgais olaf yn bleser ac yn sbort ac roedd ei natur yn croes-ddweud yr holl sylwadau negyddol rwyf wedi'u gwneud hyd yn hyn. Diolch byth! Ond mi gadwaf fy sylwadau ar yr ymgais fuddugol tan y diwedd ac af ymlaen yn awr yn ôl traddodiad yr Eisteddfod i sôn am bob ymgais yn ei thro, gan symud yn gyffredinol o'r rhai gwaethaf tuag at y goreuon.

Un o'r Llu: 'Mordaith Medi'. Soniais yn gynharach am geisiadau a oedd yn fersiynau geiriol o sleidiau gwyliau; dyma enghraifft berffaith o'r math hwn o ysgrifennu. Yn wir, mae'r ymgais hon hyd yn oed yn cynnwys ffotos; llun o'r ardd gefn, llun o'r awdures ynghanol ei 'chaban cysurus' ar y llong. Mae'n cael trafferth i ffurfio brawddegau cyfain: 'Ffonio'r asiant gwyliau a chael siom. Dim lle ar y fordaith honno. Wel dyma ni te! Rhy hwyr'. Mae'n cynnwys darnau o hanes, mapiau, ac ati, ac felly mae'n darllen fel prosiect ysgol merch gydwybodol. 'Does dim gwerth llenyddol i'r gwaith o gwbl.

Becca: 'Dros y Lein ar Leinar'. Cofnod o daith i Awstralia yn y chwedegau yw hwn. Mae'n debyg i'r ymgais flaenorol yn ei naïfrwydd dychrynllyd. Cawn ddarllen holl fanylion dibwys, dibwrpas bywyd pob dydd ar y llong. Mae'r awdures hon yn rhannu obsesiwn â bwydlenni gyda llawer o'r ymgeiswyr eraill. 'Does neb yn fwy hoff o fwyd da na fi, ond 'dwi ddim yn hoff o ddarllen bwydlenni er mwy'n profi rhyddiaith flasus. Erbyn tudalen 46 'mae'r fordaith hir yn dechreu fy mlino ychydig bach'. Rwy'n gwybod sut y mae'n teimlo. Nid yw'r naratif byth yn codi'n uwch na manion pethau pob dydd ac, fel ymgais *Un o'r Llu,* 'does iddi ddim iot a ddychymyg na gwerth llenyddol.

Teithiwr: 'Y Daith'. Teipysgrif fer iawn oedd hon – dim ond 23 tudalen. Er hynny mae llawer iawn yn digwydd o fewn y cwmpas cyfyngedig hwn. Ni ellir cyhuddo'r awdures hon o fod yn brin o ddychymyg. Yn anffodus, mae hi wedi mynd i'r pegwn arall ac wedi creu plot mor annhebygol fel bod rhannau ohono yn hollol chwerthinllyd. Mae dynes yn mynd â'i nai wyth oed i'r Unol Daleithiau am driniaeth feddygol arloesol maent yn gobeithio fydd yn achub ei fywyd. Ond mae'r awyren yn cael ei herwgipio ac mae'r gwystlon yn cael eu cludo i wlad ddienw yn y Dwyrain Canol. Mae 'Cynon bach' yn cael ei wahanu oddi wrth y lleill. Mae *clichés* yn britho'r testun, 'roedd hon yn daith yn erbyn amser . . .' ac mae'n hynod o ailadroddus, â pethau'n 'saith gwaeth' nag o'u blaen ar bob tudalen bron. Mae'r herwgipwyr yn cael eu trin fel petaent yn hollol dwp (mae arlliw o hiliaeth yma): 'mi rois ei brif dabledi i Bin Ezra gan obeithio yn fy nghalon y byddai'n gadael iddo'u cael fesul un, ac nid yn rhoi'r botelaid iddo fo fel pethau da'. Try'r stori yn hollol *Mills and Boon* ar y diwedd, gyda'r arwres, Beth, yn ailgynnau ei pherthynas gyda hen fflam. Ni chawn byth eglurhad o'r hyn mae'r herwgipwyr ei eisiau, na'r hyn sy'n digwydd iddynt ar ôl i'r gwystlon gael eu rhyddhau. Yr awgrym yw: dyna beth mae'r Arabiaid 'ma yn wneud, wyddoch chi. Ond 'does dim ots: mae Cynon bach yn cael triniaeth, Beth yn mynd i briodi Gethin, popeth yn iawn a pharchus dros ben.

Adwy Wen: 'Edmwnd Evans 1791-1864'. Yn annhebyg iawn i'r ymgais flaenorol, mae'r deipysgrif hon yn eithriadol o hir. Mae'n ymddangos ei bod yn seiliedig ar ddogfen hanesyddol go iawn o eiddo'r Parchedig Edmwnd Evans, ac mae'r dyddiadur yn cofnodi ei deithiau pregethwrol a gwmpas Cymru yn ystod hanner cyntaf y bedwaredd ganrif ar bymtheg. Os nad ydy'r disgrifiad yna yn tynnu dŵr i'ch dannedd, credwch fi, nid yw'r testun ei hun yn llwyddo i ddad-wneud unrhyw un o'ch rhagfarnau. Mae'n undonog, yn henffasiwn, yn ailadroddus, yn wir bron yn annarllenadwy. Ac mae'n mynd ymlaen ac ymlaen. Mae diffyg amrywiaeth annioddefol yn y gwaith: dim ond pregethu a begera mae Edmwnd Evans yn ei wneud. Er bod y 'golygydd' yn datgan iddo docio'r testun fan hyn a fan'co 'er mwyn peidio blino'r darllenydd', mae'n rhaid cyfaddef fod y darllenydd hwn wedi blino'n lân ar ôl y deg tudalen cyntaf. Os mai testun hanesyddol go iawn ydyw, nid wyf yn credu fod y testun yn gymwys ar gyfer cystadleuaeth y fedal ryddiaith beth bynnag. Mae'n grefyddol neis, heb arlliw o eironi: 'O Dduw – gwna fi'n ddefnyddiol yn dy waith'.

Caspar, Melchior a *Belthasar:* 'Dyddiadur Taith'. Tri thestun gwahanol o eiddo'r un cystadleuydd yw y rhain, y cyntaf yn croniclo taith i ynysoedd y Falklands yn 1982 o safbwynt meddyg gyda'r llu awyr, yr ail yn ei ddilyn i Tsieina, Singapore, a Hong Kong yn 1992, a'r trydydd yn mynd ag ef i Rufain yn 1993. Megis gwaith *Becca* ac *Un o'r Llu,* mae'r dyddiaduron hyn yn orlawn o fanylion dibwys, dibwrpas. Maent hefyd yn cynnwys lluniau a dogn swmpus o ragfarnau'r awdur. Yn y dyddiadur olaf, dywed yr awdur wrthym fod yn rhaid iddo'i alltudio'i hun i Rufain am wyth wythnos er mwyn osgoi talu treth incwm. Mae'r cyfaddefiad yn arwyddocaol. Nid yw'n cael ei ysgogi i deithio fel yr awduron llyfrau taith meistrolgar (megis Jan Morris neu Paul Theroux neu Bruce Chatwin) oherwydd bod chwilfrydedd ganddo am fywydau a diwylliannau pobl eraill. 'Does dim gwir ddiddordeb ganddo mewn pobl eraill; mae e'n hapus, dim ond cael gafael ar rifyn o'r *Daily Telegraph* ac eistedd i lawr i gadarnhau ei ragfarnau, ond rywle yn yr haul. Unwaith eto, rwy'n cyfaddef y byddai'r dyddiaduron hyn efallai o ddiddordeb i deulu a ffrindiau'r awdur, ond nid i neb arall. Mae'n amlwg fod y gystadleuaeth hon wedi ysgogi llawer unigolyn heb unrhyw dalent lenyddol ond sydd wedi ymweld â rhywle diddorol yn ystod eu bywydau i hel eu hen ddyddiaduron allan o'r drôr, eu dwstio dipyn a'u cyflwyno fel ag y maent.

Ffordd Las: 'I Wlad y Cymdogion'. Hanes taith gweinidog Methodistaidd i arwain Cymanfa Ganu yn Awstralia sydd gennym yma. Fel gwaith *Caspar, Melchior* a *Belthasar,* dyma destun sy'n llawn parchusrwydd a rhagfarnau. Ar y ffordd i Awstralia mae'r daith yn mynd â'r gweinidog i Malaysia: 'tir drewllyd' yn ei farn ef, sydd ag oglau cyri yn hongian a gwmpas. Rhy wers hynod o elfennol am Awstralia i ni; mae'n debyg mai 'gwlad gymharol newydd' yw hi, wyddoch chwi. Yn ystod y naratif mae'n dyfynnu o ddyddiadur arall a gafodd ei ysgrifennu yn 1856. Er bod y syniad yn un da, yn anffodus, nid yw'r hen ddyddiadur yn ddifyr chwaith. Ac fel pe i roi sêl bendith ar ei naïfrwydd, dyma'r awdur hwn eto yn cynnig bwydlenni i ni. Hoffech chi *Beef Stroganoff* neu *Salmon Mornay* tybed? Na dim diolch – rwy'n teimlo'n sâl erbyn hyn.

Un Dyn Bach Ar Ôl: 'Dyddiadur Taith i Lydaw, 1950'. Hwn oedd y testun cyntaf a ddarllenais. Mae'r naratif yn darllen yn fwy fel dogfen hanesyddol na dyddiadur taith. Mae'r dweud yn gywir ond yn glogyrnaidd ac mae naws hynod henffasiwn i'r testun, nid yn unig yn yr iaith ond yn yr ideoleg y mae'n arddangos. Hanes Lydaw a'r Llydaweg ar ôl yr Ail Ryfel Byd sydd gennym yma, yn canolbwyntio ar daith Cymry'r Orsedd i Lydaw adeg y Pasg yn 1950. Arwyddocaol yw'r ffordd y mae'r awdur yn cyfeirio at fenywod yn ddieithriad fel 'priod' rhywun neu'i gilydd, 'priod hawddgar' fel arfer. Mae'r 'chwiorydd' yn ymddiddori mewn pethau benywaidd, megis ansawdd y dillad gwely yn y gwestyau. Mae'r testun yn frith o ebychnodau, a chawn yr argraff fod y rhain yn cymryd lle unrhyw wir emosiwn, sydd yn absennol. Mae'r cymeriadau'n cael eu henwi, ond nid ydynt yn cael eu cymeriadu. 'Does dim perthynas gyda neb ag unrhyw un arall. Nid oes arlliw o hiwmor nac eironi yn unman. Mae'r parchusrwydd yn llethol ac, mewn mannau, yn chwerthinllyd. Tybed a oeddech yn gwybod mai hoff ddiod Cynan oedd Rosé d'Anjou ac mai 'enwogrwydd unigryw [San Malo] . . . yw mai yma y sefydlwyd clwb tennis cyntaf Ffrainc'? Erbyn tudalen 31, mae'r adroddwr yn dweud wrtho'i hun: 'Ymwroli felly – ac ymlaen'. Rwy'n gwybod sut y mae'n teimlo. A'r bwydlenni? Ydyn, maen nhw yma, peidiwch â gofidio.

Akara: 'Dyddiadur Taith: Llwybr y Lli'. Stori yn digwydd yn y flwyddyn 2050 yw hon; braidd yn annhebygol yw'r plot – mae Iwerddon wedi cymryd drosodd yng Nghymru ac mae llawer o bobl wedi mynd yn wallgof 'o dan bwysau cyfrifiadur a'r We a'r ffôn symudol'. Teithia'r hen fenyw 98 oed sydd yn adrodd y stori yn ôl i'w chynefin a darganfod fod popeth wedi newid, wedi dirywio'n annioddefol. Y broblem gyda'r testun hwn yw bod y neges genedlaetholgar Gristnogol yn llawer rhy amlwg, ac mae'r naratif yn farwaidd er bod ymdrech uchelgeisiol wedi cael ei wneud yma, yn wahanol iawn i'r dyddiaduron taith bwydlenni a *charades.*

Ar Fynd: 'Dyddiadur Taith'. Taith i Sri Lanka, Kuala Lumpur a Singapore sy'n cael ei disgrifio yn y dyddiadur hwn. Mae'r awdures hon yn mynd un cam ymhellach na'r rhelyw: nid yn unig rydyn ni'n cael gwybod yr hyn sydd ar y bwydlenni, ond rydym yn cael gwledd wrth glywed manylion effaith cyris poeth Sri Lanka ar stumogau'r Cymry. Mae'n amlwg bod y deithwraig hon yn awyddus i gario Cymru fach gyda hi i ble bynnag yr â. 'Aethom am baned', dywed, ac mae'r rhyddhad yn amlwg. Mae'n ysu am y cyfarwydd a'r cartrefol ymysg y dieithr a'r egsotig. Nid yw'r gwesty cyntaf yn plesio, ond mae'r *Ramada Renaissance* yn well oherwydd bod yn rhaid iddynt gadw'n driw i 'safonau'r cwmni rhyngwladol'. Wedi'r cwbl, 'tydi'r trofannau ddim yn fagwrfa dda i effeithiolrwydd'. Cyfateb geiriol arall i *snaps* gwyliau rhywun estron i'r darllenydd.

Blodyn Tatws: 'Taith i'r Gorffennol: Gwirfoddoli yn Romania'. Mae'r deipysgrif swmpus hon yn sôn am gyfnod byr o waith gwirfoddol yn Romania yn 1996. Mae'n cynnig darlun diddorol o'r wlad drist honno yn y cyfnod, ond nid oes i'r testun unrhyw werth llenyddol. Clogyrnaidd a diddychymyg yw'r mynegiant ac mae'r testun yn frith o frawddegau anorffenedig. Geirfa gyfyng sydd yma; mae popeth yn 'grand' neu os nad yw'n grand, mae'n 'dlawd'. Mae'r ymadrodd 'ac ati' yn cael ei orddefnyddio. 'Does dim dwywaith nad yw'r awdur yn ddidwyll iawn ac mae'r pwnc yn ddiddorol ac weithiau'n ddirdynnol (pan sonia am sefyllfa druenus y plant amddifad yn y cartref lle mae hi'n gwirfoddoli) ond defnydd crai sydd yma, 'does dim siâp na phatrwm i'r naratif. Nid yw'r awdures wedi mynd ati i greu gwaith artistig o'r atgofion sydd ganddi.

Zak Ferraro: 'Salwch ym Mhrydain y 90au'. Roedd yr ymgais hon fel chwa o awyr afiach ar ôl profi'r holl barchusrwydd a'r moesoli a'r culni meddwl yn y ceisiadau eraill. Mae'r iaith yn ifanc ac yn fratiog. Mae'r awdur fel petai'n mynd allan o'i ffordd i roi sioc i'r hen feirniaid eisteddfod yma: o diolch i ti, *Zak*. 'Bolycs' a 'ffycin' yw ei hoff eiriau. Mae'r arwr yn cael trafferthion doniol efo'i bidyn, ac mae'n *hypochondriac* o'r iawn ryw. Mae'n anodd disgrifio'r stori oherwydd 'does dim stori i'w chael yma mewn gwirionedd, dim ond rhyw lif yr ymwybod athronyddol, anaeddfed, anllad. 'Does dim llawer o werth llenyddol i'r testun ond o leiaf mae e'n fywiog, a llawer iawn mwy diddorol na'r rhan fwyaf o'r ymgeisiadau. Dyma flas o'r naratif: 'Roedd rhaid i fi aros yn stafell aros am tua awr yn darllen *Take a Break, Women's Own, Take a Women's Take a Break, Break your Own, Women's Garden, Women's Hats* a'r holl *Womensus* erill ti'n ffindio yn y llefydd 'ma', a'r frawddeg anfarwol hon: 'Nes i fastwrbeiddio'n galed cos o'n i'n meddwl, wel ffyc it, os dwi mynd i farw, waeth i fi farw'n cael wanc'.

Sibi'r Widden: 'Taith Hen Frithyll'. Dyddiadur gweddw 58 oed yn teithio'n ôl i Uganda ac yn cofio am y tro cyntaf iddi fynd i'r wlad honno 28 mlynedd yn gynharach i ymuno â'i gŵr, John. Un peth oedd yn sefyll allan yn y naratif hwn oedd gwybodaeth amlwg a thrylwyr yr awdures am y wlad roedd hi'n sgrifennu amdani. Ond mae gormod o hanes y wlad yma, er bod llawer ohono (er enghraifft helyntion Henry Morton Stanley yn Affrica) yn ddigon diddorol. Mae ambell frawddeg drawiadol, fel ''Does dim 'slumod yn Bat Valley bellach'.

Mae llawer o ddisgrifiadau hyfryd ganddi ond mae diffyg momentwm a chyfeiriad i'r stori; nid yw hi'n arwain i unman. Dim ond 'stwna . . . yn Affrica am bron i fis' a wna'r deithwraig. Hefyd, mae gwendidau rhai o'r testunau eraill i'w weld yma hefyd: cawn wybod beth mae'n fwyta i swper bob nos, er enghraifft, ac mae'r math hwn o fanylyn (ideoleg y *snap* gwyliau) yn gorwedd yn anghyffyrddus ar bwys manylion erchyll enwaedu (*clitoridectomy*) sy'n rhan o draddodiad diwylliannol y wlad. Hoffwn fod wedi clywed mwy am y cymeriad ei hun a'i theimladau, ei pherthynas â John ei gŵr, ond yn anffodus mae'r testun yn aros tu allan i ddrws cloëdig ei *psyche* hi, gan ganolbwyntio ar yr allanol: bwyd a hanes ac arwyddion ffyrdd.

Ifan Morris: 'Dyddiadur Taith: Y Blynyddoedd a Ddifaodd Locust'. Testun byr yw hwn – dim ond 34 tudalen, ond mae'r naratif yn ein rhuthro ymlaen o'r 40au i'r presennol, ac yn gadael bylchau mawr ar y ffordd. Ffrâm y stori yw fod hen ŵr, Ifan Morris, yn ailddarllen dyddiadur o'i eiddo a ysgrifennodd yn ystod yr Ail Ryfel Byd. Mae'r manylion am ei brofiadau yn ymuno â'r fyddin ac yn cael ei ddewis i fod yn swyddog yn eithaf diddorol, er eu bod yn darllen fel dyddiadur go iawn (darnau pytiog, diffyg siâp a chyfeiriad). Yn hynod iawn, un o'r bylchau yn y testun yw'r cyfnod pan gaiff ei anfon i'r Aifft i frwydro; yr unig beth rydym yn ei glywed am hynny yw ei fod yn cael ei glwyfo'n wael yn El Alamein ac yn treulio amser hir yn yr ysbyty. Mae ei goes glwyfedig yn dechrau pydru, ac mae'n rhaid torri rhan ohoni i ffwrdd. Cefais fy atgoffa am fywyd y bardd Alun Lewis, yn enwedig gan mai Gwenno yw enw gwraig Ifan Morris, sef enw gwraig Alun Lewis hefyd. Ond yn y pen draw mae naws y stori hon yn awgrymu bod yr awdur yn siarad o brofiad poenus personol. Nid felly ddiweddglo'r stori, fodd bynnag; rydym yn neidio ymlaen trwy'r 50au a'r 60au wrth i ferch Ifan, Bethan, dyfu i fyny. Mae Bethan yn syrthio mewn cariad â dyn o Siapan sy'n rheolwr ffatri yng Nghymru ac mae Ifan druan yn gorfod ymgodymu â'r ffaith bod ei ferch annwyl ef yn mynd i briodi ei hen elyn. Mae'r syniad tu ôl i'r plot yn dda, ond nid yw'r awdur yn llwyddo i argyhoeddi yn rhan ola'r naratif. Ond mae potensial yma, ac fe fyddai'n werth i *Ifan Morris* fynd yn ôl at y dyddiadur a'i ymestyn.

Esos: 'Dyddiadur Taith'. Dehongliad trosiadol o'r pwnc sydd gan yr ymgeisydd hwn. Taith fewnol, seicolegol y mae'n ei chofnodi, sef hanes cyfnod o salwch meddwl erchyll a ddioddefir gan Athro Mathemateg. Os oedd *Sibi'r Wydden* yn cadw'r darllenydd draw oddi wrth ei phrofiadau preifat, dyma *Esos* yn dod â ni'n anghyffyrddus o agos at fôn ei drwbl. Naratif eithriadol o fewnblyg yw hwn, ac o'r herwydd mae'r testun yn hollol statig. Mae hwn fel therapi ar bapur yn fwy na 'dyddiadur taith'.

Ar Gil y Mynydd: 'O Afallon i Shangri-la'. Roedd yn rhaid i mi fynd yn ôl i ailddarllen y testun swmpus hwn wedi i mi glywed mai hwn oedd y gorau yn y gystadleuaeth ym marn un o'm cyd-feirniaid, sef Angharad Dafis. Roedd Angharad yn siarad yn frwdfrydig o'i blaid ond mae'n rhaid i mi gyfaddef, hyd yn oed wedi ei ddarllen am yr eildro, 'dw i ddim yn deall pam. 'Does dim dwywaith nad yw'r naratif, sy'n sôn am daith llanc ifanc yn ymweld â Thibet lawer yn well na'r rhan fwyaf o'r dyddiaduron taith 'go iawn' yn y gystadleuaeth. Yn un peth, mae'n eangfrydig ac yn taflu ei hun yn frwdfrydig i mewn i fywyd a diwylliant y wlad mae e'n ymweld â hi. Mae ei ymrwymiad gwleidyddol a'i gydymdeimlad gyda phobl Tibet, sydd a dan ormes Tsieina, yn hollol amlwg ac yn ganmoladwy. Mae'r awdur hefyd yn medru sgrifennu brawddegau graenus a disgrifiadau cofiadwy. Ond yn fy nhyb i mae gormod o ddefnydd hanesyddol yma, gormod a wybodaeth sydd heb ei throi'n naratif dychmygus. Y rhan orau o'r testun yw'r disgrifiadau grymus o'r mynyddoedd, yn enwedig Everest.

Tashi: 'Byw yn y Cymylau: Taith i Darjeeling a Sikkim'. Mae mynegiant y llyfr taith hwn yn rhugl a darllenadwy. Ond, fel rhai o'r llyfrau taith eraill, mae gormod o hanes, gormod o ddefnydd *guide-book* da ynddo. Oedd rhaid i ni gael ein tywys o gwmpas yr amgueddfa yn Calcutta? 'Ni chefais fy siomi o gwbl gan yr adran archaeolegol . . .'. Mewn ffordd, mae'r testun ei hun fel amgueddfa anferth, yn llawn trysorau (mae rhai disgrifiadau tirlun gwirioneddol dda ganddo, er enghraifft) ond yr hyn sydd ei angen yw troi'r arteffactau a arddangosir yn gelfyddyd wirioneddol. Mae digonedd o ddefnydd diddorol yma a photensial digamsyniol. Dylai *Tashi* ddal ati i naddu a siapio ei ddefnydd.

Pawb: 'Diolch i 'Nhrwyn'. Mae i'r dyddiadur hwn agoriad dramatig a doniol. Mae'r arddull yn fywiog a'r awdur yn llwyddo i gyd-blethu gwybodaeth hanesyddol, disgrifiadau, ac ymatebion personol i'r hyn a wêl. Taith o gwmpas India mae'r dyddiadur yn ei gofnodi. Mae'r awdur hefyd yn fodlon arbrofi tipyn, er enghraifft pan fo'n ychwanegu negeseuon e-bost oddi wrth ei ffrindiau yng Nghymru yng nghanol cofnodi'r daith. Nid yw'r arbrawf yn hollol lwyddiannus, ond mae'r syniad o wrthgyferbynnu fan hyn a fan 'co, bywyd technolegol cyfoes a'r ffair gamelod, yn addawol iawn. Y broblem bennaf yw diffyg siâp a strwythur.

Caleb: 'Dychymyg yn Drên'. Rwy'n credu 'mod i wedi hoffi'r ymgais hon yn well na'm cyd-feirniaid. Mae'r stori yn addawol iawn, ond mae iddi ddiweddglo gwael. Dehongliad trosiadol o'r pwnc sydd gennym yma: y 'daith' yw taith y cof yn mynd yn ôl i'r gorffennol. Mae'r naratif yn symud fel trên ac yn aros mewn gwahanol arosfannau. Mae'r stori yn gryf, yn rhugl ac yn soffistigedig o'i chymharu â'r rhan fwyaf o'r ceisiadau eraill. Mae llais Nia yn y person cyntaf yn edrych yn ôl ar fywyd Nia yn y trydydd person, sef hi ei hun fel yr oedd hi yn y gorffennol. Mae'r naratif hefyd yn y presennol, ac mae hyn yn rhoi naws agosatoch i'r testun. Un o'r diffygion yn yr ymgeisadau eraill yw nad oes cymeriadau diddorol ynddynt, ond mae Nia'n wahanol: dych chi'n credu yn y cymeriad hwn o'r dechrau. Ac mae awyrgylch gyfoes iawn i'r stori. Mae dyfais dweud y stori go chwith, yn mynd yn ôl mewn amser yn hytrach nag ymlaen, yn gweithio'n dda. Gwelwn Nia yn y carchar ac rydym yn ysu am wybod paham y mae hi wedi landio fan'ny. Mae strwythur pendant i'r naratif: â Rhan I â ni yn ôl ar drên y dychymyg i'r gorffennol; yn Rhan II rydym yn troi rownd eto ac yn teithio i'r presennol, gan aros yn yr un arosfannau ag o'r blaen ond yn cael darlun llawnach o'r digwyddiadau a'r cymeriadau; ac mae Rhan III yn cymryd ffurf dyddiadur Nia. Mae'r plot yn gymhleth ac yn aml nid yw'r darllenydd yn gwybod yn hollol ble mae'n sefyll. Mae cyd-ddigwyddiadau a pheth annhebygolrwydd yn amharu ar y gwaith ond yn gyffredinol mae'r stori yn cydio yn y darllenydd ac rydych chi wir eisiau gwybod beth fydd yn digwydd yn y diwedd. Yn anffodus, mae'r diweddglo yn cyrraedd yn llawer rhy sydyn, heb i'r plot gael amser i ddatblygu'n llawn. Caf yr argraff fod yr awdures wedi rhedeg allan o amser ac wedi gorfod dibennu'r stori cyn i'r plot aeddfedu, fel petai. Teimlwn fod hyn yn drueni mawr ac mi fyddwn yn annog yr awdures i fwrw ymlaen â'r gwaith ac i'w gyhoeddi yn y pen draw.

Meirion: 'Trwy'r Tywyllwch'. Roedd y tri beirniad yn gytûn mai'r ymgais hon ddaw'n ail yn y gystadleuaeth. Cawn yma dyddiadur arall yn mynd am yn ôl. Gwelwn ddyn canol oed, Rhys, yn galaru dros ei ferch, sydd wedi marw mewn damwain car. Mae'r naratif yn dechrau ar y diwmod lle mae e'n gwella o'r diwedd o'i bruddglwyf ofnadwy, dros flwyddyn ar ôl i'r ddamwain ddigwydd. Fel gwaith *Esos,* mae hon yn stori fewnblyg iawn ac roedd y beirniaid i gyd yn meddwl fod y darlun a roddir o alar yn dyner ac yn gredadwy dros ben. Mae cymeriad canolog y tad yn argyhoeddi yn rhannol oherwydd nad yw'n ddyn arbennig o neis. Mae e'n hunandybus ac yn llawn rhagfarnau ac yn oeraidd ('fûm i erioed yn gofleidiwr'). Ond mae marwolaeth sydyn ei ferch yn chwalu ei fywyd parchus yn deilchion ac mae gofyn iddo deithio'n fewnol 'trwy'r tywyllwch' i ailddarganfod ei hun. Mae ei ddarlun ef o'i ferch, Gwennol, hefyd yn cracio, gan iddo ddarganfod wedi ei marwolaeth ei bod hi'n lesbiad ac wedi bod yn cyd-fyw â merch arall adeg y ddamwain. Daw Rhys yn agos at wallgofrwydd, ceisia'n aflwyddianus ei ladd ei hun ond yn y pen draw mae e'n llwyddo i oroesi. Mae'r stori'n llawn o ddelweddau cryf, alegorïaidd, a chyfeiriadau llenyddol. Mae'r arddull yn rhugl a'r iaith yn hardd. Efallai bod y stori braidd yn statig ac mae tueddiad i athronyddu'n ormodol ar brydiau; ond ar y cyfan, cefais y stori drist hon yn hynod o deimladwy. Dylai'n sicr gael ei chyhoeddi.

Mesmer: 'Tri Mochyn Bach'. Nid yw hi'n hawdd crynhoi stori'r 'Tri Mochyn Bach'. Yn y lle cyntaf, nid yw'r darllenydd yn hollol siŵr o'r dechrau i'r diwedd a ydy'r hyn sy'n cael ei adrodd yn digwydd yn wirioneddol i'r cymeriad canolog, Mair, neu'n hytrach a yw popeth yn rhan o ffantasi rhywiol sy'n bodoli yn ei meddwl hi. Ond rywsut neu'i gilydd, nid yw'r ansicrwydd hwn yn gwneud i'r darllenydd deimlo'n rhwystredig; i'r gwrthwyneb, mae'n rhan o swyn a chyfaredd y testun. Rwy'n teimlo fel rhywun o dan gyfaredd *Mesmer* ei hun wrth ddarllen y stori ddychmygus, heriol, ddoniol, ac amharchus hon. Mae gan Mair ddau lais o'r cychwyn: llais ei dyddiadur (du) a llais llif ei hymwybod (coch) ac mae'r ddau yn aml yn croes-ddweud ei gilydd, yn wir yn cecru efo'i gilydd. Mae'r llais coch yn ei chyhuddo o beidio â dweud y gwir yn ei dyddiadur. Pa lais rydyn ni fel darllenwyr i'w goelio? 'Dwi'm yn siŵr, a sdim ots beth bynnag. Mae'r testun yn aml-haenog ac yn hynod o soffistigedig, yn enwedig o'i gymharu â rhai o'r ymgeisiadau eraill sydd mor boenus o ddiffuant. Gellid honni mai ffuantus yn hytrach na diffuant yw stori'r 'Tri Mochyn Bach' ac mae'n rhaid i mi gydnabod efallai na fyddai swyn y testun yn gweithio ar bob darllenydd, gan fod un o'm cyd-feirniaid, Angharad, yn ei gasáu! Ond rwy'n falch dweud fod John Rowlands a mi'n unfrydol ein barn ynghylch hwn. Mae'r stori'n byrlymu o ffantasi, yn gymysg drwyddi draw o freuddwydion, dehongliadau breuddwydion, chwedlau, trais a llofruddiaeth, serch ac euogrwydd. Byddaf yn synnu os nad yw'r awdur yn fenyw oherwydd mae'r stori yn canolbwyntio ar brofiadau benywaidd: profiadau serch, priodas, mamolaeth ac yn y blaen. Mae ffantasïau rhywiol yn amlwg iawn, ynghyd â ffantasi dialedd gwaedlyd yn erbyn y mochyn treisgar o ŵr. Mae 'na daith i Affrica yng nghanol y testun, ynghyd â thaith i Catalunya, ond nid yw'r llefydd hyn ar unrhyw fap go iawn. Taith ddychmygol, yn suddo'n ôl i'r isymwybod yw'r daith hon, ac mae'r awdures yn awgrymu hynny'n chwareus trwy ddewis enwau doniol ac annhebygol i'w chymeriadau; Nwgeri ac Igoris, er enghraifft. Mae llawer o ryngdestunoldeb yma, gan fod Mair yn mynd i Affrica i ddehongli dyddiadur breuddwydion Igoris, mab Nwgeri, sydd wedi marw mewn damwain, er mwyn ceisio dod o hyd i'r gyfrinach sydd y tu ôl i'w farwolaeth. Mae'r stori'n llawn cyfrinachau a chwestiynau ond mae'n dod i'r afael â rhai o brofiadau canolog ein bywyd: perthynas tad a mab, mam a merch, gŵr a gwraig. Gellir cyhuddo'r nofel o lawer o bethau: diffyg disgyblaeth, er enghraifft, ond ni ellir honni ei bod yn brin o ddychymyg. Cefais flas arbennig ar ddarllen y 'Tri Mochyn Bach' ac, er i Nwgeri fwydo mochyn anwes Igoris, Asnoch, iddo pan oedd y crwt yn ddeg oed, nid oes sôn am fwydlenni na chip ar ffoto o Mair yn unman yn y gyfrol. Diolch i'r anhrefn am hynny. Gwobrwyer *Mesmer*.

BEIRNIADAETH JOHN ROWLANDS

Fel un sy'n hoff iawn o hel ei draed i bedwar ban byd, roeddwn yn edrych ymlaen at ddarllen cynnyrch y gystadleuaeth hon, a bod yn deithiwr cadair freichiau yn ystod mis y beirniadu. Y gred yw fod teithio'n ehangu gorwelion, a'r delfryd yn ein pentref global yw bod yn ddinasyddion byd yn hytrach na thyrchod daear plwyfol. Ond tybed faint ohonom sy'n llwyddo i gamu y tu hwnt i'r ddelwedd dwristaidd o'r wlad yr ymwelwn â hi? Tybed nad oes angen mwy nag un ymweliad i fynd dan groen gwlad? Pa mor wefreiddiol mewn gwirionedd yw sbecian dros ysgwydd rhywun ar ei ddyddiadur taith? Pe byddem yn onest, mae'n siŵr y buasem yn cyfaddef mai digon diflas yn aml iawn yw cael gwahoddiad i edrych ar luniau teithio ein cyfeillion. A phrofiad digon dieneiniad oedd darllen nifer o'r dyddiaduron taith a anfonwyd i'r gystadleuaeth hon eleni. Er i rai deithio ymhell a chael profiadau amrywiol, ychydig o wefr oedd i'w chael o ddarllen am hynny'n ail-law yn eu dyddiaduron. Sy'n profi nad y profiad crai ynddo'i hun sy'n creu llyfr teithio da, ond y dychymyg sy'n ei weddnewid a'i droi'n brofiad llenyddol cofiadwy.

Derbyniwyd dwy ar hugain o gyfrolau gan ugain o gystadleuwyr. Cafwyd arlwy digon amrywiol o ran y gwledydd yr ymwelwyd â hwy: Awstralia, Y Dwyrain Pell, Ynysoedd y Malvinas, Romania, Colombo, Llydaw, Yr Unol Daleithiau, Uganda, Tibet, India, Ynysoedd Canaria, ac yn y blaen – digon i dynnu dŵr o ddannedd darllenydd llyfrau taith. Ond o ddarllen trwy'r rhan fwyaf ohonynt, buan y gwelwyd 'mai hud/Enwau a phellter yw "gweld y byd"'. Roeddwn yn fuan yn crefu am ddarllen rhywbeth gafaelgar am rywle yn nes adref. Oni fyddai'n well i lawer o'r llenorion honedig hyn ddechrau wrth eu traed a phortreadu rhywle y gwyddent amdano o hir brofiad? Meddyliwn am lyfrau graenus awduron fel Ffransis Payne neu Aneirin Talfan Davies neu Alun Llywelyn-Williams yng nghyfres 'Crwydro Cymru' Llyfrau'r Dryw ers talwm. Onid oes deunydd dyddiadur taith ardderchog mewn aml filltir sgwâr? Rhaid dweud yn blwmp ac yn blaen, felly, mai isel – isel iawn! – oedd safon y gystadleuaeth hon eleni, ac mai poen yn amlach na phleser a geid o edrych drwy aml albwm taith anysbrydoledig yn llawn lluniau ystrydebol o wenau ffug pobl oedd yn tybio eu bod yn eu mwynhau eu hunain. Sylweddolaf mai peth creulon braidd yw taflu dŵr oer ar atgofion melys llawer o'r teithwyr talog hyn, ond dyna sydd raid ym mhrif gystadleuaeth rydd-iaith yr Eisteddfod Genedlaethol, gan obeithio yr â'r cystadleuwyr ati i hogi'u harfau, i fyfyrio'n ddyfnach, ac i ymwrthod â'r ystrydebau parod sy'n britho'u cynhyrchion eleni. Cynigiaf sylwadau cryno ar bob ymgais, ac er na ddosbarth-wyd yr ymgeiswyr yn fanwl, fe'u gosodwyd yn fras yn nhrefn eu hapêl ataf i, gan symud yn raddol o'r bôn i'r brig.

Adwy Wen: 'Edmwnd Evans . . . Dyddiadur ei Daith Bregethwrol o 1818 hyd at 1864'. Pregethwr Wesleaidd oedd Edmwnd Evans, a adweinid fel 'Utgorn Meirion', a cheir cofnod amdano yn *Y Bywgraffiadur Cymreig*. Pregethwr cynorthwyol ydoedd yn ystod y rhan fwyaf o'i yrfa – math o genhadwr yn hytrach na bugail. Ond ymddengys mai'r hyn sydd gan *Adwy Wen* yw adysgrifiad golygedig o'i ddydd-iadur sydd ar gadw yn y Llyfrgell Genedlaethol, yn hytrach nag ymgais i ail-greu'i ddyddiadur yn ddychmygus lenyddol. Prawf sydd yma mor amrwd y gall dydd-iadur go-iawn fod. Yn y gwaith beichus o faith hwn ceir defnyddiau crai buddiol ar gyfer yr hanesydd a'r llenor, ond byddai gofyn i'r ddau ohonynt hidlo'r cyfan er mwyn dod o hyd i'r maeth a haeddai weld golau dydd. Fel y mae, mae'r gyfrol yn farw gorn fel llenyddiaeth, er ei bod yn codi cwestiynau diddorol a dadleuol ynglŷn â natur Anghydffurfiaeth yn hanner cyntaf y bedwaredd ganrif ar bymtheg.

Un o'r Llu: 'Mordaith Medi'. Os cefais ysfa rywbryd i fynd ar fordaith foethus, dyma ladd y fath awydd yn farw gelain gan y gyfrol hon. Mae'n rhaid bod gwyliau o'r fath yn apelio at frîd arbennig o bobl – y rheini sy'n mwynhau'r moethau disgwyliedig, ac nad oes arnynt angen dim ond tywydd braf, bwyd blasus, cwmni tebyg iddynt hwy'u hunain, ac adloniant ystrydebol. Gwyliau plastig, gwên blastig, bwyd plastig. Mae'n amlwg fod *Un o'r Llu* wrth ei bodd yn mynd o sioe ffasiwn i yrfa chwist, ffilm, bingo, dawns, cyngerdd, ac mai'r bywyd ar y llong yw'r cyfan, gyda'r ymweliadau â lleoedd fel La Coruna, Santiago de Compostela,

Madeira, Tenerife, Agadir ac yn y blaen yn ddim ond atalnodau dibwys mewn brawddegau hirwyntog o fordeithio digymeriad. Diflas yw'r cyfan i'r darllenydd hwn, ac eto hawdd gweld bod yr awdures yn mwynhau cofnodi'r cyfan yn afieithus. Crynhoir y cyfan ar y ddalen olaf: 'Siwd a'th hi?' 'Campus'. 'Gesoch chi dywydd da?' 'Do, ardderchog'. 'A beth am y bwyd?' 'Rhagorol'. Ac felly ymlaen.

Caspar: Meddyg ar ei ffordd i'r Malvinas ar long sydd yma. Er ei fod mewn sefyllfa i draethu ar bynciau amrywiol a diddorol, arwynebol yw ei sylwadau ar y cyfan. Ni thrafferthir i fynegi barn ar ryfel y Malvinas (Falklands iddo ef), ond y tebyg yw mai o'i blaid y mae'r awdur. Ymddengys yn edmygydd o Mrs Thatcher, ac mae'i agwedd gyffredinol yn geidwadol a Phrydeinig (er gwaetha'r gynhysgaeth naturiol Gymreig sydd ganddo). Gwgu a wna ar y gohebydd hoyw am ei fod yn berygl i'r morwyr ifainc – ond pam nad yw dynion heterorywiol yn cael eu hystyried yn berygl i ferched ifainc, tybed? Dyma ddyddiadurwr diffuant sy'n arllwys ei ragfarnau yn ddifeddwl-ddrwg am ei fod wedi'i gyflyru gan ei gefndir a'i swydd.

Melchior: Yr un un â'r awdur blaenorol, ond ddeng mlynedd yn ddiweddarach. Y mae'n feddyg ar long ryfel sy'n teithio i'r Dwyrain Pell ac yn cyrraedd Japan, yna Korea a Hong Kong. Catalogaidd iawn yw'r cyfan, a digon diflas yw'r manylion am fywyd ar y llong o ddydd i ddydd. Dywedir pethau megis 'Diwrnod bendigedig' heb gyfleu ym mha fodd y mae'r diwrnod hwnnw'n fendigedig. Disgrifir Hong Kong fel 'lle anhygoel' heb unrhyw ymgais i ddarlunio hynny.

Belthasar: Dyma drydydd dyddiadur y meddyg, ac y mae hanes ei daith i Rufain yn fwy gafaelgar na'i ddyddiaduron blaenorol. Gellir gweld ei fod yn berson 'diwylliedig', ys dywedir, ond diwylliant ag arlliw ail-law arno sydd ganddo ar y cyfan. Bu'n pori'n gydwybodol mewn arweinlyfrau taith, ac y mae'n gwneud y pethau y disgwylir i deithiwr gwybodus eu gwneud. Cofnodi a wna, ac nid yw'n cyfleu arbenigrwydd dim byd. Dyma frawddegau nodweddiadol: 'Yna ymlaen i Pompeii. Wel dyma brofiad.' 'Treulio'r dydd yn yr Uffizi a chael gwledd'.

Becca: 'Dros y Lein ar Leinar'. Gwraig weddw o Drawsfynydd sydd yma, ar ymweliad â'i mab yn Awstralia. Mae'r lolfa ar y llong yn 'neis ofnadwy!', y bwyd 'yn fendigedig', a phawb 'yn ddymunol dros ben'. Biti na chaem ychydig mwy o liw, megis yn y frawddeg hon: 'Rwyf yn fwy tebyg o golli fy ffordd ar y cwch mawr ma nag yn Traws'. Pan yw'n cyrraedd Sydney ac yn cyfarfod â'i mab, mae'n fud gan emosiwn: 'Nid oes geiriau i ddisgrifio fy nheimladau'. Teimladau oesol, debyg iawn, a'r rheini'n hollol ddiffuant, ond gwaith llenor yw dod o hyd i eiriau i enwi pethau ac i gyfleu profiadau, pa mor floesg bynnag fônt.

Blodyn Tatws: 'Taith i'r Gorffennol – Gwirfoddoli yn Romania'. Bu'r awdures am chwe wythnos yn Romania, yn gwneud gwaith gwirfoddol gyda'r elusen *Jacob's Well.* Cyfleir sefyllfa druenus y wlad yn ddigon effeithiol, a chawn aml ddarlun torcalonnus o blant dan anfantais, rhai wedi'u clymu drwy'r dydd, eraill wedi'u heintio â *HIV*. Yn anffodus, mae'r gwirfoddolwyr yn gyfyngedig yn yr hyn y gallant ei wneud i helpu, a theimlir rywsut eu bod yn ddiymadferth yn y sefyllfa, ac yn ofni dymchwel y cart wrth leisio unrhyw feirniadaeth. Mae'r ddyddiadurwraig yn berson teimladwy, ond myn gofnodi pob manylyn, pa mor ddibwys bynnag fo. Y gwir yw na chyflewyd pydew gwewyr na gorawen gwefr. Yn anffodus mae'r mynegiant yn undonog o wastad, ac nid yw'n cael cyfle i befrio o gwbl.

Ar Fynd: Taith i India, Colombo a Singapore a gofnodir yma, a'r paradocs yw fod y daith ei hun yn swnio'n ddiddorol iawn ond na lwyddwyd i fynegi'r cyffro gydag unrhyw danbeidrwydd. Y mae'r awdur yn ddeallus yn ei ffordd, ac yn ymdrechu i fod yn grwydrwr amgenach na'r twrist arwynebol, ond 'does ganddo mo'r ddawn greadigol i danio dychymyg y darllenydd. Cyffredin a diddim yw'r mynegiant, er bod rhywun yn rhyw ddyfalu y buasai bod ar y daith ei hun wedi bod yn brofiad tipyn mwy gwefreiddiol na darllen amdani.

Un Dyn Bach Ar Ôl: Hanes pererindod aelodau Gorsedd Beirdd Ynys Prydain i Lydaw dros y Pasg 1950 sydd yma. Maent yn mynd i gynnal cyd-orsedd gyda Gorsedd Llydaw ger glan y môr yn Nhregastel, a rhaid yw ethol Derwydd Mawr newydd i Orsedd Llydaw gan fod y cyn-Dderwydd Mawr, Taldir, yn alltud. Dyma ddogfen hanesyddol sy'n llawn posibiliadau, gan fod yma sôn am ffigurau fel Cynan, W. J. Gruffydd, Crwys, yr Athro Morgan Watkin, Dyfnallt, etc. Adroddiad parchus a geir, fodd bynnag, a chollwyd cyfle i roi inni gip y tu ôl i'r llenni ar y Cynan answyddogol, er enghraifft. Ond mae'r mynegiant yn raenus – os yn ddi-ffrwt. Cyflwynir ni i hanes erledigaeth y Llydawiaid pybyr yn ystod y cyfnod ar ôl yr Ail Ryfel Byd, a hynny heb fod yn gwbl unllygeidiog, gan y ceir yma olwg gliriach ar yr elfennau anghynnes mewn cenedlaetholdeb Llydewig hefyd. Ceir sylwadaeth dreiddgar ar arwynebolrwydd yr elfennau *folklorique* a gâi eu hybu gan y llywodraeth Ffrengig. Serch hynny, braidd yn gatalogaidd yw'r manylion hanesyddol am San Malo, ac mae'r sôn am eglwysi yn gallu mynd yn fwrn.

Akara: 'Llwybr y Lli'. Ni ellir cwyno am ddiffyg dychymyg yr ymgeisydd hwn, oherwydd gosodwyd y gwaith yn y flwyddyn 2050 pan yw Cymru'n rhydd, Iwerddon yn unedig, Siarl heb gael coron, a William wedi ymddeol a dileu'r frenhiniaeth. Yn y Byd Newydd Dewr hwn mae'r Gymraeg wedi lledu'i hadenydd, ac mae gwladfa Gymreig yn ymestyn ar hyd y *costas* ar lannau'r Môr Canoldir, fel rhyw fath o Batagonia newydd, ac mae Cymraeg ar amserlen yr ysgolion yno. Ond nid yw'r Gymru rydd a ddisgrifir yn ddim byd tebyg i un Islwyn Ffowc Elis yn *Wythnos yng Nghymru Fydd*. Nid oes ond hacrwch concrid mewn gwlad a thref, ac mae'r wladwriaeth yn nes mewn cartref hen bobl, a hi sy'n cyflwyno inni ddarlun o'r uffern ddyfodolaidd, gan bicio'n ôl i orffennol ei hatgofion bob hyn a hyn. Mae gan yr awdur Gymraeg graenus, a dawn i serio'r darllenydd â disgrifiadau llachar, ond gwaith annatblygedig ydyw, yn llawn posibiliadau nas sylweddolwyd.

Ifan Morris: 'Y Blynyddoedd a Ddifaodd y Locust'. Dyddiadur milwr yn yr Ail Ryfel Byd sydd yma, a chawn hanes ei hyfforddiant mewn gwersyll yng ngogledd Lloegr, ac yna'i wasanaeth yn y Dwyrain Canol, ei briodas pan ar *leave*, ei glwyfo ym mrwydr El Alamein, a'i hynt a'i helynt ef a'i deulu wedi iddo ddychwelyd adref. Mae'r defnyddiau crai yn llawn addewid, ond nid oes unrhyw arbenigrwydd yn y mynegiant, a bodlonir ar frawddegau parod megis: 'Y byd wedi'i syfrdanu ddoe pan glywyd y newydd fod UDA wedi gollwng bom atomig ar ddinas Hiroshima'. Bu'r awdur drwy brofiadau argyfyngus, ond ni lwyddodd i gyfleu'r gwewyr i'r darllenydd. Yn wir, mae'r argraff yn un braidd yn gyfforddus rywsut, fel petai'n osgoi dweud y caswir. Ceir bylchau mawr yn y dyddiadur, yn enwedig tua'r diwedd, lle neidir dros nifer o flynyddoedd, ac oherwydd hynny collir unrhyw ymdeimlad o ddwyster.

Teithiwr: 'Y Daith'. Ceir mwy o addewid yn y gwaith hwn am fod yma ddefnyddiau crai diddorol. Adroddir hanes Beth yn mynd â'i nai bach i Washington er mwyn cael triniaeth feddygol, ac y mae'r awyren yn cael ei herwgipio. Ar yr un awyren (a hynny'n fwriadol o'i ochr ef), y mae hen gariad i Beth, sef Gethin. Gŵr gweddw yw ef bellach, ac y mae'n gofyn i Beth ei briodi. Gall yr awdur ysgrifennu'n fywiog, ac y mae'r mynegiant yn gyhyrog, a'r stori'n mynd ar garlam. Mae gan *Teithiwr* ddawn y gwir lenor, a gall ysgrifennu'n afaelgar ar brydiau. Yn anffodus, cwta iawn yw'r gwaith, ac y mae angen mwy o gig ar yr esgyrn.

Ffordd-las: 'I Wlad y Cymdogion'. Dyddiadur didramgwydd un a wahoddwyd i arwain Cymanfa Ganu ac i bregethu ym Melbourne dros Ŵyl Ddewi 1991. Mae'n ddarllenadwy a difyr, a cheir tipyn o sglein ar y dweud. Cawn dipyn o hanes Awstralia, yn arbennig y Cymry yno, a'r capel Cymraeg ym Melbourne, a theimlir bod yr awdur yn berson sydd wedi'i drwytho yn y pethe, a'i fod yn ceisio mynd dan groen y lleoedd y mae'n ymweld â hwy. Ond er difyrred yw'r cyfan, ni ellir peidio â gofyn ar y diwedd beth sy'n codi'r drafodaeth uwchlaw sgwrs ddiwylliedig dda. Mae'r cyfan yn gywir ddigon, ond eto'n ddi-wefr.

Sibi'r Widden: 'Taith Hen Frithyll'. Gwraig weddw sydd yma, yn tynnu at oed pensiwn, ac yn ymweld am yr eildro ag Uganda 'i gadw rhyw fath o addewid nas ynganwyd erioed'. Mae'n amlwg fod yr awdur yn gyfarwydd iawn â hanes terfysglyd y wlad, ac y mae'n pentyrru manylion sy'n creu portread argyhoeddiadol. Gellir edmygu'r mynegiant hefyd, gan fod yr iaith yn gyson raenus. Ond rhyw deimlo a wneir wedyn nad oes llinyn arian yn rhedeg trwy'r cyfan i greu undod ac arwyddocâd.

Zak Ferraro: 'Salwch ym Mhrydain y Nawdegau – astudiaeth gyda pherthnasedd arbennig i'r ifanc (appendix VVVVIII) gwêl thesis wreiddiol Dr Robert Evans prifysgol Kansas 1977 "Loch ness real or imagined self awareness"'. Roedd y gyfrol hon fel awel iach ar ôl myllni'r rhan fwyaf o'r gwcithiau aflawen eraill. Mae'r iaith yn goch ac amrwd, o safbwynt lledneisrwydd a gramadeg. Yn wir mae'n ymylu ar ryw fath o Gymraeg *pidgin*, gyda geirfa froc fel 'mustyris', 'ffilthi' a 'bolycs'. Ond dyna ni, creadur sy'n teimlo bod popeth yn 'ffycd' yw'r dyddiadurwr, ac mae'i synfyfyrion yn dirwyn fel gwe o fol pry cop. Heipocondriac di-waith mewn bedsit yng Nghaerdydd ydyw, yn igamogamu trwy fywyd yn ymbalfalu am ystyr. Ond nid rhyw lenor ceiniog-a-dimai sydd yma chwaith, oherwydd mae yna is-destun i'r gwaith, a byddai'n werth i'r awdur fynd ati – nid i chwynnu na thwtio – ond i drydanu'r ysgrifennu ac osgoi undonedd.

Esos: Mae'r dyddiadur dwys a phersonol hwn yn llwyddo i gyffwrdd â'r darllenydd oherwydd ei ddiffuantrwydd a'i onestrwydd. Hanes cyfnod o iselder ysbryd dwfn sydd yma, a'r daith tuag at adferiad. Gan fod yr awdur yn ddarlithydd Prifysgol mewn mathemateg, mae ganddo osgo ddadansoddol iawn, ac â ati â'i sgalpel i dreiddio at wreiddyn y drwg. Mae'i feddwl athronyddol yn ei yrru i gwestiynu natur realiti. Dilynir dulliau Freudaidd o archwilio ofnau'r gorffennol i ddatgelu dirgelion sy'n fwganod yn y presennol. Sylweddola gyfyngder gwyddor fel mathemateg i fynd i'r afael â dryswch yr isymwybod sy'n rhy ddirgel i gael ei ddadansoddi'n wyddonol gysáct. Tuedda'r dyddiadur i fod yn undonog ac ailadroddllyd, ond fel y dywed yr awdur, rhan o natur y salwch yw hynny. Ar ôl tipyn o docio a thacluso, dylai'r gwaith weld golau dydd.

Tashi: 'Byw yn y Cymylau'. Bu'r awdur am bedwar mis yn Darjeeling a Sikkim, a chael cyfle felly i dreulio'n is dan groen y lleoedd hynny na'r rhelyw o deithwyr y gystadleuaeth hon. Teithio ar ei ben ei hun a wna *Tashi,* ac nid yw'n dilyn y llwybrau twristaidd amlwg. Daw i feithrin cylch o gyfeillion yn Darjeeling, ac y mae'n byw mewn fflat bersonol yno. Y mae'n mynd ati i ddysgu Tibeteg, ac i yfed o ffynhonnau 'ysbrydol' y lle. Ni ellir peidio ag edmygu'i ddiwydrwydd a'i antur. Eto llafurus braidd yw'r mynegiant, ac y mae'r gwaith yn brin o hiwmor. Edmygu'r teithiwr a wnawn yn hytrach na chael ein cyfareddu ganddo.

Pawb: 'Diolch i 'Nhrwyn'. Mae tipyn mwy o fywiogrwydd yn y dyddiadur hwn am daith i India. Y mae am y pegwn arall â gwaith *Tashi.* Teithiwr ar ei ben ei hun yw hwn eto, ond mae'n dwrist diymddiheuriad, ac eto'n llwyddo i gyfleu cyffro ac amrywiaeth y daith gyda bywiogrwydd a hiwmor. Er bod llawer o fanylion digon amrwd, mae'r cyfan yn pefrio ar y tudalennau. Dyma berson gwâr, diddorol a llygadog, sy'n lleibio profiadau i'w gyfansoddiad. Gall feddwl drosto'i hun, a thorri allan o'r mowld ystrydebol. Cawn yr argraff ei fod yn dipyn o gymeriad, ac yn sicr y mae wedi cyffwrdd â nerf y wlad liwgar y mentrodd deithio ynddi.

Caleb: 'Dychymyg yn Drên'. Nofel fer ar ffurf dyddiadur yw'r gyfrol hon mewn gwirionedd. Trosiadol yw'r daith y sonnir amdani, oherwydd mae Nia'r prif gymeriad yn teithio'n ôl i'r gorffennol ar drên ei dychymyg. Mae yma gynllun dyfeisgar iawn, oherwydd y mae Nia yn cofnodi yn ei dyddiadur y darluniau o'i gorffennol hi ei hun, fel petai'n gallu'i gweld ei hun yn wrthrychol. Gan mai symud ar yn ôl a wna'r trên ar y dechrau, datgelir ei stori y tu ôl ymlaen, ac y mae hynny ynddo'i hun yn creu chwilfrydedd. Yna ar ôl cyrraedd meysydd gleision plentyndod, mae'r trên yn symud ymlaen unwaith eto, ac yn aros mewn gorsafoedd eraill, ac felly'n llenwi rhai o'r bylchau yn yr hanes. Wedyn yn nhrydedd ran y nofel symudwn i'r presennol ac ymlaen i'r dyfodol. Trwy'r cyfan i gyd ceir stori eithaf cymhleth, a dadansoddiad manwl o ddatblygiad seicolegol y prif gymeriad. Yng ngwead y stori mae haen ffeminyddol gref. Gellir edmygu arddull adroddiadol ddiaddurn y ddyddiadurwraig hefyd. Teimlo a wneir, fodd bynnag, nad yw rhan olaf y gwaith yn cynnal yr un diddordeb â'r rhannau dechreuol. Mae'r stori'n tueddu i fynd ar hyd ac ar led braidd, a chollwyd y tyndra cychwynnol. Teimlaf fod angen ailstrwythuro tipyn ar y stori cyn y bydd yn gwbl foddhaol.

Ar Gil y Mynydd: 'O Afallon i Shangri-la'. Mae dawn dawel yr awdur hwn yn gafael yn y darllenydd bron yn ddiarwybod iddo, ac yn argyhoeddi gyda'i ddisgrifiadau diymhongar ac annramatig. Bu dan gyfaredd teithio er yn blentyn, ac y mae'n sôn am grwydro mynyddoedd Cymru ac yna'n darllen am yr Himalayas, teulu brenhinol y mynyddoedd. Hanes ei daith ef a'i gyfaill Dylan i Tibet a geir yn y dyddiadur. Ni ellir ond edmygu eu hantur a'u hegni, gan fod y daith ar feic yn feichus ac arteithiol ar brydiau. Eto ceir munudau gweledigaethol, megis: 'Teimlwn fy mod wedi treulio mywyd yn edrych drwy sbectol fudur a nawr fy mod newydd ei glanhau. Roedd glas yr awyr adref fel lliw môr mewn storm aeafol, tra yn Tibet roedd yn debycach i'r môr yn yr haf'. Nid yw'n dwristaidd ei agwedd o gwbl, ac y mae'n frathog ei dafod am yr Americanwyr uchel eu cloch, ond hefyd am y Tsieineaid a'u llywodraeth. Llwydda i gyfleu awyrgylch, ac mae'i bum synnwyr yn finiog. Edmygais y dyddiadur hwn yn fawr, ac ef yw'r gorau o'r dyddiaduron taith go-iawn. Ni theimlwn, serch hynny, ei fod yn taro deuddeg. Gall fod yn llethol o undonog ar brydiau, a'r arddull yn ddiamrywiaeth. Nid yw personoliaeth yr awdur na'i gyfaill yn pefrio drwy'r gwaith, ac y mae yma ddiffyg hiwmor. Ni theimlais fy mod yng nghwmni rhywun fel Jan Morris, Paul Theroux neu Bruce Chatwin. Ond ar ei orau mae gan hwn ddawn dweud arbennig, ac yn sicr mae yn ei brofiadau ddeunydd crai ar gyfer llyfr taith gafaelgar.

Meirion: 'Trwy'r Tywyllwch'. Dyma nofel arall, ond mae hon yn llai cymhleth o ran stori ac yn llawer tynnach ei gwead. Cyfleu gwewyr meddyliol gŵr gweddw canol oed a wneir yn sgil marwolaeth ei ferch mewn damwain ffordd. Mae'n byw ac yn cofnodi blwyddyn o alar arteithiol cyn y teimla y gall wynebu bywyd unwaith eto hebddi. Gwennol oedd cannwyll llygad ei thad, ac yn ei hangladd gwêl y 'fwlturod oedd yn hofran ar ffrynt y galeri, yn cyffroi o sylweddoli y caen nhw yn fuan iawn, wledda ar gnawd brau fy nhrallod'. Mae ei gariad yntau tuag ati'n llawn euogrwydd ciaidd, ac mae'i emosiynau fel gwyntoedd croesion yn ei siglo i'r gwraidd. Nofel seicolegol bwerus yw hon, yn mapio meddyliau trofaus yn fedrus dros ben. 'Mae lleisiau coedwig fy modolaeth i yn lleisiau go iawn. Maen nhw'n fy nilyn i bobman: maen nhw'n fy erlid i, maen nhw'n bresennol yng nghuriad fy nghalon ar fy arlais, maen nhw'n treiddio trwy obennydd fy ngwely, maen nhw'n bosteri ar furiau ystafelloedd simsan fy mywyd'. Trwy'r cyfan ceir llinyn storïol sy'n argyhoeddi. Ar ben hyn i gyd, mae'r mynegiant yn rymus iawn, a hwn yw'r awdur sy'n sgrifennu'r Cymraeg gorau yn y gystadleuaeth.

Mesmer: 'Tri Mochyn Bach'. Nofel arall yw hon, ond un gwbl wahanol i eiddo *Meirion.* Y tro hwn, mae yna stori gref, gymhleth a charlamus sy'n archwilio perthynas y prif gymeriad, Mair Rhydderch, â thri dyn gwahanol iawn yn ei bywyd. Â'r nofel â ni o un pen i Gymru i'r llall, i wlad ddychmygol yn Affrica, a hefyd i Gatalunya, a chywesgir cyfoeth o brofiadau i ofod cymharol fach. Rhydd y dyddiadur gyfle i Mair ddadansoddi'i phrofiadau, a'i dadansoddi'i hun, a defnyddir dyfais ddiddorol o beri iddi sgwennu ar ddwy lefel, fel petai'n cofnodi pethau'n wrthrychol un funud, ac yna'n ei chwestiynu'i hun y funud nesaf. Rydym fel petaem yn clustfeinio ar gydwybod Mair yn y rhannau sydd wedi'u teipio mewn coch. Dyma awdur – neu awdures, yn bendifaddau – sy'n hynod, hunanymwybodol. Byddai ambell ddarllenydd yn teimlo fod yma elfen hunandybus, ac fe allai hynny fynd dan groen rhywun, ond wedyn cofier fod perthynas rhwng *art* ac *artifice,* ac y mae elfen artiffisial ymhob celfyddyd mewn gwirionedd. Yn sicr y mae'r stori hon yn rhybedio ymlaen gan herio hygoeledd ar adegau, ac eto llwydda'r awdur i'w ffrwyno o drwch y blewyn rhag mynd dros y dibyn. Bu'n glyfar iawn i seilio'r cyfan ar freuddwydion, fel yr awgryma'r ffugenw, oherwydd darlithydd rhan-amser yn y Brifysgol yng Nghaerdydd yw Mair Rhydderch, ac arbenigwraig ar freuddwydion. Dyfynnir geiriau Laurens van der Post ar ddechrau'r nofel: 'Mae yna freuddwyd sy'n dy freuddwydio di'. Oherwydd bod yma felly freuddwydion o fewn breuddwydion, mae'r ffin rhwng ffaith a ffuglen yn annelwig iawn, ac erbyn cyrraedd y diwedd mae pen y darllenydd yn troi fel top, gan nad yw'n sicr ai breuddwyd oedd y cyfan wedi'r cwbl. Wrth gwrs, nid peth newydd yw i awdur chwarae castiau â'r darllenydd fel hyn, a gall fod yn ddyfais amrwd, ond y tro hwn mae breuddwydion a chwedlau yn llinyn arian trwy'r gwaith i gyd, ac felly mae i freuddwydion arwyddocâd arbennig yn y nofel hon. Diau y byddai rhai'n gweld yr holl ramantu am ddehongli breuddwydion fel lobsgows syniadol, neu fymbo-jymbo ffansïol. Eto i gyd llwyddir yn rhyfeddol i'n twyllo dros dro fod y cyfan yn dal dŵr. Mae hon yn nofel amlhaenog, a gwahanol alawon yn gweu trwy'i gilydd yn bolyffonig ynddi. Un funud mae tri mochyn bach y teitl yn codi o chwedl Affricanaidd am Bragas a Spera ac Asnoch, a'r funud nesaf y moch siofinistaidd ym mywyd Mair Rhydderch ydynt. Asnoch oedd enw mochyn anwes Igoris, mab y Tywysog Nwgeri, a sioc fawr Igoris oedd darganfod mai hwnnw oedd y mochyn sugno a fwytaodd mewn gwledd. Fel oen anwes Mair ei hun a anfonwyd at y cigydd pan oedd hi'n ddeg oed, sy'n taro clych atgof am 'gnu cyrliog yn y llaid' Williams Parry, a hynny wedyn yn cael ei gysylltu â'r rheidrwydd arni hithau i ladd y mochyn dynol a'i treisiodd yn rhywiol o'r tu ôl. Cymhlethdodau fel hyn sy'n mesmereiddio'r darllenydd wrth beri bod cynifer o adleisiau'n cael eu creu yn ei ben. Ond nid oes gofod mewn beirniadaeth i dynnu sylw at holl gyfoeth y nofel fer bwerus hon. Digon ar y funud yw dweud fod llawer o egni yn y dweud, a bod meddyliau Mair Rhydderch yn chwyrlïo drwyddi. Mae yma ddarn grymus o *écriture feminine*. Sgrifennu gyda'i chorff y mae'r awdures hon, ac y mae cnawd a gïau a gwaed yn llanast ar draws y tudalennau – gwaed pistyllog y mochyn sugno, corff darniog y mochyn Rhodri, cyrff dolennog Mair a'r Tywysog Nwgeri yn ymblesera mewn twymyn rywiol ('Roeddech chi'ch dau fel anifeiliaid yng ngyddfau eich gilydd'.), ias rywiol Mair ei hun wrth iddi fastwrbeiddio yn y baddon. Mae'r sgrifennu'n bowld, yn groch, ac yn wir yn gynddeiriog ar adegau.

A yw hon yn swnio fel cystadleuaeth siomedig? Mi awgrymais hynny ar y dechrau, ac mi gadarnhaf hynny eto. Ond er mor ddiflas oedd y rhelyw o'r dyddiaduron, mi gefais gryn flas ar ryw chwech neu saith. Gwaith *Meirion* yw'r gwastataf, a'r un sy'n cyffwrdd â'r galon. Ond y mae nofel *Mesmer* yn mentro mwy, yn mynd at ymyl y clogwyn ac yn edrych ar y cynddeiriog donnau islaw. Y mae'n sicr o ennyn ymateb cymysg, fel yn ein mysg ni feirniaid, ond nid oes amheuaeth yn fy meddwl i nad yw 'Tri Mochyn Bach' yn nofel ffres a gwreiddiol, ac iddi hi y carwn weld dyfarnu'r Fedal eleni.

Stori fer: Agored

BEIRNIADAETH JOHN ROWLANDS

Calonogol oedd derbyn cynifer â 47 o storïau byrion, a bod y safon ar y cyfan yn gymeradwy. Ni welaf lawer o bwrpas mewn traethu ar hanfodion y ffurf, gan fy mod yn amheus a oes iddi hanfodion beth bynnag. Mae'r hanfodion y traethwyd amdanynt mor huawdl gan lyffantod dyflwydd y gorffennol wedi'u torri'n deilchion gan lyffantod blwydd y presennol. Ffurf fetamorffig yw hon, a'r peth gorau i feirniad ei wneud yw ceisio mygu'i ragdybiau cystal ag y gall a gadael i'r cystadleuwyr ei argyhoeddi mai hwy a ŵyr orau. Gosodais yr ymgeiswyr mewn tri dosbarth, ond rhaid dweud nad oes trefn benodol o fewn y dosbarthiadau hynny.

DOSBARTH III

Atgofion: Dyma stori brysur iawn, gyda digon yn digwydd ar ddau neu dri thudalen i lenwi nofel. Gwell fuasai sbotoleuo rhyw un digwyddiad allweddol.

Lakshmi: Hanes digwyddiad yn India pan gafodd cymeriad ei chamgyhuddo o ladd plentyn, ond hanesyn ydyw yn hytrach na stori go-iawn.

Mentra Gwen: Er imi hoffi'r dafodiaith a'r hiwmor, ac er bod y pwnc yn haeddu mynegiant, rhaid dweud mai amrwd a diddisgyblaeth yw'r stori hon, a bod llawer o waith twtio ar yr iaith.

Pengelli: Teimlaf mai nodiadau ar gyfer stori sydd yma yn hytrach na gwaith gorffenedig. Ceir fflachiadau o ddawn yma, ond rhaid meithrin y ddawn honno'n ofalus.

Cath Lwcus: Dyma ymgais i gyfleu peth o ddiwylliant y cymoedd glofaol, gyda'r hiwmor nodweddiadol, ond nid yw'n taro deuddeg rywsut, oherwydd diffyg disgyblaeth.

Gethin: Er i'r stori hon gael ei hadrodd yn afieithus iawn, gweddol ragweladwy yw'r digwyddiadau, ac nid oes tro newydd yn y gynffon.

Bryn Ehedydd: Mae yma ddeunydd diddorol o'r cyfnod trefedigaethol ar ddiwedd y bedwaredd ganrif ar bymtheg, ond ni fanteisiwyd yn llwyr ar addewid y deunydd crai.

Pysgotwr: Stori â blas yr heli yn drwm arni, ond mae angen tipyn mwy o gnawd am yr esgyrn.

Talu Rent: Er mor addawol yw'r deunydd, a bod yma ddawn i sgrifennu'n ddoniol, nid yw'r stori'n gafael fel y dylai rywsut.

Irlwyn: Hoffais dafodiaith gref y glowyr, a'r gymysgedd o galedwch a thynerwch sydd yn y stori hon am ddamwain yn y pwll glo. Byddai'n braf bod wedi cael gwedd fwy newydd ar hen thema.

Sgorpio: Mae'r syniad canolog yn un difyr, ac yn addo stori ddyfeisgar a gwahanol iawn, ond ni ddatblygwyd ef i'w lawn botensial.

Cw[m]ni Dedwydd: Hoffais ddawn dweud naturiol yr awdur hwn, yn arbennig ei hiwmor amheuthun, ond mae angen caboli tipyn ar y mynegiant, heb golli blas y dafodiaith, wrth gwrs.

Sgrech y Coed: Darn byr argraffiadol iawn, yn llawn cyffyrddiadau rhamantaidd. Mae yma ddawn i'w meithrin, ond nid yw eto wedi cyrraedd ei llawn dwf.

DOSBARTH II

Garmon: Dyma awdur sy'n adrodd ei stori mewn dull hyderus braf, ond stori eithaf cyfforddus sydd yma ac nid yw'n cynhyrfu llawer ar y dyfroedd.

Angharad: Stori am dyndra rhwng y newydd a'r hen ym myd merched, a sut y mae teuluoedd heddiw'n wynebu sefyllfaoedd tipyn mwy ffrwydrol nag yn y gorffennol. Y mae'r ysgrifennu'n llyfn a phroffesiynol, a cheir ychydig o dro yn y gynffon.

Fflur: Y tro hwn cawn hanes gwraig sy'n ceisio ymryddhau o hualau confensiwn, gan wrthryfela yn erbyn gŵr sy'n ei chymryd yn ganiataol. Mae'r mynegiant yn raenus iawn.

Llio: Stori am wraig yn cael ei cham-drin gan ei gŵr, ac eto'n ei garu ormod i'w adael. Er bod yr arddull yn gaboledig, nid yw'r stori'n ddigon ysgytiol ar gyfer y thema rywsut.

Bertil: Mae Anna Jones, y prif gymeriad, yn berson deallus, diwylliedig a myfyrgar, ond nid yw diwrnod yn ei bywyd yn ddigon i gyffroi'r darllenydd. Rhaid wrth fwy o wmff i droi'r defnyddiau crai yn faeth i'r dychymyg.

Oddi tan yr ymbarél: Dyma lenor greddfol sydd â chryn ddawn i gyfleu meddyliau chwâl. Eto hedyn stori sydd yma mewn gwirionedd, ac ni chafodd gyfle i wreiddio a datblygu.

Pryderi: Stori dawel am flas y cynfyd a'r newid ddaeth o rod i rod. Mae'r awgrym ar y diwedd fod y mab yn hoyw yn rhoi sioc fach bleserus ac yn codi stori gymharol draddodiadol o'i rhigol.

Cynon: Awdur soffistigedig sy'n gwybod sut i gyfleu teimladau dwys. Eiddigedd yw'r pwnc, ac fe'i cyflwynir mewn dull disgybledig. Serch hynny, braidd yn ddiffrwt yw'r diwedd.

Mentrus: Dyma awdur sy'n chwythu chwa o awyr iach i awyrgylch fwll y mans. Er bod yma ddigrifwch iach a dawn i gynhyrfu'r dyfroedd, nid yw'n cyflawni'r addewid ddechreuol.

Ffera: Mae hon yn stori awgrymog gan awdur sy'n ei medru hi, ond nid yw'r stori'n cyrraedd ei nod chwaith.

Bryn Iorwerth: Dyma stori wâr iawn am bennod chwerw-felys yn hanes yr Hafod yng Ngheredigion ar ddiwedd y ddeunawfed ganrif. Teimlaf fod yma ddeunydd nofel, a bod gan yr awdur ddawn nofelydd hanes.

Ffordd las: Ceir yma ymdrech lew i gyfleu chwalfa meddwl drylliedig, ond er cystal yw'r dweud, nid oes yma mewn gwirionedd olwg newydd ar hen bwnc.

Treganna: Mae hwn yn llenor aeddfed a threiddgar. Edrychir ar sefyllfa o safbwynt tri chymeriad gwahanol, a llwyddir i gyfleu bywyd yn ei amrywiaeth. Er bod ffresni yn y mynegiant, lled ystrydebol yw'r deunydd.

Meiriona: Cipolwg llym ar egrwch bywyd cefn gwlad yn yr oes o'r blaen. Mae'r arddull yn afaelgar, ac mae yma ddawn i durio'n ddwfn. Dyma lenor medrus sy'n gallu traethu am fywyd fel y mae, ond eto gyda thipyn o ras ataliol.

Lemsip: Mae cryn dipyn o hiwmor a dychan yn y stori hon, ac y mae'n arddangos dawn dweud ddiamheuol, er bod y diwedd braidd yn ddi-gic.

Eifion: Llwyddir yma i adlewyrchu chwilfrydedd plentyn, ac i gyfleu'r berthynas gynnes rhwng hogyn a'i daid. Teimlir serch hynny mai trafod cwestiynau'n ymwneud â'r paranormal a wneir yn hytrach na chreu stori ohonynt.

Tom-Tom: Rhyw ffantasmagoria sydd yma, ac mae'n rhaid edmygu clyfrwch yr awdur. Ni lwyddodd i ogleisio'r darllenydd gyda'i hiwmor gwneud, fodd bynnag, a theimlir ei fod yn awdur sydd heb daro deuddeg y tro hwn.

Tua Thre: Dyma stori sy'n llawn talpiau o atgofion am yr hen ddyddiau, a'r rheini wedi'u cyfleu â chryn deimladrwydd, ond eto heb fod yn wirioneddol ysgytwol.

Coetmor: Stori arall sy'n ddigon diffuant a theimladwy i ddod â lwmp i'r gwddw wrth gofio'r gorffennol, ond nid yw'n hedfan ar adenydd dychymyg chwaith.

Dalen: Mae hon yn stori hoffus, chwerw-felys, yn llawn ymadroddion bachog. Y mae'n rhy gwta rywsut i afael o ddifri.

Ben Bedw: Dyma stori ddyfeisgar sy'n llwyddo i roi gwin newydd mewn hen gostrelau. Ymwneud y mae ar yr wyneb â helynt ystrydebol ynglŷn â pheintio capel, ond mae yma hefyd dynnu torch rhwng dau safbwynt diwinyddol. Trewir yr hoelen ar ei phen yn y frawddeg glo.

DOSBARTH I

Siwgwr Candi: Dyma stori ddyfeisgar iawn sy'n feirniadaeth lem ar ein cymdeithas faterol a masnachol.

Mab y Meysydd: Pennod ddirgel yn hanes Morfydd Llwyn Owen, wedi'i hadrodd â chryn graffter. Codir cwr y llen ar garwriaeth gudd a thyndra o fewn priodas. Dyma awdur galluog a soffistigedig.

Hannah: Mae hon yn stori dorcalonnus am deulu ym Mhrâg a fu trwy felin yr erlid yn ystod y blynyddoedd Comiwnyddol blin. Llwyddwyd i droi ffeithiau hanes yn brofiadau llachar, poenus, ac er mor arteithiol yw'r diwedd, ceir llygedyn o lawenydd hefyd. Dyma gyfleu yr ysfa ddynol i oroesi trwy bob cyfyngder.

Llonyddwch: Ni chafwyd llawer o gyffyrddiadau ôl-fodernaidd yn y gystadleuaeth hon eleni, ond dyma awdur hunanymwybodol sy'n gwneud sylwadau ar y broses o greu. Mae'n llenor clyfar a'i waith yn tanio meddwl dyn a'i fêr.

Er Cof: Stori arall eithaf soffistigedig ei thechneg. Mae gan yr awdur ddychymyg bywiog iawn ac mae'i syniadau'n goglais yr ymennydd.

Mombi: Stori argraffiadol gynnil iawn. Mae'n farddonol heb fod yn farddonllyd. Ceir ynddi ryw elfen gyfrin, awgrymog.

Bazaroff: Stori'n gorlifo gan deimladau. Mae'r prif gymeriad yn dychwelyd o Bangkok at ei dad yng Nghymru, a'i galon yn drwm gan bwysau ei euogrwydd. Mae hon yn stori gynnil a phwerus.

Penmaen: Stori rymus am yr helyntion yng Ngogledd Iwerddon. Mae'r awdur wedi meistroli techneg adrodd stori draddodiadol, ac mae ganddo dreiddgarwch seicolegol hefyd, a gallu i ennyn chwilfrydedd y darllenydd a'i synnu.

Lloydia: Gwnaeth hon argraff arnaf ar y darlleniad cyntaf gan mor dda y llwyddir i greu awyrgylch. Mae'r iaith yn gyhyrog a'r mynegiant yn rymus. Stori drawiadol a theimladwy.

Morus: Dyma ddarn o realaeth hudol eithaf ysgytiol, lle ceir myfyrdod ar fywyd o'r tu hwnt i'r bedd. Mae'r awdur hwn yn ei medru hi.

Absinthe: Mae hon yn stori go arbennig am anrhydedd, yr *honneur* Ffrengig. Ceir naws ddigamsyniol gyfandirol yma, ac ni synnwn fawr glywed i'r stori gael ei hysbrydoli gan un o feistri'r stori fer Ewropeaidd. Er gwyched yw'r stori, nid yw'r mynegiant yn Gymraeg mor ddigamsyniol drawiadol â'r deunydd.

Cadi: Darn o ysgrifennu pwerus iawn am ddialedd gwraig tuag at ei gŵr anffyddlon. Mae yma sadistiaeth sy'n troi stumog y darllenydd. Gwneir i'r Gymraeg fagu cyhyrau yn y stori hon.

Emrys: Mae hon yn stori hynod gyfoethog ei harddull, ond mae'n stori ddyfeisgar hefyd, gyda dwy lefel yn perthyn iddi. Symudir yn awgrymog o'r presennol i'r gorffennol ac yn ôl. Mae'r diwedd yn peri inni wingo.

Mae tua hanner dwsin o storïau yn ymgiprys am y wobr ac ni fu'n hawdd dewis rhyngddynt. Trueni na ellid cyhoeddi cyfrol o'r goreuon a'i gwerthu ar faes yr Eisteddfod. Penderfynais yn y diwedd mai'r stori weddol ddi-dynnu-sylw-ati'i-hun gan *Emrys* oedd y fwyaf llwyddiannus, ac iddo ef y dyfarnaf y wobr y tro hwn.

Stori Fer

Y CORTYN BEINDAR

'Am fynd â'r un fach i Langïan i gael ei magu gan ei mam yr oedd hi, meddai hi . . . byddai gwell siawns iddi yno.'

*   *   *

Mae'r geiriau'n taro'n drist a chwithig wrth imi ddarllen hanes y Mary Jones, druan.

Dyna'r ffôn yn canu eto. Ganodd unrhyw ffôn erioed heb dorri ar draws rhywbeth neu'i gilydd? 'Mr Prichard? Meddygfa Bryn Eithin yma. Dr Hughes yn wir ddrwg na fedar o ddŵad i weld Mrs Prichard heno . . .' Wedi mynd â'r ferch fach i'r ysbyty; wedi torri'i garddwn wrth faglu, yn ôl yr ysgrifenyddes.

O ran hynny, 'does fawr o ddiben iddo ddŵad. (Geiriau Rheswm Ymarferol ydi'r rheina.) Fedar o wneud dim, dim ond rhoi rhyw foddhad a chynnig rhywbeth i leddfu peth ar y boen. 'Tri mis ar y gorau,' meddai y dydd o'r blaen, 'efallai lai.' Llai, gobeithio, os ydi'r pangfeydd am fynd yn waeth; fel y bydd hi, mae'n debyg.

Gwell mynd i'r llofft i ddweud y neges. Os nad ydi hi'n cysgu. Hynny'n beth prin yn ei hanes, ar wahân i ychydig funudau ar y tro.

'Ond mi ddaw peth cynta yn y bora, medda fo. A mi fydd y Nyrs yma toc. Mi dwyma i gawl cyw-iâr Lowri, wedyn, ynte? Iawn?'

'Ia, mi fydd chydig o gawl yn neis . . . Be wyt ti'n neud rŵan?'

'Rŵan? Darllen llyfr Eigra Lewis Roberts, *Llygad am Lygad.* Dyna deitl, ynte! Ydi gosodiad fel'na yn foesol, tybed?'

'O'r Beibl mae o'n dŵad.'

Hwyrach wir. Ond ydi popeth sydd yn y Beibl yn wir? Mae ei straeon hi'n wir, meddai hi; 'hanesion ffeithiol' mae hi'n galw nhw.

'Darllen am ryw hogan o Ben Llŷn oeddwn i rŵan. Rhyw Mary Jones gafodd blentyn siawns. Dyna oedd hi'i hun, o ran hynny. Sobor o beth yn yr oes dduwiol honno; 1865 oedd hi. Roedd pawb yn cofio Diwygiad '59.'

'Sobor o beth ydi plentyn anghyfreithlon mewn unrhyw oes.'

'Ie, debyg. Ond 'doedd gan y Mary yma ddim teulu i fod yn gefn iddi. Wel, mi fuo ganddi hi fam, o ryw fath. Wedyn, mi ddaeth y babi yma; cael ei eni yn wyrcws Caernarfon, a'i galw hi'n Ellen.'

'Pwy oedd y tad?'

'Mae'n siŵr y gwyddai hi'i hun. Ond 'chafodd neb arall wybod. Penderfynu mynd a'r fechan "adre", chwedl hithau, i Lŷn i gael ei magu. Gwell hynny, a hithau'n cael chwilio am le a chael chydig o gyflog.'

'Call iawn, mae'n siŵr, dan yr amgylchiadau.'

'Ie; ond i ardal Trefor yr aeth hi . . . a'r diwedd fu iddi adael y babi wrth ochr ffos un noson dywyll. Beth oedd yn ei meddwl hi, tybed, yn gwneud y fath beth?'

'Pwy ŵyr bedi'r cymhellion sy'n ein gyrru i wneud pethau?'

'Gwir iawn. Mae'n siŵr nad oedd hi'n *bwriadu* lladd y fechan, ond dyna ddigwyddodd. Mi ddo i'n ôl toc.'

Na, 'does neb yn gwybod y Pam. Hyd yn oed y rhai sydd wedi bod mewn cyfyngderau tebyg. Fel y gwn i'n iawn.

Ac wedi dechrau meddwl am bethau felly, fedra i ddim cael llawer o flas ar ddarllen rhagor. Mae cefn fy meddwl . . . (sut medra i'i roi o?) . . . dydi cefn fy meddwl ddim yn claddu'r pethau rydw i'n eu gwthio yno. Maen nhw'n dal i nofio i'r wyneb. A mi rydw i'n cofio, heno, am rywbeth nad ydw i erioed wedi'i anghofio. Byth oddi ar y diwrnod hwnnw yn Fform Two. Y pethau hynny'n gliriach i mi na beth ddigwyddodd ddoe. Ond soniais i'r un gair wrth neb, neb o gwbl, ar ôl i bethau dawelu.

Huw Bryn Engan ddechreuodd y cwbl, fy nghefnder i fy hun. Roedden ni'n dau yn dipyn o lawiau, er ei fod yn medru bod yn gïaidd ei dafod. Rhyw falais ynddo fo weithiau. Ond fedrwn i ddim maddau iddo fo am beth ddwedodd o'r p'nawn hwnnw. Ddim o gwbl.

Ychydig cyn y Nadolig oedd hi, a phawb yn sôn am y Gwylia. Fawr o flas ar waith, yn enwedig efo Parry Beiol, fel roedd hi y p'nawn hwnnw. Mi gafodd ei alw o'r Rŵm am ryw reswm. 'Read Chapter 7,' meddai, 'while I'm out. Pages 94 and 95. I'll be asking some awkward question when I come back.'

A Huw'n hanner codi yn ei ddesg ar ôl i Pâr gau'r drws. 'Glywsoch chi'r hen Beiol yn trio 'sbonio petha? Fel tasa ni ddim yn gwybod! A mi fedra i ddeud mwy. Dyna chi Em, yn fa'ma. Gorfod priodi ddaru Yncl Owen ac Anti Esther am fod Em ar y ffordd. Wedi bod yn blant drwg yn llofft stabal.' A ha-ha fawr. Ond neb arall yn chwerthin.

Mi es i amdano fo, ond gafaelodd Wmffri'r Foel yn fy nghôt o'r tu ôl. 'Dim fa'ma, Em,' meddai, 'eto. A mi ddo i efo chdi iddo fo gael clec iawn.'

'Mi geith o glec,' meddwn innau. 'Mi geith o dalu. Talu'n iawn hefyd.'

A'r peth nesaf oedd llais Meirwen yr Hafod. Meirwen o bawb, yr hogan ddistawa yn y dosbarth, os nad yn yr ysgol i gyd. 'Hen sglyfath wyt ti, Huw Bryn Engan,' ar dop ei llais, 'dim ffit i dy daflu ar doman dail wlyb,' a phawb yn ddistaw am eiliad, nes i rywun ddechrau piffian chwerthin, a phawb wedyn yn rhowlio. Nid chwerthin smaldod; mwy fel sbring yn gollwng.

Mi ddaeth Parry'n ôl ar ganol yr halibalŵ, a chlywed y rhialtwch i gyd, a mi aeth hynny â'i feddwl o oddi ar Chapter 7, diolch fyth. Roedd beth ddwedodd Huw ar fy meddwl i drwy'r p'nawn, ac wedi mynd adre o ran hynny. Oedd beth ddwedodd o am 'nhad a Mam yn wir?

Pan ddaeth cyfle i gael Mam ar ei phen ei hun, dyma fentro holi'n gynnil. 'Gorfod priodi? Bobol bach, pwy ddeuodd y fath rwdl? Paid â gwrando hen straeon gwirion fel'na. Yli, dos i nôl y Beibl mawr o'r parlwr.' Minna'n mynd, a'i roi ar fwrdd y gegin. Mam wedyn yn troi at y tudalennau rhwng y ddau Destament, yr 'Achau'. Pwyntiodd ei bys at ysgrif, 'Darllen hwnna.' 'Hwn?

Priodwyd Owen Prichard, Gelli Gron, ag un Esther Pugh, 4 Terfyn Terrace, yng Nghapel Salem (A). Mehefin 10, 1954.'

'Iawn? Rŵan tro at y dudalen Genedigaethau. Be weli di'n fa'ma?' Minnau'n darllen: 'Ganwyd Emrys Pugh Prichard, mab Owen Prichard ac Esther ei wraig, Ionawr 26, 1956.' A theimlo rhyw ryddhad mawr yn golchi drosof. 'O Mam! dwi'n falch,' a rhoi clamp o gusan iddi. 'Ond pam y deudodd Huw'r fath beth?' 'Huw ddeudodd? Rêl ei daid!' heb ddweud mwy na hynny.

Roedd natur felly ynddi hi; byth yn dweud mwy nag oedd yn ofynnol; cadw pethau eraill iddi'i hun, fel Mair Nasareth ers talwm. 'Chefais innau ddim gwybod mwy am daid Huw. Wedyn y meddyliais i – pa daid? Roedd ganddo ddau.

Mi es i'n fwy penderfynol i dalu'n ôl iddo fo am athrod mor frwnt, a dechrau clandro beth allwn i ei wneud, fel yr oeddwn wedi bygwth mor fyrbwyll.

Nid Rhagfyr yw'r amser gorau o'r flwyddyn i mi, rŵan na'r pryd hynny. Ond mi welwn un fantais – mae'n tywyllu'n gynnar. A dyma feddwl, beth pe buasai criw ohonom yn 'mosod arno fo wrth iddo fynd i fyny'r lôn drol yn mynd at Bryn Engan? Ond na. Os talu'n ôl, roedd yn rhaid i mi fy hun wneud hynny.

Nid brolio yr ydw i ('does dim diben i neb frolio iddo fo'i hun, wedi'r cwbl!) ond roeddwn i gyda'r gorau yn yr ysgol am wneud naid hir y pryd hynny. A mi wyddwn bod ar Huw wenwyn i mi, yn ysu am fy nghuro. O'r gorau, mi rown i her iddo fo. Ond roedd yn rhaid cael mwy na dim ond naid hir. Beth? O dipyn i beth, dyma'i gweld hi. Naid hir *a* neidio dros rywbeth arall hefyd. A mi wyddwn lle i wneud hynny; yr union fan, ar y 'Gwastad' fel y byddem yn galw'r lle, hanner ffordd i fyny Allt Clogwyn. Lle gweddol unig, gwastad, a dwy goeden jacan ychydig droedfeddi oddi wrth ei gilydd. Y tu draw iddyn nhw, pwt o graig yn taflu tua dwy droedfedd o'r ddaear, ac wrth ei throed, hen bwll dŵr budr, llawn slafen. I'r dim! Huw yn neidio a syrthio i'r pwll a mynd adre'n wlyb diferol, yn drewi o bell.

Gwawriodd y cynllun. Cortyn o goeden i goeden, a rhwng dau olau ar ddiwedd p'nawn o Ragfyr, prin gwelai neb o. Roedd rhywbeth digri yn y cwbl wrth gofio am Meirwen a'i thomen dail.

Y peth nesaf oedd gwerthu'r her i Huw. Yn annisgwyl, fe lyncodd yr abwyd yn barotach nag oeddwn i wedi'i ragweld.

Dim smic o'r llofft. Efallai ei bod hi'n cysgu; gobeithio wir, druan ohoni. Mi â'i i fyny toc.

'O'r gora, ta. Ar ôl rysgol pnawn Gwenar.'

Y bore hwnnw, dyma fi'n cychwyn o'r tŷ yn gynt nag arfer. 'I ble'r ei di mor frysiog?' Mam yn holi. 'Isio rhoi llyfra allan i Mr Davies,' a diflannu cyn cael rhagor o gwestiynau. Ond i Allt Clogwyn yr es i, a digon o gortyn beindar yn fy mag ysgol. Ei rwymo rhwng y ddwy goeden a gweddïo na fyddai neb yn mynd ar gyfyl y lle cyn diwedd y p'nawn.

Hir yw pob ymaros, ond daeth y diwrnod i ben, ac i ffwrdd â ni'n dau am Allt Clogwyn. 'Mi â' i'n gynta,' meddwn i. 'Na, fi sy'n mynd gynta,' meddai Huw, yn union fel yr oeddwn wedi ddisgwyl. 'A chofia, y gora o dri sy'n cyfri.' Tynnu'i gôt a'i rhoi ar ei fag ysgol ar lawr, cyn camu'n ôl ddwylath neu dair i godi sbîd.

Mae rhyw siffrwd yn dod o'r llofft. Ie, gwell mynd yno. 'Ydi popeth yn iawn yma?' 'Estyn y gwydr yna i mi gael llymad bach; mae 'ngheg i fel nyth cath. Ydi hi'n boeth iawn yma, tybed?' 'Wel, hwyrach ei bod hi. Mi adawa i'r drws gil-agored.'

Wel ia, Huw. Welodd o mo'r cortyn. Ond yn lle mynd ar ei fflat i'r pwll dŵr, dyma glec wrth i'w ben o daro'r graig. 'Doedd dim rhaid i mi fynd ato fo; mi wyddwn. Datod y cortyn a'i roi yn fy mag; mi gawn gyfle i'w guddio fo yn nes ymlaen, mae'n siŵr. Yna dechrau cerdded i lawr at y lôn ac wedi'i chyrraedd hi, crio a nadu dros y wlad.

Rhedeg am adre bob cam. Heibio Cae Ffynnon a Ty'n Ffridd; heibio pen lôn Bryn Engan, na welai Huw mohoni eto. Wrth gyrraedd Terfyn Terrace, Dafydd Robaits yn dŵad o'r tŷ efo'r ci. 'Brensiach y bratia, Emrys bach, be sy'n bod arnat ti?' 'Huw,' meddwn innau'n gryg, 'Huw Bryn Engan wedi . . . wedi marw ar Allt Clogwyn.' 'Be wyt ti'n ddeud? Wyt ti'n siŵr? Be sy wedi digwydd?' Wn i ddim oedd o'n disgwyl ateb. 'Baglu . . . taro'i ben,' rhwng ebychiadau o grio.

Gafaelodd yn fy mraich, 'Tyd i'r tŷ, ngwas i.' Troi at Mrs Roberts, 'Janet, rho ddiod o de reit gry i'r hogyn 'ma a dos â fo adra wedyn.' Wedyn troi at Alun, y mab, oedd yn gweithio yn y Fforestri. 'Tyd efo fi i Allt Clogwyn, a chwilia am blanced neu ddwy, rhag ofn.'

Dyma ochenaid o'r llofft eto. Mae'n rhaid wrth glust go denau i glywed weithiau. Ond mae o'n dŵad i mi, yn reddfol, rhywsut. 'Be sy? Ydi o'n boenus?' 'Poenus? diar annwyl mae o'n brathu. Ofnadwy. Pam na ddaw'r doctor efo rhywbeth? Tasa'r hen Ddoctor Ellis yn fyw . . .'

'Chwarae teg, mae Dr Hughes yn gwneud ei orau. Rŵan, tabled arall, fel y deudodd o. Mi fydd yn siŵr o fod o help.'

'I be? I be? Dydi'r rhain ddim cyn gryfed â'r lleill; ddim yn agos cystal. Roedd y lleill yn gweithio'n well o lawer. O wel, waeth imi'i chymryd hi, ddim.'

Wedi imi gyrraedd adra p'nawn hwnnw, roedd Mam mewn gwewyr ofnadwy wrth glywed am Huw, ac eisiau mynd i Bryn Engan ar unwaith i weld ei chwaer, Anti Catrin. 'Wn i ddim pa gysur fedra i roi iddi chwaith,' meddai, 'ond o leia, mi fydda i *efo* hi. Mae gwaed yn tynnu at waed bob amser.'

Dechreuodd 'nhad ddweud y drefn am rywbeth, ond 'doeddwn i ddim yn deall am beth. 'Bydd distaw, Owen,' meddai Mam, 'weli di ddim fod yr hogyn mewn sioc?' 'Mae o i weld yn ddigon digyffro i mi,' meddai yntau. 'Mae sioc yn gneud pobl yn ddigyffro. Yn eu syfrdanu nhw.' Mam yn dal danaf.

Dweud wedyn bod yn rhaid imi fynd efo hi. Dyna pryd y dechreuais i fulo, strancio, mynd yn hysterig, bron. 'Gwranda di arna i, 'ngwas i,' meddai 'nhad, 'os ydi dy fam isio iti fynd efo hi, mi ei ditha. Tra byddi di dan fy nghronglwyd i, mi gei ufuddhau. A chitha hefyd,' wrth Robin a Lowri, oedd yn fud gan ddychryn. Bychan oedden nhw.

Aeth Mam i chwilio am ei chôt. 'Dos ditha i newid y trywsus budr 'na,' meddai, 'a hwda, dos â dy fag ysgol efo chdi, lle bod o'n flêr o gwmpas y lle 'ma. Stwffia fo o'r golwg i rywle, wir.'

Cerdded efo hi yn y tywyllwch distaw. ''Does arna i ddim isio mynd,' meddwn unwaith yn rhagor. 'Hwyrach wir, ond gwell iti weld Anti Catrin heno a thorri'r garw. Rhaid iti'i gweld hi un o'r dyddiau nesa 'ma. Gora po gynta.'

Wedi cyrraedd Bryn Engan y torrodd y sioc arnaf yn ei arswyd i gyd. 'Doedd Huw ddim yno! A fydd o byth eto. Aeth y cwbl yn niwl, a fedra i hyd heddiw gofio un dim am y noson.

Arhosodd Mam a finnau dros nos, ac wedi cyrraedd adra drannoeth, sioc arall yn fy nisgwyl. Roedd dau blismon yn y gegin efo 'nhad. 'Isio gofyn i chi, Emrys, i ddeud beth yn union ddigwyddodd.' 'Holi a holi; yn ddigon clên a charedig mewn ffordd, a minnau'n dweud orau y gallwn i; sôn am yr helynt yn y dosbarth, hyd yn oed. Ond dim gair am y cortyn.

Bu bron i gwestiwn y plismon ifanc fy llorio. 'Emrys, ar be ddaru Huw faglu? Mi fuon ni yno cyn dŵad yma, a methu gweld dim allasai fod wedi achosi hynny. Mae'r lle i'w weld yn hollol wastad a glân.' Beth allwn i wneud ond haeru anwybodaeth?

Y cwest oedd y peth ofnadwy. Fues i erioed mewn lle o'r fath o'r blaen, a rhaid cyfaddef, roedd gen i ofn. Gorfod ateb cwestiynau a gwrando ar y plismyn yn deud pethau nad oeddwn yn eu deall. Holi Dafydd Robaits ac Alun. Ymhen hir a hwyr, pasio ddaru nhw fod Huw wedi marw 'trwy anffawd'.

Wedi'r c'nebrwng, mi es yn ôl i'r ysgol. 'Dydw i ddim yn meddwl fy mod i wedi sylweddoli hynny ar y pryd, ond roedd Mam fel rhyw 'angel warcheidiol' trwy'r adeg. 'Rhaid iti fynd i'r ysgol, fory,' meddai hi y nos Sul honno. 'Paid â phoeni. Mi fydd y plant yn deall mai damwain oedd hi. Damwain, ynte 'ngwas i?' a sbio drwy ffenest y gegin, er nad oedd dim anarferol i'w weld.

A mi roedd pawb reit glên. Yr athrawon hefyd. Ond 'doeddwn i ddim yn chwarae dim byd amser chwarae, dim ond sefyll a sbio ar y lleill, a rhai yn dŵad i siarad efo fi bob hyn a hyn. Ddaeth Meirwen ddim tan ddydd Mercher. 'Wyt ti'n teimlo'n well, Em?' 'Ydw. Ond bod rhywbeth yn dal i frifo tu mewn, rhywsut.' 'O mi eith,' meddai hithau, 'mae Mam yn deud mai ffisig da ydi Amser. Piti am Huw; ond mi ddeudist y basa ti'n gneud iddo fo dalu, yn do?' Mi aeth wedyn.

Dyna beth *oedd* codi ofn. Gwaeth na'r plismyn; gwaeth na'r cwest, hyd yn oed. Roeddwn i'n cael hunllef bron bob nos am ychydig, gweld Meirwen mewn siwt plismon yn dŵad amdanaf, a minnau'n rhedeg a rhedeg heb fedru symud cam.

Dyna rywbeth yn disgyn yn y llofft eto. 'Be sy'n digwydd yma?' a'r jwg dŵr oer ar y llawr, rhwng y gwely a'r bwrdd bach. Diolch nad oedd llawer o ddŵr ar ôl.

'Isio llymad bach . . . wedi cynhyrfu wrth gofio . . . y stori yn y llyfr . . . Mary Jones, ynte?' a'r llais yn cilio'n wan i rywle.

'Mi â'i i nôl rhagor o ddŵr, a mi stedda i yma am dipyn.'

Tynnu cadair at erchwyn y gwely ac edrych arni. Edrych yn hir, a'r llygaid wedi cau. Diar, mae'r wyneb wedi curio, a rhyw liw fel cwyr gwyn ar y croen. Hithau wedi bod mor iach; ac mor addfwyn bob amser.

Toc, 'Mary Jones . . . cael ei hun mewn trap, rhywsut . . .'

'Dim ots amdani hi rŵan. Cynhyrfu wrth gofio . . . cofio beth, felly? 'Does dim byd i'w gofio . . . i gynhyrfu, yn nag oes?'

Mae rhyw ddwyster rhyfedd yn y llygaid wrth edrych arnaf. Geiriau'n dod i 'nghof; wedi eu darllen neu eu clywed yn rhywle. Rhyw bechadur yn crefu ar George Fox, y Crynwr, 'Turn your eyes away!'

'Cofio'r noson honno . . . pan gafodd Huw dy gefnder . . . pan gafodd o . . . pan gafodd o'i ladd.' Distawrwydd poenus; poenus i mi. 'A chofio gweld mymryn o gortyn . . . cortyn beindar . . . yn gwthio allan o dy fag ysgol di. Deud wrthat ti am fynd â fo o'r golwg. Mi losgais i'r cortyn cyn mynd i 'ngwely.'

Gwaed yn tynnu at waed. A minnau'n gwybod dim.

Emrys

Casgliad o ddeg o storïau byrion ar ffurf llên meicro

BEIRNIADAETH JERRY HUNTER

Hyd y gwn i, dyma'r tro cyntaf i'r Eisteddfod Genedlaethol ofyn am gasgliad o storïau byrion ar ffurf llên meicro. Gall mai dieithrwch y ffurf sydd yn gyfrifol am y ffaith mai saith casgliad yn unig a ddaeth i law. Er gwaethaf nifer bychan y cystadleuwyr, credaf i'r arbrawf lwyddo. Yn gyntaf, mae i dri o'r casgliadau rinweddau arbennig. Yn ogystal, mae yn y fath gystadleuath â hon wersi pwysig i ddarpar awduron. Mae'r stori fer yn ffurf boblogaidd iawn yng Nghymru, ond mae'r rhan fwyaf o'r storïau byrion sy'n cael eu cyhoeddi yn llethol o ddi-ddychymyg ac yn boenus o glogyrnaidd. Mae ysgrifennu storïau meicro yn ymarfer sy'n dysgu cynildeb a disgyblaeth i'r awdur rhyddiaith. Ni wn am neb sydd wedi meistroli'r ffurf yn well na'r awdur Hwngareg István Örkény. Mae ei *egyperces novellák* ('storïau un funud') wedi ennill lle iddo ymysg awduron mwyaf adnabyddus ei wlad. Ni wn ychwaith am gyfieithiadau Cymraeg o waith Örkény, gwaetha'r modd, ond awgrymaf i'r sawl a fyn fynd i'r afael â'r ffurf ddarllen 'Sbarion' Robin Llywelyn (yn y gyfrol *Y Dŵr Mawr Llwyd*). Mae'r saith cystadleuydd yn ymrannu'n naturiol yn ddau ddosbarth, gyda phedwar casgliad nad wyf yn meddwl eu bod yn agos ati, a thri chasgliad y gellid ystyried eu gwobrwyo.

Chwaer Mici: Mae *Chwaer Mici* i'w chanmol am ei strwythuro gofalus. Storïau tro-yn-y-gynffon yw llawer o'i storïau hi (e.e., 'Bwrw'r Sul', 'Y Cylch', 'Mudo', 'Gwenfair'). Eto, er bod rhai o'r darnau yn ddoniol ddigon, maent yn ddisgwyliadwy o annisgwyl; ar ôl darllen un ohonynt, mae'r darllenydd yn gwybod beth i'w ddisgwyl gan y chwaer hon. Ar y llaw arall mae'r darlun a geir yn 'Penblwydd Hapus' yn addawol iawn: mae'r siaradwraig yn disgrifio salwch ei brawd mewn modd cwmpasog drwy ddisgrifio'i anallu i agor ei gardiau a'i anrhegion pen-blwydd. Ond mae'n colli cynildeb rhan gyntaf y darn gyda'r frawddeg 'Allwn i ddim llai na phitïo Ifan, na châi agor ei anrhegion ei hun'. Dyna ddweud yr hyn sy'n amlwg gan wastraffu geiriau prin.

Athronydd: Mae graen ar iaith *Athronydd*; mae'r naratif yn gaboledig a'r sgyrsiau tafodieithol yn fyw iawn. Gall ddarlunio golygfeydd yn effeithiol ar adegau hefyd, fel y dengys y darn cyntaf ('Oerfel'). Ceir darlun dychanol da o orymdaith Eisteddfodol ar ddechrau 'Cwmni Dedwydd', ond mae diwedd y darn yn ei ddifetha drwy ddweud yr hyn sy'n amlwg: 'Beth well na dylanwad a statws mewn bywyd?' Yn wir, mae *Athronydd* yn amlwg o foesolgar ar adegau; moesoli, nid athronyddu, a wna ar y cyfan. Mae 'Peswch' yn codi uwchlaw gweddill y casgliad yn fy marn i; wrth ddisgrifio sgwrs rhwng dau glaf mewn ysbyty mae'n cymeriadu'n effeithiol gan drosglwyddo'i neges drwy gyfrwng y ddialog yn hytrach na phregethu.

Gwyddfor: Ceir ambell fflach yn storïau *Gwyddfor,* ond mae'r awdur hwn yn anghyson iawn. Ar adegau mae'n syrthio yn ysglyfaeth i'r un hen fwgan a faglodd *Athronydd* a *Chwaer Mici,* sef diffyg cynildeb. Wedi disgrifio *hole-in-one* mae 'Y Golffiwr' yn cloi â'r frawddeg, 'Dyna drueni, yntau wedi codi ar doriad gwawr i ymarfer, a neb yno'n dyst o'i gamp'. Dylai'r stori gyfleu'r 'trueni' a'r 'gamp' fel ei gilydd heb ddibynnu ar y fath naratif eglurhaol. Ar y llaw arall, gall *Gwyddfor* fod yn rhy gynnil hefyd. Er enghraifft, nid yw union ystyr brawddeg olaf 'Rhyfeddod y Corff' yn glir. Darn mentrus yw 'Y Gosb' gan fod *Gwyddfor* wedi gwthio'r stori i'r eithafion meicro: pedair brawddeg fer yn unig a geir. Ond nid yw'n gweithio, a hynny oherwydd yr ieithwedd fflat. Ar y llaw arall, iaith swynol a geir yn 'Y Plygain', eithr nid yw ergyd y diweddlgo yn gwbl glir. Yn wir, ceir elfennau unigol gwych ar wasgar yn y casgliad hwn. O ddewis a dethol, arddull un darn, strwythur stori arall, ac yn y blaen, gellid creu anghenfil Frankenstein o stori berffaith!

Amalgam: Hoffais ddwy stori gyntaf *Amalgam.* Mae'n llwyddo i blygu'r stori fer draddodiadol i ofynion llên meicro, gan ddarlunio perthynas mam a merch mewn modd teimladwy. Ysywaeth, nid yw gweddill y casgliad yn cyrraedd safon y storïau cyntaf. Ceir nifer o wallau iaith hefyd, megis camdreiglo ('torri'r linach', 'tri plentyn') a diffyg acen grom. Ond trof nawr at dri chasgliad y cefais drysorau yn eu plith.

Dot Co: Gwelir dychymyg amheuthun ar waith yn storïau *Dot Co.* Mae'r casgliad hwn yn mentro i dir y chwedlonol, y grotésg a'r arswydus. Ni allaf ddisgrifio'r darn 'Dedfryd Oes' ond fel gwyddonias arswydus. Dyma'r ddedfryd dan sylw yn y teitl: 'Wedi ei dynnu'n gyfan gwbl o'r corff ac wedi ei gadw'n fyw am gyfnod amhenodol drwy system cynnal bywyd, bydd ymennydd dyn yn gwybod gwir ystyr artaith'. Y ddedfryd yn unig a gawn yn y darn, ond mae'r hyn a ddaw o enau'r Barnwr yn dadlennu byd gwahanol. Dystopia'r dyfodol yw'r byd hwnnw, rhyw fath o wladwriaeth dotalitaraidd sy'n troi ei thechnoleg at ddibenion erchyll. Mae'r awdur hwn yn gwneud defnydd gwych o'r cyfrwng cyfyngedig gan gynhyrchu gemau bychain. Mae 'Cariad at Branwen' yn ailysgrifennu'r Ail Gainc o safbwynt Efnisien, gan roi gwedd seicolegol newydd i'r hen stori; a hynny oddi mewn i ffiniau un paragraff byr. Ond yn anffodus, mae nifer o wallau iaith elfennol yn pylu sglein y casgliad hwn (e.e. 'y coeden', 'ag y ddaeth'). Dylai'r awdur hwn olygu'i waith yn ofalus.

Y Corrach: Mae *Y Corrach* yn awdur meistrolgar nad yw'n gwastraffu geiriau. Mae'n bodloni yn aml ar ddarlunio un olygfa seml gan ddarganfod dyfnder yn y cyffredin. Barddoneg bywyd pob dydd a geir mewn darnau megis 'Yr alwad' a 'Newyddu'. Darlun gwahanol a geir yn 'Y Bregeth Olaf': trawswisgwr o weinidog sydd yn gwisgo'i 'sgidiau-sodlau-uchel' a'i 'wisg sidan' i'r capel am y tro cyntaf. Ond mae'r capel yn wag (golygfa ganol nos sydd yma, mae'n debyg); mae'r gweinidog yn dadlennu'i hunan cuddiedig o flaen ei Dduw, *nid* o flaen ei braidd. Er hynodrwydd y testun, perthyn rhyw dristwch tawel i'r darn. Cawn gipolwg ar gyffes bersonol, cipolwg ar enaid a rwygir rhwng dau fyd. Ar y llaw arall, credaf nad yw 'Barnu Gwerth' yn taro deuddeg; mae'n ymylu at fod yn wirioneddol wych ond mae rhywbeth ar goll.

Awyren bapur: A dyma ni'n dod at yr enillydd. Credaf fod gwaith *Awyren bapur* yn cyfuno'r elfennau gorau a gefais yn y gystadleuaeth: ceir ynddo wreiddioldeb sy'n cyrraedd uchelfannau dychymyg *Dot Co* a chynildeb sy'n debyg i ddarnau mwyaf disgybledig *Y Corrach.* Rhydd 'Un nos olau . . . ' gipolwg ar fyd sydd yn gyfarwydd ac eto'n newydd, Cymru'r dyfodol lle mae 'ffugloer' yn goleuo'r nos. Ond nid yw'r stori yn taflu newydd-deb ei gwyddonias yn wyneb y darllenydd; cyflwyno'r byd newydd yn dawel drwy gyfrwng sgwrs hwyrnosol rhwng gŵr a gwraig. Mae *Awyren bapur* yn ymglywed â rhythmau'r iaith gan naddu rhyddiaith sy'n farddonol o swynol. Mae 'Ni' yn dechrau drwy ailwampio adnod olaf 1 Corinthiaid 13: 'Corff ac enaid, a'r mwyaf o'r rhai hyn . . . Y mwyaf o'r rhai hyn oedd ein cyrff – yn gwlwm blêr, yn chwys, yn chwerthin'. Mae 'Stori Arall' hefyd yn ailysgrifennu darn o'r Testament Newydd. Mae'n werth ei dyfynnu yn ei chyfranrwydd:

> STORI ARALL
>
> 'Mi awn ni rŵan, Mari, meddai'r merched. Y merched a fu'n helpu efo'r enedigaeth, yn claddu'r brych, yn sychu'r gwaed a'r chwys ac yn menthyg pethau i ferch ymhell o gartre.
> 'Mi awn ni rŵan, mae 'na ddynion pwysig ar eu ffordd meddan nhw.'
>
> *A hwy a gawsant y dyn bychan . . .*

Dyma stori sy'n chwyldroadol o syml. Gan fod genedigaeth Iesu yn stori gyfarwydd iawn, mae'n hepgor y darlun mawr gan ganolbwyntio ar y wedd newydd y mae'n ei chyflwyno inni. Pedair brawddeg yn unig sydd yma, ac mae un ohonynt yn ddyfyniad anghyflawn. Ac mae pob gair yn cyfrif. Mae Mari a'r merched yn gwrthgyferbynnu â'r dynion pwysig a'r dyn bychan gan fenyweiddio stori'r geni. Dyma fersiwn ffeministaidd o'r stori nad yw'n pregethu'n ddogmatig. Mae'n tynnu sylw'r darllenydd at ffaith seml: stori a berthyn i fyd y ferch – byd y fam a'r fydwraig – yw stori'r geni. Mae ailadrodd geiriau'r merched yn ganolog i strwythur y darn. Ar y dechrau mae'r frawddeg fer – 'Mi awn ni rŵan, Mari' – yn cyflwyno'r olygfa yn ogystal â chyflwyno'r cymeriadau benywaidd y mae fersiwn swyddogol y stori yn eu hanwybyddu. Wedyn, ar ôl brawddeg rythmig sy'n disgrifio swyddogaeth y cymeriadau hyn, fe ddaw geiriau'r merched eto ar ddechrau brawddeg hwy. Brawddeg sy'n awgrymu'n gynnil fod dyfodiad y doethion, 'y dynion pwysig', yn gwthio'r merched o'r darlun.

Er gwaethaf nifer bychan y cystadleuwyr, gall *Awyren bapur* ymfalchïo yn y gystadleuaeth a gafodd yng nghasgliadau 'Y Corrach' a 'Dot Co'. Braf yw darganfod doniau mor fawr mewn storïau mor fyr.

Tair stori feicro o'r casgliad buddugol

EFO LLAFN

Safodd yno yn edrych hyd y gallai weld, ac yna yn gwrando hyd y gallai glywed, ar ei gar yn ei gadael i lawr y lôn drol rhwng y coed a thuag at y pentref, y dref, y cyfandir. Trodd ac wrth gerdded ar hyd llwybr yr ardd, aros wrth y cwt lle roedd pob math o erfyn ar gyfer pob math o swydd. Edrychodd ar y rhesi a gafael mewn arf a grëwyd ar gyfer plygu gwrychoedd – rhywbeth rhwng cyllell a bwyell, tro yn y llafn. Gafaelodd ynddo a cherdded i mewn i'r tŷ bach twt lle roedd lle i bopeth a phopeth yn ei le. Yn y ddysgl ffrwythau bren roedd melon goraeddfed. Cododd y bilwg uwch ei phen a chydag un symudiad rhwydd ei blannu trwy ganol y melon a'i hollti'n ddau. Tasgodd y sudd tros y llestri Portmeirion. Glaniodd hedyn yng nghanol yr halen.

UN NOS OLAU . . .

'Dawel nos,
ddwyfol nos.'

Rhoddodd Mira y gorau i'w hymarferiadau cyn esgor i wrando ar ei gŵr. Hen lawysgrifau cerddorol oedd gwaith ymchwil Soeff. Er mwyn cyfiawnhau grant dylai geisio creu rhyw wybodaeth berthnasol ohonynt ond yn gynnar yn ei yrfa academaidd roedd wedi dod ar draws y llinell, 'Art for art's sake', ac wedi mabwysiadu honno fel ei ganllaw preifat.

'Alaw dlos, wyt ti wedi llwyddo i ddeall rhywfaint at y geiria?'

'Tawel ydi dim sŵn.'

'Be, dim o gwbl?'

''Dwi ddim yn siŵr, fe all fod yn gymharol, neu yn hollol llythrennol, dim. Dwyfol – yn eiddo i'r Bod, neu yn debyg i'r Bod.'

'A nos?'

'Cyfnod cwsg neu gyfnod y ffugloer. Er 'doedd 'na ddim un adeg honno wrth gwrs – felly roedd cyfnod cwsg i bob pwrpas yn cyd-fynd â'r cyfnod di-haul.'

Edrychodd y ddau trwy'r ffenest. Roedd posib gweld y cyfan o'r stryd yn glir er ei bod yn ddeg o'r gloch ym mis Rhagfyr yng Ngwynedd, Cymru, a dim un golau stryd ar gyfyl y dref. Roedd ychydig wahaniaeth rhwng golau'r haul a golau'r ffugloer, er llai a llai bob blwyddyn fel y gwellid ansawdd y ffugloer.

'Od, 'de?'

'Be?'

'Methu gweld pethau.'

CANOL LLONYDD

Chwedl oedd hi. Chwedl a gâi ei hadrodd bob sill o un i'r llall. Pytiau wrth iddynt basio yn y tywyllwch, gair wrth iddynt frysio at y gorchwyl nesaf; teimlad wrth ruthro mewn argyfwng. A hyn i gyd yn plethu at ei gilydd fel bod pawb wedi clywed a neb yn gwybod yn iawn, a phawb yn gwybod a neb wedi clywed y cyfan. Ond roedd hi yno fel cred yng nghof y gymuned – 'Rhywle os cymeri di y tro iawn, a'r tro iawn wedyn, a'r tro iawn wedi hynny ac yn ddi-ben-draw dy lwc, mae man lle mae'r symud yn peidio.'

A thrwy eu bywydau o ruthr a mynd heb orffwys byth, gwyddent hyn. Gwyddent hyn fel bygythiad ac fel addewid. Ac yn y gobaith o gyrraedd y lle hwnnw roedd y morgrug yn gwau trwy'i gilydd fel pobl. Ac ofn y lle hwnnw a barai i Emyr eistedd fel delw yn y ganolfan siopa bob dydd hyd nes y câi ei daflu allan i'r nos gan y boi diogelwch.

Erthygl ar naill ai: oblygiadau datblygiadau diweddar ym myd geneteg, neu: cynhesu byd-eang

BEIRNIADAETH R. ELWYN HUGHES

Bu'r blynyddoedd diweddar hyn yn bur angharedig wrth y sawl sydd â'i fryd ar drafod pynciau technegol neu faterion deallusol trwy gyfrwng y Gymraeg. Fe'u nodweddid, nid yn unig gan gryn edwino cyffredinol ar drafod gweithgareddau deallusol yn y Gymraeg, ond hefyd gan duedd gynyddol ar ran academyddion Cymraeg i droi fwyfwy i'r Saesneg fel cyfrwng mynegiant. Ni bu gweithgareddau gwyddonol yn eithriad i'r tueddiadau hyn. Dysgir gwyddoniaeth trwy'r Gymraeg mewn nifer sylweddol o ysgolion uwchradd bellach ond tenau iawn yw'r cynhaeaf a fedir. Prin iawn yw rhaglenni gwyddonol Cymraeg ar y cyfryngau, llesg (a dweud y lleiaf) yw'r Cymdeithasau Gwyddonol, lle gynt bu cryn ffyniant, ac oddi ar farwolaeth *Y Gwyddonydd* (byddai 'ewthanasia anwirfoddol' yn decach disgrifiad) prin iawn yw'r cyfle i gyhoeddi erthyglau gwyddonol o safon yn y cylchgronau. Pur isel felly oedd fy nisgwyliadau y byddai cynnyrch teilwng yn deillio o'r gystadleuaeth hon. Ond cefais fy siomi ar yr ochr orau. Ymgeisiodd pedwar. Dewisodd dau drafod 'Oblygiadau datblygiadau diweddar ym myd geneteg' (*Gofidus* a *Nidan*) a dau 'Cynhesu byd-eang' (*Dau Jagiwar* a *Pant-y-rhedyn*).

Gofidus: Ymdriniaeth fer ag un agwedd yn unig ar eneteg gyfoes, sef bwydydd GM. Cyfeddyf yr awdur(es) 'nad yw yn wyddonydd nac yn arbenigwr ar fwydydd GM', ac ymddengys bod ei wybodaeth am y pwnc wedi'i chywain, yn bennaf, o erthyglau yn y papurau newydd. Rhyw fil yn unig o eiriau yw hyd yr erthygl ac y mae'r ymdriniaeth, mae arnaf ofn, heb gyrraedd y safon a ddisgwylid ar gyfer cystadleuaeth o'r math hwn. Nid yw'r awdur yn cuddio ei wrthwynebiad i fwydydd GM ac y mae'r erthygl, o ganlyniad, yn llwyr amddifad o unrhyw fesur o wrthrychedd gwyddonol. Wedi dweud hyn, rhaid derbyn fod gan *Gofidus* arddull ddeniadol ac y mae'r erthygl drwyddi draw yn hawdd iawn ei darllen. Tybed na fyddai lle iddi dan y teitl 'Pawb a'i farn' yn nhudalennau, dyweder, *Y Wawr*?

Nidan: Ymdriniaeth lawer mwy cynhwysfawr sydd gan *Nidan* mewn erthygl o ryw 3,500 o eiriau. Mae tua hanner yr erthygl yn gyflwyniad cymharol elfennol i fiocemeg molecylaidd y genyn a natur DNA. Arwain hyn, mewn dull resymegol, at ystyriaeth o'r cymwysiadau diweddar gyda golwg arbennig ar fwydydd GM a'r berthynas rhyngddynt a phlaleiddiaid. Crybwyllir enghreifftiau eraill o 'beirianneg ennynol' ond heb fynd i unrhyw ddyfnder. Trafodir rhai o beryglon posibl y technegau newydd hyn a hefyd bosibiliadau ar gyfer y dyfodol. Am ymdriniaeth ag 'oblygiadau' y technegau hyn y gofynnir ar gyfer y gystadleuaeth ac anghyflawn braidd yw ymateb *Nidan* yn hyn o beth. Gall fod dau fath o 'oblygiadau', y rhai 'technegol' y gellir eu diffinio yn nhermau'r un fframwaith cysyniadol â'r datblygiadau gwyddonol eu hunain, a'r rhai moesol sy'n dwyn cysyniadau o fframwaith 'allanol' at y broblem. Yn anffodus, nid yw *Nidan* yn dweud fawr ddim am yr ystyriaethau moesol, er bod cryn drafod wedi digwydd yn ddiweddar ar e.e. y priodoldeb moesol o glonio.

Dau Jagiwar: Dyma un, rwy'n tybio, sy'n hen gyfarwydd â hanfodion erthygl wyddonol. Yn ddarllenadwy, yn wyddonol-gywir (hyd at derfynau fy ngwybodaeth i, fodd bynnag) dyma erthygl sydd â'i chynnwys yn llwyr berthnasol a heb fod ynddi unrhyw drafod diangen. Tybiaf ei bod, o fewn telerau'r gystadleuaeth, o'r hyd a lled a dyfnder disgwyliedig. Hoffais yn arbennig ddull rhesymegol yr awdur o gyflwyno ei ddeunydd. Cynhwysa'r erthygl ryw 5,000 o eiriau a'r cyfan yn bur ddiwastraff ei fynegiant. Byddai ambell adran ar ei hennill o gynnwys rhagor o fanylion am ambell broses, megis i egluro mecanwaith effaith andwyol cyfansoddion cloroffflworocarbon. Ond at ei gilydd, y mae hon yn erthygl gryno, gron a chyflawn.

Pant-y-rhedyn: Ni fedraf ond edmygu *Pant-y-rhedyn* am lunio'r fath gyfansoddiad. Hon, heb amheuaeth, yw'r ymdriniaeth fwyaf cynhwysfawr a manwl yn y gystadleuaeth. Yn wir, ei meithder yw un o'i gwendidau; cynnwys ryw 44 o dudalennau ac o'r rhain y mae 17 yn ddiagramâu, yn graffiau ac yn lluniau. Gwir, o ddiystyru'r rhain, y mae *Pant-y-rhedyn* wedi cadw o fewn y 5,000 o eiriau penodedig ar gyfer y gystadleuaeth ond o gynnwys hefyd y deunydd atodol y mae'r cyfanswm geiriau yn mynd ymhell dros hyn. Mae modd dadlau fod elfen o ddegymu'r mintys mewn beirniadaeth o'r fath, a derbyniaf hynny. Ond rheol yw rheol, hyd yn oed yn yr Eisteddfod Genedlaethol.

Fodd bynnag, perthyn diffyg mwy difrifol i waith *Pant-y-rhedyn,* sef bod dros hanner yr erthygl yn ymwneud â dulliau newydd (neu 'amgen') o ryddhau ynni. Yn gam neu'n gymwys, fy marn i yw y dylai *Pant-y-rhedyn* fod wedi'i gyfyngu ei hun i destun y gystadleuaeth, sef 'Cynhesu Byd-eang'. Gwir fod y trafod diweddar ar gynhesu byd-eang wedi gosod pwyslais o'r newydd ar ddulliau amgen o ryddhau ynni ond nid oes unrhyw berthynas hanfodol rhwng y ddau. Bu trafod dyfeisiadau i gorlannu ynni o lanw'r môr, neu o wynt, ymhell cyn bod unrhyw sôn am gynhesu byd-eang. Mae gan *Pant-y-rhedyn* ymdriniaeth oleuedig a manwl â datblygiadau megis Cynllun Argae Hafren a Gorsaf Dinorwig ond i mi y mae hyn y tu allan i thema ganolog y gystadleuaeth. O newid y teitl i 'Cynhesu byd-eang a ffynonellau amgen o egni' a chyda pheth gwaith cymhennu ar y mynegiant a gosod gwedd fwy proffesiynol ar y diagramâu, gallai hwn fod yn gyhoeddiad pur ddefnyddiol ar gyfer disgyblion hŷn yr ysgolion Cymraeg. Bûm yn pendronni'n hir rhwng *Pant-y-rhedyn* a *Dau Jagiwar.* O drwch blewyn yn unig penderfynais o'r diwedd wobrwyo *Dau Jagiwar.*

Deuddeg llythyr rhwng dau/dwy yn ymateb i sefyllfa neu ddigwyddiad

BEIRNIADAETH CATRIN STEVENS

Roedd testun y gystadleuaeth hon yn cynnig digon o ryddid a her wahanol a diddorol i ymgeiswyr. Er mai prin hyd yma fu'r defnydd o gyfrwng llythyru i gynnal stori yn ein llenyddiaeth gwelwn botensial ardderchog yn y gystadleuaeth i greu nofelig yn seiliedig ar un digwyddiad neu sefyllfa ganolog. Dim ond dau a fentrodd ymateb i'r her.

Êr Mêl: Fel yr awgryma'r ffugenw cyfnewid llythyron rhwng chwiorydd ar ddau gyfandir a geir yma, er na ddatblygwyd oblygiadau'r lleoliadau gwahanol, yn Awstralia a Chymru, bron o gwbl. Ceir llawer o fân-siarad braidd yn ddibwrpas, er digon naturiol, rhwng y ddwy chwaer ac yn raddol dadlennir mai cynlluniau'u brawd Joe, sy ar y clwt, oedd yn bwriadu agor siop yn Ystradgynlais, yw cnewyllyn y llythyru a'r gwrthdaro sy'n datblygu rhyngddynt. Daw'r cyfan i ben pan ddatgelir mai siop ryw a phuteindy sy ar y gweill; fe'i llosgir yn ulw ac mae Joe yn ffoi â'r arian yswiriant i Brazil. Yn anffodus, gan fod yr ysgrifennu yn bytiog ac arwynebol, ymddengys y sefyllfa yn gwbl anhygoel ac afreal. Mae'r iaith yn ddigon cymeradwy, er bod ar y mwya o eiriau ac idiomau Saesneg yn y gwaith. Trueni na ddatblygodd yr awdur hwn ei thema'n fwy pwrpasol a chreadigol.

Dysgwyr am oes: Cyfres o lythyron rhwng hen wraig o Gymraes mewn cartre henoed a'i hŵyr, sydd, oherwydd difrawder teuluol, yn gorfod dysgu'r Gymraeg o'r newydd yn fyfyriwr prifysgol, yw prif thema'r ymgais hon. Nod Stephen yw ceisio gloywi'i iaith fratiog trwy lythyru â'i nain, fregus ei hiechyd. Yn sgil y llythyru ceir cyfle i ystyried sut a pham y bradychwyd yr iaith yn y teulu; sôn am sut i'w hadfer a'r ymgyrchu o'i phlaid a thrafod profiadau'r ŵyr wrth iddo ymgydnabod â chyfoeth ei dreftadaeth lenyddol yn frodor o Sir Y Fflint. Yn sicr dyma thema gyfoes a sefyllfa gredadwy a chwbl berthnasol, ond ni fanteisiodd yr awdur ar ei weledigaeth gychwynnol. Mae'r ysgrifennu'n ystrydebol; 'does fawr o densiwn rhwng y cenedlaethau a dim cyferbyniad ieithyddol dramatig rhwng Cymraeg y dysgwr ag eiddo'r nain. Collwyd cyfle, er enghraifft, i chwarae â'r iaith trwy ddefnyddio tafodiaith a phriod-ddulliau'r genhedlaeth hŷn. Mae'r berthynas rhwng y llythyrwyr yn rhy llednais a chwrtais i ddatblygu tyndra dychmygus, gwaetha'r modd.

Yn nyddiau technoleg fodern brys-negeseuon yr e-bost a'r tele-testun efallai nad oes dyfodol bellach i lythyru maith, storïol. Yn anffodus ni lwyddodd y ddwy ymgais yma i'm hargyhoeddi i'n wahanol. Felly gan na chafwyd cyfres deilwng o lythyron rhaid atal y wobr.

Casgliad gwreiddiol o storïau neu sgyrsiau cyfoes i'w cyflwyno mewn gwasanaeth boreol ysgol uwchradd

BEIRNIADAETH ALED LLOYD DAVIES

Un o'r tasgau anoddaf ym mywyd prifathrawon, dirprwyon a phenaethiaid blwyddyn neu lysoedd yw darparu'n deilwng ar gyfer y gwasanaeth boreol. O'u blaenau yn neuadd yr ysgol, bydd rhes ar ôl rhes o ddisgyblion sy'n amrywio o blant eiddgar a brwdfrydig Blwyddyn 7 i wŷr a merched ifanc soffistigedig a bydol-ddoeth Blwyddyn 12, ac mae cwmpasu'r amrediad eang hwn o oedran a phrofiad yn broblem enfawr, fel y gŵyr sawl siaradwr allanol sydd wedi mentro i ffau'r llewod. Nid o'u gwirfodd y daw pawb o'r 'gynulleidfa' i wasanaeth boreol yr ysgol, ac mae ceisio meddwl am neges berthnasol a fedr afael yn eu dychymyg yn boen meddwl i bob prifathro cydwybodol. Dyna paham y teimlaf yn siŵr y bydd croeso mewn ysgolion i'r ymgais hon i estyn help llaw – gan obeithio y bydd teilyngdod, ac y gwêl yr ymgeiswyr hynny'n dda i gyhoeddi eu gwaith. Gair, felly, am bob un o'r saith ymgais a ddaeth i law, a hynny yn ôl y drefn y daethant o'r amlen.

Chalkie: Dyma ymgeisydd sy'n berchen ar feddwl gwreiddiol a llawer o ddychymyg. Seiliodd ei waith ar arwyddocâd rhifau arbennig, ac er mwyn gyrru ei neges adref, mae'n awgrymu defnyddio amrywiaeth o gyfarpar a thechnegau gweledol. Mae'r cyfan wedi ei gyflwyno'n ddestlus, ac mae cynllun a datblygiad i'w weld yn y gwaith. Cynhwysir nod ac amcan i'r cyfan ar ddechrau'r gwaith. Fe ddichon fod ambell un o'r sgyrsiau ychydig bach yn rhy hir, ond mae'r wybodaeth a gyflwynir ynddynt yn ddiddorol, ac mae'r awdur wedi llwyddo i gynnwys eglurebau sy'n ymwneud â sawl diwylliant a chrefydd. Yn anffodus, deunydd ar gyfer un wythnos yn unig a gynhwysir yn y cyflwyniad hwn, ac mae'n bosibl y byddai dilyn trywydd y thema 'rhifau' yn medru gwisgo ychydig yn denau ar ôl cyfnod.

Rhocia: Casgliad o ddeunaw sgwrs amrywiol a gyflwynwyd gan *Rhocia,* ac fe'u hanelir – yn ôl rhagair yr awdur – at ddisgyblion Blynyddoedd 7, 8 a 9. Trwy wneud hyn, mae'r awdur wedi lleihau rhyw gymaint ar ei broblem, ond a yw yn cyfarfod yn llawn â gofynion y gystadleuaeth sy'n gwestiwn gwerth ei ofyn efallai. Yn sicr, mae yn y casgliad hwn ddeunydd hynod ddefnyddiol ar destunau a fyddai'n addas ar gyfer ysgolion ymhob rhan o Gymru. Dewiswyd sawl thema genedlaethol, ambell destun tymhorol, a nifer o bynciau gogleisiol. Amrywiwyd arddull y cyflwyniadau. Cafwyd storïau cyfoes (wrth ymdrin â chyffuriau, neu wrth addasu dameg y Samariad trugarog); ar y llaw arall, cafwyd sawl traethiad ffeithiol o dan benawdau megis Ffŵl Ebrill neu Ddiwrnod Crempog. Gydag un neu ddwy o'r sgyrsiau, caf y teimlad fod y foeswers yn cael ei llusgo i mewn i'r diweddglo gerfydd ei chlustiau. Mae'n bosibl hefyd y byddai rhai o arch-siniciaid Blwyddyn 9 yn dechrau anesmwytho wrth weld ambell ddiweddglo yn dod o bell.

Penuel: Mae'r ymgeisydd hwn yn deithiwr mawr, ac mae'r rhan fwyaf o'r bedair sgwrs ar ddeg wedi eu seilio ar ei brofiadau tra'n crwydro rhannau o'r byd – Kenya, Bahrein, Groeg, Ffrainc a.y.b. Llwyddodd i ddethol digwyddiadau, cymeriadau a golygfeydd a fyddai'n apelio at gynulleidfa ifanc. Mae hefyd wedi cynnwys sgyrsiau sy'n ymwneud â gyrfaoedd pobl fel Stanley Matthews, Alex Ferguson a Gugliamo Marconi. Efallai bod tuedd i batrwm y sgyrsiau hyn fod ychydig yn unffurf. Yr un yw arddull a siâp pob sgwrs, ac mae hynny'n drueni, oherwydd, er mor ddiddorol yw'r deunydd, byddai ei gynulleidfa'n siŵr o fod wedi gwerthfawrogi mwy o amrywiaeth yn y dull o gyflwyno'r neges. Byddai awgrym neu ddau ynglŷn â chyfarpar a cherddoriaeth gefndirol hefyd wedi cryfhau'r cynnig.

Sweep: Casgliad o sgyrsiau yn dwyn y tetl 'Blwyddyn Gron' a dderbyniwyd gan *Sweep*. Dyma destun digon addas hefyd, o sylwi iddo rannu'r gwaith yn dair rhan, sy'n cyfateb â thri tymor yr ysgol: Gwanwyn(13), Haf(11) a Hydref(10). Gofalodd *Sweep* amrywio natur, cyfrwng a chynnwys ei sgyrsiau. O ran hyd, yn fy nhyb i, dyma'r sgyrsiau delfrydol. Maent yn fyr ac i bwrpas, a byddai eu hamrywiaeth yn sicr o apelio. Gofalodd *Sweep* hefyd gynnwys gweddi fer ar ddiwedd pob sgwrs. Hoffais amrediad eang ei ddiddordebau. Mae wedi cynnwys Cymru, Palesteina, Gogledd Iwerddon a Romania, yn ogystal â thestunau mor amrywiol â chrempog, rhosod, *Smarties* a thîm Wrecsam! Ei gryfder pennaf, yn fy marn i, yw ei fod wedi saernïo sgyrsiau byr ac i bwrpas, gan ochel rhag y duedd honno sydd ynom i gyd i bregethu.

Merch y Bryniau: Casgliad diddorol o ddeuddeg sgwrs yn ymwneud â thestunau amrywiol iawn a dderbyniwyd gan *Ferch y Bryniau*. Mae'n ein tywys i Arch Noa, a'r Eisteddfod Genedlaethol, ac o Apollo 13 i wyrth y gwanwyn. Teimlaf fod ambell un o'r sgyrsiau hyn wedi eu saernïo'n gelfydd iawn, ac fe fyddent yn sicr o ennyn diddordeb y gwrandawyr, e.e. 'Pwysigrwydd Trefn', a 'Dewis'. Tybiaf, fodd bynnag, fod rhai o'r sgyrsiau ychydig yn faith ac yn cyflwyno braidd gormod o ffeithiau. Ceir peth anghysondeb hefyd, gydag ambell sgwrs yn cloi gyda gweddi, ac eraill yn hebgor hynny.

Y Dirprwy: Dyma'r gwaith mwyaf swmpus a mwyaf trefnus yn y gystadleuaeth, gyda 55 o sgyrsiau wedi eu cyflwyno'n hynod ddestlus ac mewn trefn resymegol. Rhannwyd y gwaith yn ddwy adran, y naill yn ymdrin â phynciau sy'n ymwneud yn uniongyrchol â bywyd-pob-dydd pobl ifainc (megis gyrfaoedd, bwlian, cyffuriau, dylanwad y cyfryngau, gwerth gwaith elusennol a.y.b.); a'r ail adran sy'n gogwyddo mwy i gyfeiriad cyfnodau a gwyliau y calendar Cristnogol. Mae'r cyfan oll wedi ei gyflwyno mewn iaith raenus sydd heb fod yn orlenyddol, ac mae elfen o hiwmor yn lefeinio'r sgyrsiau hwnt ag yma. Fe ddichon y medrid bod wedi amrywio arddull ambell sgwrs weithiau, gan awgrymu deialog neu gyfraniad cerddorol a fedrai gryfhau'r cyflwyniad ymhellach. Ond o ran amrediad testunau, perthnasedd y neges, ac uniongyrchedd y cyflwyno, mae hwn yn gynnig arbennig o effeithiol gan *Y Dirprwy*.

Helygen: Mae llawer o baratoad ac o feddwl wedi mynd i mewn i'r casgliad hwn o ddeunaw sgwrs. Mae cysondeb a threfn i'r cyfan, ac fe nodir yn fanwl ar gyfer pa oedran y byddai pob sgwrs yn fwyaf addas. Mae'r mwyafrif ohonynt ar gyfer ysgol gyfan, ond cydnabyddir fod ambell bwnc efallai na fyddai'n addas ymdrin ag ef gyda disgyblion iau. Nodir hefyd pa gyfarpar sy'n angenrheidiol wrth gyflwyno, a beth yw amcan pob sgwrs. Rwy'n hoffi'r modd y mae *Helygen* yn amrywio'i defnydd o gyfarpar. Fe wna ddefnydd helaeth o ganeuon poblogaidd ac o artistiaid byd-enwog megis Sting a Jimmy Hendrix. Fe geir ymgais bendant i gysylltu pob sgwrs â neges bendant, ond fe ddichon bod rhai o'r sgyrsiau'n rhy hir, a byddai cynnal diddordeb pobl ifanc o bob oedran yn anodd. Hoffwn pe byddai *Helygen* wedi cynnwys ambell gyfeiriad at gredoau eraill. Mae wedi dewis delio gydag ambell bwnc anodd iawn, a holaf fy hun a fyddai wedi llwyddo i gynnal diddordeb yr holl ystod oedran ar hyd y daith.

Pleser fu cael darllen yr holl gynigion hyn. Mae llawer o'r sgyrsiau yn haeddu gweld golau dydd, ac yn arbennig felly y rhai sydd ar frig y gystadleuaeth. Fe wn y byddai croeso mawr iddynt yn ein hysgolion. Mae gwaith *Sweep, Y Dirprwy* a *Helygen* yn codi i dir sydd ychydig uwch na'r gweddill. Bûm yn pendroni'n hir uwchben gwaith *Y Dirprwy* a *Sweep.* Mae rhinweddau amlwg yng ngwaith y naill a'r llall, ond o drwch blewyn, credaf ar air a chydwybod mai gan *Y Dirprwy* y cafwyd y gwaith mwyaf cyflawn, ac mai ef neu hi sy'n teilyngu'r wobr mewn cystadleuaeth dynn iawn.

Traethawd neu gyfres o ysgrifau heb fod yn llai na 5,000 o eiriau, yn ymwneud â chyfansoddwyr neu berfformwyr cerddoriaeth o dras Cymreig

BEIRNIADAETH RHIDIAN GRIFFITHS

Gan mai digon prin yw'r corff o lenyddiaeth Gymraeg am gerddorion, boed gyfansoddwyr neu berfformwyr, rhaid llongyfarch Eisteddfod Llanelli ar ei menter yn cynnig cystadleuaeth fel hon. Un cystadleuydd yn unig a roddodd gynnig arni, sef *Norman Bryn, Farfog.* Dewisodd drafod gyrfa'r organydd a'r pianydd disglair Charles Clements (1898-1983), organydd Capel Seilo, Aberystwyth am fwy na hanner canrif, darlithydd mewn cerddoriaeth ym Mhrifysgol Cymru Aberystwyth, a datgeinydd a chyfeilydd mewn cyngherddau ledled Cymru. Ychwanegir at yr astudiaeth bortreadau llai manwl o rai o gyfoedion Clements ym myd yr organ, sef John Williams, Tom Llewelyn Jenkins, D. Tawe Jones, Oliver Edwards a J. Charles McLean. Mae'n amlwg fod gan yr ymgeisydd ddiddordeb ysol ym myd yr organ, a theimla'n gryf nad yw Cymru wedi rhoi sylw digonol i'r gwyrda hyn a'u tebyg a gyfoethogodd lawer ar ein diwylliant cerddorol yn ystod yr ugeinfed ganrif. Mae'n anodd anghytuno ag ef yn hyn o beth. Cyfrifid Charles Clements yn un o organyddion gorau Prydain, onid un o oreuon Ewrop, ond ychydig o sôn a geir amdano erbyn hyn, ac mae *Norman Bryn, Farfog* yn haeddu ei ganmol am yr ymdrech hon i alw sylw at ei ddawn a'i gyfraniad. Ymchwiliodd yn ddyfal iawn i'r maes, gan gyflwyno traethawd destlus a chynhwysfawr. Astudiodd ffynonellau cynradd yn ogystal â deunydd printiedig (cafodd olwg, er enghraifft, ar Archif Adran Gerdd Prifysgol Cymru Aberystwyth), a chasglodd dystiolaeth lafar ddadlennol gan bobl sy'n cofio'r organyddion dan sylw. Cynhwysodd luniau diddorol gyda'i destun, a chyflwynodd y cyfan wedi'i rwymo'n hylaw. Y mae ei ymdriniaeth yn ddeallus, ac y mae'r ffeithiau a grynhodd yn werthfawr, gan mai anodd yw cael gwybodaeth am gerddorion fel hyn o ffynonellau cyfeiriadol cyffredinol. Gallai fod yn fwy gwrthrychol ar brydiau, a pheidio â throi bywgraffiad yn gyfrwng crwsâd dros yr organ a'i phwysigrwydd. Y mae'r ailadrodd a geir o fewn y testun yn awgrymu elfen o frys wrth baratoi, a bydd angen golygu a gloywi'r mynegiant hwnt ac yma os oes bwriad i gyhoeddi'r gwaith. Yn sicr mae yma ddeunydd gwerth ei gyhoeddi maes o law. Gwnaeth *Norman Bryn, Farfog* waith ymchwil da, a'i gyflwyno'n ddiddorol, a thynnodd sylw at gymeriadau gwerth eu cofio a'u hastudio. Y mae'n haeddu'r wobr.

Cystadleuaeth i rai sydd wedi byw yn y Wladfa ar hyd eu hoes ac yn dal i fyw yn Ariannin

BEIRNIADAETH ARTHUR MEIRION ROBERTS

Daeth saith ymgais i law, a chefais fudd a phleser mawr wrth ddarllen pob un ohonynt. Y bwriad eleni, wrth agor y gystadleuaeth i atgofion ar dâp, oedd cynnig cyfle i rai oedd yn dysgu, neu loywi, eu hiaith, ond heb fagu hyder digonol hyd yn hyn i fentro i faes ysgrifenedig. Ond fe ddaw hynny; yn ddiamau fe fegir to newydd o gystadleuwyr cyn bo hir o blith y cannoedd sydd bellach yn dilyn dosbarthiadau Cymraeg o naill ben talaith Chubut i'r llall. Da deall, gyda llaw, bod nifer o athrawon newydd wedi cychwyn o Gymru i barhau'r gwaith cyson sy'n digwydd yno ers rhai blynyddoedd. Gellir, pe bai angen hynny, cyfiawnhau'r gystadleuaeth hon am iddi ysgogi cyfranwyr llengar o flwyddyn i flwyddyn. (Fel y tystia'r detholiad a gyhoeddodd Cymdeithas Cymru-Ariannin ym 1993). Ond heblaw am unrhyw werth llenyddol, cofnodir a diogelir peth o brofiad a hanes pobl o dras a chefndir arbennig iawn. Ac fe ddigwydd hyn eto eleni. Cawn atgofion am gyfnod troi diffeithwch yn dir ffrwythlon ac am amser hir, anodd yn aml, rhwng dau ryfel byd; ac ambell apêl i'r ifanc gofio, a pharchu'r hyn a fu a diogelu'r dyfodol. Nid yw eu harddull bob amser yn gain, na'u sillafu yn gyson gywir; ond rwy'n dotio at ambell ymadrodd annisgwyl neu ddewis gair anghyffredin, sy'n cyfoethogi'r cyfraniadau oll. Dyma air am y saith fel y daethant i'm llaw.

Andina: Cyflwyniad llawn a diddorol am fywyd cwbl Gymreig Dyffryn Camwy yn nhridegau'r ganrif ddiwethaf – y cartre, y fferm a'r capel. Ond symud yn ifanc i 'ransh' yn yr Andes, ac wedyn ymhen amser i bentref Esquel. Gan *Andina* y cawn un o'r cyfeiriadau prin yn y gystadleuaeth at dyndra gwleidyddol y cyfnod, nid lleiaf wrth geisio swydd ym myd addysg wedi i fyfyriwr 'gael teitl', yn ymadrodd difyr y Wladfa. Byddai rhagor o hanes y cyfnod hwn fel athrawes wedi ychwanegu llawer at werth yr atgofion. Er dychwelyd, wedi priodi, i fywyd y camp, mae'n amlwg iddi gael mwynhad a llwyddiant arbennig fel athrawes. Daeth profedigaeth fawr i ran *Andina* a'i theulu, ond mae'n diolch i'r ffydd a ddysgodd ei hynafiaid iddi am iddo'i chynnal drwy'r cyfan. Ymgais gynnes, ddwys a gwerthfawr dros ben.

Nant y Mynydd: Gydag iaith arbennig o gyfoethog cawn yma bortread o fywyd a chyfrifoldebau teulu fferm yng Nghwm Hyfryd chwe deg o flynyddoedd yn ôl. 'Ar y tir gwastad byddai'r gwenith yn cael ei dyfu, a diwedd yr haf edrychai'r caeau aeddfed fel môr euraidd yn symud efo'r awel'. Cawn hanes gweithgarwch pob aelod o'r teulu, a'r fam yn gofalu am baratoi'r merched i fod yn wragedd tŷ. 'Aros yn y cartre oedd pob gwraig adeg honno'. Pan oedd tymor yr haf yn caniatáu, y ffyrdd yn sych, a'r afon yn isel, teithient i'r capel mewn cerbyd a cheffyl. A chrea ddarlun hyfryd o'r dychwelyd gyda'r nos, y tad yn dal i fwmian y tonau a'r fam hithau yn lapio'r babi yn ei chôl, a'r 'haul mawr melyn yn cuddio dros y mynyddoedd gan wneud cysgod hir, hir o'r cerbyd a'i gynnwys'. Gwych. Dewis ysgrifennu am un cyfnod pell a wna *Nant y Mynydd.* Byddai rhagor o ymhelaethu am natur a datblyglad y gwaith wedi ychwanegu at werth yr ymgais.

To Brwyn: Dyma, yn ddios, lenor y gystadleuaeth. O'i frawddeg agoriadol teimlais fy mod yng nghwmni awdur a pherson arbennig iawn: 'Mae'n debyg na chafodd y clychau achos i ganu ar fy nyfodiad i'r byd, ond yn dra gwahanol i'r Enoc Huws hwnnw, yr oedd cryn lawenydd yn y tyddyn to brwyn pan agorais fy llygaid gwan i syllu ar haul ac awyr las y Cwm am y tro cyntaf'. Yn blentyn ifanc, y gwartheg a'r lloeau a'r cŵn oedd ei ffrindiau pennaf, a bu'n helpu el dad, oedd yn *Gaucho,* yn fore iawn. Ond daw ei ddyled i'w nain a'i fam yn amlwg hefyd. Bron na fedrwn ffroeni cynnyrch ffwrn y fam 'annwyl a gweithgar. Y bara ffres yn cynnwys burum hops a'r ffroes a'r pica bach heb eu hail. A dyna'r *tortas fritas* a'r coffi bendigedig ben bore'. A'r storïau am Gymru a ddarllenodd ei fam iddo bob nos Sul a ddeffrodd ynddo gariad mawr at Gymru a'r iaith, er na chroesodd ef fôr Iwerydd erioed. Darganfod ei ddawn i drin coed yn gelfydd a arweiniodd at brentisiaeth fel saer coed. Datblygodd ei grefft ond yn arwyddocaol iawn yr hyn a roddodd wefr arbennig iddo oedd llwyddo i lunio silffoedd i'w lyfrau. 'Dacw nhw yn eu priod le, yn un rhes ar ôl y llall, yn sefyll yn dalsyth fel sowldiwrs. Ond ffrindiau ydynt, serch hynny. Ffrindiau oes a fu'n gyfrifol am agor drysau lawer i mi mewn bywyd'. Cyflwyniad byr a chryno a gawn; dawn y miniaturwr, gyda'i law a'i frws ysgafn, sydd ganddo. Gobeithio'n fawr y bydd *To Brwyn* yn cael amser i rannu rhagor gyda ni rhyw ddydd.

Celyn Bach: Dyma'r hanes llawnaf a'r aeddfetaf a ddaeth i law, a'r cyfan mewn iaith sy'n gadarn a chywir a chlir. Hanes plentyndod yn Nyffryn Camwy, a bywyd hapus a llawn y cartre a'r ysgol a'r capel. Storïau am y gwyliau hefyd, yn enwedig 'Gŵyl y Glaniad', i gofio arloeswyr 1865, y paratoadau cyn y te mawr, y chwaraeon, y rasys, a'r gamp o ddal y mochyn llithrig. Ac amser dyrnu ar y ffermydd a'r plant yn cael aros gartre o'r ysgol i helpu. Ond cyn hir y teulu'n symud o'r dyffryn i ardal diwydiant olew y dalaith, a chawn gip ar fywyd gwahanol iawn Comodoro Rivadavia bell. (A lle, gyda llaw, y mae dosbarth Cymraeg yn ffynnu heddiw.) Gan *Celyn Bach* y cawn y disgrifiad gorau o natur ei gwaith fel athrawes; i ddechrau mewn ardal anghysbell yng nghanol y paith, ac yn bennaf gyda phlant disgynyddion yr Indiaid brodorol. Llwydda i gyfleu yn fyw ei boddhad yn y gwaith, nid lleiaf wrth i'r plant ddysgu iddi hithau beth o ddirgelion y paith. Wedi iddi briodi, er iddi newid ardal, parhaodd gyda'i gyrfa addysgol yn llwyddiannus iawn, a thrwy'r cyfan daw ei chariad at Gymru a'r iaith yn amlwg, ynghyd â'i dyled a'i diolch i'w theulu am fagwraeth gadarn. Gwaith campus, sy'n addysg ac yn bleser i'w ddarllen.

Bryn Arfon: Atgofion personol am fywyd a gwaith person arall sydd gan *Bryn Arfon*, a chredaf fod hynny yn gwbl dderbyniol yn y gystadleuaeth. Ond ysywaeth caf hi'n anodd weithiau didoli atgofion *Bryn Arfon* oddi wrth rai'r gwrthrych ei hun, sef Mrs Buddug Jones, Dolafon, fu farw yn 1990 yn 92 oed. Ond teyrnged fyw iawn a gawn i berson nodedig, a chymdoges a roddodd flynyddoedd o wasanaeth i ran uchaf y Dyffryn. Gwidwith oedd Mrs Jones a dderbyniodd dros ddau gant o fabanod i'r byd. Bu'n gefn i lawer iawn o wragedd ifanc, gan deithio gyda'i cherbyd a cheffyl ar draws cylch eang, anial mewn gwres, glaw a gwynt. Hoffwn ddiolch yn fawr i *Bryn Arfon* am roi ar gof a chadw hanes bywyd a gwaith un oedd yn amlwg yn annwyl a pharchus i lawer, a hynny mewn cyfnod prin ei ddarpariaeth dros iechyd a budd y bobl.

Hiraethus: Dywed *Hiraethus* ei bod yn edrych yn ôl ar fywyd, 'o binacl pedwar ugain mlynedd', sy'n sicr yn gwneud i mi deimlo'n amharod, ac annheilwng, i geisio mesur cyfraniad sy'n rhychwantu'r fath brofiad. Serch ei blynyddoedd, a thuedd llawer o sôn o hyd am gyfnewidiadau bywyd, ei phrofiad hi yw 'fod yna rai pethau sydd yn dal o hyd yr un fath yn union yn eu hanfod'. Cawn blethiad hyfryd o brofiad a dyletswyddau'r cartre a'r fferm; dywed nad yw'n cofio 'am adeg pan nad oedd eisiau i mi wneud rhyw orchwyl neu gilydd'. A chanddi hi y cawn ddysgu orau am ddatblygiad a natur y gwaith; glanhau ffenestri, ond gofalu yn gyntaf bod yr haul wedi symud i ochr arall y tŷ, ac yna'r hel coed a'r godro a'r gwnïo, a pharatoi dillad i'r teulu. Casglwn iddi barhau gyda gwaith a mwynhad bywyd y fferm ar hyd y blynyddoedd ond bod afiechyd yn y teulu wedi dwyn iddi hefyd amser hir o bryder a gofal. Cyfraniad annwyl a gwerthfawr dros ben.

Mara: Gwaith wedi ei gyflwyno'n brydferth; blodau bychain ar y clawr ynghyd ag ambell lun â phensil ysgafn 'rhag ofn efallai nad yw'r beirniad yn gwbl sicr sut greadur yw'r gwanaco!'. Ac er yn llawn hiwmor, o'r frawddeg gyntaf rydym yng nghwmni person sy'n adnabod natur a'r corff dynol yn dda. 'Mae byw yn waith, anadlu, cerdded, chware, pob symudiad yn ymdrech i'r cyhyrau'. Nid yw heb wallau iaith ond cefais fwynhad mawr yn darllen am ei phrofiadau amrywiol a difyr. Cefndir y fferm sydd yma eto a *Mara*'n gallu ysgrifennu'n fyw, a doniol weithiau, am anifeiliaid anwes a chadw (yn cynnwys y gwanaco). Y mae ei gwybodaeth a'i disgrifiadau o fywyd gwyllt, yn enwedig o adar a blodau, yn dda dros ben. Ond gan fod chwant teithio arni aeth, fel llawer o ferched eraill y Wladfa, i'r Ysbyty Prydeinig yn y brifddinas, a chael hyfforddiant, ac wedyn swydd fel nyrs. Buaswn yn disgwyl clywed llawer mwy am y cyfnod hwn ynghyd â natur a gofynion y swydd. Ond y mae *Mara*'n symud ymlaen at waith wrth ei bodd a chyfnod ei theithio rhyngwladol wrth ofalu am gleifion mewn sawl rhan o'r byd. Ymhen amser, serch hynny, yn ôl i'r Dyffryn y daeth i fwynhau ei gardd flodau a chwmni hen gyfeillion. Rwy'n hoffi'r clo. 'A dyna mwy neu lai hanes fy mywyd a ngwaith. Wel mae yn well i fi orffen y fan hyn, mae'r gath o tu allan yn mawian am ei bwyd. Tan y tro nesaf. Mara'.

Gwaetha'r modd nid darllen a mwynhau'r cyfraniadau yn unig yw fy ngwaith, ac er tegwch i'r goreuon rhaid dyfarnu. Gan y caniateir rhannu'r wobr yn y gystadleuaeth arbennig hon hoffwn roddi £100 i *CelynBach,* £70 i *To Brwyn* a £30 i *Nant y Mynydd,* gan ddiolch i'r holl gystadleuwyr.

Ieuenctid dan 20 oed

Casgliad o ryddiaith mewn unrhyw gyfrwng hyd at 15,000 o eiriau: Teulu dyn

---

BEIRNIADAETH EMYR LLYWELYN

Rhaid i bob awdur ifanc feddwl o ddifri am ei iaith a'i arddull. 'Does dim amheuaeth nad y ffordd orau o feithrin arddull dda yw drwy darllen yn fanwl awduron clasurol yr iaith. Gwelwyd yr iaith ysgrifenedig yn newid llawer yn ein dyddiau ni ac mae'n bwysig bod pob awdur ifanc yn ceisio defnyddio ffurfiau cyfoes ar yr iaith ysgrifenedig – ffurfiau sy'n agos at yr iaith lafar. Mae awduron poblogaidd o Islwyn Ffowc Elis i Eirug Wyn wedi dangos sut mae defnyddio iaith lenyddol ystwyth a chyfoes. O ran cynnwys mae disgwyl i'r gwaith ysgrifenedig fynegi llais arbennig a ffordd arbennig o edrych ar y byd. Lle na bo cysondeb yn y cynnwys y mae rhywun yn amau mai benthyg yw'r syniadau ac nad llais gwreiddiol sydd yma. Dyma fesur y tri chystadleuydd felly yn ôl iaith, arddull a chynnwys eu gwaith.

Ethel: Hoffais wreiddioldeb a ffresni yr awdures yma ar unwaith ac roedd ambell lithriad yn y sillafu yn ategu mai gwaith gwreiddiol heb oruchwyliaeth farwol oedolyn oedd yma. Roedd y 'Llythyr at Siôn Corn' gan blentyn yn dioddef o salwch difrifol yn feiddgar gyda llawer o ddychymyg a sensitifrwydd. Yn yr 'Ymson' roedd rhai llinellau syml ą chofiadwy iawn, 'Mi af i gwrdd ag e mewn lle heb nos a'i sgrechiadau, lle nad oes enema a chatheter yn bod . . . lle mae henaint yn beth i'w barchu a'i edmygu, nid i'w guddio mewn celloedd caeth'. Gaf i annog yr awdures yma i ddal ati – yn wir, o'r tri gwaith ei llais hi efallai oedd fwyaf unigryw a phersonol.

Picton: Mae gan *Picton* ddawn ysgifennu sydd ar ei gorau yn ei sylw i'r pethau bychain sy'n dweud y cwbl, 'Gorweddai ei dwylo bychain, un ar ben y llall, yn ei chôl – y cymalau wedi'u chwyddo dan dyndra'i modrwyau. Syrthiai ei sgert bolyester yn swrth dros ei phengliniau, ac roedd ei thraed erbyn hyn wedi llenwi'i sandalau'. Siom fawr oedd y gorddefnydd o eiriau Saesneg yn y ddialog – gydag erchyllbethau megis defnyddio berf Saesneg fel hyn yn y gwaith, 'Ma' bownd o fod rhywbeth wedi *snapo* yno'i'. Gwendid arall oedd troi'n ddagreuol oherwydd diffyg cynildeb megis yn 'Ystafell Gynddylan' lle mae'r profiad o golli rhywun mewn damwain yn troi'n ormod o bwdin dagreuol sy'n tagu'r ddarllenydd. Mae gan *Picton* allu diamheuol ac os gall ddatblygu ymwybyddiaeth o'r hyn sy'n gywir ac yn Gymraeg o ran iaith bydd yn llenor da.

Harmoni: Dyma rywun sy'n aeddfed adnabod yr iaith ac yn medru ei defnyddio'n rhwydd at unrhyw bwrpas. Peth anghyffredin yw darganfod yr aeddfedrwydd arddull yma o ran geirfa a chystrawen mewn person mor ifanc. Dyma waith caboledig gyda phob brawddeg a pharagraff wedi eu saernïo'n ofalus. Roedd pob uned yn gyfanwaith crwn diwastraff a'r cynnwys a'r iaith yn gweddu i'r dim ymhob darn o waith, 'Ar Ionawr y cyntaf, yr un yw natur dyn, yr un fydd natur y ddynoliaeth bob amser. Yr un yw pobl, yr un fydd pobl bob amser. Mae'r natur ddynol yn rhy wyllt i wrando, yn rhy fyrbwyll i fyfyrio, yn rhy ddall i weld ei dinistr'. Ond wrth ddarllen ei gwaith teimlwn ar adegau yr hoffwn i'r awdures alluog yma, gyda'i meistrolaeth anhygoel ar iaith, fod yn fwy beiddgar o ran iaith ac o ran cynnwys. Ar sail gwaith aeddfed mewn iaith raenus mae'n rhaid rhoi'r wobr i *Harmoni.*

ADRAN COMISIYNU YR EISTEDDFOD

Nofel gyfoes, fer

BEIRNIADAETH MENNA BAINES

Mae'r nifer a fu'n ymgeisio yn y blynyddoedd diwethaf mewn cystadlaethau yn yr Adran Gomisiynu, yn enwedig rhai lle gofynnir am ryddiaith greadigol, yn syndod o brin o gofio'r bwrlwm ar hyn o bryd mewn cyhoeddi rhyddiaith o'r fath, ac yn anffodus nid yw eleni'n eithriad. Dim ond tri chynnig a ddaeth i law.

Gofynnwyd am 10,000 o eiriau o'r hyn a fyddai yn y pen draw yn nofel addas ar gyfer pobl ifanc, ynghyd ag amlinelliad o'r gweddill. Am beth roedd rhywun yn chwilio? Mae mor hawdd bwndelu pobl ifanc i gyd gyda'i gilydd a rhagdybio rhyw chwaeth dorfol, gan feddwl mai'r cyfan y maent am ddarllen amdano yw cerddoriaeth bop, Ecstasi a ffasiwn. A chofio bod y gystadleuaeth yn gofyn hefyd am nofel wedi'i gosod ym myd pobl ifanc, rhaid cyfaddef fy mod yn hanner ofni gweld y pynciau disgwyliedig i gyd yn serennu yn y ffenest. Ac er nad wyf am wadu am funud fod y pethau a enwyd yn rhan o fyd llawer iawn o ieuenctid heddiw, a bod modd ysgrifennu'n ddifyr amdanynt, rwy'n ddigon henffasiwn i gredu mai hanfodion nofel dda i bobl ifanc yw hanfodion unrhyw nofel, sef stori afaelgar, cymeriadau byw ac ysgrifennu grymus. 'Does dim gwahaniaeth os nad yw'r pwnc yn un sy'n neidio i'r meddwl fel 'pwnc pobl ifanc'. Yr ymdriniaeth sy'n cyfrif, a gallu'r awdur i dynnu'r darllenydd ifanc i mewn i'w fyd. Dyma drafod y cynigion yn y drefn y darllenwyd hwy.

Menna: 'Y Ddolen Geltaidd'. Egin nofel am garwriaeth, neu ddwy garwriaeth, sydd yma. Merch ifanc o'r enw Megan yw'r prif gymeriad, a'i bryd ar fynd i goleg meddygol, ond daw tro ar fyd pan gaiff ei thad ei anafu'n ddrwg mewn damwain. A'i thad yn weddw, mae Megan yn penderfynu dilyn cwrs ysgafnach mewn coleg yn ymyl yr ysbyty yng Nghaerdydd. Yn feddyg yno mae hen ffrind i'w thad, Cernywiad o'r enw Yestyn Tallack, ac er ei fod flynyddoedd yn hŷn na hi mae'r cyfeillgarwch rhyngddo ef a Megan yn datblygu'n berthynas ddyfnach. Yn y man, a thad Megan bellach wedi marw, maent yn priodi. Ond yna ceir ail drasiedi. Y mae Yestyn yntau'n marw, gan adael Megan yn weddw ifanc. Aiff Megan i Gernyw, i fod yn nes at ei theulu yng nghyfraith, ac yn y man mae'n canfod hapusrwydd newydd gyda Chernywiad arall, Daveth Bolitho. Y tro yng nghynffon y stori yw darganfyddiad Megan, ar fis mêl ei hail briodas, mai mab mabwysiedig chwaer ei gŵr cyntaf yw Daveth.

Er nad oes dim o'i le ar y syniad, braidd yn ddof a di-gic yw'r penodau a gafwyd. 'Does yma ddim digon o densiwn, ac mae popeth fel petai'n digwydd yn rhy hawdd. Ni chawn unrhyw wir syniad o'r modd y mae'r berthynas rhwng Megan a Yestyn yn datblygu; mae'r meddyg yn garedig wrthi, ond prin fod hynny ynddo'i hun yn rheswm dros briodi rhywun! Braidd yn ystrydebol yw'r ysgrifennu, gyda gorddefnydd o ansoddeiriau gwlanog fel 'hyfryd' ac 'arbennig'. Nid yw'r ddialog ychwaith yn argyhoeddi; ar wahân i'r ffaith ei bod yn rhy ffurfiol o lawer mewn mannau, mae hi hefyd yn cael ei gwastraffu. Dylai sgwrs mewn nofel naill ai symud y stori yn ei blaen neu ddweud rhywbeth wrthym am y sawl sy'n siarad, ond tuedd *Menna* yw ei llenwi â manylion cymharol ddibwys. A dyna'r teimlad gyda'r ysgrifennu'n gyffredinol, sef mai rhyw grafu'r wyneb a wneir yn hytrach na mynd i'r afael o ddifrif â sefyllfaoedd a theimladau.

Alys: 'Cyllell i'r Galon'. Nofel yn troi o gwmpas merch ifanc yw hon eto, ac unwaith yn rhagor mae yma sefyllfa hanfodol drasig, ond y gwahaniaeth yw fod Anna a'i threialon yn gwbl fyw inni. Mae gan Anna dwll yn ei chalon, ac mae'n gaeth i'w chartref, i silindr ocsigen ac i gyffuriau. Un noson caiff drawiad a gorfod derbyn trawsblaniad calon ac ysgyfaint. Stori drom a phrudd, meddech chi, a phetai'r nofel a addewir mor syml ag yr awgryma'r crynodeb moel yna, byddech yn iawn. Ond nid felly mae hi, oherwydd nofel antur fyrlymus sydd yn yr arfaeth; nofel lawn hiwmor hefyd, ac un sy'n troedio ffin ddiddorol rhwng realaeth a ffantasi.

Mae Anna wedi rhoi ei chas ar y dyn sydd i wneud y trawsblaniad; y meddyg enwog sy'n darged cyson i brotestiadau mudiadau hawliau anifeiliaid oherwydd ei arbrofion genynnol. Ond caiff y galon newydd ei gorfodi arni, ac mae hi'n gwella. Nid dyna ddiwedd y stori, fodd bynnag, oherwydd mae Anna eisiau gwybod, am resymau arbennig, calon pwy sy'n curo y tu mewn iddi. Mae gweddill y nofel yn disgrifio ei hymdrechion hi a'i chyfaill dros yr e-bost yn Efrog Newydd, yntau wedi derbyn calon newydd, i ddatrys y dirgelwch, ac i ddygymod â'u profiadau cyffredin.

Dyma stori sy'n gafael yn y dychymyg o'r frawddeg gyntaf, gyda'r cynllun ar gyfer y penodau sydd heb eu hysgrifennu yn addo cynnal y tensiwn. Mae yma gymeriadu cryf; hawdd yw credu yn Anna, gyda'i phyliau o chwerwder bob yn ail â herfeiddiwch a direidi, ac mae'r fam hithau'n argyhoeddi. Ynghanol yr elfennau lled-ffantasïol, codir cwestiynau o bwys am ddatblygiad carlamus gwyddoniaeth a meddygaeth. Mae yma wendidau, serch hynny, a'r rheiny'n ymwneud yn bennaf ag iaith a mynegiant. Mae yma duedd ar adegau i or-ysgrifennu; defnyddir disgrifiadau cyfansawdd ('bobls-ar-ôl-gormod-o-olch', 'hen Designer-Jeans-di-raflo') hyd syrffed ac yn wir, defnyddir y cysylltnod yn gyson mewn llefydd lle nad oes math o'i angen ('merched-y-dafarn', 'nyth-o-soffa'). Camddefnyddir rhai idiomau, ceir cryn dipyn o wallau iaith elfennol, ac mae yma lawer gormod o eiriau Saesneg diangen i'm tyb i; mympwyol ac anghyson braidd yw'r defnydd ohonynt (er enghraifft 'torture' yn yr un frawddeg ag 'eli plorod'). Efallai bod lle i ailfeddwl hefyd am dôn ambell ddarn, er enghraifft byddai rhywun yn disgwyl cywair mwy ffurfiol gan heddwas sy'n siarad ar y teledu am yr ymosodiad ar labordy a chartref y gwyddonydd.

Digalon: Nid oes teitl i'r nofel hon, ond sôn y mae am griw o fechgyn ysgol yn ne Cymru sy'n chwarae rygbi gyda'i gilydd. Adroddir yr hanes o safbwynt y prif gymeriad, Huw, sy'n cael ei rwygo rhwng yr awydd i aros yn un o'r criw, ac yn aelod o'r tîm rygbi, a'r pwysau o du ei deulu i weithio'n galed er mwyn mynd ymlaen yn y byd. Mae'r awdur yn amlwg yn nabod ei rygbi ac mae'r disgrifiad yn y ddwy bennod gyntaf o'r gêm yn erbyn yr ysgol arall, ac yna'r post mortem yn y cawodydd, yn ddechrau bywiog. Mae'r cip a gawn wedyn yn y drydedd bennod ar fyd ffrind Huw, Nog, hefyd yn ennyn chwilfrydedd, a'r gwrthgyferbyniad rhwng cefndir dosbarth canol Huw ac amgylchiadau llai ffodus Nog yn creu sefyllfa ddiddorol. Nid fod bywyd teuluol Huw yntau heb ei densiynau, a dechreua'r rhain ddod i'r amlwg wrth inni gael ein cyflwyno i'w rieni a'i chwaer. Gosodir y llwyfan felly ar gyfer cryn dipyn o wrthdaro, ac mae'r amlinelliad o weddill y nofel yn dangos bod gan yr awdur syniad go sicr am gyfeiriad y stori.

Yma eto, nid yw safon yr ysgrifennu'n gyson. Gall *Digalon* ddisgrifio'n fyw iawn ar brydiau, fel yn y darlun o Huw yn cael canlyniadau gêmau pnawn Sadwrn ar dair gorsaf radio a dwy sianel deledu yr un pryd, ond mae yma hefyd ambell ddarn trwsgl dros ben, er enghraifft lle mae Huw yn cofio'r sgwrs am ryw a glywodd rhwng Sioned a'i ffrind. Gallai'r ddialog hithau fod yn fwy slic a dethol mewn mannau.

Gallai *Alys* a *Digalon* ill dau lunio nofel deilwng o dderbyn arweiniad golygyddol cadarn, ond i mi, yn syniad *Alys* y mae'r sbarc a'r gwreiddioldeb. *Alys*, felly, sy'n cael y wobr. Anogaf hi (neu ef) i fynd ati i wireddu'r potensial diamheuol, gan roi sylw manwl i'r gwendidau a nodwyd.

Casgliad o straeon am ysbrydion, boed o un rhanbarth o Gymru neu o'r wlad yn gyfan

BEIRNIADAETH LYN EBENEZER

Carwn ddiolch i Bwyllgor Llên Eisteddfod Genedlaethol Llanelli a'r Cylch am fod mor fentrus a goleuedig â gosod y gystadleuaeth hon. Haedda lawer gwell ymateb na'r hyn a gafwyd. O ystyried holl gyfoeth llên gwerin Cymru, siomedig o'r mwyaf fu'r ymateb. 'Does yna'r un ardal heb ei stori ysbryd, ac o ystyried yr abwyd o wobr ariannol o £500 gellid disgwyl ymateb ffafriol. Ond na. Dim ond un cystadleuydd ddaeth i'r fei. Hwyrach mai cenedl o storïwyr llafar yw'r Cymry yn hytrach na chofnodwyr. Tybed hefyd a oes yna esboniad arall? A yw'r hen storïau a'r chwedlau, yn y byd technolegol hwn, yn colli eu gafael? Cofiaf y diweddar Barchedig Brifardd David Jones, Blaenplwyf yn pregethu unwaith am ei blentyndod yn Nhy'n-y-graig, Sir Aberteifi. Roedd yna hanesyn am ysbryd a guddiai o dan bont y pentref a byddai David Jones a'i gyfoedion pan yn blant yn cripian ar flaenau eu traed dros y bont rhag tarfu ar yr ysbryd. Ond erbyn hyn, meddai, byddai plant y pentre yn neidio ar y bont er mwyn denu'r ysbryd allan.

Dim ond *Sioni* a fentrodd roi cynnig ar y gystadleuaeth ac mae ei dair pennod, gydag addewid am fwy i ddilyn, yn dangos cryn waith casglu ac ymchwil manwl.

Dewisodd ganolbwyntio ar storïau o Ddyfed a Phowys gan lanw bwlch sylweddol gan fod, yn ôl ei gyflwyniad, gyfrolau eisoes wedi ymddangos am ysbrydion Clwyd, Gwent a Morgannwg. Yn y bennod gyntaf, sy'n rhoi sylw i arwyddion marwolaeth, ceir storïau am yr aderyn corff, y gannwyll gorff, y toili a'r tolaeth, a da yw gweld cynnwys profiadau personol yr awdur ei hun. Yn yr ail bennod ceir storïau am y mannau traddodiadol sy'n gysylltiedig ag ysbrydion, cestyll, mynachlogydd a phlastai. Mae'r drydedd bennod yn canolbwyntio ar ysbrydion mewn gwestyau, tafarndai, ffermdai ac anheddau eraill. Braidd yn fyr yw'r bennod hon. Ond fel y dywed *Sioni*, bwriada ychwanegu at yr hyn a ysgrifennodd eisoes yn ogystal ag ychwanegu penodau ar ysbrydion cythryblus, ysbrydion yn dangos lleoliad trysor, ysbrydion yn yr awyr agored ac ysbrydion amrywiol. Caffaeliad mawr yw'r rhestr llyfryddiaeth. Bydd hyn o fantais i ymchwilwyr y dyfodol. Mae nifer o fân wallau teipio yn y llawysgrif ac ambell lithriad gramadegol fel y defnydd o 'fel canlyniad' yn hytrach nag 'o ganlyniad'. Ond ar y cyfan mae'r gwaith yn lân a destlus. 'Dydi'r gwaith ddim yn cyffroi'r darllenydd. Hynny yw, nid yw'n ysbryd-oledig! Cyfyngir y cyfan i wahanol fersiynau o storïau ysbryd mewn gwahanol ardaloedd gan gynnig esboniad yma ac acw. Ond mae'r gwaith yn dangos digon o addewid i haeddu'r wobr. Edrychaf ymlaen yn eiddgar at ddarllen y gwaith gorffenedig.

ADRAN CERDDORIAETH

CYFANSODDI

Cyfansoddi Emyn-dôn i eiriau y Parchedig Meirion Evans

BEIRNIADAETH GWAWR OWEN

Daeth hanner cant o donau i fewn, gyda 49 ohonynt yn dderbyniol o ran bod y geiriau'n cyd-fynd â'r gerddoriaeth. Mae'r safon yn dda iawn ar y cyfan, ac mae'n hyfryd gweld cynifer o bobol yn cyfansoddi tonau newydd. Roedd rhai awduron wedi dewis arddull gyfoes, ond gan mwyaf, gosodiadau traddodiadol ddaeth i law. Mae geiriau'r Parchedig Meirion Evans yn hyfryd i'w gosod, ac i mi, yn gofyn am dôn oedd yn cyfleu llawenydd, ag iddi naws bositif, hapus, heb fod yn rhy drwm, gydag asiad da rhwng y gân a'r gair. Disgwyliwn amrywiaeth o gynghanedd a rhythm a rhannau diddorol i'r pedwar llais gyda phwyslais teilwng ar y geiriau cywir. Yn bersonol, roedd yn llawer gwell gennyf y tonau yn y llon ar gyfer y geiriau yma, ac rwy'n meddwl bod y rhai oedd wedi gosod y dôn mewn mesur o dri churiad yn llai llwyddiannus.

Dyma rhai problemau cyffredinol: *Cyweirnod:* Ambell un yn cychwyn mewn un cyweirnod ac yn gorffen mewn un arall. *Cynghanedd:* Nifer o gordiau ddim yn gweithio, a nifer ohonynt yn denau iawn. *Amrywiaeth:* Nifer yn ailddefnyddio patrymau rhythmig a cherddorol, a rhai o'r tonau braidd yn ddiddychymyg a sgwâr. *Rhythm:* Rhaid bod yn ofalus wrth osod y geiriau, a sicrhau bod yr acenion yn cwympo yn y mannau cywir. *Cysondeb:* Roedd rhinweddau da i'r rhan fwyaf o'r tonau, ond roedd llinell neu gordiau llai llwyddiannus yn gadael y dôn i lawr. *Naws priodol:* Roedd rhai o'r tonau'n drwm iawn. *Prysurdeb/ cymhlethdod:* Mae rhai o'r emynau'n llawer rhy brysur a chymhleth yn fy nhyb i. Mae nifer o donau ac iddynt alaw dda, ond y gynghanedd yn siomedig a chafwyd un enghraifft o awdur yn copïo tôn gyfarwydd mewn un man – trueni. Rwy'n siŵr y gwelai rhai o'r awduron gamgymeriadau amlwg pe baen nhw'n edrych eto ar eu tonau.

Fe fyddwn yn hapus iawn gweld nifer o'r tonau yma'n cael eu canu ond mae'r wobr gyntaf yn mynd i *Ogwen* am dôn dda sy'n cyfleu naws y geiriau. Mae amrywiaeth yma, a rhan ddiddorol i'r pedwar llais. Mae'r asiad yn dda rhwng y gerddoriaeth a'r geiriau, a'r gynghanedd yn dderbyniol iawn, ar wahân i'r mesur olaf ond un. Mae'n ganadwy iawn, a digon o fynd ynddi hi, ac mae'r brawddegau cerddorol â siâp da iddynt. Rwy'n hyderus iawn y bydd tipyn o ganu ar hon yn ein cymanfaoedd canu yn y dyfodol agos. Diolch i bawb am gystadlu.

Yr Emyn-dôn fuddugol

Gwenda D. Williams

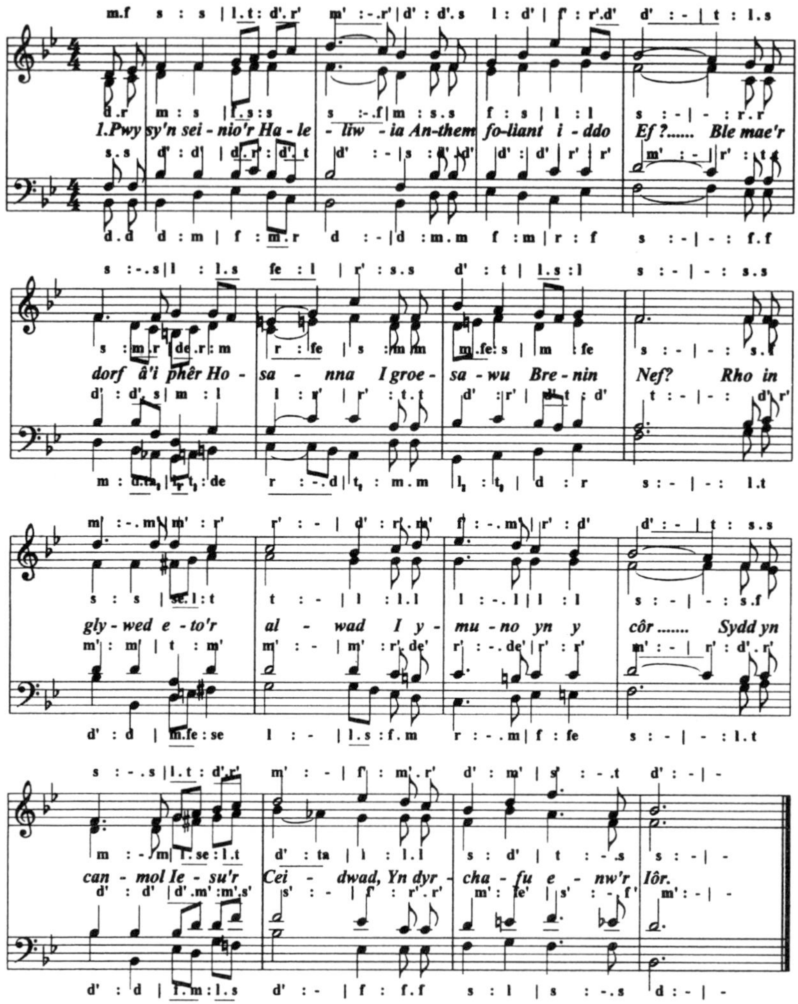

Pwy sy'n seinio'r Haleliwia,
Anthem foliant iddo Ef?
B'le mae'r dorf a'i phêr Hosanna
I groesawu Brenin Nef?
Rho in glywed eto'r alwad
I ymuno yn y côr
Sydd yn canmol Iesu'r Ceidwad,
Yn dyrchafu enw'r Iôr.

Diolch am y doniau daniwyd
I foliannu D'enw glân.
Diolch am y Gair bregethwyd
I roi Cymru oll ar dân.
Llifed dyfroedd doniau newydd
I felinau Eglwys Dduw,
A phan dry y rhod bydd clodydd
Mewn acenion ieuanc byw.

O! rho daw ar dwrf anghyfiaith
Sydd yn boddi D'eiriau glân,
Datod rwymyn tyn amheuaeth
Sydd yn bygwth tagu'r gân.
Arglwydd, agor ein calonnau
A rhyddha'r tafodau mud,
Nes bod moliant ein hanthemau'n
Seinio'n uwch na lleisiau'r byd.

Meirion Evans

Unawd ar gyfer merch neu fachgen dan 19 oed gyda chyfeiliant piano a fyddai'n addas i'w cynnwys yng nghystadlaethau'r dyfodol

BEIRNIADAETH ERIC JONES

Mewn unrhyw gystadleuaeth gyfansoddi, disgwylir bod gan ymgeiswyr rywbeth diddorol i'w ddweud yn gerddorol, ynghyd â thechneg gadarn i'w fynegi. Ond yn ogystal mewn cystadleuaeth fel hon, mae angen gofal wrth ddethol geiriau addas i unawdydd ifanc, a synnwyr cyffredin hefyd i osgoi gofynion rhy uchelgeisiol a fyddai yn rhoi pwysau annoeth ar lais ifanc. Derbyniwyd unawdau gan bump o gyfansoddwyr, a da yw dweud bod rhinweddau ym mhob un o'r darnau.

Iago: Gosodiad o 'Hiraeth gwahanu' yw gwaith *Iago.* Ar ei orau mae'r cyfansoddwr yma yn gwneud ymgais dda i greu naws briodol mewn arddull argraffiadol sydd yn nodweddiadol o gerddoriaeth Debussy, gyda defnydd cyson o seithfedau dilynol, ac amrywiaeth ddiddorol yn hyd y brawddegau. Yn anffodus, anwadal yw safon y darn, ac mae adegau pan fo'r gosodiad yn troi braidd yn ystrydebol. Fe dâl i'r cyfansoddwr yma ddychwelyd at y darn i'w adolygu a'i ddiwygio, gan gynnwys cywiro ambell wall yn y llawysgrif, gan fod yma addewid bendant.

Dolafon: 'Salm Dafydd' yw teitl gwaith *Dolafon,* sef gosodiad o Salm 23. Mae'n osodiad uchelgeisiol iawn i'r llais, yn enwedig o safbwynt *tessitura* uchel ac ambell frawddeg hir – problemau a allai ddigalonni cantorion ifainc. Defnyddia'r cyfansoddwr dechnegau cyfoes megis amrywio cyson mewn amseriad, cordiau clwstwr yn y cyfeiliant a digyweiriaeth. Dechreua'r gwaith yn addawol gyda brawddeg agoriadol drawiadol, ond braidd yn ddigyfeiriad yw'r darn fel cyfanwaith, ac mae natur y cyfeiliant yn fwy addas i organ na phiano.

Nia: Dewisodd *Nia* osod cerdd gyfoes, 'Rhieingerdd' gan Tudur Hallam. Mae'n ddewis addas iawn, ac mae'r gosodiad yn un cynnil a chyfrwys sy'n adlewyrchu meddwl cerddorol craff. Cymerwyd gofal i osgoi problemau technegol gormodol i'r canwr, ond ar yr un pryd mae yma her gerddorol ddiddorol i unrhyw unawdydd o denor ifanc. Er yn anymwthgar, mae'r cyfeiliant yn cynnal y llais ac yn llwyddo i greu naws bwrpasol gyda harmonïau cyfoethog a synhwyrus. Braidd yn aflêr yw'r llawysgrif, a thybiaf fod ambell wall yn y defnydd o hapnodau, ond dyma gyfansoddiad trawiadol o safbwynt dychymyg cerddorol a thechneg.

Rhiannon: Mae *Rhiannon* wedi dewis gosod emyn Pantycelyn, 'Mi dafla maich oddi ar fy ngwar'. Mae rhywbeth deniadol yn symlrwydd y gosodiad goslefol hwn. Bai mawr y cyfansoddiad serch hynny yw bod rhan uchaf y cyfeiliant yn cysgodi a dyblu'r rhan unawdol fwy neu lai trwy'r darn, gan danseilio'i annibyniaeth. Hyd yn oed mewn cân gymharol fer, mae ymdrech deg i ddatblygu ambell syniad cerddorol, ond nid wyf wedi fy llwyr argyhoeddi bod yr emyn yma yn addas ar gyfer unawd gyda chyfeiliant piano.

Yr Ehedydd: Yng ngosodiad *Yr Ehedydd* o'r gerdd, 'Y Fronfraith', ceir cyfeiliant syml ond effeithiol a brawddegau lleisiol sydd yn briodol delynegol. Er yn gywir o safbwynt gosod y geiriau, defnydd o harmoni a thrawsgyweirio, ceidwadol yw'r iaith gerddorol, sydd yn yr achos hwn yn arwain at adleisio amlwg o'r hen ganiadau Cymreig. Wrth ddiolch i'r pum ymgeisydd am y pleser o gloriannu eu gwaith, dyfarnaf y wobr i *Nia.*

Ensemble Offerynnol ar gyfer rhwng 4 ac 8 o rannau. Ni ddylai'r darn fod yn hwy na 5 munud

BEIRNIADAETH MERVYN BURTCH

Cafwyd tri ar ddeg o gynigion a'm hadwaith cyntaf oedd ceisio dyfalu sawl un o'r cyfansoddwyr hyn oedd wedi clywed perfformiad, neu berfformiadau, o'u darnau, gan mor brin yw datganiadau o gerddoriaeth siambr yng Nghymru, yn enwedig ar raddfa broffesiynol. Wedi dweud hyn, rhaid addef bod y tri chynnig ar ddeg yn rhoi amrywiaeth eang o ran arddull gerddorol a chyfuniadau offerynnol a bod y mwyafrif wedi eu trin â chryn ddeheurwydd.

Y Pianydd Perffaith: Cyfansoddiad ar gyfer telyn a phedwarawd llinynnol; yr arddull yn draddodiadol a'r ddau edefyn wedi eu gwau i'w gilydd yn bur dda. Rhoddir blaenoriaeth briodol i'r delyn gan ysgafnhau sain y llinynnau yn ôl y gofyn. Mae'r darn yn cloi gydag uchafbwynt gafaelgar.

Allwedd: Ceir idiom eithaf tebyg yn y *Berceuse et Caprice* yma ar gyfer pumawd piano. Mae llawer o'r gwaith yn idiomatig iawn ac wedi ei osod yn ddeheuig ar gyfer yr offerynnau. Fodd bynnag, carwn weld mwy o unigolrwydd yn y gwahanol edefynnau offerynnol. Mae'r dewis o offerynnau yn penderfynu, i raddau helaeth, ar natur y berthynas a fydd rhyngddynt a theimlaf y dylai rhan y piano'n arbennig bwysleisio'r gwahaniaeth sydd rhyngddo a'r offerynnau eraill. Ond mae yma lawer i'w gymeradwyo.

Dolafon: Corâl ar gyfer Pumawd Pres a gynigir yma. Mae'r gwaith wedi ei osod allan yn gymen o ran yr offerynnau ond rwy'n ceisio dyfalu sut berfformwyr sydd gan y cyfansoddwr mewn golwg. Os mai ar gyfer chwaraewyr ifainc y bwriadwyd y gwaith, mae'n ateb y diben i'r dim. Os bwriedir i chwaraewyr mwy aeddfed ei berfformio, mae'n rhaid wrth fwy o unigoliaeth yn y cyfansoddi i wahaniaethu, mewn mannau, rhwng sain y trwmped, y corn a'r trombôn. Os nad yw'r darn wedi cael ei berfformio gan grŵp ifanc, da fyddai i'r cyfansoddwr gael hyd i un; byddai'r profiad yn llesol a phleserus iddynt.

Tannau Tynion: Pedwarawd offerynnol diddorol sydd yma a theimlaf fod y cyfansoddwr wedi cyrraedd croesffordd. Mae fel pe'n ceisio torri'n rhydd o hualau idiom cwbl donawl ac mae'n llwyddo mewn mannau. Yr hyn y gwelaf ei golli yma, fel mewn un neu ddau o ddarnau eraill, yw'r amrywiaeth y gellid ei sicrhau drwy gynnwys ambell adran ddeulais neu drillais. Ond mae yma gyfansoddi gwir idiomatig.

Llwyd ab Owain: Dyma Bumawd Pres sydd yn swnio'n dda iawn yn ei ddull ffanfferaidd ei hun ac mae'n arddangos gwir ddealltwriaeth o'r cyfrwng. Ceir yma ysgrifennu tra neilltuol ar gyfer y gwahanol offerynnau ac er nad yw'r darn yn un hir, mae iddo strwythur eglur a phenodol. Hyd yn oed wrth ddarllen y cyfansoddiad teimlwn allan o wynt ar brydiau gan brinned y seibiau. Efallai y byddai'n beth da, er enghraifft, pe holltid y minimau (tud. 3, bar 4) yn grosiedi dotiedig gyda seibiau o hanner cwafer.

Gŵr Breiniol: Pumawd ar gyfer ffliwt, clarinét, dau gorn a baswn – cyfuniad diddorol o offerynnau. Mae gan y cyfansoddwr ddealltwriaeth werthfawrogol iawn o'r gwahanol liwiau tonyddol sydd ar gael yn y cyfuniad hwn. Defnyddiodd ei wybodaeth yn llawn gan greu darn sydd yn ieuad cymharus o ddoniau'r gwahanol offerynnau, ac yn ennill a chadw ein sylw a'n diddordeb.

Werddglodd: Mae'r darn hwn, ar gyfer ensemble o offerynnau cymysgryw, wedi ei drefnu a'i gyflwyno'n effeithiol ac y mae'n amlwg bod y cyfansoddwr yn clywed yr hyn y mae'n ei ysgrifennu. Ond rwy'n teimlo bod ar ddarn o'r fath hyd angen mwy o amrywiaeth gweadol a harmonig. Mae'n galw am fwy o 'ddigwydd' ac mae'r modd y mae'r cyfansoddwr yn trin ei ddefnyddiau offerynnol yn fy narbwyllo y gallai ateb y galw hwnnw. Rhaid cymryd siawns ar brydiau a gwthio peth ar ein ffiniau meddyliol.

Brân: Fel y cystadleuydd blaenorol, dewisodd y cyfansoddwr bumawd piano fel y cyfrwng, ac yma eto teimlaf y gallasai'r ysgrifennu ar gyfer y llinynnau, er ei fod yn ddigon idiomatig, arddangos mwy o unigoliaeth. Rhoddir iddynt, gan amlaf, adeiledd cordiol yn lle'r 'cymryd a rhoi' sydd yn nodweddu'r cyfrwng hwn ar ei orau. Yn yr un modd, dylid diffinio rôl y piano y fwy eglur. Gan ei fod yn wahanol yn ei hanfod i rôl y llinynnau, dylid amlygu hynny.

Hen Sosban: Pedwarawd i drombonau a geir yma ac fe'i cyfansoddwyd yn effeithiol ar gyfer y cyfrwng gyda'r adrannau unawdol a'r *tutti* fel ei gilydd yn cael eu trin yn ddeheuig. Mae gan y cyfansoddwr glust dda i ymateb i soniarusrwydd y cyfuniad offerynnol hwn. Gan fod yr idiom yn fodernaidd heb fod yn rhy eithafol, dylai'r darn hwn fod yn eitem gynhyrfus mewn cyngerdd.

Y Wiwer: Darn a ysgrifennwyd yn dda ar gyfer ffliwt, clarinét, corn a baswn, lle mae'r cyfansoddwr, fel *Gŵr Breiniol* yn ei bumawd, yn chwarae'n ddeheuig â lliwiau seinyddol a hynodweddau'r offerynnau. Rhydd y symudiadau byrion ddigon o gyfle i amrywio'r gwead ac i arddangos y gwahaniaeth synau sy'n gynhenid yn y cyfuniad hwn. Teimlaf fod y cyfansoddiad yma'n teilyngu perfformiad ond byddai'n rhaid wrth offerynwyr tra medrus.

Twm Burlwm: Dyma bedwarawd llinynnol sydd yn fwy datblygiedig o ran idiom na rhai o'r cynigion eraill. Y mae'n bedwarawd yng ngwir ystyr y term gan ei fod yn ymelwa, nid yn unig ar y defnydd thematig sydd wrth law, ond hefyd ar y berthynas rhwng yr offerynnau. Y tu fewn i gyfwng o 96 o farrau dangosodd yn glir ei fod yn deall hanfod y cyfrwng.

Nicholas: Gwaith ar gyfer llinynnau yn dwyn y teitl 'Calmo V' sydd, mi dybiwn i, yn rhan o gyfres. Teimlaf fod y cyfansoddwr yn archwilio cylch seinyddol o'i ddewis ei hun – tasg go gymhleth. Dyma ddarn chwilfrydig a diddorol ac y mae'r ysgrifennu yn eithaf meistrolgar. Ond teimlaf ar brydiau fod y cymhlethdod yn tueddu i fod yn hunandrechol. Boed hynny fel y bo, mae yma symud i gyfeiriad eglurder amgenach a byddai'n ddiddorol gweld gwaith y cystadleuydd hwn ymhen blwyddyn neu ddwy.

William Luke: Yn ei ddarn, 'Auros', ar gyfer obo, clarinét, trwmped, piano, gitâr ac offernnau taro, gosododd William Luke dasg anodd iddo'i hun. Gyda grŵp mor amrywiol, mae'n rhaid wrth sgiliau arbennig iawn os yw'r cyfansoddwr am ysgrifennu darn sydd yn fwy na chyfres o effeithiau seinyddol. At hynny, i lwyddo gyda grŵp o'r fath, rhaid iddo nodi'n fanwl a gofalus yr hyn yn union y mae arno ei eisiau. Atebwyd y gofynion a'r dibenion hyn ac y mae'n amlwg fod gan y cyfansoddwr glust fain yn ogystal â'r gallu i sefyll yn ôl ac asesu'r strwythur yn ei grynswth. Dyma ddarn hynod gymhleth a llwyddiannus.

Cafwyd nifer o gyfansoddiadau a fyddai, o dan amgylchiadau eraill, yn haeddu'r wobr. Ond am iddo gynhyrchu darn sydd yn uchelgeisiol iawn ac yn llwyddiannus iawn, gwobrwyer *William Luke* a'i ddarn 'Auros'.

Trefniant o ddwy gân werin wrthgyferbyniol ar gyfer cerddorfa ysgol

BEIRNIADAETH MERVYN BURTCH

Trueni na chafwyd mwy nag un cynnig, sef eiddo *Paget,* ond mae'n bleser cael cystadleuydd sydd wedi cynhyrchu gwaith o wir werth. Cyflwynwyd trefniannau o 'Deryn y Bwn o'r Banna' ac 'Y Golomen' yn hynod effeithiol mewn sgôr gwbl ddarllenadwy ac y maent yn rhagorol ym mhob agwedd. Mae'r idiom harmonig yn ddelfrydol a'r sgorio cerddorfaol yn dra lliwgar. Rwy'n amau bod y cyfansoddwr yn fwy na gweddol gyfarwydd â *Welsh Dances* Alun Hoddinott ac nid yw'r darnau hyn ar eu colled ar gorn hynny. Carwn argymell y darnau hyn, nid yn unig i gerddorfeydd proffesiynol, ond hefyd i amaturiaid dawnus. Gwn y byddai'r gynulleidfa yn eu mwynhau'n fawr. Gwobrwyer *Paget.*

Gosodiad – 'Y Gwynfydau' Beibl William Morgan neu'r Beibl Newydd

BEIRNIADAETH ROBAT ARWYN

Derbyniwyd chwe gosodiad.

Merch Cai: Gosodiad digyfeiliant diddorol i gôr merched SSAA a dau unawdydd. Mae dylanwad hynafol y Siant Gregoraidd yn amlwg trwy'r gwaith, gyda'i arddull foddol a'i rhyddmau hyblyg, ac mae'r cyferbynnu lleisiol rhwng y côr a'r unawdwyr o un cymal i'r llall yn effeithiol dros ben, gan lwyddo i gynnal diddordeb a symud y gwaith yn ei flaen. Annheg yw disgwyl i'r altos gyrraedd yr F# uchel ym mar 32, ac mae lle i ystwytho nodau uchel y sopranos rhwng bar 33 a 43.

Iorwerth: Gosodiad unsain i gyfeiliant piano neu organ (ni nodir pa un), yn seiliedig ar un frawddeg gerddorol pedwar bar a gaiff ei chyflwyno ddwsin o weithiau gyda'r mymryn lleiaf o newidiadau. Er mor ddeniadol yr alaw, braidd yn gyfyng yw'r weledigaeth gerddorol, ac nid yw'n amlwg sut i osod ambell air gyferbyn â'r nodyn priodol yn yr alaw.

Elvan: Gosodiad i fariton a phiano sydd yn agor yn llawn tynerwch. Mae'r llinell leisiol yn llifo'n rhwydd, a'r cymalau yn cael eu trin yn gelfydd iawn, ond braidd yn unffurf yw'r cyfeiliant o ran rhyddm, strwythur a mynegiant, ac mae gwir angen ystwytho'r cordiau clwstwr i gynnal diddordeb ac i sicrhau datblygiad i'r gwaith.

Afradlon: Gosodiad digyfeiliant i gôr cymysg. Mae'r ysgrifennu yn ymarferol iawn o ran techneg a chwmpawd lleisiol, ac mae hanner cyntaf y darn yn wirioneddol ddeniadol, yn arbennig felly y modd y caiff y lleisiau eu cydblethu yn yr adran 6/8. Ni chefais fy argyhoeddi gan yr ail hanner. Mae tudalennau 7 i 9 ychydig yn llafurus, ac ni welaf unrhyw gyfiawnhad dros wneud i'r sopranos ganu'r Ab ucha am bron ddau far ar bymtheg heb ystwytho.

Twm Bwrlwm: Gosodiad digyfeiliant syml ond hyfryd iawn ar gyfer côr cymysg a soprano. Mae'r modd y cydblethir alaw ogoneddus yr unawd â llafarganu a chydgordio cysurlon y côr yn hynod effeithiol, a llwyddir i greu a chynnal yr awyrgylch eglwysig o'r dechrau. Dyma grefftwr wrth ei waith, gyda gweledigaeth amlwg a thechneg gadarn. Mae yma gynildeb a chyfoeth, myfyrdod a gorfoledd. Er hynny, nid yw'r cyfansoddwr wedi gosod cyfarwyddyd mynegiant ar ddechrau'r gwaith i hwyluso perfformiad ohono, ac mae hanner curiad yn ormod i'w gael ym mar agoriadol llinell yr unawdydd. Teg nodi mai gair deusill yw 'meibion' ac na ddylid ei gyflwyno fel 'mei-bi-on' fel a ddigwydd ar dudalen 5 – ond digon hawdd cywiro hyn.

Pererin: Gosodiad i gôr cymysg a phiano, yn gyforiog o syniadau ac yn llawn amrywiaeth o ran strwythur, gwead ac awyrgylch. Mae'r adrannau telynegol yn hynod gelfydd, a'r cyfeiliant agoriadol yn wirioneddol hyfryd. Yn ogystal, mae'r llinellau corawl yn ymarferol iawn, ac yn ganadwy dros ben, er imi deimlo ychydig yn anesmwyth gyda rhyddmau ymosodol yr adran Allegro Agitato ar dudalen deg sydd yn anghydnaws â natur y geiriau. Braidd yn hir yw'r ymdriniaeth o'r cymal 'Byddwch lawen a hyfryd' ac mae angen cysoni'r defnydd o'r gair 'gwobr' sydd weithiau yn ddeusill a thro arall yn unsill. Hoffais y diweddglo yn arw. Dyma gyfansoddwr â llawer i'w ddweud.

Perthyn rhinweddau amlwg i gyfansoddiadau *Merch Cai* a *Pererin*, ond mewn cystadleuaeth dda mae gosodiad *Twm Bwrlwm* yn ein codi i dir uchel gan lwyr hawlio'r wobr o £200.

Cyfres neu Gadwyn o ganeuon ar thema neu stori sy'n addas i blant Cyfnod Allweddol 2 (7-11 oed)

BEIRNIADAETH ROBAT ARWYN

Rhyfeddais mai dim ond tri a fentrodd gystadlu. Gyda nifer helaeth o ysgolion cynradd ar hyd a lled y wlad, pob un gyda'i bedwar dosbarth yng Nghyfnod Allweddol 2 yn addysgu rhai miloedd o blant, meddyliais y byddai testun mor benagored yn cynnig cyfle euraid i gyfansoddwyr, yn enwedig wrth gofio am y galw blynyddol am ganeuon newydd. Diolch, beth bynnag, am y tri ymgeisydd.

Sw: Cerddi T. Llew Jones am anifeiliaid sydd wedi ysgogi'r gyfres 'Sw Jas'. Ceir yma chwech o ganeuon mewn arddull jas eithaf traddodiadol, a'r cyfansoddwr yn amlwg yn chwaraewr jas profiadol. Mae'r casgliad yn llawn syniadau diddorol, yn cynnig digon o amrywiaeth o ran arddull, naws a chywair, ac mae'r cyfeiliant piano yn rhagorol, wedi ei saernïo yn ofalus i gynnal diddordeb chwaraewyr llai profiadol heb gyfaddawdu ar yr arddull: yr unig eithriad yw cyfeiliant 'Robin Goch' sydd braidd yn anodd gyda'i gordiau pum nodyn i law dde y piano. Nid yw'r cyfansoddwr yn cael cystal hwyl ar ysgrifennu ar gyfer lleisiau plant. Er mor ardderchog yw'r ddwy gân agoriadol, gyda'u halawon bachog a'u rhyddmau chwareus, mae diweddglo 'Y Llygoden Fach', a'r rhan fwyaf o 'Ifan y Mul o'r Hendre' yn anymarferol o uchel i ddosbarth o blant rhwng saith ac un ar ddeg oed. Er cystal y cyfeiliant, nid yw bob tro yn cynnig digon o gymorth i'r cantorion mewn arddull sydd, wedi'r cyfan, yn ddieithr i nifer o blant. Mae hyn yn amlwg iawn yn ail hanner 'Y Cadno Coch', pennill olaf 'Y Falwoden', a 'Robin Goch' lle mae hapnodau a chlystyrau'r cyfeiliant yn gwrthdaro â chyfeiriad annibynnol y llais. Mae'n wir y byddai cyfrol o ganeuon jas yn torri tir newydd yn y Gymraeg, ond er bod y deunydd crai yma o ran gweledigaeth ac arddull, mae angen i'r cyfansoddwr ailystyried ymarferoldeb ei ysgrifennu lleisiol i ateb anghenion yr oedran dan sylw.

Heledd: Pump o gerddi Owain Owain am anifeiliaid o hen chwedlau yw testun y gyfres 'Pais Dinogad'. Mae'r ysgrifennu lleisiol yn ymarferol ac o fewn cwmpawd yr oedran, a'r cyfansoddwr yn amlwg yn ymateb yn reddfol i ofynion y geiriau. Hwiangerdd hudolus a gawn yn 'Pais Dinogad', ac mewn cyferbyniad llwyr mae 'Culhwch a'r Twrch Trwyth' yn hynod ddramatig gyda'i naws ganoloesol a'i gyfeiliant cyffrous. Hoffais yn arbennig y gân 'Blodeuwedd (Aderyn y Nos)' sydd yn cloi y gyfrol ac yn rhoi diweddglo arbennig i'r gwaith. Ar un llaw, cryfder y cyfeiliant yw ei symlrwydd. Ond ar y llaw arall, mae tueddiad i'r cyfeiliant fabwysiadu patrwm arbennig ar ddechrau pob cân a chlymu ato'n ddeddfol am weddill y penillion, er enghraifft gyda'r wythfedau syrffedus yn llaw chwith 'Drudwy Branwen' sydd yn arafu'r llif ac yn tynnu sylw oddi wrth yr alaw. Oherwydd i'r gerddoriaeth gael ei hysgrifennu (mewn pedwar achos) i eiriau'r pennill cyntaf a'r cytgan yn unig, anodd iawn yw dirnad sut i ynganu gweddill y geiriau. Os nad yw sillafau pob pennill yn gyfartal, yna mae'n angenrheidiol bod naill ai bob pennill yn cael ei ysgrifennu o dan linell yr alaw, neu fod y gerddoriaeth yn cael ei hysgrifennu'n llawn ar gyfer pob pennill. Er cystal y gyfres o ran testun, naws, awyrgylch ac ymarferoldeb, efallai nad yw'r caneuon yn ddigon bachog a chyfoes i ddal dychymyg plant rhwng saith ac un ar ddeg.

Syr: 'Hai hai Heuwr' yw enw cyfres o ganeuon *Syr.* Mae'r cwbwl yn seiliedig ar ddameg yr heuwr, a gellir eu cyflwyno fel cadwyn di-fwlch, neu fel drama gerdd. Mae pob cân wedi ei saernïo'n ofalus – yn gyfforddus i'r oedran dan sylw, yn syml a gafaelgar, yn gofiadwy ac uniongyrchol, gan lwyddo i gydio yn y dychymyg a'r emosiwn. Y cyfansoddwr hefyd yw awdur y geiriau – prawf arall o ddychymyg byw a llond sach o syniadau! Yn wir, fel cyfanwaith, mae'r cyfan yma – y dwys a'r digri, y bwrlwm a'r llonyddwch, y telynegol a'r cyffrous, a'r cyfan yn gwau trwy'i gilydd i greu cyfanwaith llawn argyhoeddiad. Bydd pob athro yn falch o glywed pa mor syml, er mor effeithiol a digonol yw'r cyfeiliant! Er hynny, ni allaf lai na rhyfeddu at ansawdd y llawysgrif a anfonwyd i'r gystadleuaeth. Ysgrifennwyd geiriau'r caneuon yn flêr iawn mewn pensel o dan y nodau. Ar brydiau mae'n amhosib eu darllen, a cheir ambell enghraifft o frawddegau cyfan ar goll! Diolch byth bod taflen eiriau ar ddechrau'r gyfrol, a bod digon o ddyfalbarhad gan y beirniad! Yn ogystal mae'r llawysgrif yn frith o hapnodau sy'n ymddangos mewn un rhan, er enghraifft llaw dde'r piano, ond sydd ddim, oherwydd blerwch neu frys, wedi ymddangos yn y llaw chwith, ac nid yw'r cyfansoddwr wedi trafferthu i gyflwyno mwy na braslun o gyfeiliant 'Mae pawb yn diystyru fy neges'.

Mae un ymgais ymhell ar y blaen o ran dychymyg, syniadau, bwrlwm ac apêl, ac fe ddylid ei gyhoeddi mor fuan ag sy'n bosibl: eiddo *Syr* yw hwnnw. Ond oherwydd yr ôl brys a nodwyd eisoes, a'r gwaith golygu sydd eto i'w wneud, awgrymaf bod *Syr* yn derbyn £150 o'r wobr.

Darn byr i biano neu organ

BEIRNIADAETH RICHARD ELFYN JONES

Derbyniwyd pymtheg o gyfansoddiadau, darnau i biano bron i gyd, ac er bod rhywbeth difyr i'w ganfod ymhob un ohonynt, ychydig iawn o'r pymtheg a lwyddodd i asio'n gyson dechneg sicr, arddull unol a syniadau diddorol. Cafwyd pwt o alaw gofiadwy neu ddilyniant harmonig graenus yma a thraw ymhob un, ond mae angen mwy na fflachiadau ysbeidiol – hyd yn oed mewn darn byr. Mae rhai ohonynt yn henffasiwn iawn. Gallai darn i biano *Troed y Gwyrdd* fod wedi'i ysgrifennu ddau can mlynedd yn ôl, tra bod darn arall gan yr un ymgeisydd, gyda'r ffugenw *Craig y Ddinas*, hefyd yn *pastiche* o arddull hanesyddol, ond yn fwy diddorol oherwydd y llithro effeithiol o un cywair i'r llall. Mae 'Fantasia' gan *Clafier* yn episodig iawn ac ni cheir digon o ddiddordeb harmonig. Awgrymaf ehangu'r *Allegro con fuoco* i wneud adran fwy swmpus er mwyn osgoi effaith mor fyr-wyntog. Mae'n debyg mai'r un cyfansoddwr â *Clafier* yw *Noddy*, ac mae'i *Scherzo* yn argyhoeddi, gyda chynghanedd gadarn, ond teimlaf y gellid amrywio tipyn mwy ar yr ailadroddiad. Mae 'Y Gofod' gan *Craig Gath* yn ddarn ysgafn, swynol, ond yn rhy gyfyngedig ei dechneg. Nid yw'n cynnal y diddordeb i'r diwedd a thybed nad oes gofyn am adran ganol er mwyn rhoi mwy o wydnwch i'r cyfansoddiad? Oherwydd ei arddull delynegol boblogaidd, efallai y gellid yn hawdd ailgyfansoddi'r darn hwn ar gyfer cystadleuaeth debyg i Cân i Gymry. Mae tri darn *Telynores Twt* hefyd yn ysgafn a hwyliog a chyda syniadau deniadol, ond mae'r driniaeth yn rhy elfennol a'r dechneg yn gyfyngedig iawn. Mae cais *Dolafon*, 'Lleuad Llyn Padarn', yn wahanol i bob un arall oherwydd iddo gael ei ysgrifennu ar gyfer piano neu organ. Cam gwag yw peidio â phenderfynu ar y cyfrwng, oherwydd bod y ddau offeryn mor annhebyg eu gofynion. Barnaf mai'r piano yw'r cyfrwng effeithiolaf yma. Er bod llif nwyfus i'r darn sy'n creu awyrgylch addas, efallai y gellid amrywio'r gwead ar yr ail dudalen.

Dau ymgeisydd yn unig a ysgrifennodd i'r organ. Mae gan *Twm Bwrlwm* reolaeth gadarn ar ei gyfrwng ac mae'n trin yr organ yn dda. Ond er bod digon o sylwedd yn ei brif syniad ar gyfer ei ddatblygu ymhellach, nid yw'n llwyddo i ehangu'i ddeunydd, ac o'r herwydd nid yw 'Riffiau Gwrthgyferbyniol' yn magu adenydd. Darnau miniatur yw'r pum darn i organ gan *Pumongl*. Maent i gyd yn effeithiol eu halawon a'u cynghanedd ond yn siomedig eu ffurf.

Trown yn ôl at y piano i fwynhau *Toccata* gellweirus gan *Jo* sydd â'r is-deitl 'Y Sgamp yn yr Oriel', ac sydd i'w chwarae 'gyda champ a rhemp'. Nid yw dweud am y cefndir diddorol yn golygu o reidrwydd bod y cyfansoddiad hefyd yn dangos camp – rhaid i bob darn testunol fel hwn sefyll ar ei draed ei hun heb gymorth stori. Felly, da gweld bod yma lwyddiant, gyda phriodas gelfydd rhwng dawn a chrefft yn nodweddu'r darn gogleisiol hwn. Mae'r cyffyrddiadau rhythmig, pigog a'r defnydd effeithiol o drawsacennu yn awgrymu y dylai *Jo* ddal ati i ddatblygu'i ddawn.

Mae'r pum darn sydd ar ôl yn gynnyrch yr un cyfansoddwr. Mae pob un o'r pump wedi'i ysgrifennu yn broffesiynol a chyda chryn goethder a dychymyg.

Mae'r arddull yn ddatblygedig, cymhleth, ond heb fod yn amhosibl i chwaraewr da oherwydd ei fod mor idiomatig. Gofynnir am gryn sensitifrwydd wrth berfformio'r darnau hyn ac mae naws swynol-fregus y gwead yn rhoi cyfle i greu seiniau hudolus wrth blethu'r lleisiau gwrthbwyntiol. Mae pob un o'r pump yn haeddu'i wobrwyo, ond gan i mi gael blas arbennig ar chwarae'r 'Brillante' rhoddaf y wobr am y darn hwn, dan y ffugenw *Euddogwy*.

Darn byr i unrhyw offeryn cerddorfaol gyda chyfeiliant neu'n ddigyfeiliant

BEIRNIADAETH DAVID HARRIES

Ymgeisiodd deuddeg. Roedd amrywiaeth mawr yn y safon, o'r da i'r symol i'r gwael. Roedd peth cymysgwch hefyd ynghylch beth a olygid wrth 'darn byr'. Roedd rhai darnau'n funud o hyd ac un yn ddeuddeng munud. Efallai y dylai pwyllgorau'r dyfodol ystyried cymal fel: 'ddim yn hwy na phum munud'.

Hen Genedigol: Darn i ffliwt a phiano. Cafodd hwn ei ysgrifennu'n fedrus mewn arddull sy'n dangos dylanwad cyfansoddwyr ysgol Ffrengig dechrau'r ugeinfed ganrif. Roedd rhan y ffliwt wedi ei adeiladu'n dda, ar wahân i'r ffaith bod un neu ddau gymal ychydig yn rhy hir; ond teimlwn y gallai'r piano fod yn fwy anturus yn gydgordiol.

Ffidlwr: Darn i feiolin a phiano o'r enw 'Llecyn'. Roedd hwn wedi'i ysgrifennu'n dda ar gyfer y feiolin ond teimlwn fod rhai rhannau lletchwith yn rhan y piano. Tueddai hefyd i grwydro braidd yn ddi-ffurf. 'Doedd newid cywair yn aml ddim yn helpu hyn. Teimlwn nad oedd y diwedd yn gwbl effeithiol.

Gilo ap John: Ffanffer i delyn ganddo ef oedd un o'r darnau lleiaf a gafwyd. Ymddengys ei fod yn seiliedig ar ddarnau o 'Ar hyd y nos'. O ran harmoni, roedd y darn yn gwbl ddiantur, yn defnyddio un symudiad pedal yn unig i'w gymryd allan o C fwyaf am un bar.

Cefais yr argraff mai gwaith yr un person oedd y ddau ddarn a gafwyd ar wahân gan *Llangatwg* ('Fy'm Harglwyddes Deg') a chân *Hirfynydd* ('Cofion Cynnes'). Cefais yr argraff hon oherwydd tebygrwydd yn y llawysgrifen (geiriau a cherddoriaeth) yn ogystal â'r arddull. Fe'i caf hi'n anodd dweud dim byd adeiladol am y ddau ddarn hwn; dim ond dweud y dylai ef neu hi fynd yn ôl at yr hanfodion. (Gyda llaw, 'does ddiben yn y byd dros gychwyn un darn gyda'r ddau offeryn yn chwarae gyda'i gilydd yn yr un rhythm gyda'r cyfarwyddyd 'ad libitum'.

Dolafon: Sonata i sielo a phiano. Roedd hwn yn ddarn hynod ddiddorol, sy'n haeddu'r ail safle. Roeddwn i'n hoffi'r strwythur drwyddo draw yn ogystal â'r ysgrifennu idiomatig ar gyfer y ddau offeryn. Carwn annog y cyfansoddwr hwn i barhau gyda'i waith creadigol. Byddai wedi cyrraedd y brig pe na bai dim arall yn y gystadleuaeth a apeliai'n fwy ataf.

Jac: Myfyriais yn hir a chaled uwch y darn 'Cyclone' i glarinét a thâp gan yr ymgeisydd hwn. Fy nhuedd gyntaf oedd ei osod ar flaen fy rhestr. Darparodd dâp imi ond rhaid imi gyfaddef na lwyddais i gael unrhyw sain ohono er imi ofyn i gyd-weithwyr mwy profiadol na mi yn nirgelion technoleg fodern estyn help llaw. Ni fedraf ddweud mwy na'i fod o bosibl yn ddarn gwirioneddol dda, ond oherwydd yr amgylchiadau ni allaf fwrw barn.

Cae grug: Teimlwn nad oedd yr ymson i'r sielo gan *Cae grug* yn fwy nag ymarfer deallusol yn unig. 'Doedd fawr ddim ganddo i'w ddweud yn gerddorol ar wahân i'w weithio digywair o rywbeth a ddechreuodd fel rhith o syniad.

Twm Bwrlwm: Aria i feiolin a phiano a gafwyd ganddo ef. Ni allaf wneud mwy na'i ddisgrifio fel darn undonog. Pan nad yw'r cyfeiliant yn newid o gwbl yn y pedwar bar ar ddeg gweddol araf cyntaf, a phan fo tripledi'n digwydd trwy 47 o'r 66 bar, mae rhywun yn synhwyro rhyw ddiffyg dychymyg.

Crwth: Calmo ar gyfer solo i sielo ac oediad tâp a geir gan *Crwth.* Cefais hwn yn ddarn diddorol. Gan na chafwyd tâp, roedd hi'n anodd iawn darllen y sgôr. Hyd yn hyn 'dwyf fi ddim wedi canfod y rheidrwydd i aildiwnio tant G'r sielo. Byddai'n ddiddorol cael gwrando ar y darn hwn, a heb amheuaeth roedd yng ngolwg y wobr gyntaf. Dalied ati!

Yn olaf deuwn at ddau ddarn a ysgrifennwyd, fwy na thebyg, gan yr un cyfansoddwr – a hynny am yr un rhesymau a nodais uchod, sef tebygrwydd yn y llawysgrifen ag arddull y gerddoriaeth. Mae'r ddau ddarn i glarinét a phiano. Arioso gan *Sŵn y môr* ywr cyntaf a Scherzo gan *Cymhellol* yw'r ail. Awgrymaf mai symudiadau a arfaethir ar gyfer sonata ydyn nhw. Ysgrifennwyd y ddau ddarn mewn dull pur broffesiynol, gydag ymwybyddiaeth o'r hyn y gellid ei alw'n idiom gyfoes (gair i'w arfer yn ofalus y dyddiau hyn, a ninnau wedi symud i'r Mileniwm newydd!). Rwy'n ymwybodol iawn o ddylanwad y cyfansoddwr William Mathias ar arddull gerddorol y ddau ddarn. Maen nhw mor broffesiynol fel nad oes gen i unrhyw amheuaeth ynghylch cymeradwyo eu bod yn rhannu'r wobr gyntaf. Edrychaf ymlaen at glywed y gerddoriaeth hon yn y dyfodol agos.

Tlws y cerddor: Cyfansoddiad gwreiddiol ar gyfer SATB neu TTBB – darn deniadol y byddai'n bosib ei gynnwys mewn cyngerdd safonol, gyda chyfeiliant piano/organ neu'n ddigyfeiliant heb fod yn hwy na 6 munud. Dylid dewis geiriau Cymreig

---

BEIRNIADAETH LYN DAVIES

Daeth wyth cyfansoddiad i law a phob un yn ateb gofynion y gystadleuaeth ar y cyfan. Ym mhob achos mae'r idiom yn geidwadol-gyfoes. Popeth yn iawn. Fel y dywedodd Stravinsky, 'Mae llawer o alawon da eto i'w cyfansoddi yn C fwyaf'. Wrth edrych am gyfansoddiadau a fyddai (wrth reswm) yn ateb i ofynion y gystadleuaeth yr oeddem ein dau hefyd am weld ffresni mewn iaith a mynegiant ynghyd â thechneg glân ac ysgrifennu corawl cymwys. Cymharol ychydig o'r cyfyngiadau hyn a gafwyd mewn gwirionedd.

Crwydryn: Cyfansoddodd *Crwydryn* ddarn sy'n gosod geiriau Hedd Wyn ('Gwae fi fy myw mewn oes mor ddreng') ar gyfer lleisiau TTBB. Y mae'r ysgrifennu yn gymwys iawn ac yn effeithiol ddigon ar brydiau. Ond nid yw'r darn hwn yn arbennig o wreiddiol a gellid dadlau fod gormod o hen drawiadau yma. Ceir rhai ystrydebau mewn harmoni, e.e. tudalen 6, ac mewn gwirionedd, er mor geidwadol y gall llawer o'r deunydd a berfformir gan ein corau meibion y dyddiau hyn fod, mae llawer ohonynt yn medru ymdopi â cherddoriaeth fwy anturus.

Dolafon: Gan *Dolafon* cafwyd gosodiad o 'Nant Gwrtheyrn' ('Llain sydd rhwng mynydd a môr'). Eto, er bod yr ysgrifennu lleisiol yn lân a chymen ar y cyfan, nid oes llawer o wir ddychymyg yn y deunydd cerdd sylfaenol. Gallaf ddeall bod y cordiau cyfeiliant toredig yn ceisio creu awyrgylch ond braidd yn undonog yw effaith y patrymau di-ildio a gawn yma. Gofalwch hefyd ambell gamacen, e.e. ar dudalen 6 (Yn Nantgwrtheyrn) sy'n creu naws herciog sy'n torri ar rediad naturiol y gerddoriaeth.

Llwyd ap Owen: 'Crys y Mab', geiriau anhysbys o'r unfed ganrif ar bymtheg a gafwyd gan *Llwyd ap Owen.* Y mae'r geiriau'n galw am rythmau bywiog ac er bod y cyfansoddwr/wraig yn deall elfennau techneg nid yw rhediad y darn yn fy argyhoeddi. Y mae'r symud harmonig yn aml yn undonog a cheir esiamplau o gamacennu.

Fel pianydd fy hun, nid yw'r darn yn gorffwys yn naturiol i'r bysedd bob amser ac ystrydebol yw llawer o'r symud harmonig.

Benedictus: Cafwyd ymgais fwy anturus gan *Benedictus* yn y gosodiad o 'Sanctaidd, Sanctaidd'. Ceir esiamplau o ddiofalwch yn y rhannau lleisiol, e.e. ysgrifennu yn rhannau uchaf y cwmpawd a fyddai'n trechu hyd yn oed y gorau. Ond wedi dweud hynny y mae'n amlwg fod gan *Benedictus* afael ar dechneg. Darn myfyriol yw'r gosodiad hwn mewn gwirionedd ac fe geir gormodedd o seibiannau sy'n torri ar naws a rhediad y darn. Serch hynny, y mae'n amlwg fod gan y cystadleuydd afael dda ar dechneg. Awgrymaf iddo y buasai astudio cynildeb Matthias, Tippett neu Britten yn talu ar ei ganfed.

Mordant: Geiriau Siôn Ifan, 'Y Grog' a osodwyd ar gyfer lleisiau SATB sydd gan *Mordant.* Ceir llawer o liwio geiriau effeithiol ynghyd â defnydd da, llawn dychymyg o newidiadau mewn rhythm ac awyrgylch. Ond wedi cychwyn da y mae'r cyfansoddwr rywsut yn colli rhediad y darn; nid yw'r momentwm yn cael ei gynnal. Chwi gofiwch gyngor neb llai na Beethoven, 'Os yw rhywbeth yn werth ei ddweud unwaith mae'n werth ei ailadrodd'.

Pierrot: Cyfansoddiad mentrus iawn sy'n ceisio gosod soned fawr T H Parry-Williams, 'Dychwelyd' ar gyfer côr SATB gyda chyfeiliant piano a ysgrifennodd *Pierrot.* Mae'r cyfansoddwr yn ceisio dal natur y geiriau o'r cychwyn cyntaf gyda'r nodau unigol tawel yn y cyfeiliant, ond er mor gymwys yn dechnegol yw'r darn, nid yw'n llwyddo i greu'r amrywiaeth harmonig a melodig angenrheidiol. Y mae'r interliwtiau piano braidd yn undonog a'r harmonïau'n amwys ar adegau.

Prysor: Cyfansoddwr arall sy'n dangos cryn ddychymyg wrth ddewis barddoniaeth yw *Prysor.* Cafwyd gosodiad bywiog ganddo o gerdd Gwyn Thomas, 'Y Llyw Olaf'. Egyr y darn hwn mewn ebychiad hollol idiomatig i'r piano cyn cyferbynnu yn syth ac yn dawel yn nodau cyntaf y côr. Popeth yn iawn hyd yma. Er i *Prysor* gynnal ein diddordeb am gyfnod, nid yw'n llwyddo i wneud hynny'n gyson. Gresyn hynny oherwydd nid yw heb ei syniadau ffres. Y mae gennyf fy amheuon hefyd ynglŷn â'r newid cywair o'r lleddf (fwy neu lai) i'r mwyaf yn yr adran olaf.

Amser a Ddengys: Erys y cyfansoddiad o waith *Amser a Ddengys,* sef 'Ehed Amser' i gôr cymysg, gosodiad o waith Tudur Rhys Hallam. Buaswn yn disgrifio'r iaith gerddorol a fabwysiadwyd fel un rhythmig, sionc, geidwadol ac ar y cyfan, tonal. Ceir ffresni yn yr ysgrifennu corawl ynghyd â gosod geiriau effeithiol ddigon ar brydiau (e.e. y clicio ar dudalen 4). Y mae'r gwaith yn llifo'n esmwyth-ymwthiol o'r cychwyn i'r diwedd a'r perorasiwn yn ffiwg fywiog hyd at y cord buddugoliaethus olaf. Efallai nad yw'r darn yn ychwanegu rhyw lawer at ieithwedd cerddoriaeth yn gyffredinol ond mae'n sicr yn ateb gofynion y gystadleuaeth ac yn ein barn ni'n dau, mae'n haeddu'r wobr.

Mi wn mai chwaeth bersonol sy'n penderfynu a yw darn o gerddoriaeth yn 'ddeniadol' neu beidio ac mae'r ffaith fod gofynion y gystadleuaeth yn gofyn am ddarn 'deniadol' ar gyfer cyngerdd safonol yn creu problemau. Teimlaf fod bron y cwbwl o'r cystadleuwyr yma wedi cyfansoddi darn corawl heb ystyried gofynion y gystadleuaeth. Byddai rhai o'r ymdrechion yn fwy addas i gystadleuaeth gorawl efallai, ond nid i gyngerdd.

Crwydryn: 'Hedd Wyn'. Mae hwn yn llwyddo i greu awyrgylch addas ac mae'r ysgrifennu'n ddigon rhwydd ar gyfer lleisiau TTBB ond ar y cyfan hen syniadau sydd yma. Mae'n dibynnu llawer ar efelychu ac ar 'ddeuawdau' mewn trydeddau. Ar dudalennau 5 a 6 mae'r harmoni'n ddi-liw ac yn undonog, gyda thinc o ddarnau mwy traddodiadol ar gyfer corau meibion.

Dolafon: 'Nant Gwrtheyrn'. Mae'r defnydd cerddorol yn bur wan yma. Mae'r cyfeiliant yn dibynnu ar gordiau toredig bron drwy'r amser ac ychydig o ddychymyg a gweledigaeth sydd yn y rhannau lleisiol, ar wahân i ambell ymdrech wanllyd i efelychu. Dydy acenion y gerddoriaeth ddim bob amser yn parchu'r gynghanedd farddonol ac mae yma lawer enghraifft o gamacennu (e.e. '<u>Yn</u> Nantgwrtheyrn,' tudalen 6); '<u>mae</u> rhyw hud/ym <u>mar</u>wydos' (tudalen 7), '<u>fy</u>-neg<u>i</u>' (tudalen 7), '<u>yng</u>hudd' (tudalen 2), '<u>wrth</u> ddiffodd dan<u>odd</u>' (bas, tudalen 5).

Llwyd ab Owen: 'Crys y Mab'. Braf gweld rhywun wedi dewis geiriau llon! Serch hynny, dydw i ddim yn teimlo fod y gerddoriaeth yn llwyr adlewyrchu hyn; gellid bod yn fwy anturus o ran rhythm; mae rhywbeth yn drwsgl yn y rhythm weithiau, e.e. 'ac <u>a</u> ofynnodd' (top tudalen 3 – camacennu).

Mae'r ysgrifennu ar gyfer y piano braidd yn 'amhianistig' ar brydiau (e.e. gwaelod tudalen 1 a thop tudalen 4), – mae lle i gynilo yma a thraw a pheidio â dilyn y lleisiau mor glòs dro arall (e.e. top tudalen 2).

Rydw i'n hoffi'r syniad o daflu ambell gymal bach swta, annisgwyl i mewn i'r gwead (e.e. alto – 'Aberteifi' – tudalen 1) ond buaswn wedi hoffi gweld mwy o'r math yma o ddireidi.

Benedictus: 'Sanctaidd, Sanctaidd'. Arddull bur ffres ac ymdrech i fod yn anturus. Rydw i'n hoffi'r gwead lleisiol ac mae yma syniadau rhythmig eithaf diddorol ambell dro.

Mae gen i amheuaeth pa mor 'ddeniadol' ar gyfer cyngerdd ydy'r darn. Trymaidd ydy'r argraff gyffredinol. Gobeithio y bydd y sopranos yn medru cyrraedd y B uchel!

Mordant: 'Y Grog'. Mae hwn yn apelio mwy. Mae'r gynghanedd farddonol yn gorwedd yn esmwyth ac mae'r gerddoriaeth yn llwyr adlewyrchu naws y geiriau. Mae o'n peintio ambell air a chymal yn effeithiol o safbwynt llinell felodig a harmoni, ac mae'r syniad o siglo rhwng tôn/hanner tôn sy'n rhedeg drwy'r cyfeiliant yn creu undod. Mae o'n ddarn cryno sy'n ddiwastraff ond mae gen i amheuaeth o'i briodoldeb ar gyfer gofynion y gystadleuaeth.

Pierrot: 'Dychwelyd'. Nefoedd! Diolch nad ydw i'n gorfod dysgu a chwarae'r cyfeiliant yma – mae o'n fwy o gonsierto i biano gyda chefndir lleisiol! Mae yma lawer o syniadau diddorol, anturus o safbwynt rhythm a llinellau cerddorol. Mae o'n creu awyrgylch dywyll a dwys gyda digon o gyfle i gôr arddangos ei sgiliau. Ond dydy o'n apelio dim ata i ac alla i ddim derbyn ei fod yn ddarn 'deniadol' ar gyfer cyngerdd safonol. Byddai'r cynulleidfaoedd y dof i ar eu traws mewn cyngherddau yn rhedeg marathon er mwyn osgoi gwrando ar ddarn mor ddyrys (a hynod o glyfar, dw i'n siŵr!).

Prysor: 'Y Llyw Olaf'. Awyrgylch dda yma. Hoffaf y newid sydyn o'r dychrynllyd i'r dwys (tudalen 1). Mae'n lliwio geiriau'n effeithiol (e.e. 'a laddwyd,' 'am y dŵr, am afon' (tudalen 5). Teimlaf ei fod wedi colli ei weledigaeth braidd o dudalen 6 ymlaen – rhyw ddrifftio 'mlaen a wna o hyn i'r diwedd, gan ymddangos fel pe bai'n gorymdrechu i osgoi bod yn draddodiadol.

Amser a Ddengys: 'Ehed Amser'. Hwn yw fy ffefryn o bell ffordd ac er bod yr idiom yn hollol gyfoes, mae'n ateb gofynion y gystadleuaeth i'r dim – yn 'deniadol' ac yn 'addas i gyngerdd safonol'.

Pan eisteddais i ddarllen yr wyth ymgais yn fy mhen, hwn oedd yr unig un a wnaeth argraff ddofn arnaf. Yna sylweddolais fod tâp o'r gerddoriaeth ar gael ac wedi gwrando arno cadarnhawyd fy marn wreiddiol.

Mae o'n gafael o'r bar cyntaf ac yn ein cludo ar adenydd chwim amser gan ein gadael bron allan o wynt erbyn y diweddglo cyffrous. Mae yma ddefnydd diddorol o'r Raddfa Bentatonig yn rhagarweiniad y piano, a'r mudiant cyferbyniol a'r newidiadau yn yr arwydd amser rywsut yn cyfleu diffyg amynedd amser. Mae'r rhythmau bachog, swta (top tudalen 2, a thud. 12-13) hefyd yn cyfleu'r un peth. Mae sŵn tician y cloc gyda'r tafodau (tudalen 4) yn syniad gwych ac mae cyfuno hwn efo'r 'tic toc' undonog, yn ogystal â chydag alaw fwy esmwyth y sopranos yn gweithio'n rhagorol. Rydw i'n hoffi hefyd y cyfuniad o syniadau rhythmig (tudalen 5, 6 ac yn y blaen) – mae'r panig yn glir yma! Mae ffiwgato'n ein harwain tuag at y *finale*. Mae hon wedi ei saernïo'n hynod grefftus ac mae'r ebychiadau byr ar y piano yn ychwanegu at y cyffro a'r teimlad nad oes gennym reolaeth ar rediad amser. Mae'r diwedd, pan ddaw, yn digwydd yn ddisymwth – onid dyna ein hanes ni i gyd? Byddwn wrth fy modd yn cael bod yn aelod o gôr yn perfformio'r darn yma! Mae *Amser a Ddengys* yn llawn deilyngu'r Tlws.

IEUENCTID

Cystadleuaeth i ddisgyblion ysgolion uwchradd a cholegau trydyddol 14-18 oed

Ffolio o waith amrywiol i fod tua 5 munud. Dylid ei gyflwyno ar dâp a/neu sgôr

---

BEIRNIADAETH DAFYDD LLOYD JONES

Roeddwn yn siomedig mai tri chystadleuydd yn unig a gafwyd ac yn synnu o ystyried fod cynifer o gyfansoddiadau safonol iawn yn cael eu creu gan ymgeiswyr arholiadau TGAU a Safon Uwch yn flynyddol. Fodd bynnag, cafwyd yma amrediad eang o weithiau'n amrywio o symudiadau byrion elfennol eu harddull i un offeryn i symudiad helaeth i gôr a cherddorfa gan gyfansoddwr addawol ac aeddfed ei dechneg.

Gilo ap John: Nodwedd gryfaf y ddeuawd 'Breuddwydio' yw'r ymgais i greu dialog bur effeithiol rhwng y feiolin a'r delyn. Mae alaw'r feiolin yn syml ac ailadroddus gydag ychydig o ddatblygiad a chyfyng yw'r deunydd harmonig. Mae 'Gwlad y Gân' yn symudiad byr i'r piano wedi'i sylfaenu ar 'Ar hyd y Nos' a 'Rhyfelgyrch Gwŷr Harlech'. Er bod rhythmau'r alawon wedi'u newid, prin yw'r ymgais i amrywio a datblygu unrhyw elfen arall megis motifau alawol a'r harmoni. Ceir yn 'Gwawr' ymgais i greu symudiad byr a synhwyrus i'r piano. Symuda'r alaw o'r llaw chwith i'r dde gyda'r un patrwm cyfeiliant syml. Cyfyng iawn yw'r dilyniannau harmonig gan ailadrodd nifer fechan o gordiau. Gan mai am ffolio o gyfansoddiadau y gofynnir, disgwyliwn fwy o amrywiaeth o *genres* i gynnwys yr offerynnol a'r lleisiol. Mae'r gallu gan yr ymgeisydd i greu syniadau melodig, rhythmig a harmonig. Bydded iddo astudio dulliau cyfansoddwyr o ymestyn, o amrywio ac o ddatblygu.

Tatws: Ceir amrywiaeth ddiddorol o gyfansoddiadau yn y ffolio hon. Mae ei sonata i'r tiwba a'r piano'n un symudiad hirfaith gyda thema agoriadol drawiadol, sy'n anffodus yn cael ei hailadrodd yn ormodol gan y ddau offeryn, yn hytrach na'i hamrywio a'i hymestyn yn ddiddorol. Braidd yn adrannol a digyswllt yw'r symudiad gyda rhai dilyniannau cordiol annaturiol. Tra'n cyfansoddi'n addas i'r tiwba, nid yw rhannau'r piano mor effeithiol ac amrywiol; gwylied yn arbennig rhag i gordiau'r llaw chwith fod yn rhy drwchus. Tasg bur anodd yw cyfansoddi cymalau cymen a naturiol i SATB yn erbyn alaw sydd eisoes wedi'i harmoneiddio. Dyna dasg yr ymgeisydd wrth greu gosodiad cerdd dant pedwar llais o 'Tân Llywelyn' i alaw 'Gelliwig' – Gilmor Griffiths. Fe ychwanega rai cymalau byrion i'r ffliwt, y feiolin, y cornet, y trombôn a'r tiwba yn achlysurol i amrywio'r sain. Cyfansoddodd linellau soprano effeithiol ond nid yw'r rhannau lleisiol ac offerynnol eraill lawn mor felodig naturiol gyda rhai neidiadau ymwthiol. Mae'r trefniant o *Don't Stop Me Now (Queen)* i fand pres yn arddangos dawn yr ymgeisydd i rannu'r cymalau melodig a'r cyfeiliannau'n effeithiol gan greu gweawdau offerynnol cytbwys. Hoffwn fodd bynnag pe bai wedi arddangos mwy o greadigrwydd cerddorol, e.e. drwy ymestyn a datblygu rhai o elfennau'r gân wreiddiol.

Ynnail: Dyma weithiau sylweddol gan un sy'n llwyddo i amgyffred y perfformiadau byw terfynol. Mae'r sgorau'n fanwl iawn eu cyfarwyddiadau yn awgrymu fod techneg cyfansoddi'r cystadleuydd yn deillio'n uniongyrchol o brofiadau gwrando helaeth, o berfformio ac o ddadansoddi deallus. Gwerthfawrogais y nodiadau dadansoddol a'r sylwadau sy'n olrhain y dylanwadau a sbardunodd y ddau gyfansoddiad.

Cytgan i gôr STB a cherddorfa i eiriau'r *Lacrymosa* yw'r cyfansoddiad cyntaf. Mae'r prif gymal yn donyddol eglur yn arwain i gymalau cromatig mwy ansicr ac amwys eu saernïaeth harmonig yn arbennig o far 42-50 (a 133-140). Ceir dwy adran wthgyferbyniol bur effeithiol – y gyntaf yn gyfuniad lliwgar o synau lleisiol ac offerynnol a'r ail yn gymalau lleisiol anghytgordiol digyfeiliant. Hoffaf yr amrywiaeth o weawdau lleisiol cordiol a gwrthbwyntiol a cheir rhannau offerynnol sydd weithiau'n gynhaliaeth a hefyd yn ychwanegiadau lliwgar at y cymalau lleisiol. Prif wendid y gwaith yw ei ddiffyg unoliaeth arddull rhwng yr adrannau tonyddol a'r cymalau annisgwyl cromatig.

Mae'r ail gyfanwaith – 'Preliwd a Myfyrdod' i driawd llinynnol yn gryn sicrach ac unol ei arddull gyda'r ddau symudiad yn dynn eu saernïaeth a'u prif themâu'n datblygu a thyfu'n gelfydd. Cawn ein hatgoffa am gyfyngau thema agoriadol y 'Preliwd' drwy gydol y symudiad – weithiau'n felodig a thro arall yn harmonig gydag amrywiaeth fywiog o acenion a rhythmau, o effeithiau technegol, dynameg a *timbre.* Yn yr un modd cysylltir dwy thema wrthgyferbyniol yn yr ail symudiad – 'Myfyrdod'; un yn onglog ei chyfyngau a'r ail yn llyfnach ac esmwythach yn symud bob yn gam. Mae'n symudiad synhwyrus a heddychlon yn ddiddorol ei wead. Mae'r ddau symudiad yn gyforiog o amrywiaethau dynameg a chynanu yn arddangos dirnadaeth aeddfed yr ymgeisydd o'r cyfrwng. Hoffwn yn fawr gael clywed perfformiad o'r gwaith.

Dyfarnaf y wobr gyntaf o £100 i *Ynnail* gydag ail wobr o £70 i *Tatws* a thrydedd wobr o £30 *Gilo ap John,* gan annog y tri i barhau i ddatblygu eu crefft.

Cystadleuaeth i rai dan 30 oed

Cyfansoddi Cân. Gellir defnyddio unrhyw gyfrwng, e.e. roc, rege, jyngl, gwerin. Rhaid i'r geiriau a'r gerddoriaeth fod yn wreiddiol a dylid cyflwyno'r cyfeiliant a'r alaw ar dâp (ynghyd â chopi o'r geiriau) neu ar gyfrifiadur (ar ffeil MIDI) neu'n ysgrifenedig. Caniateir cywaith

---

BEIRNIADAETH LOWRI MORGAN

Sampan: 'Rhyngom ni' yw enw ei gân ef. Mae'n gân wreiddiol iawn. Er ei bod yn alaw eithaf technegol i rywun ei chanu, mae'n aros yn y meddwl. Wedi dweud hynny, efallai y gallai'r cystadleuydd fod wedi ychwanegu mwy o gorff at ysgerbwd y gân, e.e. trwy ychwanegu adran linynnol i'r harmoni. Mae'r geiriau yn gweddu i'r gerddoriaeth, ond ar brydiau teimlaf fod yma ddefnydd diangen o stacato.

Cydia yn fy Llaw: Teimlaf fod cân *Cydia yn fy Llaw* yn gyflawn iawn. Mae'r harmonïau yn ogystal â'r defnydd o offerynnau yn gweddu'n berffaith. Dw i'n hoff iawn o ddefnydd y piano, effeithiol iawn, mae'n ysgafnhau'r gân hyd yn oed yn fwy ac yn ychwanegu at y gwreiddioldeb.

Cân i godi calon ac ysbryd yw hon, ac mae'r alaw yn sefyll yn y cof – sy'n arwydd o dôn dda! Wedi dweud hynny, teimlwn na ddatblygodd y gân ddigon. Efallai bod angen i'r gân newid cywair cyn ei diwedd, er mwyn rhoi diweddglo pendant a mwy cyffrous iddi. Er bod elfennau gwreiddiol yn y gân, mae teimlad cyfarwydd iawn iddi.

Ar sail gwreiddioldeb ei gân teimlaf bod *Sampan* yn haeddu £150 o'r wobr a rhoddaf £50 i *Cydia yn fy llaw.*

ADRAN DAWNS

CYFANSODDI

Cyfansoddi dawns sy'n addas i'w dawnsio mewn gorymdaith

BEIRNIADAETH OWEN HUW ROBERTS

Un o hanfodion dawns sy'n addas i'w dawnsio mewn gorymdaith yw bod digon o symud ynddi, a'r symud hwnnw'n bennaf tuag ymlaen. Rhaid cadw mewn cof hefyd mai dim ond cipolwg a gaiff y gynulleidfa ar bob tîm wrth i'r dawnswyr deithio heibio. Prin iawn yw dawnsfeydd fel hyn yng Nghymru a rhaid llongyfarch y Pwyllgor Dawns lleol am weld angen a cheisio'i ddileu. Gyda chymaint o bartïon o Gymru'n teithio i wyliau dawnsio ar y Cyfandir yn flynyddol, a'r 'Grand March' yn rhan annatod o'r gwyliau hynny, byddai cael dewis o ddawnsfeydd yn gaffaeliad mawr iddynt. Da felly oedd derbyn 8 o gyfansoddiadau.

Millie: Er mai 'Gorymdaith y mileniwm' y geilw *Millie* ei dawns, nid gorymdaith mohoni mewn gwirionedd ond dawns i'w pherfformio yn yr unfan, yn hytrach nag wrth symud ymlaen fel y disgwylid mewn gorymdaith. Dawns i unedau o ddau gwpl sy'n sefyll ochr yn ochr mewn llinell ydyw ac i'w dawnsio i gerddoriaeth rîl 32 far. Rhannwyd y ddawns yn ddwy ran – y naill gyda ffigurau crynion megis tro llaw a thro sengl ynddi a'r llall wedi ei seilio ar linellau syth. Symudiadau syml sydd yma ond maent i gyd yn llifo'n rhwydd i'w gilydd ac mae ynddi ddigon o amrywiaeth. Roedd y clapio yn dod â sŵn i mewn i'r perfformiad hefyd. Nid yw'r termau a ddefnyddir yn gyson bob amser a sonnir am 'droi unigolyn' ddwywaith a 'throi sengl' dro arall – onid yr un peth a olygir gan y ddau? Hoffais yr awgrym y gellid dawnsio'r ddawns hon i gyfeiliant alaw werin fel bod modd canu a dawnsio yn yr orymdaith – dyma'r unig gystadleuydd i gyfeirio at hynny.

Gwen: Rîl 32 far a ddewisodd *Gwen* i'w dawns 'Gorymdaith y Cymru' [*sic*], a nodwyd yn fanwl sawl bar oedd i bob symudiad. Uned hir ddeubar yw'r ffurf. Dawns dwmpath hwyliog a derbyniol iawn sydd yma gyda nifer o'r ffigurau traddodiadol arferol wedi eu trefnu i ddilyn yn rhwydd o'r naill un i'r llall. Er iddi sôn am 'Gadwyn o bedwar' yn B3, a hynny heb fod yn hollol gywir, a chyfeirio at 'droi unigolyn' ar ddechrau'r ail ran, mae'n amlwg fod *Gwen* yn gyfarwydd â thermau dawnsio gwerin ac mae ei chyfarwyddiadau yn glir bob tro.

Bob: Dawns i 'unedau o bedwar mewn llinell' yw 'Gorymdaith Elli' ac mae wedi ei chyflwyno'n lân a destlus. Rîl 32 far yw'r gerddoriaeth. Patrymau syml a byrion sydd yma a'r rheini wedi eu sylfaenu ar gylchoedd a hanner cylchoedd (e.e. ochri). Hoffais adeiladwaith y ddawns gyda'r patrwm yn amrywio o ddau ddeuawd i un pedwarawd wrth i'r cymheiriaid ochri â'i gilydd ac yna blethu'n llinell o bedwar, clapio dwylo'n ddeuoedd a phlethu eilwaith. Ond dawns unfan yw hon hefyd mewn gwirionedd, er bod modd teithio ymlaen ryw gymaint yn ystod y plethu. Mae cryn debygrwydd rhwng dawnsfeydd *Millie, Gwen* a *Bob* ac ni synnwn pe baent yn gynnyrch yr un person.

Peanuts: 'Dawns i luosrif o ddau gwpl mewn llinell hir' yw 'Sosban Fach', a chymer *Peanuts* yn ganiatäol y caiff ei gyfarwyddiadau eu dehongli gan ddawnswyr profiadol gan nad oes help yma o gwbl i'r dibrofiad. Fe ddylid bod wedi nodi'r fframwaith yn llawer manylach, ond yr hyn a gawn yw rhestr foel o'r ffigurau arferol megis cyfarch, cylch, seren a throelli – a'r cyfan i'w dawnsio i gerddoriaeth *'march'*. Ni nodir pa mor hir yw'r alaw na sawl bar o gerddoriaeth sydd i wneud yr un symudiad. Roedd ansicrwydd beth yn hollol a olygid weithiau hefyd, gan nad oedd y cyfarwyddiadau yn ddigon manwl. Er enghraifft, braidd yn benagored yw dweud 'Cylch o bedwarawdau', yn enwedig pan na nodir faint o gerddoriaeth sydd i'r symudiad. Ai unwaith o amgylch a olygir? I'r chwith ynteu i'r dde? Yn dilyn hyn, cawn 'Gyfarch ymlaen ac yn ôl'. Ond cyfarch pwy? Y cymar, ynteu i'r canol? Y rhannau gorau o'r ddawns yw'r seren a'r newid lle – ond mae angen llawer mwy o waith ar y ddawns hon cyn ei hanfon i gystadleuaeth. Mae'r gwaith yn anorffenedig fel ag y mae ar y pryd.

Gwenblod: Mae llawer o rinweddau yn perthyn i 'Ymdaith Elli'. Dawns i gerddoriaeth *'march'* ar gyfer 'unrhyw luosrif o dri chwpl' ydyw. Mae llawer o feddwl wedi mynd i'r ddawns hon ac mae iddi gynllun pendant. Rhannwyd y ddawns yn dair adran gyda'r un rhagarweiniad i bob rhan, ac yno mae'r symud tuag ymlaen. Dylid ailedrych ar rai o'r cyfarwyddiadau fodd bynnag, e.e. y bleth i dri yn y rhan gyntaf lle mae 'M1 yn dawnsio ysgwydd dde heibio i B1 ac yn gwneud pleth i dri gydag M2'. Nid dyma'r ffordd arferol i ddawnsio'r patrwm hwn, felly roedd angen cyfarwyddiadau manylach. Anodd dehongli 'Merched yn gwneud seren llaw dde yn cydio llaw dde ei gymar' yn yr ail ran hefyd – ac nid oedd y treiglad yn ddim help! Os mai Merched yn gwneud seren llaw dde gyda'r Dynion yn gafael yn llaw chwith eu cymar a olygir, yna gallaf weld y patrwm yn un eithaf deniadol, a buasai'n llawer haws symud i'r cylch mawr yn y ffigur nesaf. Gwyliwch yr amseru gyda'r sêr yn y drydedd ran hefyd – mae gofyn llenwi'r gerddoriaeth rywsut ar ôl y drydedd hanner-seren – ond dylai'r patrwm yma lifo'n rhwydd a chodi'r ddawns i uchafbwynt. Rwy'n hoffi'r ddawns hon, ond nid yw *Gwenblod* wedi nodi sawl bar sydd i'r alaw na sawl bar sydd i'r un symudiad, felly mae'r ddawns fel y derbyniwyd hi'n anorffenedig. Mae'n werth ei thacluso a'i golygu, ond gwaith y cystadleuydd yw hynny.

Bob yn dri: 'Teithddawns Triawdau Llanelli'. Cyflwynodd *Bob yn dri* ddawns unfan bedwar triawd i'w dawnsio i gyfeiliant jig 24 far ac ychwanegodd ati ddawns deithio i symud i'r safle dawnsio nesaf. Mae'r ddawns unfan yn fywiog gyda digon o symud ynddi ac wedi ei chynllunio'n gelfydd fel bod digon o amrywiaeth yn y patrymau. Weithiau bydd y ffigurau ar gyfer un uned hir o driawdau, dro arall unawdau llai o ddau driawd fydd yn cydweithio, a cheir adlais o 'Hen

Lanofer' a 'Dawns Harlech' yn y patrymau. Y ffigurau arferol a ddefnyddir – pontydd, seren, breichio, cylch a phlethu – ac awgrymir bod y dynion yn stepio hefyd mewn un man. Yn sicr, byddai hon yn ddawns hwyliog i'w dawnsio ac yn un ddiddorol i'w gwylio hefyd er ei bod braidd yn faith. Nid yw gorffen gyda'r plethu yn ei chodi i unrhyw uchafbwynt ychwaith nac yn ddiweddglo pendant. Siomedig o syml yw'r ddawns deithio a ychwanegwyd ar y diwedd – a theithio a ddylai fod wedi cael y flaenoriaeth yn y gystadleuaeth hon.

Dawnsiau yn nhraddodiad 'Rali Twm Siôn' a'r 'Cadi Ha' yw'r ddwy ddawns sydd ar ôl a chyflwynodd *O heol i heol* a *Cwt 'i grys e mas* ddwy ddawns sydd yn orymdeithiau ynddynt eu hunain bron.

O heol i heol: Rhannwyd 'Ymdeithddawns Llanelli' gan *O heol i heol* yn bedair dawns unfan a phedair dawns deithio a'r cyfan i'w dawnsio gan chwe chwpl. Dengys ôl meddwl a chynllunio hynod o ofalus a dywed nodyn ar y diwedd y 'gellir cwtogi'r ddawns drwy adael allan unrhyw un neu fwy o'r 4 rhan'. Y rhan orau gen i yw'r bedwaredd ran oherwydd ei newydd-deb, ond mae'r ddawns i gyd yn un bwrlwm o symud, a'r patrymau yn newid yn gyson – weithiau ar draws yr uned, dro arall ar ei hyd. Buasai cynulleidfa wrth ei bodd yn ei gwylio, ond golyga lawer o waith cofio i'r dawnswyr! Roedd yr adrannau teithio mewn gwrthgyferbyniad i hyn – pob un yn wahanol, ond yn dawelach a symlach, a'r symud tuag ymlaen bob tro. Cyflwynodd *O heol i heol* ei waith yn ddwyieithog, er nad oedd gofyn am hynny, a dangosodd fel y gellid addasu'r ddawns ar gyfer y llwyfan hefyd drwy newid rhai o'r symudiadau yn y rhannau teithio. Nid adawodd y cystadleuydd hwn ddim i siawns – mae'r cyfarwyddiadau i gyd yn glir ac yn llawn, ac ychwanegodd nifer o ddiagramâu fel nad oedd amheuaeth beth a olygai.

Cwt 'i grys e mas: Mae'n amlwg fod *Cwt 'i grys e mas* yn gyfarwydd iawn â thermau a ffigurau dawnsio gwerin ac mae'r cyfarwyddiadau i 'Dawns ar daith' yn fanwl ac yn eglur, a'r ddawns wedi ei chynllunio'n ddeheuig gyda llawer o ddyfeisgarwch a gwreiddioldeb yn rhai o'r patrymau. Mae ynddi ddigon o symud, a chyfarwyddyd ar sut i greu synau rhythmig drwy daro'r troed ar y llawr a churo dwylo. Nodwyd y ddawns yn ofalus ac mae'r datblygiad ynddi yn grefftus a phendant. Dawns ar gyfer unedau o bedwar cwpl ydyw ac fe'i rhannwyd hithau'n dair dawns unfan a thair dawns deithio – a'r rhannau teithio yn aml fel adlais o'r hyn a ddigwyddodd yn y ddawns unfan o'u blaen. Fel *O heol i heol* awgryma'r awdur y 'gellir defnyddio dim ond un adran yn unig os mynnir'. Yr ail ddawns deithio yw'r orau gen i, oherwydd ei bod yn llifo'n hyfryd a'r symud tuag ymlaen, ond hoffais hefyd yr amrywiaethau diddorol yn y drydedd ddawns unfan.

Cynhaeaf cymysg oedd hi, felly, ac roedd beirniadu'n anodd. Gwelwn rinweddau ymhob un o'r dawnsfeydd a gallwn ddeall hefyd pam roedd cymaint o amrywiaeth ynddynt – roedd peth amwysedd yng ngeiriad y testun! Yn ffodus i mi, fodd bynnag, safai dau gystadleuydd ymhell ar y blaen o safbwynt y dawnsfeydd teithiol a'r rhai unfan. Roedd cryn debygrwydd rhwng cynnyrch y ddau hefyd, a hollti blew fyddai ceisio gwahaniaethu rhyngddynt. Rhanner y wobr yn gyfartal felly rhwng *O heol i heol* a *Cwt 'i grys e mas.*

ADRAN DRAMA

CYFANSODDI

Drama hir o leiaf awr a hanner o hyd

BEIRNIADAETH SIWAN JONES, WILLIAM R. LEWIS A SHARON MORGAN

Siom i'r tri ohonom oedd sylweddoli mai un yn unig a fentrodd gystadlu a hynny er gwaethaf yr arian hael a gynigid fel gwobr. Nid dyma'r lle i geisio dyfalu pam y bu'r ymateb mor siomedig; rhywbeth i'r pwyllgor drama lleol a phanel drama'r Eisteddfod i'w ystyried yn ddwys ar ôl yr ŵyl yw hynny.

Dyma sylwadau ar waith yr unig gystadleuydd. Fel beirniaid, hoffem ddiolch iddo ef neu hi am gystadlu.

Y Barbeciw: 'Gwanwyn Pêr'. Mae i unrhyw achlysur neu ddigwyddiad sy'n dod â nifer o unigolion at ei gilydd bosibiliadau theatraidd. Defnyddiodd sawl dramodydd modern sefyllfa o'r fath yn sail i ddrama. Drama am un digwyddiad sy'n tynnu pobl at ei gilydd yw drama enwog Anton Tshechof, *Y Gelli Geirios*: dychwel aelodau teulu arbennig yn ôl i'w hen gartref ar achlysur tyngedfennol yn ei hanes. Mae'r lle hwn ynghyd â'r gelli geirios enwog ar fin cael eu gwerthu. Ymateb y cymeriadau i'r digwyddiad hwn yw hanfod y ddrama.

Gan amlaf mewn dramâu o'r fath, y mae'r pwyslais ar berthynas cymeriadau â'i gilydd yn hytrach nag ar rediad plot. O'r herwydd, y mae gofyn i'r dramodydd greu cymeriadau sy'n gymhleth yn seicolegol a chyflëir y cymhlethdod hwn drwy gyfrwng golygfeydd celfydd eu hadeiladwaith. Yn bwysicaf oll, mae'n rhaid wrth gyfarwyddo ac actio dychmygus i gyflwyno hyn oll. Fel y gŵyr y cyfarwydd y mae dramâu o'r fath yn anodd i'w cyfansoddi a'u perfformio.

O ddarllen y cyfarwyddiadau llwyfan manwl ar ddechrau'r act gyntaf yr oeddem yn edrych ymlaen at ddarllen drama soffistigedig ei thema a chyfoes ei naws. Mae'r prif gymeriadau'n bur soffistigedig eu cefndir: penseiri yw Mari, Gwyn ac Emyr; actwari yw Amanda. Fel y deuent o un i un ar y llwyfan teimlem y gallai rhywbeth o wirioneddol bwys ddigwydd iddynt maes o law ac y byddent ar ddiwedd y ddrama wedi dysgu rhywbeth amdanynt eu hunain.

Cawsom siom eilwaith. Ym myd yr opera sebon yr ydym yn hytrach nag ym myd y ddrama lwyfan. Ni yw'r cymhlethdod seicolegol y soniwyd amdano gynnau, yma: mae popeth yn digwydd ar un lefel yn unig. Ni theimlai'r un ohonom fod y berthynas rhwng Mari a Gwyn yn ddigon diddorol i fynnu sylw cynulleidfa. Erbyn diwedd y drydedd act try'r ddrama yn ei hunfan. Gwan iawn yw'r diweddglo hefyd: mae'n gwbl annisgwyl a melodramatig. Y broblem sylfaenol yw fod y ddrama'n rhy fyr: rhyw gwta awr, os hynny, ydyw. Mewn gwirionedd, nid yw'n ateb gofynion sylfaenol y gystadleuaeth. Oherwydd ei byrder ni chafwyd cyfle i ddatblygu'r cymeriadau mewn gwir ddyfnder: prin eu hadnabod ydym.

Teimlai'r tri ohonom fod ganddo ef neu hi ddawn i lunio dialog fywiog: mae'n darllen yn hynod rwydd. Ond mae angen mwy na'r ddawn hon i lunio drama afaelgar. Mae angen dyfnder a hynny sydd ar goll yn y ddrama hon. Ymgais sydd yma i ddarlunio cornel o fywyd ond ni cheisiwyd gwneud hyn o fewn fframwaith unrhyw syniad holl-lywodraethol, boed hwnnw'n syniad gwleidyddol, crefyddol neu athronyddol. Gwaetha'r modd, nid oes ganddo ddim o dragwyddol bwys i'w ddweud wrthym. Diau y byddai rhai yng Nghymru yn dadlau nad oes angen hyn mewn drama. Os felly, rhad ar y ddrama a'r theatr Gymraeg. Yn y gorffennol mae beirniaid wedi gwobrwyo dramodydd ar yr amod ei fod yn diwygio'i ddrama dan oruchwyliaeth cyfarwyddwr profiadol cyn ei llwyfannu. Pe byddem yn gwneud hyn yn yr achos hwn byddai gofyn i'r dramodydd ailysgrifennu rhannau helaeth iawn ohoni yn ogystal ag ychwanegu golygfeydd ati. Mae mwy o wendidau iddi na rhagoriaethau. O'r herwydd, yr oedd y tri ohonom yn gytûn na ddylid ei gwobrwyo. Gyda gofid yr ydym yn atal y wobr yn y gystadleuaeth bwysig hon eleni.

Drama fer rhwng 30 a 40 munud

BEIRNIADAETH SIWAN JONES, WILLIAM R. LEWIS A SHARON MORGAN

Cafwyd naw sgript yn y gystadleuaeth hon eleni. Naw person a fentrodd ysgrifennu drama a phawb, ond un efallai, â rhywbeth i'w ddweud. Rhai'n fwy uchelgeisiol na'i gilydd, yn trafod pynciau mawr gwleidyddol ac eraill yn sylwebu ar y natur ddynol yn ddigon craff a chrafog. Roedd derbyn naw sgript a phob un mor amrywiol o ran themâu ac arddull yn deimlad cyffrous. Ond roedd gallu y cystadleuwyr i strwythuro, llunio dialog a chymeriadu yn amrywio'n ddirfawr o fewn y gystadleuaeth. Oherwydd anallu nifer o awduron i ddefnyddio iaith seml, uniongyrchol a dialog rwydd ac ystwyth, roedd rhyw naws hen-ffasiwn yn perthyn i'r cyfansoddiadau yn gyffredinol. Rydym wedi rhannu'r sgriptiau i ddau ddosbarth. Yn yr ail ddosbarth rydym yn gosod y canlynol:

Cwm Hyfryd: Mae cynsail y sgript yn un diddorol ac addawol. Athro yn ceisio am swydd nôl yng Nghymru ac ymateb gweddill y teulu i'r posibilrwydd hwn o ddychwelyd i'r 'hen ffordd Gymreig o fyw'. Yn anffodus mae nifer o'r golyg-feydd yn y sgript yn anghredadwy ac yn anodd iawn eu llwyfannu'n effeithiol. Mae'r ddialog yn glogyrnaidd ac annaturiol ac mae'r driniaeth o'r berthynas rhwng y gŵr a'r wraig yn chwerthinllyd o arwynebol ac amrwd. Mae'r sgript hon, sy wedi ymddangos yn y gystadleuaeth hon o'r blaen, yn enghraifft o rywun wedi cael gafael ar bwnc addas ond heb y gallu o ran crefft na syniad-aeth i'w ddatblygu.

Drama Fawr Steddfod Dyffryn Conwy: Mae'r prif gymeriad yn y ddrama hon yn chwilio am destun i'w 'ddrama fawr'. Ond yn hytrach na datblygu'r syniad hwn, e.e. darlunio'r broses greadigol, boenus, rwystredig honno o ysgrifennu drama, mae'r awdur yn ymdrin â'r sefyllfa yn gwbwl arwynebol, gan wneud i rywun amau nad oes gan y cystadleuydd hwn yn y bôn ddim byd gwirioneddol o bwys i'w ddweud. Er bod tro bach ar ddiwedd y sgript, y wraig yn ysgrifennu'r ddrama yn lle'i gŵr, sgets estynedig yw hon yn hytrach na drama. Y drasiedi yw, mae'n amlwg fod gan yr awdur ddawn i ddialogi'n ddigon ystwyth. Byddai'n braf gweld 'Dafydd gŵr Siwsan' yn ysgrifennu drama go iawn ryw ddiwrnod petai e'n gallu meddwl am bwnc addas!

Ger Y Dyfroedd Llonydd: Mrs Prydderch yn galw'i dau nai a'u gwragedd a'r ficer ynghyd i drafod pwy sy am gael ei harian. Mae ymgais yn y ddrama hon i greu naws stori dosbarth uwch à la Agatha Christie 'Who dunnit?' ac mae'r iaith wedi'i theilwrio'n arbennig ar gyfer hynny. Yn anffodus o safbwynt y plot mae nifer o gwestiynau ar y diwedd heb eu ateb ac mae aneglurder yn y stori. Mae cyfle hefyd wedi'i golli ar ddiwedd y ddrama i greu gwrthdaro mwy dramatig rhwng y cymeriadau a phawb yn pwyntio bys.

Ennill nid Colli: Mae'r ddrama hon yn llawn potensial ac yn uchelgeisiol iawn o ran syniad, sef hanes teulu glofaol ar ddiwedd y 70au. Tair stori sy yma mewn gwirionedd; stori Emlyn y mab yn mynd i ogledd Lloegr i chwarae Rygbi'r Cynghrair am resymau ariannol; stori Llew yn herio'i dad trwy wrthod dilyn cyfarwyddiadau'r Undeb yn Llundain i gau'r pwll a mynd ar streic heb ddarpariaeth diogelwch; a stori Miriam y ferch yn dychwelyd adre o'r coleg yn feichiog wedi carwriaeth gyda Sais. Mae pob un yn ddeunydd stori dda a byddai plethu'r storïau yma at ei gilydd wedi creu strwythur mwy diddorol a naturiol yn hytrach na thrin y tair ar wahân. Braidd yn ystrydebol yw'r cymeriadu a'r ffordd mae'r awdur yn delio â'r storïau. Ac er bod enghreifftiau hyfryd o dafodiaith yn y sgript, mae'r ddialog yn anystwyth ac yn cadw at y gystrawen ffurfiol sy'n rhwystro llif y geiriau. Y gamp yn y math yma o ddrama wleidyddol hefyd yw ceisio osgoi bod yn bregethwrol ac ystrydebol o ddu a gwyn. Serch hynny mae gan yr awdur hwn weledigaeth a rhywbeth i'w ddweud sy'n gam i'r cyfeiriad iawn.

Nhw Drws Nesa: Rhyw ddrama gothig 'waedlyd', 'chwydlyd' iawn yw hon. Hanes tri theulu gwahanol yn byw drws nesa i'w gilydd mewn rhes o dai teras yw'r fformat a allai fod yn weledol ddifyr. Yn anffodus, mae eiliadau ynddi sy ddim yn gwneud unrhyw fath o synnwyr (y plant yn dod allan o'r tŷ canol yn waed i gyd er nad oes neb wedi cael drwg) ac eiliadau di-chwaeth hefyd (clymu'r fam â rhaff a'i chwistrellu â dŵr yn ogystal â chwydu dros y begonias). Fel ag y mae hi, 'dyw'r ymgais at greu hiwmor du ar ddiwedd y ddrama ddim yn gweithio ac er bod y monologau sy yn y sgript yn llifo'n dda, mae angen i'r awdur ddysgu dialogi rhwng cymeriadau yr un mor ystwyth. Hwyrach i'r awdur geisio bod yn rhy uchelgeisiol. O ganoli thema'r ddrama a sylw'r cymeriadau a'r gynulleidfa ar y teulu canolog (y tad gwallgof crefyddol sy'n taro'i wraig) ac o drin y pwnc yn ofalus a sensitif gan ffrwyno ychydig ar y dychymyg, mae'n siŵr fod yma ddeunydd drama dda a darn cyffrous o theatr.

Yn y dosbarth cyntaf mae'r pedair drama hon:

Dawnsio'r Riwplesh Diwsha: Drama swrreal yw hon sy'n delio â'r byd celfyddydol ac yn dychanu gwahanol agweddau o fewn y byd hwnnw. Mae'r awdur yn dialogi'n rhwydd ac yn newid o un arddull i'r llall yn hyderus gan ddefnyddio ieithwedd arbennig i bob cymeriad. Mae e'n llwyddo i gyflwyno ôl-stori a ffeithiau mewn ffordd ddifyr a naturiol. Mae'r cymeriadu'n lliwgar o haniaethol ac mae'r strwythur yn grefftus gyda'r stori a'r cymeriadau yn datblygu ac yn newid erbyn y diwedd. Dylai neges waelodol y ddrama fod yn gliriach ond o'i pherfformio mewn arddull arbennig, fe allai hon fod yn ddrama ddigon adloniadol.

Gloria: Mae'r ddrama hon yn ceisio trafod pwnc cyfoes iawn, sef ethol arweinydd newydd i'r Cynulliad – menyw, y Gloria yn y teitl, ac yn ymdrin â'r gwrthdaro rhwng y personol â'r cyhoeddus. Mae'n delio â pherthynas Gloria gyda'i darpar-ŵr a'i berthynas e gyda Tony sy'n hoyw ac mae Val, gwas neu'n hytrach forwyn sifil yno i ddelio â phawb. Mae'r cymeriadu'n dda ac mae'r stori wedi'i strwythuro'n grefftus mewn dwy act er bod y diweddglo braidd yn rhy felo-ddramatig. Bwriad yr awdur oedd creu 'comedi hynod henffasiwn Gymreig' fel y mae'n nodi ar ddechrau'r sgript. Yn anffodus, oherwydd hynny mae'r awdur wedi dewis defnyddio iaith orlenyddol, hunanymwybodol 'henffasiwn' sydd mewn gwirionedd yn llesteirio'r ddrama. Arddull a fyddai'n ei gwneud hi'n waith llafurus iawn i unrhyw un berfformio'r sgript ac yn llafurus i'r gynulleidfa ei gwylio hi. O ysgrifennu dialog naturiol fel gwrthgyferbyniad i werthoedd arwrol y prif gymeriad a'r sefyllfa ddramatig, fe fyddai'r gomedi wedi gweithio'n well. Yn y bôn mae'r ddrama hon yn delio â sefyllfa gyfoes a pherthnasol iawn a byddai iaith seml, uniongyrchol wedi rhoi'r cyfle i'r awdur ddangos gwir deimladau ac emosiwn y cymeriadau heb golli doniolwch y sefyllfa.

Dominô: Drama ar gyfer cwmni o ferched yw hon. Mae'r plot yn syml. Pedair gwraig weddw yn dod at ei gilydd i ymarfer eu doniau chwarae dominos ar gyfer cystadleuaeth a drefnir gan Ferched y Wawr. Yn ystod hyn, down i ddeall bod y pedair yn mwynhau rhyddid gweddwdod. Boddi a wnaeth gŵr Annie, y prif gymeriad a chyda chryn hiwmor mae'n lladd ar gulni ei diweddar ŵr, John Albert. Mae'r ffôn yn canu. Tybir mai rhyw ddyn sy'n chwarae triciau ag Annie. Pan gân y ffôn eilwaith caiff Annie newyddion syfrdanol a dweud y lleiaf: mae John Albert, ei gŵr, yn fyw! Mae hi'n 'dominô!' ar Annie a'i rhyddid. Cryfder pennaf y ddrama hon yw ei dialog fyrlymus a'i hiwmor gyda chyfeiriadau bachog cyfoes at grefydd a gwleidyddiaeth. Er bod y ddrama wedi'i lleoli mewn ardal arbennig, braf oedd gweld y dramodydd yn annog cwmnïau drama i newid y lleoliad yn ôl eu gofynion ac mae ymgais yma at gymeriadu yn hytrach na chreu teipiau yn unig. Drama yw hon fyddai cwmnïau drama lleol, yn enwedig canghennau o Ferched y Wawr, wrth eu bodd yn ei pherfformio.

Twll o le: Mae'r cyfan yn 'Twll o Le' yn digwydd – a hynny ar ryw lefel swrreal-aidd – mewn sgwâr pentref o'r enw Pen-lan. Ceisir tanlinellu fod Pen-lan yn dwll o le digon ffiaidd gyda baw cŵn ymhob man. Dyhead Jen, Nora, Mrs Preis a Helen yw adfywio'r lle. Un ateb fyddai cael canolfan gymdeithasol. Try'r trafod yn rhyw fath o gyfarfod cyhoeddus. Ymddengys gohebydd; ymddengys gweinidog ac yna blismon, sy'n ceisio tawelu'r holl brotest. Pan ymddengys Arab sy'n dymuno prynu'r pentref er mwyn ei droi'n wersyll gwyliau i'w wragedd caiff gryn groeso ar y cychwyn, ond pan sylweddolir na fydd arno angen gweithwyr lleol gwrthodir ei gynllun. Er mai twll o le ffiaidd yw'r pentref, teimla'r trigolion, er gwaethaf eu cwynion, mai 'ni pia fo'. Teipiau o gymeriadau sy yma; un ar bymtheg i gyd ac mae'r awdur yn eu cyflwyno yn eu tro yn gelfydd iawn. Sefyllfa sy'n cymhlethu yw'r strwythur yn hytrach na phlot yn datblygu. Dyna pam fod y cymeriadau yn cyrraedd nôl i'r lle ddechreuon nhw erbyn diwedd y ddrama. Maent yn aros yn eu hunfan. Os rhywbeth, gwendid y ddrama yw'r ffaith fod popeth yn digwydd ar ormod o fwrlwm. Mae'r ddialog yn fachog a doniol ac yn hollol naturiol ac ystwyth. Yn sicr dyma luniwr dialog gorau'r gystadleuaeth. Byddai cynulleidfa mewn neuadd bentref wrth ei bodd gyda'r cyfeiriadau cyfoes a'r chwarae ar eiriau. Dyma sgript werthfawr arall i gwmni drama lleol.

Rydym fel beirniaid yn credu nad oes drama yn y gystadleuaeth hon eleni sy'n sefyll ben ac ysgwydd uwchlaw y lleill; nad oes dramodydd sydd wedi meistroli pob agwedd ar y grefft o ysgrifennu drama – o safbwynt y stori, themâu, dialogi, cymeriadu, strwythuro. Felly rydym yn dyfarnu £200 yr un i *Twll o le* a *Dominô,* a £50 yr un i *Gloria* a *Dawnsio'r Diwplas Diwsha* gan ddiolch i bawb am gystadlu.

Trosi drama i'r Gymraeg

BEIRNIADAETH NIA CEIDIOG

Mae cyfieithu drama yn andros o gamp gan fod rhaid i'r cyfieithydd wneud penderfyniadau creadigol llawer mwy sylfaenol na phe bai'n cyfieithu darn o ryddiaith, dyweder, neu ddogfen arferol. Rhywle rhwng cyfieithu ac addasu, felly, mae trosi a bûm i'n edrych ar y cydbwysedd yng ngwaith yr awduron a ddaeth i law rhwng bod yn driw i'r gwreiddiol a gwneud i'r ddrama weithio yn y Gymraeg.

Un o'r pethau annheg ynglŷn â'r dasg o drosi unrhyw waith yw bod ffrwyth eich llafur ar ddiwedd y dydd yn gorfod sefyll ochr yn ochr â'r gwreiddiol; mi rydych chi o dan anfantais o'r dechrau, felly. Wedi dweud hynny mae dramâu yn teithio o hyd ac er cymaint yr angen am fwy o theatr wreiddiol yn y Gymraeg mae lle i gyflwyno'r gorau o theatr estron i Gymry Cymraeg yn eu hiaith eu hunain. Nid ar bapur mae mesur llwyddiant hynny ond ar y llwyfan ac o ymateb cynulleidfa. Mae'r troswyr yn y gystadleuaeth hon yn delio â dialog sydd i'w ynganu gan actorion o gig a gwaed ac rŷn ni'r gynulleidfa i fod gredu yn y cymeriadau rŷn ni'n eu gweld ar y llwyfan ac ymgolli yn y tywyllwch yn yr hyn sy'n cael ei ddangos i ni, heb feddwl unwaith mai trosiad o waith estron rŷn ni'n ei weld a'i glywed.

Ymhlith anghenion crefft y troswr felly mae: Cryn grebwyll ynghylch y ffordd mae drama'n gweithio ac yn cael ei llwyfannu; clust dramodydd; gallu i ddadansoddi cymeriad; ac yn bennaf oll, gallu i bontio dau ddiwylliant drwy ddeall yn llwyr beth sydd yn y naill a darganfod lle a sut i'w osod o yn y llall. Felly, nid ar chwarae bach mae rhywun yn mynd ati i drosi drama! Pe baswn i'n wamal, mi faswn i'n dweud y basai'n haws sgwennu drama wreiddiol!

Beth bynnag, mi fûm yn tafoli gwaith tri throswr yn y gystadleuaeth hon. Portread David Hare o bedwar offeiriad yn ceisio deall a dod i dermau â natur eu gofalaeth yn ne Llundain a gafwyd gan *Morbryn* a *Sarn Helen*; '*Pyjama Pour Six*' sydd, fel mae'r teitl yn awgrymu (*Don't Dress For Dinner* yw'r teitl yn Saesneg) yn ffars Ffrengig llawn cymhlethdodau carwriaethol ac ensyniadau geiriol – gawson ni gan gan *Elgar*.

Sarn Helen: Mewn nodyn ar glawr ei drosiad mae *Sarn Helen* yn egluro pam mae o wedi cadw ei fersiwn Gymraeg o '*Racing Demon*', sef 'Diawl ar Dân' yn Llundain. Dw i'n credu iddo wneud penderfyniad creadigol hollol gywir sy'n caniatáu iddo hefyd gadw enwau gwreiddiol y cymeriadau (ar wahân i 'Brithwyn' am y llysenw 'Streaky' sydd yn fy nharo i'n chwithig braidd). Rydw i'n gallu derbyn cyflwyniad o'r digwyddiadau hyn yn y lleoliad gwreiddiol yn y Gymraeg gan nad ydi hynny'n codi cwestiynau dianghenraid yn fy meddwl wrth ddarllen ynglŷn â hygrededd, neu 'suspension of disbelief'. Dw i hefyd yn hoffi'r teitl yn fawr. Wedi dweud hynny, dw i'n teimlo nad ydi *Sarn Helen* wedi gweithio ddigon ar ddeall y cymeriadau cyn dechrau trosi ac er imi ar y dechrau feddwl bod iaith anystwyth y clerigwyr hyn yn berffaith, buan y des i ar draws iaith debyg yng ngenau Tony, Frances a hyd yn oed Stella y wraig ddu, ifanc, ddosbarth gweithiol anffodus sydd ag acen bendant yn y gwreiddiol.

Morbryn: Roeddwn yn gallu cymharu gwaith *Sarn Helen* a gwaith *Morbryn* wrth gwrs gan fod gynnon ni ddwy fersiwn o'r un ddrama, ac yn ddiddorol, roedd y ddau droswr wedi gwneud penderfyniadau hollol wahanol i'w gilydd ynglŷn â'r pethau sylfaenol; er enghraifft, mae 'Cythraul Didennyn', (teitl da hefyd ond ddim cystal yn fy marn i â 'Diawl ar Dân') wedi ei lleoli yng Nghymru. Mae yma sôn am Abertawe, Caerdydd ac yn y blaen. Er bod hyn yn gredadwy i raddau, ar ôl imi weithio'r peth allan, rôn i'n teimlo'i fod yn ddiangen. Dw i'n meddwl ei fod yn benderfyniad creadigol anghywir. Mae gan *Morbryn* well afael ar ddialog, ond mae yna nifer o anghysonderau ac ymadroddion anystwyth chwithig yn cael eu rhoi yng ngenau'r cymeriadau; er enghraifft, mewn golygfa rhwng yr offeiriad ifanc Tony a'i 'gariad' Frances (Ffion), sydd yn olygfa agos lle maen nhw'n trafod eu perthynas a'r ffaith bod Duw yn dod rhyngddyn nhw, byddai rhywbeth fel 'Cer nawr' (syml) yn llawer cryfach na 'Nawr rwy'n gwybod y dylet fynd' (cymhleth) am 'I think you should definitely leave' (yn enwedig gan mai'r cyfarwyddyd llwyfan sy'n dod cyn hyn yw 'Ffion yn sydyn yn grac iawn'). Gwnaeth *Morbryn* ymdrech gyda Stella (Shân) ond lle mae David Hare yn defnyddio ieithwedd sy'n lleoli gwreiddiau'r wraig yn bendant yn y gymdeithas Eingl-Garibïaidd yn ne Llundain, dw i ddim yn siŵr nad un o gast 'Pam Fi Duw' sydd gynnon ni'n fan hyn, a dyma enghraifft arall o godi cwestiynau diangen ynglŷn â pham fyddai'r ddynas yma'n gallu siarad Cymraeg, sydd yn deillio wrth gwrs o'r penderfyniad i leoli'r ddrama yng Nghymru.

Elgar: Gwnaeth *Elgar* yr un penderfyniad gyda *'Chwech yn eu Pyjamas'*, a 'doeddwn i ddim yn siŵr am hyn, chwaith. Mae'r ddrama wreiddiol mor Ffrengig, gan ei bod yn delio gydag, ac yn deillio o'r syniad hollol dderbyniol yn Ffrainc fod gan bob gŵr a gwraig briod gariad! Mi fasech chi'n meddwl nad oes dim o'r fath beth yn digwydd yng Nghymru, yn basech! Mae 'na rywbeth sy'n deillio o'n cefndir a'n diwylliant Anghydffurfiol ni sydd yn lliwio'n barn ni ac i ddechrau roeddwn i'n gweld hynny'n rhwystr wrth ddychmygu sut y byddwn i'n bersonol yn mynd ati i drosi drama o'r fath cyn imi edrych ar sut y gwnaeth *Elgar* hynny. Yma mae'r broblem o bontio dau ddiwylliant yn amlwg iawn. Yr hyn a wnaeth *Elgar* oedd adlewyrchu nodweddion y cymeriadau yn eu henwau. Er enghraifft, cadwodd enwau gwreiddiol y ddau ffrind Robert a Bernard ond dweud wrthon ni'u bod nhw'n dod o Wrecsam. Clyfar hefyd, roeddwn i'n meddwl, oedd defnyddio Siân ar gyfer Brigitte; mae'n rhaid i'r enw weithio ar gyfer dwy ferch hollol wahanol, y naill yn wledig ansoffistigedig a'r llall yn fodel sy'n cael affêr gyda'r gŵr, a dyma hanfod y gomedi.

Roedd gen i broblem hefyd gyda'r defnydd o'r gair 'meistres' am 'mistress', ond mae hon yn broblem nad oes gen i ateb iddi fy hun, a beth bynnag, mae angen y camddealltwriaeth yna rhwng meistres y tŷ a meistres y gŵr yn y ddrama. Roedd ambell ymadrodd chwithig yn y sgript hefyd. Wedi dweud hynny, mi ddeliodd *Elgar* yn dda gyda golygfeydd anodd fel pan mae sgwrs Robert a Bernard yn troi at 'Wlad y Codiad Haul'! Roeddwn i'n hoffi'r chwarae gyda iaith gawson ni yma ac yn gallu dychmygu chwerthin yn braf wrth eistedd yn y theatr yn gwylio'r ddrama hon.

Dw i'n meddwl y byddai llwyfannu *'Chwech yn eu Pyjamas'* yn cynnig rhywbeth newydd i gynulleidfa Gymreig ac er bod angen gwaith arni eto, mae'r sgript yma'n cynnig rhywbeth i actorion weithio arno er mwyn chwythu anadl einioes i mewn i'r cymeriadau. Mae'r wobr felly yn mynd i *Elgar.*

Cyfryngau Torfol. Naill ai ddrama radio awr o hyd neu ddrama deledu awr o hyd neu driniaeth o gyfres radio chwe phennod hanner awr neu driniaeth o gyfres deledu chwe phennod hanner awr

BEIRNIADAETH LYN JONES A MANON RHYS

Gosodwyd cryn sialens i'r ymgeiswyr, nid yn unig yn y grefft o ysgrifennu sgript, ond hefyd yn yr ymwybyddiaeth o ofynion y cyfrwng, boed radio neu deledu. Nid drama lwyfan mohoni, er y gall ambell ddrama radio/deledu gael ei haddasu ar gyfer y llwyfan mae'n siŵr. Yr hyn a roddodd foddhad i ni, fel dau feirniad, oedd yr olion amlwg at feistroli'r gofynion hyn. Pedair ymgais a ddaeth i law, ac yn rhyfeddol, roedd tair allan o'r pedair yn trafod effaith digwyddiadau'r gorffennol ar y presennol. Effaith troad y ganrif a'r Mileniwm tybed?

Nodwydd: 'Y Pwyth'. Thriler seicolegol ar gyfer y teledu sydd yma, ac mae'n sgript sy'n pigo'n effeithiol ar adegau. Ceir dechreuad addawol dros ben gan *Nodwydd*, gyda chymeriadu diddorol, dialog sicr, a'r datblygu'n afaelgar a chredadwy. Mae'r syniad o hen ŵr yn dial ar lefnyn o ddrwgweithredwr drwy ei garcharu mewn cell yng nghartref yr hen ŵr yn un dychmygus ac yn llawn potensial, ond aiff y cyfan ar gyfeiliorn oherwydd diffyg disgyblaeth a thrwy adael i'r dychymyg fynd yn drech na'r stori. Mae'r elfen o thriler yn cael ei chymysgu gydag elfennau ysgafnach a chwbwl anghredadwy sy'n peri i'r sgript ddirywio i fod yn gomedi annisgybledig.

Pip: 'Carchar'. Mae gan *Pip* feddwl ffilmig, mae'n hyddysg mewn iaith ffilm a theledu, ac mae'n amlwg wedi'i drwytho'i hun yn y dulliau ffilmig hyn, ond drama lwyfan 'foesol' o dri degau'r ganrif ddiwethaf wedi ei gwisgo mewn dillad ffilmig cyfoes a geir ganddo. Mae'r sgriptiwr yn bencampwr ar ddefnyddio'r delweddau a'r technegau gweledol sy'n holl bwysig i'r cyfrwng, ac sydd, ar y gorau, yn rhai dychmygus, effeithiol. Yn anffodus, mae'r defnydd ohonynt yn tueddu i fod yn ormodol, yn ormesol hyd yn oed, a hynny ar draul y stori ei hun. Mae'r stori'n gwibio'n ôl a blaen rhwng 1939 ac 1953 yng Nghwm Tawe, ond tenau ac ystrydebol yw hi. Ystrydebol ac unffurf hefyd yw'r cymeriadau ar y cyfan, er bod y ddialog, yn nhafodiaith gyhyrog Cwm Tawe, yn arbennig o effeithiol ar brydiau.

Procter: 'Mae pawb yn Siarad Amdanyn Nhw'. Drama radio uchelgeisiol, sydd unwaith eto'n ymestyn y cyfrwng i'w eithaf, ac yn argoeli bod yn un ddiddorol iawn gan ei bod yn trafod 'drama o fewn drama', sef cymysgu digwyddiadau-go-iawn ym mywydau teulu-go-iawn, gyda stori cymeriadau dychmygol opera sebon. Yn anffodus, mae'r arbrawf uchelgeisiol yn methu gan na lwyddwyd i greu stori afaelgar na chymeriadau diddorol. Tenau iawn yw'r stori a'r cymeriadau, ac mae ceisio cydredeg y ddwy stori'n gyfochrog yn hawlio rhesymeg 'amser'. Aiff hwnnw ar goll yn llwyr ar adegau.

Robin Goch: 'Ŵy'. Drama radio apelgar gan sgriptiwr sy'n nabod ei gyfrwng, ac mae ganddo'r hyder a'r weledigaeth i ddefnyddio'r cyfrwng hwnnw i'r eithaf. Bwlio yw asgwrn cefn y ddrama, ac mae rhai o'r golygfeydd yn iasol o gryf. Mae hi'n ddrama gignoeth sy'n herio actor a gwrandawr fel ei gilydd. Mae *Robin Goch* yn defnyddio gwahanol leisiau fel corws o sylwebyddion ac yn symud yn eithriadol gyflym o un olygfa, ac o un cyfnod, i'r llall, gan ddal i herio'r gwrandawr yn gyson. Mae'r sgript yn llwyddo i ennyn cydymdeimlad llwyr yn ei dro, â'r plentyn, y llanc, a'r oedolyn sy'n cael ei gam-drin. Ond, tua thri chwarter y ffordd trwy'r ddrama, mae'r sgriptiwr yn colli'r naws yn llwyr wrth lusgo i mewn stori'r cyffuriau a'r dianc tramor, ac o'r herwydd yn gwneud rhan ola'r ddrama yn anghydnaws â'r gweddill. Mae modd cynnal y thema o ddial mewn ffyrdd eraill heb golli'r cryfderau sydd yn bodoli ynddi eisoes. Gyda chydweithrediad golygydd sgript neu gynhyrchydd, gallai'r ddrama hon weithio'n llwyddiannus iawn.

Hyd yn oed pe na bai enillydd clir yn y gystadleuaeth hon, mae derbyn pedair sgript ddarllenadwy a chredadwy o ran iaith a strwythur yn rhywbeth amheuthun iawn. Mae ymylon disglair, os nad llachar, yn ymddangos ar gyrion y cymylau! Yn ddi-os, cystadleuaeth dda, gydag anogaeth i'r tri na ddaeth i'r brig fynd yn ôl at eu sgriptiau i weithio arnyn nhw unwaith eto, ac i'w trafod mewn manylder gyda chyfarwyddwr neu gynhyrchydd profiadol. Mae mwy o lawer nag addewid moel yn y rhain. Fodd bynnag, yn ein tyb ni, y ddrama radio 'Ŵy' gan *Robin Goch,* sy'n cipio'r wobr, gan obeithio y rhydd rywun yn rhywle y cyfle i'w sgript gael ei chynhyrchu fel y cawn oll y cyfle i wrando arni a'i mwynhau. Os digwydd hynny, dylai fod yn rheidrwydd ar yr awdur dderbyn cydweithrediad golygydd sgript neu gynhyrchydd profiadol er mwyn caboli ei ddrama ar gyfer ei darlledu.

ADRAN DYSGWYR

CYFANSODDI I DDYSGWYR

Sgwrs Mewn Ciw. Lefel 1

BEIRNIADAETH CHRIS REYNOLDS

Bu'r ymateb i'r gystadleuaeth hon yn dda iawn gyda 38 yn ymgeisio. Oherwydd nifer yr ymgeiswyr hoffwn awgrymu ychydig o bwyntiau yn hytrach na beirniadaeth lawn ar bob sgwrs. Roedd safon yr ymgeiswyr yn amrywio o'r rhai oedd yn amlwg ar lefel un, yn cynnwys camgymeriadau y byddai rhywun yn eu disgwyl, i'r rhai oedd yn defnyddio patrymau anodd a thafodiaith yn nodweddiadol o safonau uwch, yn cynnwys ambell un yn ysgrifennu fel siaradwr iaith gyntaf! I fod yn deg â safon iaith y gystadleuaeth bu rhaid ystyried hynny wrth benderfynu ar feirniadaeth. Fel beirniad, roeddwn i'n chwilio am sgwrs a oedd yn cynnwys elfen o stori wreiddiol gyda'r cymeriadau yn trafod neu'n clebran.

Roedd llawer o'r ymgeiswyr yn ysgrifennu sgyrsiau heb elfen o ddrama neu stori, dim ond yn cyfnewid manylion personol mewn sgyrsiau syml. Roedd eu hymdrechion nhw i'w canmol o ran iaith ond heb lawer o gynnwys gwreiddiol 'doedd dim modd ystyried eu gwobrwyo nhw. Wrth ystyried cynnwys, iaith a dilysrwydd ar gyfer y safon roedd pedair ymgais yn cyrraedd y brig:

Looby Lou: Dau ffrind yn cwrdd wrth aros am fws, straeon am bobl y pentre gydag ambell gyfeiriad direidus!

Jan Richards: Sgwrs arall mewn ciw ar gyfer bws gyda'r cymeriadau yn trafod ymweliadau dynion â thŷ merch gyferbyn. Un yn cymryd diddordeb, y llall yn ceisio newid y pwnc.

Smot y Ci: Stori seml o sefyll yn y gwt anghywir. Syml ond effeithiol.

Duguen Thomas: Sgwrs rhwng llawer o gymeriadau gyda chymhlethdod geiriau a dyn trwm ei glyw.

Hoffwn ddyfarnu £25 i *Duguen Thomas*, £10 i *Looby Lou* a *Jan Richards* a £5 i *Smot y Ci.*

E-bost Dwynwen – Santes y Cariadon. Dim mwy na 200 o eiriau. Lefel 2

BEIRNIADAETH SIÂN THOMAS

Derbyniwyd un ar ddeg e bost. Roedd y gystadleuaeth hon ar gyfer dysgwyr sy wedi derbyn tua 200 awr o hyfforddiant. O gofio hynny roedd safon yr iaith yn ddigon derbyniol. Adrodd hanes Dwynwen yn ddigon syml a wnaeth sawl ymgeisydd tra bod eraill wedi defnyddio'r e bost i anfon neges. Rhaid canmol pob ymgeisydd am gystadlu ond yn fy marn i y rhai a ddaeth i'r brig oedd *Ieuan ap Ioan, Marianne, Erw Gall* a *Cantores Gwanwyn.*

Ieuan ap Ioan: Anfon neges at gyfaill mae Ieuan yn sôn am freuddwyd a gafodd am Dwynwen a Maelon. Ceir disgrifiad a chymariaethau hyfryd ganddo.

Marianne: Mae hi'n anfon neges at ffrind yn sôn am yr heddlu yn dod o hyd i ddyn mewn 'lwmpyn o rew'. Eir ag e i'r ysbyty mewn ambiwlans. Maelon yw'r dyn wrth gwrs a bellach mae e'n 'oerach ond yn ddoethach'.

Erw Gall: Ceir dau e bost ganddo ef. Yn y cyntaf mae Maelon yn gwahodd Dwynwen i'r dafarn, i glwb nos ac wedyn . . .. Yn ei hateb mae Dwynwen yn cytuno mynd ar yr amod taw hi fydd yn darparu'r diodydd.

Cantores Gwanwyn: Neges oddi wrth Dwynwen at Maelon a geir ganddi hi. Mae Dwynwen yn ffarwelio â Maelon. Mae'n hiraethu amdano ac yn drist am iddo adael heb ddweud gair a heb gusan. Wrth i'r haul godi mae Dwynwen yn canu'n iach i Maelon. O drwch blewyn mae'r wobr yn mynd i *Cantores Gwanwyn* gyda chanmoliaeth uchel i'r tri arall.

Darn o Ryddiaith: Y Mileniwm, diwedd neu ddechrau? Lefel 3

BEIRNIADAETH TREFOR C. DAVIES

Erbyn imi dderbyn gwaith yr ymgeiswyr ym mis Ebrill yr oeddwn wedi hen alaru ar bob sôn am y Mileniwm ac nid oeddwn yn orawyddus i ddarllen eu hymdrechion! Serch hynny, ces dipyn o flas ar eu cynigion ac y mae hynny er clod i bob un ohonynt. Gan fod y gystadleuaeth ar gyfer dysgwyr Lefel 3 yr oeddwn yn disgwyl mynegiant effeithiol yn cwmpasu ystod dda o gystrawennau a geirfa, a dyna a gafwyd. Nid oeddwn yn disgwyl gwaith perffaith heb wall a theg nodi y byddai angen golygu gofalus ar bob un o'r darnau cyn y gellid eu cyflwyno rhwng dau glawr. Ni chymeradwyir gwallau sy'n codi oherwydd diofalwch ac esgeulusdod teipio. Mae safon iaith y darnau'n awgrymu y gallai'r cystadleuwyr gyflwyno gwaith mwy safonol pe byddid yn taflu llygad gofalus drosto cyn ei gyflwyno. Y mae'r geiriadur yn gymorth parod a defnyddiol i bawb ohonom ond gall fod yn gymorth twyllodrus o'i gamddefnyddio. Gwelwyd enghreifftiau o'r math yma o gamsyniadau gan fwy nag un ymgeisydd. Ymhellach cafwyd rhai gwallau ffeithiol. Yr hyn a'm trawodd wrth ddarllen y darnau oedd mor ddiddorol fyddai cael eu trafod ar lafar gyda phob ymgeisydd. Syniad o bosibl ar gyfer cystadleuaeth yn y dyfodol. Yr oedd fy meddwl yn gwbl agored wrth ddarllen y darnau. Yr unig beth penodol yr oeddwn yn chwilio amdano oedd ateb i'r cwestiwn a ofynnir yn y testun. Gwaith wyth cystadleuydd a ddaeth i law – a phob un wedi cyflwyno gwaith destlus wedi'i deipio. Dywedaf air am bob un yn y drefn y derbyniais hwynt.

International Velvet: Y mae'r ymgeisydd hwn yn nodi'r cyffro, y paratoadau manwl a'r ofnau hefyd oedd gan bobl wrth i ni nesáu at y Mileniwm. Serch yr holl ddisgwyliadau a'r cyhoeddusrwydd a roddwyd i'r achlysur gwelodd yr awdur fod realiti'r digwyddiad yn wahanol iawn. Y mae'n mynegi ei safbwynt a'i farn yn glir. Hoffai gredu mai cynnig dechreuad newydd i bobl wna'r Mileniwm.

Bronwen: Mae Bronwen yn dweud mai gormod o gyhoeddusrwydd ac o wario yw'r Mileniwm. Mae'n awgrymu y byddai wedi bod yn well pe byddid wedi dathlu ar ddydd Nadolig er mwyn i bobl sylweddoli arwyddocâd y dathlu. Iddi hi drylliwyd y syniad am ddechrau newydd yn gynnar yn y flwyddyn newydd wrth weld bod yr hen drefn ar bethau heb newid o gwbl. Golwg besimistaidd sydd ganddi ar y dyfodol ac y mae'n poeni ynghylch y math o fyd fydd gan ei merch fach i fyw ynddo.

Cerys Matthews: Y mae gafael dda ar iaith gan yr ymgeisydd yma. Mae'n sôn am y trychineb technolegol yr oedd rhai yn ei ddarogan ar droad y flwyddyn ac y mae braidd yn sinigaidd wrth awgrymu mai ffordd y llywodraeth o gyfiawnhau'r gwariant oedd hyn. Mae'n cyfeirio'n ôl at ddarganfyddiadau gwyddonol y ganrif ddiwethaf ac yn ofni y gall dyn golli rheolaeth ar ei ddyfeisiadau ei hun. Serch holl obeithion pobl cyn y dathliadau gwelir yn nyddiau cynta'r Mileniwm newydd fod camsyniadau dyn yn parhau i ddigwydd. Ai diwedd neu ddechrau yw'r Mileniwm? Mater i aros i weld ydyw!

Ismael: Hen ŵr o Gymro sy'n annerch y darllenydd yw Ismael. Ganddo ef y mae'r darn hiraf. Y mae'n colli llinyn ei ddadl hwnt ac yma ac yn tueddu i grwydro. Y mae gwybodaeth eang ganddo o hanes Cymru ac y mae'n cyfeirio at wahanol gyfnodau ac arweinwyr y genedl. A chwilio am arweinydd newydd sydd raid ar ddechrau Mileniwm newydd. Y mae'n ceisio darbwyllo'r darllenydd i fod yn arweinydd ac y mae'n ei annerch felly. Ar ysgwyddau'r arweinydd newydd y mae'r dyfodol. Gresyn na fuasai *Ismael* wedi bod yn fwy cynnil ei fynegiant oherwydd gallai wedyn fod wedi dod yn agosach at y brig.

Afallen: Y mae'r darn hwn wedi'i osod yn ddestlus ar garden werdd. Hwn yw darn byrraf y gystadleuaeth. Nid ei fyrder yw ei wendid ond ei ddiffyg saernïo.

Cyfres o osodiadau am y Mileniwm a gaed ynddo ac nid ydynt wedi'u pwyso a'u mesur yn ddigon gofalus i godi'r cystadleuydd i'r safon uchaf. Mater o raid yw mynd ymlaen i *Afallen*, felly rwy'n dehongli fod y Mileniwm yn ddechrau newydd.

Carys Rhiannedd: Nid yr ymgeisydd yma yw'r unig un sydd wedi nodi ein bod newydd ddathlu diwedd y Mileniwm cyntaf a dechrau'r ail! Y mae'n rhesymu bod diwedd blwyddyn yn gyfle i edrych yn ôl a chofio, ac edrych ymlaen ac addunedu. Mae'r Mileniwm yn gyfle 'unigryw' i ddod ag anghyfiawnder y gorffennol i ben a dod â dechreuad newydd er mwyn sicrhau gwell dyfodol. I *Carys Rhiannedd*, gyda chymorth Duw, y mae'r Mileniwm yn ddiwedd ar yr hen ac yn ddechrau ar y newydd.

Meinir Grace: Rhoes diwedd y Mileniwm gyfle i *Meinir Grace* edrych yn ôl a gwerthfawrogi doniau pobl y gorffennol. Llawer mwy cyffrous iddi, fodd bynnag, yw meddwl am y dyfodol ac y mae'n rhagweld newidiadau rhyfeddol megis gwyliau ar y lleuad! Yn ogystal, mae'n ofni na fydd y newidiadau bob tro'n rhai llesol a bydd y problemau y mae dyn wedi'u creu yn cyfyngu'n fawr ar batrwm ei fywyd a'i ffordd o fyw. Y mae'n mynegi barn yn gryf iawn gan nodi, er enghraifft, y bydd angen cosbi troseddwyr yn llawer llymach yn y dyfodol yn hytrach na rhoi 'amser da' iddynt yn ein carcharau fel sy'n digwydd ar hyn o bryd! Dechrau newydd yw'r Mileniwm iddi er mai dechrau dirywiad ydyw.

Thales: Y mae *Thales* yn agor drwy ddweud nad oes dechrau na diwedd i amser ac nad yw dyddiad ar galendr yn newid dim. Rheswm i ddathlu yn unig ydyw! Y mae'n rhagweld mai problem y trydydd Mileniwm fydd sicrhau cyflenwad digonol o ddŵr. Yn wir, mor ddifrifol fydd y broblem nes y bydd yn achos ac yn fater rhyfel. Mae'n llunio delweddau byw sy'n gorfodi sylw'r darllenydd. Yn y paragraff olaf mae'n rhestru amrywiaethau mewn tair iaith heblaw'r Gymraeg ar y priod-ddull, 'Mae'n bwrw hen wragedd a ffyn.' Nodaf nad yw'n dyfynnu amrywiad y de sef, 'Mae'n bwrw cyllyll a ffyrc'. Yna, mae'n costrelu'r ddadl yn y ddau air 'bywyd' ac 'angau' – 'Mae'n bwrw bywyd, ac angau!' – cyn awgrymu'n gynnil, 'Ella, fod o'n ddechrau o'r diwedd'.

Fel y nodais uchod gallai pob ymgeisydd fod wedi bod yn fwy gofalus cyn danfon ei waith ymlaen. Fel y mae, daw dau neu dri o'r darnau tua'r brig i'w hystyried yn fanylach ond o ran cyflwyniad gafaelgar a dadl dynn y mae darn *Thales* yn uwch na phawb. Rhodder y wobr a'r tlws, felly, i *Thales*.

Y darn rhyddiaith

Y MILENIWM – DIWEDD NEU DDECHRAU

Y mae amser yn ddidoreth! Nid oes 'na ddechrau, nid oes 'na fylchau; gobeithio na fydd 'na ddiwedd. Y mae hi'n ddiamau bod amgylchiad arbennig iawn wedi digwydd ddwy fil o flynyddoedd yn ôl. Nid yw dyddiad ar galendr yn newid dim, ond mae pawb yn mwynhau rheswm dros ddathlu, a pham lai?

Ond rwyf i'n meddwl bod problem ddirfawr ar y gorwel; problem y trydydd Mileniwm! Ddoe, aur; heddiw, olew; yfory, dŵr; (a wastad crefydd); yr un nifer fechan o bethau sy'n achosi gwrthdrawiad rhwng dynion drwy'r oesau.

Y mae deg a thrigain y cant o'r byd dan ddŵr; dyma'r sylwedd mwya cyffredin yn byd. Ond mae o yn y lle anghywir, am amser anghywir, ac mae gynno fo lawer o bethau sy'n ei lygru o, halen yn bennaf.

Y mae'r afonydd yn dylifo o un wlad i'r nesa, yn cario ei gwastraff hi, ei gormodedd hi, ei chamgymeriadau hi. Nid yw'r wlad nesa eu heisio. Nid oes 'na ddim byd maent yn medru'i wneud ynglŷn â fo!

Yn ddiweddar yr oedd 'na lifogydd yn Bangladesh sy'n codi ac yn cynhesu'r byd (anrheg y cyfoethog i'r tlawd!), llifogydd ym Mozambique (dŵr o dde Affrica a Zimbabwe), arsenig yn afon Donaw (anrheg o Romania i Hwngari), sychder ledled gogledd Affrica, mwy o drafferthion rhwng Israel a Phalestina ynglŷn â dŵr.

Y mae dŵr glân yn angenrheidiol i'w yfed, i dyfu bwyd, ac i ddiwydiant. Mwy o bobl, mwy o gyfoeth, mwy o ddŵr! Yr unig amser mae 'na ddigon o ddŵr, mae 'na ormod!

Y mae hi'n ddiflas, ond yr wyf i'n credu y bydd y rhyfel nesa ynglŷn â dŵr. Mi fydd o'n cynnau'r tân, ni fydd o'n ei ddiffodd o!

Mae hi'n bwrw hen wragedd a ffyn. It is raining cats and dogs (mae hi'n bwrw glaw cathod a chŵn), giesst wie aus Kübeln (mae hi'n arllwys o fwcedi), il tombe des cordes (mae hi'n syrthio fel cordiau), mae hi'n bwrw glaw fel ffyn grisiau; na! Mae hi'n bwrw bywyd ac angau! Ella'i fod o'n ddechrau'r diwedd.

Thales

Cerdd: Melinau. Agored

BEIRNIADAETH ROBAT POWELL

Daeth pymtheg o gerddi i law ac mae'n rhaid canmol cywirdeb iaith ac ymdrech pob un o'r ymgeiswyr. Y dull mwyaf effeithiol o wella gafael ar iaith yw ei defnyddio hi, ac mae'n amlwg bod y cystadleuwyr hyn wedi cael hwyl arni. Cymryd teitl y gerdd, 'Melinau', yn llythrennol a wnaeth pob un. Roedd cynnwys y rhan fwyaf o'r cerddi'n debyg o ran agwedd hefyd, sef tristáu wedi diflaniad y felin draddodiadol a'r trai cymdeithasol a'i dilynodd, er bod rhai'n cyfeirio at felinau newydd y ffermydd gwynt. Dau ymgeisydd yn unig a ysgrifennodd am felinau'r gwaith tun neu'r gwaith dur. Rhannaf y cerddi'n ddau ddosbarth.

DOSBARTH II

Mae gan y cystadleuwyr hyn yr adnoddau iaith i ddisgrifio a mynegi barn, ond ychydig iawn o wir farddoniaeth a geir yn eu gwaith. Dweud rhyw stori neu ddisgrifio golygfa yn unig y maent. Nid ydynt mewn unrhyw drefn deilyngdod.

Mono: Disgrifio'r hen felinau gwynt a rhai modern y fferm wynt a wna *Mono* mewn cerdd go hir o bum pennill wyth llinell. Mae geirfa dda ganddo, ond llinellau o ryddiaith ydynt mewn gwirionedd.

Y Melinwyr: Un pennill yn rhestru gwahanol fathau o felin, hyd yn oed: 'Melinau sy'n mynd trwy'r felin . . .' Nid barddoniaeth yw peth fel hyn.

Macsen: Cerdd â disgrifiad llawn o felinau'r gwaith metel a'u hystyr i'r gymdogaeth. Geirfa dda a chryn deimlad yn y llinellau, ond mae gormod ohonynt yn darllen fel rhyddiaith, a cheir rhai gwallau iaith sy'n llesteirio dealltwriaeth, e.e. 'y llanciau dreiglo i fyny ffordd'.

Cohen: Ymdrech dda ar grynhoi gwaith y melinau dŵr a gwynt, ond nid yw'n gwneud mwy na disgrifio. Mae'r llinellau cwta'n awgrymu symudiad cyflym i'r olwyn ddŵr a'r maen melin fel rhyw injan drên, ond byddai symudiad araf yn fwy addas i'r testun.

Llais y Pren: Cerdd daclus yn sôn am yr hen felin wynt, melinau gwynt plant ar y traeth, a ffermydd gwynt y dyfodol. Rhai cymariaethau da, ond ceir hefyd ambell wall megis 'Hen felin y wynt . . .'.

Merch Brenin Lloegr (1): Penillion yn nodi llwyddiant dyn i ddefnyddio nerthoedd natur i'w anghenion ei hun trwy beirianwaith y felin. Syniad diddorol, ond try rhythm y gerdd yn drwsgl mewn mannau.

Ceiliog y Coed: Disgrifiad o sut y mae'r melinau cyfoes yn creu ynni lle bu'r glöwr yn llafurio i godi glo o'r blaen. Mae geirfa eang gan *Ceiliog y Coed* i ddisgrifio'n fanwl ac un neu ddau ddisgrifiad neu drosiad da, e.e. '. . . fel milwyr yn y wawr'.

Sam Tân: Ymgais ddiddorol i grynhoi bywyd gwledig y gorffennol mewn darlun cynnil, 'Gwallt,/gwynt,/chwys, ac [*sic*]/dynion'. Byddai tipyn mwy o gig ar yr esgyrn moel yn cryfhau'r gerdd.

DOSBARTH I

Mae'r cerddi hyn yn mynd ymhellach na disgrifio'n unig. Mae ganddynt naws awgrymog ac mae eu rhythm a'u mynegiant yn sicrach ac yn wahanol i rydd-iaith.

Lili Wen Fach: Cymharu prysurdeb bywyd dyn gyda newid parhaus natur a symudiad breichiau'r felin wynt. Dechreuad epigramaidd a gafaelgar, 'Ni saif dim byd yn llonydd,/Na llanw nac amser clau . . .' ond gwan yw'r ddwy linell nesaf. Byddai'n well cadw cymhariaeth â'r felin yn hytrach na'r afon yn y pennill olaf.

Looby Lou: Cerdd deimladwy sy'n dal peth o awyrgylch yr hen felin wynt ac yn cynnwys ambell drosiad da, '. . . Hen ddynes falch yw'r felin . . ./Mae hiraeth arni hi am gael gweithio eto . . .'. Gallai'r mynegiant fod yn gryfach, e.e. llai o ddefnydd o'r gystrawen 'Mae . . .'.

Merch Brenin Lloegr (2): Cerdd am ddadfeilio cymdeithasol ar ôl cau'r melinau dŵr. Mae'n dechrau'n effeithiol, 'Roedd 'na dair melin yn y cwm/'Slawer dydd;/ Trôi'r rhodau mawr yn drwm/trwy'r dydd . . .', ond llacio mae'r rhythm wedyn a'r farddoniaeth yn mynd ar goll mewn llinellau fel ''Does neb yn byw yn y cwm/ Ar hyn o bryd . . .'.

Glas y Dorlan: Darlun trawiadol o felinau gwag sy'n agor y gerdd hon, 'Sefyll fel croesau,/Yn malu llwch yn lle grawn . . .', ond gwallus ac aneglur yw'r gymhariaeth a allai gyfoethogi'r darlun mwy eto, 'Cysgodion yr hwyliau ym mestyn [*sic*] ar y bryn,/Fel sai [*sic*] diawlod [*sic*] William Blake . . .'. Newidir y pwyslais yn y ddau bennill olaf trwy sôn am 'lein drydan . . . o'r arfordir i'r mynydd-oedd . . .', a neges gryptig yr awel yw '"'Does dim cythraul yn y gwynt"'. Golygir efallai nad oes dim perygl inni yn yr ynni a grëir gan y melinau gwynt modern. Yn sicr, mae syniadau da y tu ôl i'r gerdd hon, ond mae'n rhy gymysglyd fel y mae.

Y Pili Pala: Cerdd dechnegol dda mewn penillion odledig am y newid a fu yn y mathau o felinau drwy'r blynyddoedd. Mae rhythm y llinellau'n gyson esmwyth a cheir ambell ddisgrifiad lliwgar, fel 'Pan ffrwydrai'r fflamau'n fyglyd ddu . . .', a chyferbyniad rhwng '. . . ei drochion brwd . . .' a 'rhwd' y felin heddiw. Ond mae'r defnydd o rai geiriau'n chwithig, megis 'A phoerai'r tawdd . . .', a dweud bod melin yn 'cronni'n rhwd'. Byddai'r gerdd ar ei hennill pe bai'n cynnwys trosiad neu ddau, ac yn gwneud mwy na disgrifio.

Iason: Teimlaf mai *Iason* yw'r bardd mwyaf meddylgar yn y gystadleuaeth. Mae ganddo iaith rymus, arddull gryno, ac yn bwysicach, llygad a gweledigaeth bardd. Gellir ystyried melinau'r gerdd yn symbolau o werthoedd pobl y wlad, 'Roeddent yn troi/Uwchben y dref dawel/Pan hwylioddy cwch/I mewn i'r porthladd . . .'. Yr anhawster i'r darllenydd yw bod rhannau o'r gerdd mor dywyll. Dywedir, er enghraifft, bod y melinau'n talu '. . . teyrnged/I'r ddelwedd sanctaidd/Mewn ogof dywyll,/Llawn [*sic*] o wêr a thus . . .', ond annelwig iawn yw ystyr hyn. Yn niwedd y gerdd try'r naws yn negyddol, a'r melinau'n taflu eu 'cysgodion tenau', a 'straeon gwag yn unig/A sibrydir/Yn y gwynt Aegeaidd'. Awgryma'r cyfeiriad at 'hen iaith' mai Cymru yw'r wlad, ond y 'gwynt Aegeaidd' a'r ffugenw *Iason* mai Groeg yw'r olygfa. Byddai'n braf clywed esboniad gan y bardd ei hun!

Dalati: Melinau newydd y fferm wynt yw testun *Dalati*, ac ymagweddiad negyddol sydd ganddo tuag atynt. Adroddir yn gynnil sut y daethant i'r wlad heb i neb sylwi arnynt, 'Neb yn gwylio,/Neb yn gwrando,/Distaw y daethant . . .'. Disgrifir yn gryno dawelwch y wlad gydag awgrym o bresenoldeb rhyw nerth sinistr, er mai rhyfedd yw'r llinell '. . . Na cheirw yn hela'. Onid *cael* eu hela mae ceirw? Yn y pennill olaf gwelir ffrwydrad drygioni'r melinau wrth iddynt ddechrau troelli'n swnllyd, er bod 'Gwawr Armagedon . . .' yn gor-ddweud ychydig. Mae yng ngherdd *Dalati* agwedd bendant, cynildeb yn y dweud a throsiadau effeithiol.

Pendronais yn hir rhwng *Iason* a *Dalati*. Yn y diwedd penderfynais fod gwaith *Iason*, er mor ddiddorol a heriol, yn rhy dywyll, a bod gafael grefftus *Dalati* ar ei gyfrwng, ac eglurdeb ei neges, yn haeddu'r wobr. Cadeirier *Dalati*.

Y Gerdd

MELINAU

Neb yn gwylio,
Neb yn gwrando,
Distaw y daethant
annisgwyl –
Dros ben y bryn.

Dim siw na miw,
Dim adar yn canu,
Na chwningod yn chwarae,
Na cheirw yn hela,
Na defaid yn pori
Ar lan yr afon.

Y fyddin haearn yn teyrnasu,
Brenhinoedd y bryn yn sathru'r caeau
Dan draed
Dideimlad, diysbryd,
Di-baid.

Breichiau du'n troelli'n lloerig,
Herio'r gwynt â sgrech eu grym.
Gwawr Armagedon,
Marchogion modern
Yn disgwyl eu Don Quixote.

Dalati

Creu Safle ar y We i hyrwyddo Pabell y Dysgwyr

BEIRNIADAETH EMYR WYN MORRIS

Roeddwn yn siomedig iawn â'r ymateb i'r gystadleuaeth hon. Efallai bod y testun wedi rhwystro nifer rhag cystadlu. Nid oedd digon o amser, yn fy marn i, wedi cyhoeddi'r gystadleuaeth, i gystadleuwyr fynd ati i hel deunydd ar gyfer y testun oherwydd mai dim ond unwaith y flwyddyn y bydd Pabell y Dysgwyr mewn bodolaeth. Anodd iawn felly yw hel lluniau a gwybodaeth mewn pryd.

Dim ond un cystadleuydd a fentrodd i'r maes, sef *Capten Siôn* sydd wedi creu gwaith sydd yn dechnegol dda; mae wedi defnyddio lliwiau llachar a graffeg bachog, ond mae'r cynnwys a'r wybodaeth yn brin. Mae wedi dilyn patrwm safonol wrth greu safle gwe ond nid yw wedi rhoi yr un egni i mewn i'r wybodaeth mae'n ei chyflwyno. Pwrpas safle gwe lwyddiannus yw rhannu gwybodaeth yn effeithiol. Mae *Capten Siôn* wedi methu gwneud hyn gan iddo ganolbwyntio'n ormodol ar y graffeg. Byddwn wedi croesawu rhagor o wybodaeth am yr holl weithgareddau sydd i'w gweld yn y babell, a hefyd amserlen – rhagflas efallai o uchafbwyntiau'r wythnos yn y babell ac ambell lun hefyd. Hoffwn ddiolch i *Capten Siôn* am gystadlu ond mae'n rhaid i mi atal y wobr.

Cywaith Grŵp: Llunio atodlen i ddysgwyr ar gyfer eich papur lleol. Ni ddylai'r atodlen fod yn hwy na dwy ochr A3 wedi'i blygu. Gellir cynnwys lluniau. Lefel: Agored

BEIRNIADAETH NEFYDD PRYS THOMAS

Da oedd gweld cystadleuaeth fel hon yn cael ei gosod i ddysgwyr gan ei fod yn ddull arbennig o dda o roi'r iaith ar waith mewn cyd-destun perthnasol a realistig. Mae gwaith grŵp o'r math hwn hefyd yn fodd i sicrhau defnydd llawn o'r pedair sgìl iaith wrth baratoi a chynhyrchu'r deunydd. Os yw dysgwyr i wella'u gafael ar yr iaith, mae'n bwysig iddyn nhw gael cyfleoedd, nid yn unig i'w siarad, ei chlywed a'i darllen ond hefyd i sgrifennu'r patrymau a'r eirfa maen nhw wedi'u dysgu. Mae sgrifennu yn fodd, nid yn unig i wirio patrymau a chaboli iaith ac ystyr, ond hefyd i gyrraedd cynulleidfa ehangach. Da o beth fyddai gweld mwy o ddosbarthiadau yn mentro i faes y papur bro, boed ar bapur neu drwy gyfrwng y we; llawer gwell na pharatoi ar gyfer arholiadau! Er mai dim ond tri grŵp a fentrodd y tro hwn, mae'r tri i'w llongyfarch ar eu menter.

Bore Mawrth: Plethiad diddorol o gyfweliad â Huw Edwards, llythyrau, darn personol, erthygl newyddiadurol, cartwnau a cherdd. Mae'r cynnwys yn cynnal diddordeb y darllenydd o'r dechrau i'r diwedd ac yn ei gyflwyno i sawl agwedd ar fywyd ardal Llanelli. Mae tudalen flaen yr atodlen yn atyniadol; trueni, felly, nad yw gweddill yr atodlen wedi'i ddylunio cystal.

Llygad y Dydd: Mae'r atodlen hon wedi'i dylunio'n ofalus ac yn lliwgar i apelio i'r llygad. Mae'r cynnwys hefyd yn cyflwyno amrywiaeth o ddarnau; adroddiad, erthyglau, darnau personol, rysait, y sêr a chwilair. Ond, syniad pwy oedd cynnwys tasg darllen a deall? Gadewch bethau fel'na i'ch athrawon a'r gwersi!

Phil y Bwt: Mae'r atodlen hon wedi'i dylunio'n ddiddorol a lliwgar ac mae yma ddarnau personol a chyfweliad diddorol. Ond y siom fwya oedd syweddoli bod y grŵp hwn wedi dewis trafod yr atodlen fel rhyw fath o ddeunydd dysgu gan fod tasgau darllen a deall ynghlwm wrth bob darn. Gochelwch rhag pethau boring fel'na! Yr enillydd, o drwch blewyn, yw *Bore Mawrth,* gyda *Llygad y Dydd* yn ail agos iawn.

YSGOLION

Blwyddyn 7, 8, 9 a 10

Prosiect personol ar hamdden

BEIRNIADAETH HEDDYR GREGORY

Daeth naw ymgais i law ond braidd yn siomedig ar y cyfan oedd safon y prosiectau unigol gan nad oeddynt yn dangos digon o amrywiaeth o ran ffurfiau ysgrifennu. Tueddent hefyd i ailadrodd patrymau iaith heb amrywio'r gystrawen ond roedd yr iaith yn gywir iawn ar y cyfan. Rhaid canmol diwyg a chyflwyniad yr holl gyweithiau sy'n cynnwys lluniau a graffeg pwrpasol ac roedd wyth ohonynt wedi eu creu ar feddalwedd cyfrifiadurol. Nid y goreuon o ran diwyg, fodd bynnag, oedd yn dod i'r brig o ran iaith a chynnwys.

Roedd y testun 'Hamdden' yn un eang ac agored, ond cyflwynodd pedwar ymgeisydd, sef *Helga, Barbra Wool, Cerys Matthews* a *Cameron Diaz* brosiect yn seiliedig ar eu hoff grŵp pop. Tueddai'r cyweithiau hyn (ar wahân i *Helga* a gynhwysodd lythyr at ei harwr) i ganolbwyntio ar ffeithiau yn ymwneud ag aelodau'r grwpiau gan restru gwybodaeth seml am unigolion heb ddefnyddio brawddegau llawn drwy'r amser. Er iddynt gynnwys sgyrsiau dychmygol gan aelodau o'r grŵp, braidd yn ddibwrpas oedd cynnwys rhestr o ganeuon neu eiriau ambell gân yn Saesneg. Rhaid canmol safon diwyg prosiectau *Cerys Matthews* a *Cameron Diaz* sy'n dangos creadigrwydd arbennig.

Rhaglenni teledu aeth â bryd *The Queen* a *Lisa Marie Presley.* Unwaith eto, ffeithiol iawn oedd y cynnwys ond cyflwynwyd cwis a sgwrs yn ychwanegol gan *The Queen* mewn ymgais i greu amrywiaeth o ran ffurfiau. Canolbwyntiodd *Lisa*

Marie Presley ar gyflwyno ffeil-o-ffeithiau yn seiliedig ar gymeriadau un opera sebon ond cafwyd amrywiaeth brawddegol ganddi. Cafwyd prosiectau mwy cyffredinol ar ddiddordebau personol gan *Hannah Spearitt, Bubba Ray Dudley* a *Misty Waterflower* ac roedd y rhain yn fwy swmpus na gweddill y cynnyrch a ddaeth i law. Gallasai *Bubba Ray Dudley* a *Hannah Spearitt* fod wedi dangos mwy o ofal gyda'r iaith a'r teipio ar adegau, ond cafwyd cywaith cywrain iawn gan *Misty Waterflower.* Mae safon yr holl gynnyrch yn weddol gyson ond mae gwaith *Misty Waterflower* yn rhagori fymryn ar y lleill gan ei fod yn fwy sylweddol ei gynnwys ac yn fwy amrywiol ei batrymau ieithyddol. Dyfarnaf y wobr gyntaf o £25 i *Misty Waterflower,* £15 yn ail wobr i *Helga* a'r drydedd wobr o £10 i *Cerys Matthews.*

Blwyddyn: Agored

Cywaith Fideo

BEIRNIADAETH ELIN RHYS

Gwaetha'r modd, dim ond un cywaith, gwaith *Plant y Dyffryn,* a ddaeth i law. Mae'n drueni na fu mwy o gystadlu gan fod yma gyfle gwych, nid yn unig i ymarfer defnyddio'r Gymraeg, ond hefyd i fod yn fentrus ac arbrofol gyda dulliau o gyflwyno rhaglenni pobl ifanc.

Hoffais yr arddull a ddewiswyd gan *Plant y Dyffryn.* Roedd yn debyg i'r mathau o raglenni newyddiadurol a gyflwynir gan bobl ifanc ar ambell raglen ar y BBC ar benwythnosau. Mae'r fideo yn cymharu bywyd mewn ysgol gynradd â bywyd mewn ysgol uwchradd drwy lygaid rhai o'r plant newydd yn yr ysgol uwchradd. Mae'r syniad yn glyfar iawn ac yn trin testunau megis bywyd ysgol, ymarfer corff, dillad ac yn y blaen. Dewiswyd lleoliadau da ar gyfer pob darn i gamera ac roedd arddull cyflwyno'r bobl ifanc yn naturiol a newyddiadurol. Er na ddefnyddiwyd offer golygu nid oedd hyn yn amharu rhyw lawer ar y fideo ac roedd y cyfan wedi ei roi at ei gilydd yn arbennig o dda. Efallai y byddai dechreuad a diweddglo cryfach wedi helpu i wneud y darn yn fwy cofiadwy ond ar y cyfan cafwyd yma ymdrech dda iawn. Piti nad oedd yma gystadleuaeth ond mae *Plant y Dyffryn* yn llwyr deilyngu'r wobr a diolch i'r rhai a'u hanogodd i ymgeisio.

PARATOI DEUNYDD AR GYFER DYSGWYR

Agored i ddysgwyr a siaradwyr Cymraeg

Creu pecyn o gardiau ar gyfer Geo-Safari (plant neu oedolion). Dylid nodi at bwy yr anelir y pecyn)

BEIRNIADAETH GWYNETH LLEWELYN PRIESTLAND

Braf oedd derbyn tair ymgais . Dylai'r pecyn gwreiddiol o Geo-Safari a gyfieithwyd i'r Gymraeg fod wedi rhoi arweiniad a chanllawiau pendant i'r ymgeiswyr, ac roedd yn amlwg ar unwaith pwy oedd yn gyfarwydd â'r deunydd. Wrth bwyso a mesur y gwaith a gyflwynwyd roeddwn yn chwilio am becyn o gardiau y gellid eu defnyddio gan ystod eang o ddysgwyr. Roeddwn hefyd yn chwilio am wreiddioldeb, dyfeisgarwch ac amrywiaeth o bynciau, ac yn sicr roeddwn am iaith gywir a fyddai yn ymestyn geirfa a chystrawen.

Dr Barnado: Teimlwn fod y gwaith yma wedi ei baratoi ar frys a heb ei adolygu. Roedd yma nifer o frychau iaith a chamsillafu, ac ambell gyfieithiad rhyfedd, e.e. 'cist' am 'chest' fel rhan o'r corff. Gwelwyd gwallau iaith yn y cyfarwyddiadau, e.e. 'Darllenwch bob cymeriad ar y ystlys o'r carden'. Ni chefais yma yr hyn yr oeddwn yn chwilio amdano.

Caredig: Roedd mwy o raen ar y gwaith yma. Teimlwn fod yr ymgeisydd yn dangos ymwybyddiaeth o'r Geo-Safari gwreiddiol. Roedd cyflwyniad hyfryd i'r pecyn ar Anifeiliaid a oedd yn ein harwain yn naturiol at ddefnyddio'r cardiau. Roedd amrywiaeth ddiddorol o weithgaredd – cyfateb gair a llun, llanw bylchau a.y.b. Braf oedd gweld defnydd o farddoniaeth yn cyd-redeg â labeli. Gwelwyd hefyd ddefnydd o ganeuon syml a fyddai'n cadarnhau gwaith dosbarth. Anelwyd y gwaith at blant rhwng 4-7 oed ac at ddysgwyr cynnar.

Debrah: Derbyniwyd pecyn cynhwysfawr ag amrywiaeth eang o gardiau gwaith â naws trawsgwricwlaidd iddynt wedi eu hanelu'n bennaf at ddisgyblion Cyfnod Allweddol 2. Roedd sglein ar y gwaith, ac roedd yn amlwg o'r cychwyn fod yr ymgeisydd yn hen gyfarwydd â defnyddio Geo-Safari, ac yn sicr yn ymwybodol o anghenion y disgybl ar lawr y dosbarth. Roedd y casgliad wedi ei strwythuro'n ofalus, a diwyg y deunydd yn ddeniadol. Gwelwyd arddulliau gwahanol a fyddai'n ysgogi ymateb ac yn gosod patrwm, ac yn fwy na dim yn cynnal diddordeb y plant. Gellid gweithio'n unigol, yn barau neu fel grŵp. Cafwyd trawsdoriad diddorol o bynciau fel natur, hanes, daearyddiaeth, chwedlau, enwogion, yr Eisteddfod, nofelau, hwiangerddi ynghyd â chardiau datblygu a chyfoethogi iaith – a'r cyfan yn fy marn i yn ffordd o ddatblygu ymwybyddiaeth o Gymru yn ogystal â'r iaith Gymraeg. Gwaith *Debrah* yw'r mwyaf gorffenedig o'r tri, a'r un sydd yn sicr wedi cyrraedd gofynion y gystadleuaeth ac iddi hi mae'r wobr. Mae'n wir deilwng ohoni.

Creu gêm fwrdd wreiddiol a fyddai'n addas i'w defnyddio mewn canghennau CYD

BEIRNIADAETH EMYR DAVIES

Daeth chwe ymgais i law. Mae gêmau bwrdd yn rhan gyfarwydd o arfogaeth y tiwtor iaith ac amrywiadau ar weithgareddau cyfarwydd y dosbarth Cymraeg i oedolion a gafwyd gan yr ymgeiswyr. Nid oes ffin amlwg rhwng yr hyn sy'n digwydd yn y dosbarth iaith a chyfarfodydd CYD, fe ymddengys.

Ddraig Goch: Torrodd *Ddraig Goch* reolau'r gystadleuaeth drwy gyflwyno'r cyfarwyddiadau yn Saesneg. Gwelir hefyd mai trwy'r Saesneg y bwriadwyd chwarae'r gêm ei hun, gan dorri rheol anysgrifenedig pob gêm/gweithgaredd iaith, sef y dylid ei gynnal yn yr iaith darged. Yn ogystal â hynny, mae'r elfen gref o gyfieithu'n rhy elfennol i bobl sy'n debygol o fynychu cyfarfodydd CYD.

Hwyl a Sbri I a II: Anelir dwy ymgais *Hwyl a Sbri* at blant o oed cynradd yn hytrach nag oedolion o ddysgwyr. Mae diwyg y bwrdd ei hun o ansawdd broffesiynol ac er y gall gêmau a gynlluniwyd i blant fod yn gwbl addas i oedolion, mae cynnwys y rhain yn rhy blentynnaidd o lawer.

Mab y Mynydd: Cafwyd gêm gymhleth ei rheolau gan *Mab y Mynydd,* lle bo'n rhaid casglu geiriau a chardiau treiglo er mwyn ffurfio brawddeg gywir. Mae cryn ddyfeisgarwch yma, ond mae rheolau'r gêm yn rhy astrus. Hanfod gêmau llwyddiannus yw bod y rheolau'n hawdd eu deall ond bod amrywiadau diderfyn ar y chwarae. Efallai hefyd fod y cardiau a'r cownteri braidd yn anhylaw i'w defnyddio.

Pererin: Dyma'r unig ymgeisydd i ystyried cyfuno Cymry Cymraeg â dysgwyr, a rôl y naill a'r llall wrth chwarae. Seiliwyd y gêm ddyfeisgar hon ar ddau dîm yn 'chwarae pêl-droed' drwy ffurfio geiriau o lythrennau. Mae ôl llawer o waith ar ddiwyg y bwrdd chwarae, ond yn anffodus mae'r rheolau'n llawer rhy gymhleth. Dibynna'r gêm ar gael tiwtor yn ddyfarnwr i fedru rheoli'r gêm, ond gwell o lawer yw bod y chwaraewyr yn medru bod yn annibynnol.

Briallu: Dyma weithgaredd bwlch gwybodaeth da iawn yn seiliedig ar ddyddiau'r wythnos. Mae'r cyfarwyddiadau'n glir a'r ymgeisydd wedi ystyried pa gystrawennau y byddai eu hangen ar y chwaraewyr. Byddai'r gweithgaredd yn gweddu i unrhyw gwrs iaith, er efallai ei fod braidd yn rhy strwythuredig ar gyfer noson gymdeithasol. Serch hynny, os yw'r ymarfer ailadroddus yn arwain at sgwrsio rhydd, bydd y gweithgaredd yn un llwyddiannus.

Dyfarner £50 o'r wobr i *Briallu* a £25 i *Pererin.*

Paratoi cyfres o weithgareddau ar gyfer dosbarth Cymraeg (gan nodi safon) yn seiliedig ar gasgliad o luniau (ffotograffau neu luniau llaw)

BEIRNIADAETH ROBINA ELIS-GRUFFYDD

Daeth un ymgais yn unig i law. *Rhif Saith* yw ffugenw'r ymgeisydd a theitl y gwaith yw 'Y Mêc Ofyr – Cyfres o weithgareddau ar gyfer dosbarth Cymraeg, Cwrs *Dosbarth Nos*, Dysgwyr diwedd Blwyddyn 1 a Dysgwyr Blwyddyn 2, hefyd Dosbarthiadau "Cymraeg yn y Gweithle" '.

Cyflwynwyd pecyn o weithgareddau'n seiliedig ar sesiwn goluro Christine, aelod o Ddosbarth Nos Llwynhendy sy'n gweithio yn Boots Llanelli. Mae'n amlwg bod y tiwtor a'r dosbarth i gyd wedi cael hwyl wrth gyfrannu at baratoi'r pecyn ac mae'r cyfan yn daclus ac yn dangos bod cryn ofal wedi'i gymryd i gyfleu'r testun yn fanwl. Cynnwys y pecyn: geirfa; darn darllen a deall; darn gwrando a deall; cardiau fflach; a thair set o luniau (ffotograffau) – dwy set o'r ddwy aelod o'r dosbarth a ddewiswyd ar gyfer y 'mêc ofyr' ac un set o Christine a fu'n gyfrifol am y 'mêc ofyr'. Ar gyfer y ddwy set gyntaf o luniau cyflwynir gweithgareddau sy'n seiliedig ar: 'Cyn' ac 'Ar ôl' (presennol a gorffennol); disgrifio'r lluniau; a thrafod coluro yn gyffredinol. Mae'r drydedd set wedi'i rhifo ac ar gefn pob llun ceir disgrifiad byr o'r sefyllfa a bortreadir. Y gweithgaredd yw paratoi adroddiad/cyflwyniad ar sut i goluro. Felly, tair set o ffotograffau sydd gennym. Ni fwriadaf fanylu ar y deunyddiau eraill yn y pecyn ac eithrio nodi eu bod yn cyfrannu at yr eirfa sydd ei heisiau er mwyn trafod y lluniau. Mae safon y lluniau'n dderbyniol.

I aelodau'r dosbarth a gymerodd ran yn y 'mêc ofyr' byddai'r gweithgareddau'n eu hatgoffa am yr hyn a ddigwyddodd yn fyw. Ond a fyddent yn ddefnyddiol mewn unrhyw ddosbarth arall? Oherwydd natur y testun teimlaf fod eu defnyddioldeb yn gyfyngedig. Eto i gyd, mae setiau o luniau sy'n dangos trefn gweithredu mewn unrhyw sefyllfa waith yn werthfawr mewn 'dosbarth yn y gweithle' gan eu bod yn rhoi cyfle i ymarfer geirfa briodol a phatrymau. Mae set o luniau tebyg i'r drydedd set yn gosod patrwm da ar gyfer paratoi cyflwyniad er mwyn disgrifio'n hyderus yr hyn mae'r dysgwyr yn ei wneud yn eu gwaith pob dydd. Gall luniau fod o gymorth mawr mewn dosbarth Cymraeg. Gall llun sy'n gysylltiedig â gair neu eiriau helpu dysgwyr i gofio geirfa newydd, ac mae llyfrau awduron megis Cennard Davies ac Alun Ifans wedi dangos sut y gall cyfres o luniau fod yn gyfrwng i sbarduno adrodd stori neu ddisgrifio sefyllfa heb ddibynnu'n ormodol ar y dychymyg neu'r cof. Yn fy marn i mae angen mwy ohonynt, yn enwedig llyfrau sy'n cynnwys lluniau llaw. Mae'r fath luniau'n llawer mwy hwylus i'w hatgynhyrchu. Mae defnyddio ffotograffau yn y dosbarth fel arfer yn dibynnu ar y lluniau mae'r tiwtor neu aelodau o'r dosbarth wedi'u tynnu eu hunain.

Er bod *Rhif Saith* yn haeddu clod am y syniad, a'r deunydd a roddwyd at ei gilydd, ni chafwyd ganddo/ganddi gyfres o weithgareddau'n seiliedig ar gasgliad o luniau ond, yn hytrach, becyn o weithgareddau amrywiol a oedd yn cynnwys tair uned yn seiliedig ar luniau. Oherwydd hyn mae arnaf ofn taw atal y wobr sy raid.

Nofel neu gyfrol o storïau byrion

BEIRNIADAETH HEINI GRUFFUDD

Mae'r gystadleuaeth yn gofyn am ddeunydd creadigol gan ddysgwyr Lefel 3. Dim ond tri ymgeisydd a gafwyd, ond o wybod am y gwaith ysgrifennu creadigol a wneir gan ddysgwyr ledled y wlad, rwy'n gwbl sicr y gallai llawer mwy fod wedi cystadlu, a hynny'n llwyddiannus.

Tabor: Nid yw *Tabor*, rwy'n ofni, fel pe bai'n deall ystyr Lefel 3. Mae'n ymddangos i mi ei fod yn hen gyfarwydd â'r iaith, ac oherwydd hyn heb anelu'r iaith at ddysgwyr ar y lefel hon. Mae ganddo ddwy stori fer ddigon dymunol, tri phortread a nifer o chwedlau Aesopaidd, ac nid yw felly'n dilyn canllawiau'r gystadleuaeth o ran y deunydd.

Eos y Graig: Mae nifer o storïau gwir afaelgar gan *Eos y Graig* o dan y teitl cyffredinol 'Yr Afon Ddiadlam'. Atgofion swyddog tollau sydd ganddo, ac o adnabod hiwmor J. O. Jones Abertawe, mae'n amlwg i mi fod angen dogn helaeth o hiwmor ac o ddealltwriaeth o fywyd ar gasglwyr trethi. Mae ganddo dair stori ar ddeg yn darlunio cymeriadau brith a lliwgar y bu'n ymweld â nhw wrth ei waith, a'r rhain yn denu gwên ar brydiau, a bryd arall yn ehangu gorwelion y darllenydd. Ceir cryn bleser wrth eu darllen, ac mae gan yr awdur allu wrth bortreadu ac wrth saernïo stori. Er bod rhan o ddiddordeb y darllenydd yn y modd y llwyddir i gasglu trethi oddi wrth gymeriadau amheus, y mae'r prif ddiddordeb yn y cymeriadau hynny. Mae stori'r 'Drych Drylliedig', sy'n datgelu trallod mam a gollodd ei phlant yn Uganda, yn ddirdynnol, tra bo hynt Florence, y Gwyddel cellweirus, yn cynnig athroniaeth Wyddelig braf. O'u hystyried gyda'i gilydd, mae'r storïau'n gyfanwaith twt, ac mae'r stori olaf, ar y modd y bu raid i'r casglwr trethi roi'r gorau i'w waith, yn ddiweddglo addas.

Ceir gwendid, serch hynny, sef y gwallau iaith niferus. Mae'r mân wallau hyn yn rhai sy'n nodweddu llu o ddysgwyr, felly ni ddylai *Eos y Graig* anobeithio, gan fod ei afael gyffredinol ar yr iaith yn dda. Trueni na fyddai wedi llwyddo i dwtio'r gwaith cyn ei anfon i'r gystadleuaeth. Cofier bod CySill ar gael (er bod hwnnw'n gallu drysu dyn hefyd). Mae'r storïau'n haeddu'r wobr, ond beth wnawn ni am y gwallau?

Lwsi: Mae *Lwsi*'n achosi penbleth i mi. Mae ganddi rai storïau effeithiol iawn. Mae 'Baban Megan' yn ymwneud â gorffwylledd merch a gollodd ei baban; dyma stori wedi ei hysgrifennu'n gywrain ac yn gywir. Ceir yma storïau eraill derbyniol, e.e. 'Haf yn yr Ardd' sydd yn stori garu-o-hirbell ddeniadol a 'Bywyd yn Newydd', hanes am lanc y mae ei dad newydd ennill y loteri. Gwrthdaro dwy genhedlaeth sydd yn 'Y Gadair' a 'Pili Pala''n sôn am ferch yn chwilio am gariad. Gwaetha'r modd mae'r storïau eraill yn wannach, ac ychydig yn arwynebol, a gwallau iaith annisgwyl ynddynt, o gofio safon y lleill.

Gwnaeth *Lwsi* ymdrech i gynnwys geirfa a nodiadau ar iaith er mwyn helpu'r darllenwyr o ddysgwyr. Yn anffodus, mae nifer o wallau yn yr eirfa, a'r tablau niferus o eiriau'n dilyn rhagenwau blaen yn fwrn. Mae'r syniad yn un da, serch hynny, ond mae angen llawer o waith ar yr adran hon i'w gwneud yn foddhaol, e.e. esbonio ffurfiau tafodieithol, tarddiad ffurfiau eraill, nodi a yw gair yn enw neu'n ferfenw ac ati. Yn anffodus, fel y mae, nid yw'r adran hon yn ychwanegu at werth y casgliad.

Pe bai *Lwsi* wedi cadw at safon uchel ei storïau gorau, ac wedi twtio'r eirfa, byddwn wedi rhoi'r wobr iddi hi, ond mae natur wreiddiol a phersonol storïau *Eos y Graig* yn fy nenu'n fawr. Gan gofio mai cystadleuaeth i ddysgwyr yw hon, a bod rhaid maddau bai, rhodder £125 iddo ef a £75 i *Lwsi.*

ADRAN FFILM

Ysgoloriaeth Geraint Morris

BEIRNIADAETH PETER EDWARDS

'Dydw i ddim yn sicr o'r canllawiau a aeth at yr awduron. Rhaid gofyn ai cystadleuaeth ar gyfer ffilmiau byrion yw hon, neu ar gyfer ffilmiau. Cafwyd dau fath yma. Mae 'Y Ddrama Olaf' yn ffilm hir ac 'Esgyrn' yn ffilm fer. Mae'n anodd cloriannu dwy ymgais mor wahanol, ond dyma air byr amdanyn nhw:

Y Ddrama Olaf: Mae'r stori hon yn delio gyda byd yr actor, theatr a theledu ond yn anffodus 'dydy'r awdur ddim wedi trafod y stori mewn ffordd weladwy. Mae yma lawer gormod o ddialog gan gymeriadau nad ydyn nhw'n rhai hoffus iawn.

Esgyrn: Mae'r gwaith hwn gan un a'i geilw'i hun yn J. E. Mathonwy. Mae'r ysgrifennu'n glir a syml, a'r ddialog yn dda ac yn naturiol. Mae'r stori yn 'wahanol' am ei bod yn trafod byd gwrywgydwyr. Pe bai'r awdur wedi gwneud un o'r prif gymeriadau'n fenywaidd, byddai'r stori'n gyffredin iawn.

Pe bai'n rhaid imi ddewis rhwng y ddau hyn, byddai'n rhaid imi ddewis *Esgyrn*. Byddai'r ffilm yn dibynnu mwy ar luniau na gwaith mwy traddodiadol *Y Ddrama Olaf* ac yn cael ei dweud mewn ffordd ffilmig. Mae *Esgyrn* yn fwy real nag *Y Ddrama Olaf*, ond gyda'm llaw ar fy nghalon, alla i ddim awgrymu y dylid gwneud un o'r ddwy ffilm, ac mae'n rhaid imi atal y wobr.

BEIRNIADAETH MARC EVANS

Roeddwn yn siomedig gyda'r ymateb i'r gystadleuaeth hon o safbwynt nifer ac ansawdd. Mae creu sgript yn gryn grefft sy'n gofyn am yr un argyhoeddiad ag unrhyw fath arall o ysgrifennu, ac er nad yw'n gyfrwng sy'n cael ei ystyried yn 'llenyddiaeth' ni dylid derbyn safonau is nag mewn unrhyw gystadleuaeth arall. Efallai bod salwch y darnau a ddaeth gerbron yn dangos arwyddocâd ehangach o safbwynt safon yr sgrifennu ar gyfer y sgrîn yng Nghymru. Teimlwn nad oedd un o'r ddau ymgeisydd yn deilwng o'r ysgoloriaeth hon eleni.

ADRAN GWYDDONIAETH A THECHNOLEG

YMCHWILIO, DADANSODDI A CHREU

Disgyblion Ysgolion Uwchradd
Cyfnod Allweddol 3

Ymchwiliad mewn unrhyw gyfrwng/gyfryngau i'r gwahaniaethau rhwng caniau dur a chaniau alwminiwm

---

BEIRNIADAETH ROGER EVANS

Braidd yn siomedig oedd safon y gystadleuaeth. Ar ôl darllen y pedwar darn roedd yn amlwg fod pob un wedi methu deall fod caniau dur wedi eu gorchuddio gan alcam. Soniodd neb am hyn. Felly, roedden nhw'n cymharu alwminiwm gyda dur a ddim yn erbyn dur-alcam. Gair byr am y pedwar.

Gan Pawb Ond Un: Mae gwaith yr ymgeisydd hwn yn daclus ac mae'n amlwg ei fod wedi gwneud tipyn o ymchwiliadau, ond, y mae'r ffeithiau yn dangos y gwahaniaethau rhwng dur ac alwminiwm a ddim rhwng caniau dir a chaniau alwminiwm. Y mae yn anodd deall fel y mae'r arbrofion y maen nhw wedi'u gwneud yn profi fod dur yn galetach ar ôl bod mewn fflam cannwyll, a hefyd sut y gall fflam cannwyll losgi darn o ddur. Y mae'r arbrofion hyn wedi defnyddio darnau o ddur ac alwminiwm ond nid caniau dur a chaniau alwminiwm. Mae caniau dur wedi eu gwneud o ddur wedi ei orchuddio ag alcam a 'does dim gair wedi ei ysgrifennu am hyn. Mae'r ffeithiau ar ddiwedd y gwaith yn sôn am y gwahaniaethau rhwng dur ac alwminiwm a ddim rhwng caniau dur a chaniau alwminiwm. Am y rhesymau hyn 'dydy *Gan Pawb Ond Un* ddim yn deilwng o unrhyw wobr.

Griff: Y mae teitl y gwaith hwn yn anghywir. Mae llawer o waith ymchwil wedi ei wneud gan *Griff* i sut mae caniau alwminiwm yn cael eu defnyddio ond ddim llawer o ffeithiau technolegol neu am briodweddau'r metel. Ar y llaw arall y mae digon o ffeithiau ar briodweddau 'dur', felly mae cymharu'r ddau fetel yn anodd iawn. Ond y broblem fwyaf yw y ffaith bod yr holl waith ar ddur yn anghywir; mae'r ffeithiau a'r wybodaeth i gyd am alcam. Y mae *Griff* wedi cymharu'r gwahaniaeth rhwng alcam ac alwminiwm, ond ddim rhwng alwminiwm a dur. 'Does dim byd wedi ei ysgrifennu am ganiau dur. Yn fy marn i dydy *Griff* ddim yn haeddu gwobr.

Cochyn: Y mae *Cochyn* wedi gwneud ymchwil da i mewn i briodweddau alwminiwm a dur ond ddim wedi dynodi unrhyw briodwedd caniau alwminiwm a chaniau dur. Y mae wedi canolbwyntio ar ddur heb ddeall bod rhaid gorchuddio dur ag alcam cyn ei ddefnyddio fel caniau. Mae *Cochyn* wedi nodi fod dur yn cael ei orchuddio ag alcam ond mae'r rhesymau y mae wedi eu defnyddio yn anghywir. Mae sawl gair yn eisiau yn y gwaith ac y mae rhai geiriau wedi eu hysgrifennu yn lle eu teipio. Er ei fod wedi ysgrifennu tipyn 'dydy e ddim wedi ateb y cwestiwn, sef y gwahaniaethau rhwng caniau dur a chaniau alwminiwm ac nid alwminiwm a dur. Felly 'dwy'i ddim yn meddwl fod *Cochyn* yn deilwng o wobr.

Plant Y Dyffryn: Y mae'r gwaith hwn yn fyr iawn, yn cynnwys dim ond 33 o linellau. Mae rhai o'r ffeithiau yn anghywir, e.e. maen nhw'n dweud fod dur ddim yn adweithio gydag ocsigen ond yn nes ymlaen y maent yn ysgrifennu taw un o'r problemau gyda dur yw ei fod yn adweithio gydag ocsigen. Y maen nhw wedi ymdrechu i wneud ymchwil i brofi rhai o briodweddau dur ac alwminiwm ond 'doedden nhw ddim wedi ymchwilio i briodweddau caniau dur a chaniau alwminiwm. Y maen nhw wedi ateb y cwestiwn gan roi eu barn fod caniau alwminiwm yn well na chaniau dur oherwydd eu bod yn ysgafnach. Roedd camgymeriadau eraill hefyd yn y gwaith, a chan ei fod mor fyr roedd y camgymeriadau hyn yn fwy amlwg. 'Doedd dim gan y parti hwn i'w ddweud am y ffaith fod rhaid gorchuddio dur efo alcam cyn ei ddefnyddio fel can, felly rydw i o'r farn nad yw *Plant Y Dyffryn* yn haeddu gwobr.

Disgyblion Ysgolion Uwchradd
Cyfnod Allweddol 4 – Unigolion neu grŵp

Cyflwyniad 5 munud i gyfleu syniad gwyddonol mewn dull ysgafn ar gyfer plant 7-11 oed

---

BEIRNIADAETH ELIN RHYS

Dydy cynhyrchu fideo heb gymorth technegau arferol teledu megis camerâu safonol, offer golygu soffistigedig ynghyd â graffeg a cherddoriaeth, ddim yn dasg hawdd o bell ffordd. Serch hynny cafwyd dwy ymdrech gaboledig iawn a fyddai'n dal dychymyg ac yn trosglwyddo neges bwysig. Piti mawr na chafwyd gwell cystadleuaeth i'r ddau dîm a ymgeisiodd, er y credaf y byddai'n rhaid i ymgeiswyr eraill fod wedi cyrraedd safon arbennig iawn i'w curo, yn enwedig yr enillydd. Serch hynny roedd hi'n anodd dewis enillydd o blith y ddau a fentrodd i'r maes a hoffwn ddiolch o galon i bwy bynnag a'u hanogodd i gystadlu. Dyma air byr am y ddau.

Mr Lambert – efo help ei Butler: Dangoswyd yma gryn ddychymyg gan y tîm cynhyrchu a ddefnyddiodd ddelweddau ar ffurf lluniau cartŵn i gyfleu neges bwysig iawn am berygl ysmygu. Deliwyd gyda'r testun yn gall ac yn bositif. Ni chafwyd pregeth na gormodedd o ffeithiau. Cafwyd defnydd clyfar o leisio ac o ysgrifen ar y lluniau. Cryfderau'r fideo hwn oedd ei wreiddioldeb a'r ffaith bod yma gyflwyniad ar y dechrau er mwyn cyflwyno beth oedd i ddod yn y rhaglen. Rhaid i bob stori gael dechrau clir ac fe gafwyd hyn gan y tîm hwn yn ogystal â diweddglo pendant. Roedd yma ambell wendid, sef gwallau iaith ar y graffeg ac ambell doriad sydyn yn y sain. Ar y cyfan roedd hon yn ymdrech dda dros ben ac roedd yn dangos cryn dipyn o ddychymyg a doethineb.

Gronynnau: Nid peth hawdd yw cyfleu'r gwahaniaeth sylfaenol i blant 7-11 oed rhwng solid, hylif a nwy. Cafwyd yma ymdrech ardderchog i wneud hynny gan dîm o ferched. Roedd yma gymysgedd o arddangos, traethu ac actio ac ar y cyfan roedd yr egluro'n glir. Y gwendid a barodd imi osod yr ymdrech hon yn yr ail safle oedd absenoldeb cyflwyniad clir ar y dechrau a chrynhoad syml ar y diwedd. Tueddai'r merched i ymdebygu i athrawon yn hytrach na chyflwynwyr ac efallai y byddai mwy o ysgafnder wrth egluro wedi bod o fantais. Ar y llaw arall, hoffwn eu llongyfarch am fentro a'u hannog i gynnig eto'r flwyddyn nesaf. Roddaf £200 i *Mr Lambert – efo help ei Butler* a £100 i *Gronynnau.*

Disgyblion Ysgolion Uwchradd neu Golegau Blynyddoedd 12 a 13

Llunio poster(i) yn egluro'r wyddoniaeth sydd tu ôl i ddatblygiadau gwyddonol/technegol fydd yn digwydd yn y ganrif nesaf

BEIRNIADAETH KEN MORGAN

Pedair ymgais yn unig a ddaeth i law, oedd yn siomedig braidd o ystyried bod gwobr barchus i'w hennill. Wrth feddwl am y datblygiadau yn y maes gwyddonol/ technegol dros y ganrif ddiwethaf, cynigiwyd posibiliadau eang gan y testun. Er hynny, dewisodd tri o'r cystadleuwyr gadw at bwnc a allai gael ei ystyried yn geidwadol, sef canolbwyntio ar agweddau ar y datblygiadau a ragwelir yn y maes genetig, gan gynnwys clonio, gwella afiechydon a newid genynnau. Testun y cynnig arall oedd telegludo, sydd yn sicr yn fwy uchelgeisiol ac yn edrych yn llai tebygol ar hyn o bryd. Byddai'r posteri wedi elwa ar waith adolygu ychwanegol, gydag ambell air neu symbol wedi'i gamsillafu neu wedi mynd ar goll a rhai'n cynnwys gwallau iaith syml.

Random Stutters: Mae poster *Random Stutters* yn disgrifio sut y gellid defnyddio cynllunio genetig i wella afiechydon mitochondriaidd dynol. Ceir ymgais dda i egluro pwnc anodd mewn dull dealladwy ond defnyddir y lliwiau du a gwyn yn unig ac, oherwydd hynny, nid yw'r poster yn denu'r llygaid. Byddai'r poster wedi edrych yn well hefyd petai'r labelu ar y diagramâu wedi bod yn gliriach.

Artimus Crisis: Telegludo, sef cludo person trwy drosglwyddo gwybodaeth am gyfluniad y corff, yw testun poster *Artimus Crisis.* Mae'r poster yn sôn am gysyniadau cymhleth fel damcaniaeth cwantwm a dylai pawb sydd wedi gweld y ffilm *The Fly* wybod am rai o broblemau technegol telegludo! Er mwyn ymdrin â'r cysyniadau hyn, defnyddir lluniau a diagramâu yn effeithiol iawn. Dyma boster lliwgar sy'n edrych yn atyniadol ac yn darllen yn ddiddorol.

Angus a'i Clwb Clonio: Ceir disgrifiad o glonio a'r datblygiadau posibl yn y maes hwn ym mhoster *Angus a'i Clwb Clonio.* Ar ôl disgrifiad o sut y cloniwyd Dolly y ddafad, y mae'r poster yn rhagweld y bydd y gallu gennym i ddewis cromosomau ein plant. Byddai'r gallu i dyfu organau newydd yn arwain at y posibilrwydd o amnewid organau afiach yn y corff ac, o ganlyniad, fe broffwydir y gallem fyw am byth. Mae'r poster yn defnyddio lluniau'n effeithiol ac yn drawiadol ond ychydig iawn o liw sydd ynddo.

Gwyddonwyr Elli: Y cynllun genom dynol a'r beirianneg o newid genynnau sydd dan sylw ym mhoster *Gwyddonwyr Elli.* Cyflwynir yr wybodaeth mewn modd diddorol ac fe dynnir sylw at y manteision a'r peryglon a ragwelir. Mae'r defnydd o liw yn effeithiol iawn ac fe hoffais ddull mwy anffurfiol y cyflwyniad. Er hynny, nid oedd rhai o'r lluniau yn ychwanegu llawer at effeithlonrwydd y poster. Mae poster *Artimus Crisis* yn rhagori ar y gweddill oherwydd y cyflwyniad, y gosodiad a'r pwnc uchelgeisiol. Dyfarnaf y wobr gyntaf a £150 iddo. Teimlaf fod y gweddill yn agos at ei gilydd a'u bod yn haeddu £50 yr un am eu hymdrechion.